JAN GERWINSKI

Der Einsatzort im Kommunikations- vollzug

Zur Einbettung digitaler Medien
in multimodale Praktiken
der Navigation und Orientierung –
am Beispiel der Feuerwehr

Universitätsverlag
WINTER
Heidelberg

Bibliografische Information der Deutschen Nationalbibliothek

Die Deutsche Nationalbibliothek verzeichnet diese Publikation
in der Deutschen Nationalbibliografie;
detaillierte bibliografische Daten sind im Internet
über *http://dnb.d-nb.de* abrufbar.

UMSCHLAGBILD
© Jan Gerwinski

ISBN 978-3-8253-6373-4

© 2015 Universitätsverlag Winter GmbH Heidelberg
Imprimé en Allemagne · Printed in Germany
Druck: Memminger MedienCentrum, 87700 Memmingen

Gedruckt auf umweltfreundlichem, chlorfrei gebleichtem
und alterungsbeständigem Papier

Den Verlag erreichen Sie im Internet unter:
www.winter-verlag.de

ORALINGUA

Herausgegeben
im Auftrag des Instituts für Deutsche Sprache (IDS)
Mannheim
von
Arnulf Deppermann
und
Stephan Habscheid

Band 8

REDAKTION
Melanie Steinle

Meinen Eltern

Inhalt

Danksagung

Mein erster besonderer Dank gilt Prof. Dr. Stephan Habscheid, der mich jederzeit unterstützt und mir in Gesprächen viele Anregungen sowie als sein wissenschaftlicher Mitarbeiter in der Philosophischen Fakultät der Universität Siegen
sein Vertrauen und ein sehr produktives und hilfreiches Arbeitsumfeld gegeben hat.

Mein weiterer Dank gilt Dr. Leonardo Ramirez, Dip.-Wirt. Inform. Tobias
Dyrks sowie dem FIT in St. Augustin und der WirtschaftsInformatik in Siegen,
allen voran Prof. Dr. Volker Wulf, die mir allesamt überhaupt erst die Daten-
erhebungen ermöglicht und in konstruktiven Gesprächen aufkommende Fragen
zu Rahmenbedingungen des „Landmarke"-Projekts erläutert haben. Zudem
danke ich allen weiteren industriellen und institutionellen Partnern des Land-
marke-Projektes, v. a. natürlich den Beteiligten aus dem IDF in Münster und den
beteiligten Kölner Feuerwehrleuten, die ich leider aus Datenschutzgründen nicht
einzeln nennen kann, die mir aber aufgrund ihrer durchgehenden Hilfsbereit-
schaft immer in Erinnerung bleiben werden.

Des Weiteren danke ich den Beteiligten und Mitgliedern der Graduierten-
schule (mittlerweile Graduiertenkolleg) „locating media" inkl. und stellvertretend für alle Graduierten und weiteren Gesprächsteilnehmer/innen der ehemaligen Koordinatorin Dr. Gabriele Schabacher für anregende Diskussionen und
Hinweise.

Und nearly last but not least danke ich Dr. Sabine Jautz, Dr. Ute Wagner,
Prof. Dr. Angela Schwarz und Dr. Erika Linz für alle äußerst hilfreichen Anmerkungen, Korrekturhinweise und ihre enorme allgemeine Unterstützung.

Schließlich danke ich den Herausgebern, Prof. Dr. Arnulf Deppermann und
Prof. Dr. Stephan Habscheid, für ihr Interesse an meiner Arbeit und die Auf-
nahme in die Reihe OraLingua, sowie der Redakteurin, Melanie Steinle, für ihre
Unterstützung bei der Endredaktion.

1 Einleitung

1.1 Einführung und Hauptfragestellungen

Im Alltagsverständnis der meisten Menschen erscheint Raum zunächst als etwas physikalisch Mess- und sinnlich Erfahrbares mit Aspekten wie Ausdehnung, Lage, mehr oder weniger unveränderlichen Elementen und objektiver Situierung. Untersucht man allerdings mikroanalytisch Interaktionen im Raum, stellt man schnell fest, dass Raum nichts Objektives ist, sondern dass er (inter-)subjektiv immer wieder neu hergestellt wird und in räumlich situierten Interaktionen immer wieder neu ausgehandelt werden muss. Das geschieht vornehmlich mit Sprache, aber auch mit anderen Zeichensystemen, im Rahmen kommunikativer Handlungen. Wahrnehmungen, Bewegungen und kommunikative Handlungen bilden eine Trias für die Herstellung von Räumen (vgl. Hausendorf 2010), die den beteiligten Menschen meist auch im Nachhinein unbewusst bleibt.

Ein Raum wird demnach erst zu einem Klassenzimmer, Büro- oder Ausstellungsraum, indem die Menschen, die in ihm (inter)agieren, durch verbale und multikodale Interaktion wie Schrift, Handzeichen, Mobiliar, Trennwände etc. die jeweils (handlungs)bestimmende Funktion und Charakteristik des Raumes aufgreifen. Dabei werden textuell vermittelte Kommunikation und andere räumlich situierte Zeichen gelesen (vgl. Auer 2010 und Scollon/Scollon 2003). Erfolgt ein Teil der Zeichenübermittlung mittels technischer Medien kommt für die Interaktanten im Raum noch eine weitere zeichenbezogene Interpretationsleistung mit zusätzlichen möglichen kommunikativen Be- und Einschränkungen hinzu. So soll im städtischen Straßenverkehr zum Beispiel ein Ampelsystem einen möglichst reibungslosen Verkehrsfluss gewährleisten. Dazu müssen aber sowohl Fahrzeugführer wie Fußgänger die Zeichen richtig interpretieren und mit entsprechenden Handlungen auf sie reagieren. Als lange eingeübte situierte Alltagspraxis ist die Kommunikation in diesem und über diesen Raum in der Regel störungsfrei und das Handeln in ihm funktioniert in der Regel ohne größere Störungen.

Wie sieht es nun aus, wenn für einen Raum die Rekonstruktion des von den Architekten, Designern etc. hergestellten Ortes und seinen Funktionen nicht genügt, wenn also Akteure (etwa im Kontext eines Notfalls oder einer Katastrophe) den Raum für einen institutionellen Zweck neu konstruieren müssen, der ursprünglich für den betreffenden Raum nicht oder nur teilweise (z. B. im Rahmen von Notfallplänen) vorgesehen war? Wie bewältigen sie diese Kommunikationsaufgabe, wenn ihre sinnliche Wahrnehmung limitiert ist? Und schließlich: Wie anders erfolgt die Konstituierung von Raum, wenn technische Medien zum Einsatz kommen und ihre Botschaften unter eben diesen außeralltäglichen Bedingungen in die Herstellung von Raum einfließen sollen?

Man stelle sich etwa folgende außeralltägliche Situation vor: Zwei Personen befinden sich in einem fremden Gebäude, sie können nur wenige Zentimeter weit und selbst die nur sehr begrenzt und nur in Bodennähe sehen. Durch ihre schwere Kleidung sind sie auch im Ertasten und Hören stark eingeschränkt. Sie atmen Luft über ein Atmungsgerät, dessen Vorrat schnell verbraucht ist, und sie wissen, dass sie sich in einem brennenden Gebäude befinden, in dem noch schutzlose Personen auf Hilfe warten, da sie sonst ersticken, verbrennen oder verschüttet werden könnten. Wenn es nun die Aufgabe der beiden Personen ist, diese Hilfsbedürftigen zu retten, werden sie sicherlich versuchen, so schnell wie möglich zu ihnen vorzudringen und anschließend mit ihnen das Gebäude wieder zu verlassen. Um diese Aufgabe erfüllen zu können, gibt es eine Reihe von notwendigen Teilaufgaben, die für ein Gelingen an diesem Einsatzort zu lösen sind, wie etwa eine systematisierte Suche mit dem Ziel des Auffindens der Personen und das anschließende Herausfinden aus dem Gebäude. Dabei spielen Kommunikation und die (kommunikative) Herstellung von Raum eine bedeutende Rolle.

Mit solchen Situationen sind Feuerwehrleute in Feuereinsätzen konfrontiert. Diese Feuereinsätze stellen hochgradig komplexe Fälle von räumlich situierten Bewegungen und kommunikativer Raumkonstituierung dar. An immer wieder unvertrauten Orten muss rasch gehandelt werden, wobei der Technikeinsatz eine wesentliche Funktion übernimmt. Eben diese außergewöhnlichen (Kommunikations-)Situationen stehen im Folgenden im Zentrum der Untersuchung. Da die Feuerwehrleute im Einsatz ständig ihr organisationales Wissen sowie ihr Wissen über den Einsatzort abgleichen und sich gemeinsam hinsichtlich ihres Wahrnehmungsraums „ko-orientieren", bezogen auf ihren Bewegungsraum „ko-ordinieren" und im Hinblick auf ihren Handlungsraum „ko-operieren" (Hausendorf 2010), bieten sich Feuerwehreinsätze zur Untersuchung von Raumkonstituierung sowie von situativem Medieneinsatz geradezu an. Reale Einsätze lassen sich allerdings nur schwer wissenschaftlich erfassen. Einsatzübungen hingegen, die sich sehr nah an den realen Bedingungen eines üblichen Einsatzes orientieren, bieten dafür andere Möglichkeiten. Das Datenmaterial für die folgende interaktionslinguistische Untersuchung stammt daher von Feuerwehreinsatzübungen, die daraufhin in den Blick genommen werden, wie Raumkonstitution unter Einsatzbedingungen erfolgt und wie technologische Innovationen auf der Basis vernetzter technischer Medien in verbale Prozesse der Sinnkonstitution eingebunden und besonders zur Unterstützung kollaborativer Navigation und Orientierung genutzt werden. Da die Akteure diese Aufgaben vielfach explizit verbal bearbeiten, kann mit dem vorliegenden Datenmaterial diesen Fragen unter Produktions- und Rezeptionsgesichtspunkten nachgegangen werden. So lässt sich untersuchen, wie „der Raum mit allen in ihm enthaltenen (potenziellen) Zeichensystemen eine Kommunikationsstruktur sui generis bildet" (Kesselheim/Hausendorf 2007, S. 344). In gewisser Weise ist damit das Vorgehen dieser Untersuchung methodisch komplementär zu der von Kesselheim und Hausendorf analysierten Raumkonstitution eines Ausstellungsraums (siehe ebd.), in der sie bewusst auf eine Produktions- und Rezeptionsanalyse verzichten und stattdessen eine ‚Produktanalyse' vorlegen.

Anders als bei Ausstellungsbesuchen können „die in einem Raum angelegten Erscheinungsformen von Kommunikation" (ebd.) allerdings im visuell extrem limitierten Setting der untersuchten Feuerwehreinsatzübungen nur sehr eingeschränkt abgerufen werden. Feuerwehrleute müssen sich bei ihren Einsätzen zwangsläufig den Raum anders erschließen und können dabei nicht einmal alleine durch das Betreten des Zimmers „wie selbstverständlich mit Mitanwesenden kommunizieren" (ebd., S. 340). Schon aus diesem Grund ist eine Interaktionsanalyse für raumkonstitutive Fragen im Blick auf die hier zu untersuchenden Settings unumgänglich. Ein weiterer bedeutender Unterschied zum Ausstellungsraum besteht darin, dass die „Angebote", die der Ausstellungsraum macht (siehe ebd., S. 346), von den Nutzern und Nutzerinnen völlig anders aktualisiert werden als die Einsatzräume von den Feuerwehrleuten, denn was zum Einsatzraum der Feuerwehrleute wird, ist anders als bei Ausstellungsräumen oft nicht oder nur partiell (etwa durch Feuerwehrzufahrten, Fluchtwege etc.) nicht als begeh- und erlebbarer ‚Einsatzraum' konzipiert.[1] So schaffen die Feuerwehrleute erst im Feuerwehreinsatz den Einsatzraum. Sie machen den Ort unter der Perspektive des Einsatzes als sozialen (organisationalen) „Schauplatz" (siehe Auer 2010) erst verständlich und benutzbar. In Settings wie Feuerwehreinsätzen können die Akteure zudem nicht auf alltagsübliche „mobiliare Benutzbarkeitshinweise" (Hausendorf 2012) des Ortes zurückgreifen, die die Orientierung erleichtern und Kommunikation möglicherweise reduzieren würden. Das soll nicht bedeuten, dass Orte in alltäglichen Nutzungssituationen Handlungen im Sinne eines „Raumdeterminismus" (siehe Kesselheim 2012, S. 227 mit Verweis auf Lorenza Mondada) bestimmen würden, aber sie weisen zumindest ein anderes „Potenzial an Benutzbarkeit" (Hausendorf 2012, S. 165) auf. Konkret heißt das, dass die „Kommunikationsangebote" (Kesselheim/Hausendorf 2007, S. 359), die Raumstrukturen offerieren, je nach Raumverwendung und Interaktionsbeteiligten variieren. Kommunikativ hergestellte Settings im Rahmen von Feuerwehreinsätzen sind außerdem oft auf mehrere Orte verteilt, da nicht nur die suchenden Personen, sondern auch via Funkkommunikation verbundene Helfer und Helferinnen außerhalb des Einsatzortes in die Rettungsaktion involviert sind.

Die medialen Ressourcen zur Herstellung eines dynamischen Schauplatzes, der sich über mehrere Orte erstreckt, werden in einigen der untersuchten Einsatzübungen durch neu entwickelte technische Medien dahingehend erweitert, dass selbst unter schwierigen Sichtverhältnissen, wie etwa Rauchentwicklung aufgrund von Bränden, wahrnehmbare Bezugspunkte an beliebigen Stellen in einem Gebäude geschaffen werden können. Bei diesen neuen Medien handelt es sich um einzeln auslegbare und untereinander vernetzte technische Objekte, die an den Einsatzorten als zusätzliche „Weg- und Landmarken" (siehe Schmauks 2002) angebracht werden können. Solche technischen Objekte bieten neben der Orientierungshilfe die Möglichkeit, Bedeutungen in Bezug auf Orte zeitunabhängig als „Dauer-Kommunikation" (Kesselheim/Hausendorf 2007, S. 339; in Anlehnung an Ehlich 1994) zu speichern. Derartige soziomaterielle Organisationsstrukturen regulieren einerseits die Interaktion der Feuerwehrleute bis zu einem gewissen Grad, andererseits dienen sie wie andere Aspekte der kommunikativen Rahmensituation von Moment zu Moment der dynamischen, situierten Herstellung sozialer Ordnung (siehe Habscheid/Gerwinski 2012). In solchen Kontexten situierte Interaktionsprozesse zeigen daher, wie die Feuerwehrleute

---

[1] Hinsichtlich Einsatzübungen kann man den Ort zwar schon als dafür konzipiert charakterisieren, aber nur, wenn der äußere ‚Übungsrahmen' im Fokus der Analyse steht.

im Zusammenhang mit der Nutzung digitaler und vernetzter ortsbezogener Objekte neue Praktiken der Orientierung und Navigation entwickeln und dabei der sprachlichen Verständigung in diesen „soziotechnischen Konstellationen" eine besondere Rolle zuweisen (Rammert 2006).

Es lässt sich vermuten, dass die Verwendung der neuen digitalen Medien handlungsbezogene und dabei v. a. auch kommunikative Veränderungen mit sich bringt und sie ggf. u. a. aufgrund ihres Farbcodes eine eindeutige, unmissverständliche und effiziente Raumkonstitution unterstützt. Aus diesen Überlegungen zur Konstituierung von Raum durch Kommunikation unter besonderen situativen Bedingungen und unter Einbezug neuer Technik im Kontrast zur Verwendung herkömmlicher Technik ergeben sich die folgenden grundlegenden Fragestellungen:

Erstens: Wenn Notfallbewältigungskommunikation ortsbezogen ist und in sprachlicher sowie multimodaler sozialer Interaktion materielle Objekte sowie Umgebungen aufgegriffen und einbezogen werden, welche Objekte und Umgebungselemente sind es demnach, die in den untersuchten Interaktionen v. a. für die Orientierung und Navigation der Beteiligten eine Rolle spielen, und welche Funktionen übernehmen sie im Handeln der Akteure? Welche Wissensformen sind dann für die Beteiligten je relevant und welche Unterschiede ergeben sich durch verschiedene ‚Interaktionsordnungen' (siehe Unterkapitel 2.1).

Zweitens: Es wird angenommen, dass Notfallbewältigungskommunikation selbst im Raum situiert ist und diesen zugleich konstituiert. Damit ist die „Raumstruktur [...] nicht unabhängig gegeben, sondern wird auf der Basis der räumlichen Ding-Konfiguration erschlossen" (Zifonun/Hoffmann/Strecker 1997, S. 326). Unter den Voraussetzungen spielt die räumlich situierte Kommunikation bei mehreren Interaktanten eine ebenso wichtige Rolle bei der Raumerfahrung und -konstitution. Darauf aufbauend wird danach gefragt, wie im Rahmen der Feuerwehreinsätze organisationale und mediale – in Verbindung mit organisationalen – Rahmenbedingungen auf die Lesbar- und Nutzbarmachung von Schauplätzen einwirken und welche kommunikativen Aufgaben und Praktiken die Beteiligten im Rahmen der Raumkonstitution bewältigen.

Drittens: Wenn die Nutzung neuer technischer Medien zu einer veränderten Notfallbewältigungskommunikation führt, stellt sich die Frage, wie sich die kommunikative Praxis durch neue Medien und Zeichensysteme verändert und inwiefern sich in diesem Zuge auch die Funktionen anderer bereits etablierter Medien verändern. Wie werden also Medien in und durch sprachliche Interaktionen situiert, wie werden umgekehrt sprachliche Interaktionen durch mediale Artefakte und Raumstrukturen und deren Lokalisierung je spezifisch konfiguriert und wie erfolgt die Etablierung von Schauplätzen unter Einbezug konkreter digitaler Medien, der sogenannten LANDMARKEN[2]? Dabei geht es somit um Fragen von

---

[2] Um die Ambiguität des Ausdrucks grafisch aufzuheben, wird im weiteren Verlauf immer, wenn auf die neu entwickelten technischen Objekte Bezug genommen wird, die als *Landmarken* denotiert sind, der Ausdruck kursiv und in Kapitälchen gesetzt (LANDMARKEN). Und wenn es um den Ausdruck selbst (wie in dieser Fußnote) geht, wird dieser – genau wie andere objektsprachliche Elemente, auf die im Text metasprachlich referiert wird – kursiv gesetzt. Wird auf beide Kennzeichnungen verzichtet, wird mittels der Benennung auf das alltags-

Status, Funktionen, Einbettung und Vor- sowie Nachteile digitaler Medien im Notfalleinsatz.

Leitlinie all dieser Erkenntnisinteressen in den Analysen bildet die Art und Weise, in der die Akteure die oben aufgeführten Aufgaben und Probleme kommunikativ lösen. Dabei lassen sich generell zwei primäre Untersuchungsfoki differenzieren:

Erstens werden navigations- und orientierungsbezogene (herkömmliche) Handlungspraktiken in Notfalleinsatzübungen unter geosemiotischen Gesichtspunkten untersucht. Diesbezüglich steht die Arbeit mit der Interaktionsanalyse eines spezifischen Anwendungsfalls von Kommunikation in Institutionen in der Tradition der ‚Studies of Work‘.

Zweitens wird die Einbettung digitaler Medien im Rahmen anwendungsbezogener Fragestellungen zur Techniknutzung am Beispiel der LANDMARKEN analysiert. Damit leistet die Arbeit einen Beitrag zu den ‚Workplace Studies‘. Schließlich soll gezeigt werden, was geosemiotisch orientierte Interaktionsanalysen institutioneller Kommunikation leisten und wie gewonnene Erkenntnisse in anderen geosemiotischen Interaktionsanalysen und unterschiedlichen Technikentwicklungsforschungen gewinnbringend aufgegriffen werden können.

Um den Zusammenhang von Raum, Kommunikation über Raum und räumlich situierter Kommunikation mit Hilfe von technischen Objekten angemessen bearbeiten zu können, ist zunächst ein Blick auf das Entwicklungsprojekt ‚Landmarke‘ als Forschungsrahmen für die neuen digitalen Medien und die gesamte Datenerhebung vorzustellen. In welchem geosemiotischen Bezugsrahmen ist es angesiedelt? Die Antwort darauf liefert das theoretische Fundament für die Interaktionsanalysen hinsichtlich raumkonstitutioneller Fragestellungen. Da mit dem Fall der Feuerwehrübungen mehrere Bereiche tangiert werden, kommen Grundlagen der ethnomethodologischen Konversationsanalyse, der Studies of Work, der Workplace Studies, der linguistischen Gesprächsforschung, der Videoethnographie und der Interaktionsanalyse als methodische und inhaltliche Felder der Untersuchung hinzu. So eingebettet erschließt sich das Design der praktischen Datenerhebung sowie des erhobenen Datenkorpus fruchtbarer. Mit diesem Material eröffnet sich schließlich der Zugang zu einem besonderen Kommunikationsraum, dem der Interaktion in Notfalleinsatzübungen der Feuerwehr.

---

sprachliche Konzept der (allgemeinen) Landmarken referiert, das Lynch (1960) eingeführt hat, um „besonders relevante[...] oder markante[...] bzw. saliente[...] Objekte" im Rahmen von Routenplanungen zu bezeichnen (Vorwerg 2003, S. 388). Zitate aus den transkribierten Daten werden in einfache Anführungszeichen und kursiv gesetzt (in der Regel plus Zeilenangabe und ggf. Angabe des Transkriptausschnitts, aus dem es entnommen ist). Auch Raumnummerierungen, die z.B. in Skizzen zur Orientierung des Lesers dienen, werden in einfache Anführungszeichen, aber nicht kursiv, gesetzt. Sind grammatische oder inhaltliche Ergänzungen innerhalb des Zitats aus dem Transkript notwendig, so werden diese in eckigen Klammern eingefügt und entweder ebenfalls kursiv (wenn es sich um sprachliche Formen handelt, die im entsprechenden Turn innerhalb des Transkripts vorkommen, aber an anderer Stelle) oder recte (wenn die sprachlichen Formen nicht im wiedergegebenen Turn des Transkripts vorkommen) gesetzt.

1.2 Entwicklungsprojekt ‚Landmarke'

Die gesamte Untersuchung zu Feuerwehreinsatzübungen ist in einem weiteren Untersuchungs- bzw. Entwicklungskontext verortet. Im Rahmen des BMBF-ge-förderten ‚Landmarke'-Projekts[3] hat ein Zusammenschluss von Entwicklern aus Wissenschaft und Wirtschaft sowie Nutzern und Ausbildern ein neues digitales Medium entwickelt, das speziell Feuerwehrleute in ihren Notfalleinsätzen (und damit unter sehr eingeschränkten Sichtverhältnissen) bezüglich der Navigation und Orientierung unterstützen soll. An dem Projekt beteiligt waren das Fraunhofer Institut für Angewandte Informationstechnik FIT in St. Augustin, die Universität Siegen, das Institute of Telematics Telecooperation Office Teco in Karlsruhe, das Bremer Institut für Betriebstechnik und angewandte Arbeitswissenschaft BIBA, die Dräger Safety AG & Co. KGaA in Lübeck, die Interactive Wear AG aus Starnberg, die Waldemar Winckel GmbH & Co. KG aus Bad Berleburg, das Institut der Feuerwehr Nordrhein Westfalen IdF in Münster und eine Feuerwache der Berufsfeuerwehr in Köln[4]. Ziel der Entwicklung war ein technisches System, das aus mehreren medialen Einzelobjekten besteht, die von Feuerwehrleuten am Einsatzort ausgebracht werden. Diese sollen als allgemeine Landmarken bzw. als Wegmarkierungen[5] den auslegenden, evtl. nachfolgenden sowie den vor dem Gebäude befindlichen Feuerwehrleuten bei der Navigation durch das Gebäude und der Situierung von Personen, besonderen Objekten und spezifischer Infrastruktur Hilfestellung leisten. Form und Funktionen der LAND-MARKEN sind von Beginn der Kooperation an bewusst offen gehalten worden (siehe Ramírez/Dyrks 2010). Beides wurde erst im Verlauf des Projektes in verschiedenen Workshops nach und nach gemeinsam mit den Nutzern erarbeitet, was im Ansatz Schmauks idealisierter

> Entwicklung von Artefakten immer höherer Reflexionsstufen […] in eng miteinander verflochtenen Schritten [zu entsprechen scheint].
> • Die Formmerkmale werden standardisiert […]
> • Komplementär dazu wird das Verhalten der Benutzer standardisiert […]
> • Schließlich bildet sich aus, was die Psychologie ‚funktionale Fixiertheit' nennt (Anderson 1980, S. 282–285): weitere Gebrauchswerte werden aus der Interaktion mit dem Gegenstand ganz ausgeblendet […]. (Schmauks 2001, S. 4–5; Ergänzungen von J.G.)

---

[3] Zum EU-Projekt ‚Landmarke' siehe auch dessen offizielle Websites „www.landmarke-projekt.de" und „www.fit.fraunhofer.de/projects/softwaretechnik/landmarke.html" sowie Dyrks/Denef/Ramírez (2008) und Habscheid et al. (2010). Eine Darstellung der Entwicklung aus technischer und prozessreflexiver Sicht findet sich bei Ramírez et al. (2012) und v.a. bei Ramírez Zúñiga (2012, Kapitel 5).

[4] Aus Gründen des Datenschutzes werden die konkreten Beteiligten an dieser Stelle nicht näher genannt.

[5] Da „Wegmarkierungen und andere elementare Hinweiszeichen […] ursprünglich geschaffen [wurden,] um den eigenen Rückweg wieder zu finden oder Nachkommenden die Wegfindung zu erleichtern" (Schmauks 2002, S. 108), ist das Konzept der LANDMARKEN sehr eng an der Idee der Wegmarkierungen angelehnt. Aber durch den Nutzen für Außenstehende wie den Einsatzleiter und die mögliche Nutzung jenseits des direkten Sichtkontakts geht das Konzept über einfache Wegmarkierungen hinaus (siehe Unterkapitel 2.1).

Die Workshops der Entwickler mit den Nutzern bestanden aus gemeinsamen Diskussionsrunden, Einsatzübungen und Übungsnachbesprechungen. Diese besondere Form der offenen Innovationsgestaltung sowie des starken Einbezugs der Nutzer in den Entwicklungsprozess, bei dem diese als gleichwertige Partner agierten, ist dem besonderen Entwicklungsansatz des Projekts geschuldet. Denn die Projektleiter haben Wert darauf gelegt, streng dem Paradigma des „Partizipativen Designs" (siehe z.B. Kensing/Blomberg 1998; Kensing/Simonsen/ Bodker 1998; Ehn 1989; und zu „Participatory Design in Use" siehe Stevens/ Draxler 2006) zu folgen. Im Rahmen dieses Paradigmas werden die Nutzer (in diesem Falle also die Feuerwehrleute sowie die Ausbilder der Feuerwehrschule) als Mit-Entwickler von Beginn an in den Entwicklungsprozess mit einbezogen. Aufgrund ihres umfassenden – vielfach v. a. „impliziten"[6] bzw. „prozeduralen"[7] – Wissens werden sie als (in diesem Falle: Berufs-)Alltagsexperten betrachtet, die Arbeitsabläufe, Bedingungen, Schwierigkeiten etc. besser als jeder technische Entwickler beurteilen können (siehe Warfield Rawls 2008, S. 710). Damit bekommen die Aussagen, Wünsche und Bedenken der Feuerwehrleute und Ausbilder insgesamt ein höheres Gewicht als die der technischen Entwickler, welche somit eher die Positionen von Beratern des technisch Möglichen, Impulsgebern und ausführenden Konstrukteuren der medialen Objekte im Entwicklungsprozess besetzen.[8] Die Betrachtung der Nutzer als Alltagsexperten ist kompatibel mit

---

[6] Das organisational geteilte Wissen (zu „shared knowledge" in einem weiten Sinne siehe Polanyi 1966 und Ryle 1949) kann dabei nicht getrennt werden von situierten Formen professioneller Diskurse und Interaktionen. Es stellt – zusammen mit den zur Verfügung stehenden Zeichensystemen und (technischen) Medien – die Basis für die Wahrnehmung dar und damit für das Verstehen und die Bewertung von Situationen und Handlungen, auch wenn Notfälle im Allgemeinen die Routinen der Handelnden mindestens bis zu einem gewissen Maße herausfordern und durchbrechen (siehe Clausen/Greenen/Macamo (Hg.) 2003 und Habscheid/ Gerwinski 2012).

[7] Becker-Mrotzek und Brünner bevorzugen den (aus interaktionistischer Perspektive passenderen) Terminus „prozedurales Wissen" (Becker-Mrotzek/Brünner 2004, S. 31 f.) statt ‚impliztes Wissen'.

[8] Dass solch ein Entwicklungsprozess auch unter Konstrukteuren nicht selbstverständlich ist und in vielfacher Hinsicht ein fundamentales Umdenken erfordert, soll ein Diskussionsausschnitt im fortgeschrittenen Stadium der Entwicklung in einem der gemeinschaftlichen Workshops illustrieren: In diesem war erstmals ein neuer – allerdings durch seinen Vorgänger informierter – Konstrukteur für eines der beteiligten Konsortien anwesend. Als einer der Projektleiter anführte, dass die in den ersten beiden Workshops vornehmlich durch die Feuerwehrleute initiierte besondere Form der LANDMARKEN (eine Keilform, damit sie zugleich als Türkeil verwendet werden können) zu den Primärfunktionen zu rechnen sei, erwiderte der neue Kollege sogleich – der klassischen Entwicklungstradition folgend –, dass die Form stets eine Sekundär- und niemals eine Primärfunktion sei, da diese ausschließlich für rein technische Spezifikationen und nicht für Formcharakteristika vorbehalten sei. Was diesem Streitgegenstand zu Grunde lag, waren m.E. vor allem die divergenten Konzepte von Nutzern als Mitentwickler vs. Nutzer als Berater und Tester mit einem sekundären Status im Entwicklungsprozess. Deshalb bestand der Projektleiter im Weiteren (und konsequent im Ansatz des Partizipativen Designs) auf der Priorisierung der Form, welche nicht nur zur Akzeptanz der Artefakte, sondern auch als Grundlage für die weitere Entwicklung als unumgänglich anzusehen war.

dem Paradigma der Konversationsanalyse[9] (siehe Gülich/Mondada/Furchner 2008), weshalb sich diese wie auch dessen derivative Weiterentwicklungen, die Studies of Work (siehe Bergmann 2005) und die Workplace Studies (siehe Luff/ Hindmarsh/Heath (Hg.) 2000 und Knoblauch/Heath 1999), in methodischer Hinsicht zur Erforschung anbieten (siehe Unterkapitel 3.1).

Am Anfang des Entwicklungsprojekts stand ein sog. ‚Kick-Off-Workshop‘ mit allen Beteiligten, an dem die primären Ziele, Wünsche und generellen Limitierungen definiert wurden. Außerdem erprobten sich auch alle technischen Entwickler in der Rolle der Feuerwehrleute im Ausbildungszentrum des IdF in Münster, um zumindest ein Gespür für den Aufgabenbereich zu erhalten. Seitdem gab es jährlich ein bis drei Workshops der Entwickler und Nutzer in Münster (siehe Unterkapitel 4.2) und etwa ebenso viele Treffen der technischen Entwickler für die Absprache technischer Details und die Festlegung z. B. auf einheitliche Hard- und v. a. Software inkl. Programmiersprache. Die gesamtgemeinschaftlichen Workshops in Münster (in deren Rahmen auch die für diese Untersuchung relevanten Daten erhoben wurden) hatten stets folgenden etwaigen Ablauf:

Zuerst wurden gemeinschaftlich (vorläufige) Festlegungen, Überlegungen und erste technische Objekte diskutiert und vorgestellt. Dabei hatten alle technischen Objekte stets eine schlichte und je andere Form mit verschiedenen spezifischen ersten Funktionen, um keinen weit fortgeschrittenen Zustand selbst der Formentwicklung zu suggerieren. So konnte die Gesamtentwicklung gemäß des partizipativen Ansatzes kontinuierlich offen und „anpassbar" (siehe Wulf 1994) gehalten werden. Da allerdings bereits im ersten Workshop einstimmig zumindest eine (vorläufige) symbolische Farbkodierung beschlossen wurde, konnte diese als alle Workshops durchziehende zumindest vorläufige Kontinuität bezüglich der medialen Objekte verwendet und erprobt werden, auch wenn später teilweise minimale Modifikationen vorgenommen wurden (siehe unten).

Nach dieser ersten Vorstellung und Diskussion zogen sich die Feuerwehrleute ohne die Ausbilder und ohne Vorgesetzte, die an den je folgenden Szenarien mitgeplant haben, ihre entsprechende Schutzkleidung an und gingen zu den Einsatzfahrzeugen. In dieser Zeit planten und besprachen die Ausbilder, die unbeteiligten Vorgesetzten aus der Berufsfeuerwehr und die Entwickler die folgenden Einsatzszenarien.

Danach folgten die Übungsszenarien, die von den Feuerwehrleuten entweder mit oder ohne Prototypen[10] der technischen Objekte durchgeführt wurden. Die

---

[9] Dabei darf allerdings nicht der Fehler unterlaufen, die Expertise der Nutzer zu idealisieren. Schließlich muss nicht jede Lösung und Handlung eines Alltagsexperten die jeweils optimale sein.

[10] Dabei wurde bei den Prototypen – ganz im Sinne des ‚Participatory Designs‘ und der Workplace Studies – großen Wert darauf gelegt, dass diese Handlungspraktiken nicht einschränken, sondern erweitern und Raum für neue kommunikative Praktiken und technologische Modifikationen schaffen. Was Suchman, Trigg und Blomberg für ihre Prototypen-Untersuchung reklamierten, galt also gleichermaßen auch für den Entwicklungsrahmen des ‚Landmarke‘-Projekts: „Our aim was that our prototype should exhibit new technological possibilities in ways that, through its demonstrable appreciation for members' familiar practices and its rendering of those practices, made the new possibilities praxiologically relevant to practitioners" (Suchman/Trigg/Blomberg 2002, S. 175).

Übungsszenarien wurden stets durch – echten Einsätzen nachempfundene – kurze Situationsbeschreibungen des Einsatzleiters für die an der Einsatzübung teilnehmenden Feuerwehrleute eingeleitet. Dann ging der erste zwei oder drei Personen umfassende Feuerwehrtrupp (der sog. ‚Angriffstrupp')[11] zur Gefahrenstelle vor und blieb via Funkgerät mit dem Einsatzleiter in Verbindung. Dabei verfügt immer nur der jeweilige Truppführer (in der Regel der hintere der beiden in einer Kette vorgehenden Feuerwehrleute oder der mittlere von drei Feuerwehrleuten) über ein Funkgerät und hält damit die Kommunikationsverbindung zum Einsatzleiter vor dem Gebäude bzw. Einsatzort. Die beiden Feuerwehrleute gingen stets in voller Schutzkleidung vor und waren mit ihrem üblichen Equipment (Feuerwehrschlauch, eine Axt, Holzkeile, ein Funkgerät, ein Seil) ausgerüstet. Rauch wurde entweder durch Kunstnebel[12] im jeweiligen Gebäude oder durch mit speziellen Folien abgeklebte Schutzmasken[13] simuliert. Begleitet wurden die Feuerwehrleute durch Abstand haltende Kameramänner und ggf. *LANDMARKEN*-Zureichende (da es dafür zunächst keine Tragemöglichkeit und nur etwas unkomfortable Programmiermöglichkeiten gab).[14] Der Einsatzleiter

---

[11] Innerhalb der Feuerwehrfachsprache wird die erste zur Gefahrenstelle oder zu rettenden Personen vorgehende Gruppe von Feuerwehrleuten *Angriffstrupp 1* genannt und weitere werden entsprechend durchnummeriert. Gruppen von Feuerwehrleuten, die ausgeschickt werden, um ggf. verunfallte Feuerwehrleute zu bergen, werden als *Sicherheitstrupp* – ebenfalls mit entsprechender Nummerierung – bezeichnet. Ein Trupp besteht in Nordrhein-Westfalen in der Regel aus zwei Feuerwehrleuten. Zwar bildet die Kölner Berufsfeuerwehr mit 3-Personen-Trupps diesbezüglich eine Ausnahme, aber ausgebildet wurden auch sie (wie im Ausbildungszentrum des IdF in Münster üblich) auf der Basis von 2er-Trupps. Innerhalb des Trupps gibt es dann noch eine hierarchische Aufteilung, denn einer der Feuerwehrmänner ist aufgrund seiner Qualifikation und/oder Erfahrung der ‚Truppführer'. Dieser trägt die Verantwortung für seinen Trupp.

[12] Die Übungsanlage des IdF in Münster verfügt über eine von außen steuerbare Rauchsimulationsanlage, die jeden Teil der gesamten Anlage mit all ihren Räumlichkeiten gezielt stark verrauchen kann. Dieser Rauch stellt allerdings zwei Probleme dar: erstens ist die Rauchkonsistenz im Gegensatz zu echtem Feuerrauch ‚ungeschichtet', d. h. die Lichtundurchlässigkeit des Rauchs ist kontinuierlich. Bei echtem Feuerrauch nimmt die Lichtundurchlässigkeit von unten nach oben zu, weshalb sich auch Feuerwehrleute in verrauchten Gebäuden kriechend bewegen. Zweitens wird durch den Rauch selbstverständlich ab einem gewissen Punkt die Videoaufnahme zu einer reinen Audioaufnahme degradiert.

[13] Das Abkleben der Schutzmasken ermöglichte echte Videoaufnahmen vom Einsatz (da dann kein zusätzlicher Rauch verwendet werden musste) und entspricht der Übungstechnik der Berufsfeuerwehr, welche diese bei kleineren regelmäßigen Übungsszenarien in und um ihre jeweilige Wache herum anwenden. Die verwendeten Folien lassen zwar einen unspezifischen Lichtschein durch, beschränken allerdings die Sicht vergleichbar mit starkem Rauch. Auch bei dieser Technik unterscheidet sich die Simulation von echtem Rauch derart, dass keine Schichtung simuliert wird und damit selbst in Bodennähe kaum visuelle Wahrnehmung erfolgen kann.

[14] In den ersten Übungsszenarien gingen ebenfalls noch einige Entwickler mit, um sich vor Ort ein Bild über den Einsatz und die Verwendung zu machen. Da das allerdings zu Seitengesprächen und damit Störungen der Übungssituation führte, wurde dies unterbunden. Dabei bleibt anzumerken, dass sich die Störungen auf die Audioaufnahmen bezogen und nicht etwa auf die beteiligten Feuerwehrleute, welche keine im Material nachweisbaren Handlungs- und Kommunikationsmodifikationen vornahmen. Das lässt sich wahrscheinlich darauf zurückführen, dass die Entwickler – wie auch die Kameramänner – weder visuell noch

blieb außerhalb des Gebäudes bzw. in sicherem Abstand zum Einsatzort nahe dem Einsatzfahrzeug mit den bereitstehenden weiteren Feuerwehrleuten (mindestens ein Maschinist, der die Wasserleitungen anschließt und verwaltet sowie die verbrauchte Atemluft der Feuerwehrleute im Einsatz protokolliert, und mindestens ein weiterer Angriffs- und/oder Sicherheitstrupp). Die Einsatzszenarien sahen vor, dass die Trupps entweder nur eine vorgegebene Aufgabe (z. B. die Bergung von vermissten Personen) zu erledigen hatten oder dass diese während der Aufgabenbewältigung von am Einsatz unbeteiligten Vorgesetzten, die in die Szenarien-Planung involviert waren, kurzfristig instruiert wurden, einen Notfall zu simulieren, so dass ein Rettungstrupp losgeschickt werden musste. Bei der Planung der Szenarien wurde seitens der Verantwortlichen großer Wert auf realistische und in der Regel in ähnlicher Weise stattgefundene (selbst erlebte oder von Kollegen berichtete) Situationen gelegt. So waren die meisten Übungsunfälle Atemschutznotfälle, bei denen ein Feuerwehrmann[15] nicht mehr genug Sauerstoff via Pressluftatmungsgerät erhielt. In solchen Fällen wurde ein Sicherheitstrupp zur Rettung des Kollegen losgeschickt. Dieser Trupp wurde ebenfalls von mindestens einem Kameramann und ggf. einem LANDMARKEN-Zureichenden begleitet. In anderen Szenarien wurde zeitlich versetzt zum ersten noch ein zweiter Angriffstrupp von einer anderen Zugriffsstelle aus zum Einsatzort angewiesen. Auch in solchen Fällen wurden die Feuerwehrleute entsprechend begleitet. In der Regel wurde die Übung abgebrochen, sobald die Evakuierung der zu Rettenden angelaufen war bzw. sobald das zu löschende (ebenfalls von der Übungsanlage – allerdings nur visuell – simulierte) Feuer für gelöscht erklärt wurde.

Die Aufgaben-Priorisierung der Feuerwehrleute lässt sich folgendermaßen skizzieren: 1. Schutz der eigenen Person. 2. Schutz und ggf. Rettung des bzw. der unmittelbaren Kollegen. 3. Schutz und ggf. Rettung der mittelbaren Kollegen. 4. ggf. Bergung und Rettung vermisster Personen. 5. ggf. Löschen des Feuers. 6. Befolgung weiterer Instruktionen bzw. Bewältigung weiterer Aufgaben; dazu zählt u. a. regelmäßiges Informieren des Einsatzleiters über den Stand der Mission, die verbleibende Atemluft der Trupp-Mitglieder, räumliche Beschaffenheiten etc.

Nach Abbruch der Einsatzübung gingen alle Beteiligten sowie Entwickler (ebenfalls von Kameramännern begleitet) gemeinsam den Einsatz durch und diskutierten Abläufe, Probleme, Hilfestellungen mit oder ohne neue technische Medien und entsprechend Vorteile bzw. Anforderungen an die neuen technischen Medien.

Je Workshop gab es eine bis vier dieser Einsatzübungen inkl. Nachbesprechungen. Außerdem wurden häufig parallel von anderen Teilnehmern weiteres,

---

haptisch wahrzunehmen waren und ihre Gespräche so leise erfolgten, dass die Feuerwehrleute aufgrund ihrer sensorischen Einschränkungen (visuell: Rauch oder verklebte Masken; haptisch: hitzebeständige, feste Schutzkleidung inkl. Stiefel und Handschuhe; olfaktorisch und gustatorisch: Masken; akustisch: Masken und laute Bewegungsgeräusche, z. B. verursacht durch Schlauch, Axt, Atmen) die Gespräche kaum bzw. nicht wahrnehmen konnten.

[15] Da unter allen beteiligten Feuerwehrleuten im Rahmen des Projektes keine Feuerwehrfrau war, wird im weiteren Verlauf der Untersuchung bei der Bezeichnung einzelner Feuerwehrleute auf geschlechtsneutrale oder beide Geschlechter berücksichtigende Formulierungen verzichtet und stattdessen nur von *Feuerwehrmann* die Rede sein. Des Weiteren wird aus Gründen der besseren Lesbarkeit auf die geschlechtsspezifische Differenzierung verzichtet und das generische Maskulinum verwendet.

bereits existierendes technisches Equipment bzw. einzelne, von den eigentlichen Prototypen losgelöste, von den Entwicklern produzierte Artefakte mit speziellen Funktionen getestet. Diese Funktionstests waren dergestalt, dass bestimmte gewünschte Funktionen wie z. B. eine Abstandsmessung und -anzeige zwischen Person und einem einzelnen Objekt zwar in der Übungsanlage aber weder mit Prototypen (stattdessen z. B. mit verkabelten Handgeräten) noch in simulierten Einsätzen (also ohne Übungsrahmung) getestet wurden.

Nach den Einsatzübungen inkl. Nachbesprechungen gab es am letzten Tag des Workshops je eine gesamtgemeinschaftliche Diskussionsrunde, in der wichtige Erkenntnisse, Wünsche, Anforderungen, Probleme etc. diskutiert und festgehalten wurden. In diesen Diskussionsrunden waren es nachweislich (was sich z. B. in der Menge und Länge der Redeturns niederschlug) die beteiligten Feuerwehrleute und Ausbilder, die als Experten resümierten und die weitere Entwicklung beeinflussten.

Vielfach bildete dann noch eine Diskussionsrunde der technischen Entwickler den Gesamtabschluss der Workshops, zu dem dennoch alle Beteiligten eingeladen waren. Dabei ging es dann v. a. um die Festlegung weiterer Hard- und Software-Spezifikationen, einer gemeinsamen Programmiersprache, einer entsprechenden Arbeitsverteilung und Terminvereinbarungen.

Am Ende des gesamten Projektes stand schließlich die Entwicklung eines voll einsatzfähigen und ggf. sogar für die Massenproduktion geeigneten technischen Hilfsmittels, das in die Übungs- und Realeinsatzpraktiken Eingang finden kann und von erfahrenen Praktikern erprobt und mitentwickelt worden ist. Die Hauptfunktionen des Mediums sind dabei:[16] 1. Unterstützung der auslegenden Feuerwehrleute bei der Orientierung und Navigation im Gebäude, 2. Unterstützung der auslegenden Feuerwehrleute beim Verlassen des Gebäudes, 3. Orientierungshilfe (z. B. Präzisierung und Anreicherung „kognitiver Landkarten"[17] [O'Keefe/ Nadel 1978]) für den Einsatzleiter, 4. Orientierungs- und Semantisierungshilfe für nachfolgende Trupps. Diese erhalten durch die LANDMARKEN räumlich situierte Zusatzinformationen von vorangegangenen Trupps und können auf diese Weise ggf. Arbeitsabläufe optimieren, z. B. zu noch nicht durchsuchten Räumlichkeiten vordringen, bestimmte durch die LANDMARKEN markierte Orte schneller und ggf. präziser aufsuchen[18] oder Gefahren- und andere besondere Stellen frühzeitig identifizieren.

---

[16] Dies stellte sich im Verlauf der Analyse heraus. Dazu zählen z. B. die Reflexion der Situation, der Lokalität und der Handlungspraxis sowie die Unterstützung der Artikulationsarbeit (sowohl untereinander als auch mit dem Einsatzleiter).

[17] Diese kognitiven Karten (zu neuronalen Weg-Integrationsmechanismen bezüglich dieser siehe z. B. Downs/Stea 1973, O'Keefe/Nadel 1978, Kumaran/Maguire 2005 und McNaughton et al. 2006; und zu neuronalen Grundlagen von Navigationsleistungen siehe u. a. Sutherland/ Hamilton 2004) gehen zurück auf kognitionswissenschaftliche und neurowissenschaftliche Erkenntnisse zu Raum- und Orientierungsrepräsentationen im Gehirn. Zu Zweifeln am Konzept der kognitiven Landkarten aus neuroinformatischen Befunden siehe u. a. Wolter et al. (2009) und den populärwissenschaftlichen Übersichtsartikel von Seidler (2011).

[18] Hier wäre es denkbar, dass eine Angabe wie bei Landmarke drei eine eindeutigere Identifizierung erlaubt als die Angabe dritter Raum rechts hinsichtlich Orientierung (z. B. der polaren lateralen Koordinaten links vs. rechts (siehe Vorwerg 2003) je nach Standpunkt) und

Die neuen technischen Medien sollten – so das vorläufige Ergebnis nach einigen Workshops – folgende Form- und Funktionsmerkmale aufweisen: Ihre Form sollte ihre Transportabilität erhöhen und idealiter mehrfach funktional sein, d. h. auch andere als die eigentlichen Funktionen gewährleisten sowie bestehende Alltagspraktiken unterstützen, damit sie von neuen Nutzern von Beginn an nicht als unnötiger Ballast und überflüssiges, weiteres belastendes Equipment erlebt werden. Deshalb einigten sich die Beteiligten auf eine zweifache Keilform, wodurch sich die Keile unter normale und hohe Türen schieben lassen, was erstens ihre Fixierung an ihrem primären Positionierungspunkt, an Türen, unterstützt und sie zweitens auch unabhängig von ihrer medialen Verwendung als (Arbeits-) Alltagsgebrauchsgegenstand qualifiziert. Mit dieser Form folgten die Entwickler der LANDMARKEN auch einem Entwicklungsansatz, den Dourish im Rahmen seiner Forderung nach „embodied interaction" (Dourish 2004, S. 102) als „tangible design" (ebd., S. 52) bezeichnet; demnach nutzen die Entwickler „the physical properties of the interface to suggest its use" (ebd.).

Dann gibt es eine einfache Farbsymbolik, deren Semantik nur in Grundzügen im Vorhinein festgelegt wurde und zudem via LEDs an den Objekten als wahrnehmbare Symbolik und später via Funkübertragung auf externen Displays umgesetzt wurde. Die erste gemeinsam vereinbarte Farbsymbolik war folgende: grün steht für vollständig durchsuchte Räumlichkeiten, in denen sich keine Personen (inkl. Feuerwehrleute mehr) befinden; gelb steht für Räumlichkeiten, die von den auslegenden Feuerwehrleuten betreten, aber noch nicht wieder verlassen wurden; orange steht für (nur) teildurchsuchte Räumlichkeiten, die bereits wieder verlassen wurden; blau steht für eine Wegmarkierung, d. h. die entsprechende Stelle wurde passiert (ohne, dass es sich dabei um eine Tür zu einer Räumlichkeit handelt); rot steht generell für Gefahr und kann sowohl (aktuelle und ehemalige) Brandräume sowie besondere Gefahrenstellen wie Gasleitungen kennzeichnen. Während die roten, blauen und grünen LANDMARKEN bis zuletzt beibehalten wurden, wurden die Bedeutungen für die gelben und die orangenen LANDMARKEN von der zweiten Entwicklungsstufe an zusammengezogen und nur noch durch gelbe LEDs kodiert. Eine interessante Beobachtung betrifft zudem die Benennung der unterschiedlichen LANDMARKEN: Sie erhalten weder in den Workshops noch in den Einsatzübungen farbbezeichnungsunabhängige Benennungen, sondern werden stattdessen z. B. als ‚rote Landmarken' (resp. einfach als ‚rote' etc.)[19] bezeichnet. Auf diese Weise wird der Umgang mit diesen Medien erleichtert (ohne zusätzlich notwendiges Wissen) und ihre Bedeutung nicht (frühzeitig) reduziert.[20]

---

ggf. Identifizierung (was gilt noch/schon als Raum und was ist Flur, Treppenhaus, Parkhaus, Bucht, Nische, Zwischenraum etc.?).

[19] Siehe die Transkriptausschnitte in Kapitel 5.

[20] Dennoch wird ihre aktuelle Verwendungsweise je in situ besprochen bzw. ausgehandelt (siehe Unterkapitel 5.2 bis 5.7). Schließlich ist „[d]ie Verwendung von geographischen Objekten als Landmarken [...] nur sinnvoll, wenn der Leser ihre Bezeichnungen kennt" (Schmauks 1996, S. 14) und dies gilt selbstverständlich gleichwohl für die Verwendung von Artefakten.

Einen ‚Prototyp'[21] der ersten Entwicklungsstufe, der als Handlungen unter-stützendes semitechnisches Übungsartefakt für den ersten Übungsworkshop diente, zeigt Abbildung 1:

Abb. 1: Eine gelbe LANDMARKE der ‚Entwicklungsstufe 1' („Throwie")[22]

Die LANDMARKEN der ersten Entwicklungsstufe mussten aus technischen Grün-den[23] zum Teil farblich verändert werden. So gab es im ersten Workshop mit den LANDMARKEN der ersten Entwicklungsstufe folgende Farben: rot (Grundseman-tik: Gefahr; „rt"), grün (Grundsemantik: Räumlichkeit vollständig durchsucht; „gn"), gelb (Grundsemantik: Räumlichkeit betreten, aber noch nicht wieder verlassen; „ge"), weiß (für orange; Grundsemantik: Räumlichkeit nur teilwei-se durchsucht; „ws" bzw. „or") und blau-gelb (für blau; Grundsemantik: Weg-markierung; „bl-ge" bzw. „bl"). Da diese Modifikation (zur oben aufgeführten Festlegung im ersten Workshop) den Teilnehmern erst kurzfristig mitgeteilt wurde, finden sich während der Übungen des ersten Workshops auch bezüglich der ersetzten Farbmarkierungen teilweise kommunikative Aushandlungen und Korrekturen, die auf die geänderten resp. ersetzten Farbmarkierungen zurück-zuführen sind.

In der zweiten Entwicklungsstufe stand statt der Farbsymbolik die Program-mierbarkeit und Auslegenummer der LANDMARKEN im Fokus des Interesses der Entwickler. Für Workshops in diesem Stadium wurden folgende – im Weiteren aufgeführten und kurz charakterisierten sowie je abgebildeten – Prototypen für die Einsatzübungen zur Verfügung gestellt. Neben der spezifischen Farbsym-

---

[21] Genaugenommen handelt es sich bei den Objekten der ersten Entwicklungsstufe im tech-nischen Sinne nicht um Prototypen, sondern um Präformen, die der Entwicklung von Proto-typen dienen.

[22] In Klammern in der Bildlegende wird jeweils die Entwickler-interne Bezeichnung der Proto-typen aufgeführt.

[23] Die Realisierung war beschränkt durch 1. günstig verfügbare und 2. visuell unterscheidbare LEDs resp. LED-Kombinationen.

bolik weist jede LANDMARKE ab Entwicklungsstufe 2 mittels einer zweiziffrigen 7-Segmentanzeige[24] (siehe z. B. Abb. 2 oben) eine Auslege- sowie eine Truppnummer auf, womit jedes Objekt eindeutig gekennzeichnet und als eindeutige (allgemeine) Landmarke identifizierbar ist. Zusammen mit der grundlegenden Farbsymbolik sind diese Vorinformationen (auch) für die Nutzer vergleichbar mit einer ‚Leseanweisung', die vorgibt, wie die LANDMARKEN zu ‚lesen' sind. Dies geht im Allgemeinen jedem Lesevorgang (im weitesten Sinne) voraus (siehe Scollon/ Scollon 2003, S. 6). Die technischen Objekte sind dabei vom auslegenden Trupp je durch einen einfach zu bedienenden und entsprechend großen Druckknopf und ab Entwicklungsstufe 4 zusätzlich durch ein geführtes Bedienfeld über Funk hinsichtlich ihrer Farbsymbolik programmierbar. Die beiden Nummerierungen sind dabei aufgrund der Entnahmevorrichtung ab Entwicklungsstufe 4 bereits vorgegeben. Neben der Farbsymbolik und der Auslege- und Truppnummer am Objekt selbst, sollten diese Informationen plus etwaige Entfernungsangabe auch via Funk an visuelle Displays innerhalb der Schutzmasken gesendet werden.[25] Außerdem ließen sich sowohl eigene wie auch fremde LANDMARKEN gezielt mit dem vom jeweiligen Truppführer mitgeführten Bedienfeld ansteuern und so zu einem akustischen Signal veranlassen. All diese technischen Charakteristika waren in die LANDMARKEN-Prototypen der ‚Entwicklungsstufe 1' noch nicht integriert (siehe Abb. 1), stattdessen wurden in den Szenarien, in denen mit diesen LANDMARKEN gearbeitet wurde, von mitlaufenden Personen Beutel mit diesen vordefinierten (nicht programmierbaren) LANDMARKEN mitgeführt und bei (angemeldetem) Bedarf seitens der agierenden Feuerwehrleute die entsprechenden Objekte ausgehändigt.

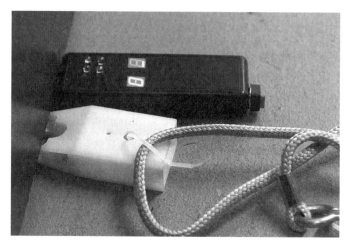

Abb. 2: Eine schwarze LANDMARKE der ‚Entwicklungsstufe 2' („Throwie 2.0")

[24] Mittels einer ‚7-Segmentanzeige' (siehe Abb. 2) lassen sich alle Ziffern technisch relativ einfach und günstig mit sieben zusammen die Ziffer ‚8' bildenden einzeln ansteuerbar leuchtenden Linien digital darstellen.
[25] Die visuelle Anzeige in der Schutzmaske wurde aber bis zum Ende des Entwicklungsprojektes nur in einem Prototypen umgesetzt und nicht im Rahmen einer Einsatzübung getestet.

In der dritten Entwicklungsstufe wurden in die Prototypen neben der Farbsymbolik und Auslegenummer bereits eine Reihe von Sensoren, Schaltungen und akustischen Signalgebern eingebaut, und sie ließen sich fernprogrammieren und via Funk ansteuern. So konnten z.B. per Handgerät bestimmte LANDMARKEN zum Piepsen gebracht werden. Diese Stufe stellte technisch bereits eine direkte Vorstufe zum letzten Prototyp dar, war allerdings bezüglich Form und Haptik (siehe Abb. 3) nur sehr experimentell und vornehmlich zum Testen dieser technischen Integrationen gedacht. Aufgrund des Formfaktors und der beschränkten Menge an Objekten, wurden mit diesen auch keine umfangreichen Szenarien bzw. Simulationen erprobt, sondern sie wurden nur unter recht eingeschränkten Verhältnissen von ein paar Teilnehmern getestet. Deshalb sind auch keine Daten aus diesem Workshop in das empirische Kapitel dieser Arbeit aufgenommen worden.

Abb. 3: Eine LANDMARKE der ,Entwicklungsstufe 3' („UFO")

Die Prototypen der vierten und letzten Entwicklungsstufe wurden mit zusätzlichen Sensoren, Spannungsversorgungen, Schaltungen, Sende- und Empfängereinheiten für unterschiedliche Datenübertragungsstandards ausgerüstet und für ihren Transport stand eine an der Schutzkleidung der Feuerwehrleute zu befestigende Trageeinheit zur Verfügung, aus der die LANDMARKEN selbst (ohne Hilfe durch mitgehende Anreichende) entnommen werden konnten und zugleich eine feste Nummerierung zugewiesen bekamen (so trug die erste entnommene LANDMARKE des ersten Trupps z.B. die Ziffernfolge ,10' und die zweite entnommene LANDMARKE des zweiten Trupps die Ziffernfolge ,21').[26]

---

[26] Dass die LANDMARKEN-Indizierung mit ,0' statt mit ,1' begann, war der Tatsache geschuldet, dass zehn LANDMARKEN pro Trupp mitgeführt werden sollten und die Entwickler sich entschieden haben – dem technisch zunächst einfachsten Wege folgend – die ,0' als erste statt als zehnte Ziffer zu vergeben. Dass dies auch Zuordnungsschwierigkeiten für die Nutzer ergab, lässt sich in TA61 belegen. Daraus haben die Entwickler auch die Konsequenz gezogen, bei einer Weiterentwicklung/Modifizierung fortan mit einer ,1' die Nummerierung zu beginnen.

Abbildung 4 zeigt die LANDMARKEN der Entwicklungsstufe vier. Abbildung 5 zeigt den Transportbehälter (inkl. LANDMARKEN) für die Prototypen der Entwicklungsstufe 4 und Abbildung 6 zeigt das Eingabegerät für diese Prototypen, das jeweils ein Feuerwehrmann eines Trupps mit sich führte und mit welchem er sowohl seine als auch die LANDMARKEN anderer Trupps auch aus der Ferne auslesen (z. B. LANDMARKE 2 ist blau), umprogrammieren (z. B. umstellen einer gelben LANDMARKE auf grün) und piepsen lassen konnte.

Abb. 4: LANDMARKEN in Keilform: ‚Entwicklungsstufe 4' („WEDGES")

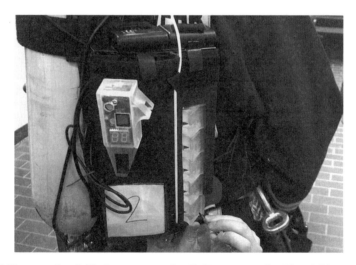

Abb. 5: Transportbox inkl. LANDMARKEN für die Prototypen der ‚Entwicklungsstufe 4'

Abb. 6: Eingabegerät für das Auslesen und Umprogrammieren der LANDMARKEN
der ‚Entwicklungsstufe 4'

Aufgrund der realitätsnahen Einsatzübungen innerhalb dieses Forschungsprojektes, des Forschungsparadigmas und der umfassenden Datenerhebungs-
möglichkeiten ergaben sich zunächst einmal ideale Bedingungen für die Untersuchung der interaktionalen Leistungen aller Beteiligten bei der Navigation und
Orientierung unter den oben aufgeführten schwierigen Bedingungen und unter
der Prämisse eines interaktionistisch-konstruktivistischen Forschungsansat-
zes (siehe dazu auch Kap. 3). Dass es dabei ausgerechnet um die Entwicklung
und Erprobung neuer technischer Medien zur Unterstützung der Orientierung
ging, ist für diesen Forschungsansatz besonders einschlägig, weil auf die Weise
Orientierungs- und Navigationsleistungen kontrastiv (herkömmliche Praxis vs.
Verwendung der neuen technischen Medien) und im Entwicklungs- und damit
im Technikaneignungsprozess untersucht werden können. Die Implementierung
diverser Funktionen in diese Objekte, der Umgang damit, die darum angeord-
nete ‚Artikulationsarbeit' (siehe Unterkapitel 2.3) aller Beteiligten sowie die
Nachbesprechungen und Diskussionen erlauben vielfältige gesprächsanalytisch
fundierte Interpretationsmöglichkeiten bezüglich der in Kapitel 1 angeführten
Untersuchungsschwerpunkte.

2 Geosemiotischer Bezugsrahmen

Da alle im Einführungskapitel 1 skizzierten Aspekte geosemiotische Fragestellungen tangieren, wird zunächst eine Übersicht über geosemiotische Grundlagen gegeben, dann werden sprachliche Verfahren der Bezugnahme auf Raum als Spezialfall geosemiotischer Fragestellungen erörtert und schließlich eine erste Annäherung an eine semiotische Charakterisierung der vielfach in den untersuchten Einsatzübungen verwendeten LANDMARKEN vorgenommen. Auf dieser Grundlage werden in den Analysen Aspekte der Raumkonstitution sowie der Gebrauch technischer Medien im Kommunikationsvollzug am Beispiel der LANDMARKEN untersucht.

2.1 Geosemiotische Grundlagen

Die Geosemiotik bildet das Kernstück dieser Untersuchung, denn es sind Fragen zur georeferenziellen Bedeutungsgenerierung, die alle Untersuchungsaspekte und Fragestellungen mitbestimmen. Schließlich ist es das (geo)semiotische System, mit dem alle sich bewegenden Akteure unumgänglich konfrontiert werden, v. a. wenn sie mit – sei es mit primären oder nur peripheren – Aufgaben hinsichtlich der Orientierung und Navigation betraut sind. In diesem Unterkapitel wird zunächst der erste Teil des Terminus („geo") erörtert, daran schließen sich semiotische Basiskonzepte an, bevor Grundlagen und Ergebnisse aktueller Forschung zur Geosemiotik dargestellt werden. Darauf folgen zeichentheoretische Kategorisierungen zu semiotischen Räumen und schließlich werden Orientierungs- und Navigationsaufgaben im Rahmen raumsemiotischer Konzepte mit Blick auf die dieser Untersuchung zu Grunde liegenden Interaktionssituationen erörtert.

Zunächst ist zu klären, was im Folgenden unter *Raum*[27] verstanden werden soll und wie sich im Rahmen dieser Untersuchung (und der zu Grunde liegenden Daten) sowohl die Konstitution von Räumen durch physisch-materielle Objekte und sozial agierende Menschen als auch die Interaktionsbeeinflussung durch

---

[27] Zu einer kritischen Beurteilung des „ontologischen Status von Raum" in der Soziologie und der Sozialgeografie siehe z. B. Werlen (2008). Zu einer weit gefassten physikalisch-konkreten Raumdefinition im Rahmen einer literarischen Auseinandersetzung siehe Zoran (1984, S. 316 ff.), der „die Merkmale Volumen, Ausdehnung und Dreidimensionalität heranzieh[t]" (Dennerlein 2009, S. 51). Davon abzugrenzen ist das Konzept des „erlebten Raumes", das Dennerlein in Anlehnung an Hoffmann (1978) für literaturwissenschaftliche Analysen verwendet und gegen eine „euklidisch-geometrische [... Konzeption als] messbares Objekt" heranzieht und damit Raum „als Gegenstand des Erlebens konzipiert" (Dennerlein 2009, S. 55). Zu einem alltagsverständlichen sozialgeografischen Verständnis von Raum siehe Dennerlein (2009, S. 58 f.) in Anlehnung an Schlottmann (2005). Zur allgemeinen Mehrdeutigkeit des Ausdrucks *Raum* (bzw. ‚room' und ‚space') siehe Schmauks (2002, S. 1).

räumlich situierte physisch-materielle Entitäten adäquat beschreiben lassen. Domke definiert – orientiert an de Certeau (1988, S. 217 ff.)[28] – ,Ort' und ,Raum' folgendermaßen: „Orte sind [...] geographisch definierbar und durch physikalisch-materielle Gegebenheiten bestimmbar, Räume hingegen werden diskursiv generiert und durch kommunikative Handlungen zu bestimmten Räumen" (Domke 2010b, S. 272). Durch eine solche Raumdefinition (in Abgrenzung zu ,Ort') wird deutlich, warum die oben angeführte komplexe Verschränkung der Phänomene kategorisch greifbar und semiotisch analysierbar wird: Räume sind dieser Definition nach untrennbar mit den räumlich situierten kommunikativen Handlungen in sich gegenseitig (re)konstituierender Weise verknüpft.[29]

Auer hingegen kombiniert zwar ebenfalls das Raumkonzept mit kommunikativen – bzw. allgemein (inter)aktionalen – Anschlusshandlungen, referiert allerdings mit *Raum* auf Physisch-Materielles und nähert sich Domkes Raumkonzept eher mit dem Terminus „Schauplatz" bzw. „locale" an (siehe Auer 2010).[30] Damit bezieht er sich explizit auf Giddens' Konzept von kollaborativen Handlungen (siehe Giddens 1984), die durch Schauplätze ermöglicht werden. Denn „der Raum [bzw. der *Ort* nach Domke] bietet Schauplätze (locales), die bereits die Möglichkeit bestimmter Aktions- bzw. Interaktionsroutinen in sich tragen" (Auer 2010, S. 274 f.; Ergänzungen von J. G.) und im Hinblick auf ortsgebundene Zeichen ergänzt er: „Solange jeder weiß, welche Handlungen an welchen Orten möglich, unmöglich, erwünscht, notwendig, anzuraten etc. sind, ist es nicht notwendig, Schrift einzusetzen, um diese Handlungsräume zu eröffnen" (ebd., S. 275). Ein solcherart skizzierter Schauplatz (aus organisationaler Sicht) erstreckt sich – in den hier untersuchten Szenarien – über verschiedene Orte (über alle Orte, an denen Mitglieder der Organisation bzw. im weitesten Sinne Betei-

---

[28] De Certeau schreibt dazu: „Insgesamt *ist der Raum ein Ort*, mit dem man etwas macht. [...] Bereits Merleau-Ponty unterschied einen ,geometrischen' Raum (eine ,homogene und isotrope Räumlichkeit', die analog zu unserem ,Ort' ist) von einer anderen ,Räumlichkeit', die er als einen ,anthropologischen Raum' bezeichnete" (de Certeau 1988, S. 218–219).

[29] Mit dem Konzept der „(An-)Ordnung" fokussiert Domke in Anlehnung an Löw/Steets/Stoetzer (2007) zudem die beiden Charakteristika von Räumen, „dass Räume erstens auf der Praxis des Anordnens (der Leistung der wahrnehmend-synthetisierenden Verknüpfung sowie auch auf einer Platzierungspraxis) basieren, Räume aber zweitens auch eine gesellschaftliche Ordnung vorgeben" (Löw/Steets/Stoetzer 2007, S. 63 ff. nach Domke 2010b, S. 264). Der gesamtgesellschaftliche Fokus soll in dieser Arbeit aber nicht untersucht werden, weshalb dieses Konzept hier keine entsprechende Berücksichtigung erfährt. Es werden ebenso Fragen zur „Kolonialisierung des Raumes" (Auer 2010, S. 295 ff.) ausgeklammert.

[30] Auch Dourish unterscheidet ,space' und ,place' wie Auer, indem er ,space' als ,physical' und ,place' als ,social' charakterisiert (siehe Dourish 2004, S. 87 ff. und 149 sowie Harrison/Dourish 1996). Im Anschluss an Dourish schlagen Harrison/Tatar für die ,CSCW' mit „*locus*" einen weiteren Terminus zur Begriffsdifferenzierung vor, denn sie verwenden „*loci* to describe the space-places that exist (or do not) prior to the commencement of place creation" (Harrison/Tatar 2008, S. 108) und damit im Sinne des für diese Untersuchung vorgeschlagenen ,Ort'-Konzeptes. Sie unterscheiden nämlich „[t]he Roles of Place and Space in Collbaroative Systems" folgendermaßen: „(1) distinguishing between the design of a space – conceptualized as a simple physical or virtual location – and a place – conceptualized as such a location designed for human functionality – and (2) engaging in the design of places by characterizing ,appropriate behavioral framing' of that place" (ebd., S. 127).

ligte sich aufhalten) und verändert sich ständig im Verlauf der Interaktion. Hierbei gilt es hervorzuheben, dass Räume nicht einfach als existent vorausgesetzt werden, sondern dass sie wahrgenommen werden müssen und v. a., dass sich die Beteiligten diese in Kollaboration aneignen bzw. diese erst gemeinschaftlich erzeugen. Das nehmen sie perspektivisch auf dem Hintergrund ihres je eigenen Arbeitsauftrags bzw. -status vor, indem sie die Orte mit Bedeutung(en) verknüpfen. Auf diese Art und Weise machen die Feuerwehreinsatzkräfte die Orte innerhalb ihrer Operationen als Räume versteh- und nutzbar, und zwar sowohl für sich selbst als auch für die anderen Beteiligten. Die Versteh- und Nutzbarmachung erreichen die Akteure insbesondere durch linguistische und andere Zeichen. Ein Teil dieser kommunikativen Handlungsziele richtet sich auf die räumliche Situierung relevanter Objekte, Personen, Ereignisse etc. innerhalb der auf diese Weise etablierten Schauplätze ihres Einsatzes und auf die Verbindung dieser Repräsentationen mit dem, was wahrgenommen werden kann, teilweise sogar hinsichtlich antizipierter Situationen im Einsatz.

Im Folgenden soll in Anlehnung an Domke mit *Ort* auf „physikalisch-materielle Gegebenheiten" (Domke 2010b, S. 272) referiert werden. *Raum* soll als (inter)aktional (v. a. kommunikativ) konstituierte lokalisierbare Größe Verwendung finden. Dadurch wird mit *Raum* v. a. auf „Raum als Hervorbringung" und weniger auf „Raum als Ressource" im Sinne von Hausendorf u. a. (Hausendorf/Mondada/Schmitt 2012 und Hausendorf 2012) Bezug genommen. Die Konzeptualisierung von „Raum als Ressource" findet sich in dieser Untersuchung je nach kommunikativem Status der physisch-materiellen Umgebung in *Ort* oder *Raum* und wird insbesondere als *Schauplatz* bezeichnet, womit nach Auer (in Anlehnung an Giddens) die eröffnenden Handlungsmöglichkeiten spezifischer Räume fokussiert werden.

Im Sinne dieses Raumkonzeptes bringen Geppert, Jensen und Weinhold die Entitäten Raum (bzw. Raumbezüge hinsichtlich der Orientierung), Individuum und kommunikative Praktiken mit dem Terminus „Verräumlichung"[31] (Geppert/Jensen/Weinhold 2005) unter einem konstruktivistisch-interaktionalen Paradigma anschaulich zusammen (ohne allerdings eine Differenzierung hinsichtlich ‚Ort' und ‚Raum' vorzunehmen). Sie bezeichnen

> [m]it ‚Verräumlichung' [...] jenes Set kommunikativer Praktiken, mit dem Individuen Raumbezüge herstellen und sich entsprechend orientieren. Historische Akteure kommunizieren im und über Raum und verwenden dazu eine Vielzahl unterschiedlicher Strategien; gleichzeitig stellen sie durch ihre kommunikativen Praktiken neue räumliche Bezüge her oder entwerfen gänzlich neue Raummuster. [...] Die heuristische Trias umfasst drei unterschiedliche, einander ergänzende Perspektiven: ‚Kommunikation von Raum', ‚Kommunikation im Raum' und ‚Raum durch Kommunikation'. Während Raum selbst Gegenstand von kommunikativen Praktiken aller Art ist (Kommunikation von Raum, etwa im Medium der Karte), sind diese Kommunikationsakte wiederum

---

[31] Hierbei wird explizit nicht Bezug genommen auf Derridas abstraktere (an Saussure angelehnte) zeichentheoretische „Verräumlichung" (im Zusammenhang mit „différance", siehe Derrida 1976, S. 11 f. und v. a. 13 f.), wonach das Zeichen in einer doppelten Differenz neben der „Temporisation von Präsenz und Absenz" auch eine „Differenz-von-sich-selbst" aufweist, das „heißt, daß alle möglichen Gegebenheiten sich erst bilden in ihrer differentiellen Bezogenheit aufeinander" (Menke 1995, S. 123).

stets räumlich verortet. Raum kontextualisiert aber nicht nur soziale Interaktionen und kommunikative Praktiken, sondern wirkt durch die räumliche Wahrnehmung der Akteure auf diese zurück (Kommunikation im Raum, etwa die notwendige Selbstverortung während eines Gesprächs am Mobiltelefon). Gleichzeitig wird Räumlichkeit im Verlauf jenes Prozesses erst kommunikativ produziert, individuell angeeignet, intersubjektiv abgeglichen und so immer wieder von neuem hergestellt (Raum durch Kommunikation, zum Beispiel die Entstehung des politischen Raumes der EU aus den Debatten um die Beitrittsgesuche). Verkürzt gesagt: Räume strukturieren Kommunikation, werden aber selbst erst kommunikativ geschaffen. (Ebd., S. 30)

Dieser Definition folgend wird *Verräumlichung* im Folgenden für das „Set kommunikativer Praktiken" für räumlich situierte wahrnehmungsabhängige Bezugnahmen und Orientierungshandlungen gebraucht. Eine weitere terminologische Differenzierung stellt in diesem Zusammenhang *Räumlichkeit* dar. Damit soll im Rahmen der Arbeit auf das alltagssprachliche Raumkonzept referiert werden, was in der Alltagssprache in der Regel synonym zu *Zimmer* verwendet wird.

Raumsemiotischen Analysen sollte neben einem interaktionsanalytischen Begriffsinventar zusätzlich ein zeichentheoretisches Beschreibungsinstrumentarium zu Verfügung stehen und weil im Verlauf der Analysen auch die LANDMARKEN und ihre Spezifika hinsichtlich ihrer Semiotik untersucht werden,[32] sollten zumindest einige wenige zeichentheoretische Erläuterungen angeführt werden. Dabei wird auf Kellers Zeichentheorie zurückgegriffen, da diese sehr systematisch und zudem vereinbar mit konstruktivistisch-interaktionistischen Konzeptionen ist.[33] Nach Keller gibt es drei mögliche „systematische[...] Zusammenhänge, vermöge derer Zeichen interpretierbar sind" (Keller 1995, S. 113), und zwar „kausale Zusammenhänge, Ähnlichkeiten oder regelbasierte Zusammenhänge" (ebd., S. 113f.). Diese drei möglichen Bedeutungsgenerierungsmuster nennt Keller „Grundverfahren der Interpretation" (ebd., S. 114) und klassifiziert die so ermittelten Zeichen mit Rekurs auf (und in gleichzeitiger Abgrenzung zu) Peirce als „Symptome, Ikone und Symbole" (ebd.). Im Rahmen repräsentationaler dyadischer Zeichenauffassungen („aliquid stat pro aliquo", (Bühler 1999 [1934]), S. 40; mit Rekurs auf die Scholastiker) werden diese drei Zeichentypen häufig in folgender Weise als Charakterisierungen unterschiedlicher Repräsentationsrelationen missverstanden:

– Die Relation eines Symptoms zu dem von ihm Bezeichneten ist die der Natürlichkeit.
– Die Relation eines Ikons zu dem von ihm Bezeichneten ist die der Ähnlichkeit.
– Die Relation eines Symbols zu dem von ihm Bezeichneten ist die der Arbitrarität.
(Keller 1995, S. 117)

Die Unzulänglichkeit dyadischer Zeichenmodelle hat aber bereits Peirce kritisiert und ihm ein triadisches Zeichenmodell, mit „Representamen" (materieller Zeichenausdruck), „Objekt" (Bezugsobjekt) und „Interpretant" (emotionaler, aktionaler oder kognitiver Akt) entgegengesetzt, in welchem erst der Interpre-

---

[32] Dies ist notwendig, da die Bedeutungsgenerierung mit und durch die bewusst gesetzten LANDMARKEN für alle Beteiligten in diesen spezifischen Settings einen elementaren Bestandteil ihrer Arbeitspraxis darstellt und sich in ihrer Kommunikation nachweisen lässt.

[33] Die Differenzierung ist nicht auf ontologische Kategorisierungen zurückgeführt wie bei Peirce (siehe unten).

tant die Zeichenstruktur zu einer unauflöslichen triadischen Relation macht: „Kein Zeichen fungiert nämlich als ein Zeichen, bevor es einen tatsächlichen Interpretanten hat" (Peirce 1983, S. 64). Auch Keller wendet sich gegen ein auf Zeichen und Objekt reduziertes dyadisches Modell und macht sogleich auf die Inadäquatheit aufmerksam, die drei Zeichentypen via Repräsentationsrelation zu definieren. Wie Peirce betont er die hohe Bedeutung des Interpretanten im Rahmen eines angemessenen Zeichenmodells, wenn er schreibt, dass seinem

> Definitionsvorschlag gemäß [...] die Unterscheidung dreier Zeichentypen ausschließlich durch die Methode ihrer Interpretation definiert [ist]. Daraus folgt: Was für den einen Adressaten ein Ikon ist, kann für einen anderen ein Symbol sein. [...] Entscheidend ist das gewählte Verfahren des interpretierenden Schließens. (Keller 1995, S. 117; Hervorhebungen gelöscht von J. G.)

Von dieser Annahme ausgehend definiert Keller die drei Zeichentypen über folgende Charakteristika (siehe ebd., S. 118–132):

Symptome stehen nicht für etwas, sondern sind Teil oder Folge von etwas. Sie werden nicht intentional verwendet (siehe ebd., S. 118), erst ihre interpretative Nutzung macht sie zu Zeichen. Da sie keinen Sender und somit auch keinen Adressaten haben, sind sie uneigentliche Zeichen. Die „Bedeutung von Symptomen besteht darin, [... entweder] Teil eines Ganzen [oder die] Wirkung der Ursache eines Verursachers zu sein" (ebd., S. 120).[34] Deshalb schließen Symptome auch im Gegensatz zu Deiktika nicht unbedingt eine „,handlungsleitende' Funktion im Sinne kommunikativ-adressierender Appelle mit ein" (Fehrmann/Linz 2010, S. 398 in Anlehnung an Pape 2002, S. 92).

Ikone sind echte Zeichen, also Kommunikationsmittel, die einen Sender benötigen und als Assoziationsimpuls wirken. Ein Ikon muss beim Adressaten die vom Sprecher beabsichtigte Assoziation erzeugen können (siehe Keller 1995, S. 125), womit Ikone originäre Kommunikationsmittel (im Sinne von Grice)[35] sind (siehe Keller 1995, S. 123). Dabei ist die Ähnlichkeit die Bedeutung des Ikons (vgl. ebd., S. 126).

---

[34] Neben der Teil-Ganzes-Relation und der Kausalkette führt Keller noch die Mittel-Zweck-Relation auf, subsumiert sie allerdings als Spezialfall unter die Ursache-Wirkung-Relation.

[35] Nach Grices Kooperationsprinzip als notwendigem Kriterium der Kommunikation gibt der Sprecher dem Hörer zu erkennen, welche Absicht hinter einem bestimmten Verhalten steht (siehe Grice 1989, S. 22–40 und Auer 1999, S. 91–102). Keller klassifiziert dies als „Kommunikation im engeren Sinne" und gibt dazu folgende Definition: „etwas tun in der Absicht, dass der Adressat etwas Bestimmtes erkennen möge, und dass er außerdem merken möge, dass er ihm eben dies zu erkennen geben will. (Gemeinhin will der Kommunizierende darüber hinaus, dass der Adressat aufgrund dieser Erkenntnis etwas Bestimmtes tut.)" (Keller 2009, S. 26). Den Unterschied zur Kommunikation im weiteren Sinne verdeutlicht er mit Verwendung seiner Zeichentypen folgendermaßen: „Kommunikation im engeren Sinne benutzt den symbolischen Modus der Interpretation, der Interpret von Kommunikation im weiteren Sinne nutzt den symptomischen Modus" (ebd., S. 28; Hervorhebungen gelöscht von J. G.). Auch wenn intentionalistische Kommunikationsmodellierungen eine Reihe von Problemen (insbesondere analytische) und Begrenzungen (z. B. in Alltagsgesprächen und Spezialdiskursen wie der Werbung) aufweisen, so ist in den hier untersuchten Interaktionen davon auszugehen, dass den Interaktanten nicht an einer Verschleierung der Sprecherabsichten gelegen ist.

Symbole werden durch die Regeln ihres Gebrauchs in der Sprache interpretierbar (siehe ebd., S. 128 in Anlehnung an den späten Wittgenstein und dessen Gebrauchstheorie). Die Bedeutung eines Symbols ist, zu wissen, zu welchem Zweck es normalerweise regelkonform verwendet wird (ebd., S. 130), d. h. „zu wissen [...] zur Realisierung welcher Intentionen es unter welchen Bedingungen verwendbar ist" (ebd., S. 129). Insgesamt lässt sich der Zeichenprozess, die Semiose, somit als ein „interpretativ-kommunikativer Vorgang" charakterisieren, da das Zeichen „[z]wischen Zeichenproduzent und Zeichenrezipient [...] als eine kooperative Handlung statt[findet]" (Trabant 1998, S. 38).

Bezüglich der untersuchten LANDMARKEN ergibt sich die Möglichkeit, spezifische symbolische Zeichen zu Beginn ihrer Verwendung zu untersuchen (siehe Unterkapitel 2.3). D. h. ein einheitlicher Gebrauch hat sich noch nicht entwickeln können und so werden die Bedeutungen und Regeln zum Teil noch während der Verwendung explizit zwischen den Interaktanten ausgehandelt. Dies erlaubt (zumindest in abgesteckten Grenzen) Rückschlüsse auf symbolische Zeichenverwendungsaneignungen im Allgemeinen und eine Überprüfung der verschiedenen zeichentheoretischen Überlegungen – zumindest hinsichtlich dieser spezifischen Zeichen. Außerdem wird anhand der LANDMARKEN-Verwendung – wie in kaum anderen Situationen – offensichtlich, dass

> [e]ach party builds action by producing signs for the other [...]; the participants simultaneously make use of a number of quite different kinds of semiotic resources that have different properties and are instantiated in different kinds of semiotic materials. (Streeck/Goodwin/LeBaron 2011, S. 2)

Eine anschlussfähige Konzeption für geosemiotische Analysen im Allgemeinen bieten einige linguistische Untersuchungen, die sich unter den Schlagwörtern „discourses in place" (Scollon/Scollon 2003) und „sprachliche Landschaften" (Auer 2010) bzw. „linguistic landscapes" (Backhaus 2007 und Shohami/Gorter 2009) mit Handeln in mit Texten (im weitesten Sinne) versehenen öffentlichen Räumen beschäftigen (siehe z. B. Domke 2010b).[36] Wie Auer zu Recht kritisch resümiert, gibt es in dem noch relativ jungen (im Anschluss an den sog. ‚spatial turn‘[37] aufgekommenen) linguistischen Untersuchungsfeld bislang nur wenige definitorisch und kategorial-reflexiv bedeutsame Veröffentlichungen (siehe Auer

---

[36] Weitere Untersuchungen zu diesem Thema, die allerdings nicht mit diesen Schlagwörtern arbeiten, bieten z. B. Sharrock/Anderson (1979) und Schmauks (2002). Es gilt zudem noch anzumerken, dass die originären Ansätze zu ‚linguistic landscapes‘ (wie z. B. bei Shohami/ Gorter 2009) insbesondere soziolinguistische und sprachenpolitische Fragestellungen verfolgen, wohingegen bei Sharrock/Anderson (1979), Scollon/Scollon (2003), Schmauks (2002), Domke (2010b) und Auer (2010) insbesondere kommunikationslinguistische (zeichen- und texttheoretische) Fragestellungen im Fokus stehen.

[37] „Der derzeit gelegentlich konstatierte ‚spatial turn‘ (siehe Döring/Thielmann (Hg.) 2008) rückt in den Kultur- und Sozialwissenschaften unterschiedliche Eigenschaften des Raumes in den Fokus, die ihn als jeweils sprachlichen, materialen, sozialen, begrenzenden erscheinen lassen" (Domke 2010b, S. 263 f.). So empfiehlt Weigel z. B. den Raum nicht als Ausgangspunkt der Ereignisse, sondern „selbst vielmehr als eine Art Text [zu betrachten], dessen Zeichen oder Spuren semiotisch, grammatologisch oder archäologisch zu entziffern sind" (Weigel 2002, S. 160 nach Döring/Thielmann 2008, S. 16 f.). Ein Beispiel für eine solche Anwendung findet sich für Ausstellungsräume bei Kesselheim/Hausendorf (2007).

2010, S. 273). Aber die Ausnahmen (v.a. Scollon/Scollon 2003; Domke 2010b; Kesselheim/Hausendorf 2007; Sharrock/Anderson 1979; Auer 2010) geben an geosemiotischen Analysen Interessierten ein erstes nützliches begriffliches Instrumentarium an die Hand.

Hinsichtlich der Fokussierung durch den Analysierenden unterscheiden Scollon und Scollon Orts- von Diskurs- und Handlungsorientierung (Scollon/Scollon 2003, S. 23). Eine spezifische Fokussierung bedeutet allerdings nicht, dass die anderen Aspekte keine Rolle spielen. Lediglich der Ausgangspunkt der Analyse ist je ein anderer. So ist diese Untersuchung primär handlungsorientiert, aber unmöglich von Orts- und Diskursaspekten zu trennen.

Mit der all ihren Untersuchungen zu Grunde liegenden Basishypothese definieren Scollon und Scollon zugleich eines der wichtigsten Konzepte im Rahmen der Geosemiotik, und zwar „signs in place": „All of the signs and symbols [that are placed in the material world] take a major part of their meaning from how and where they are placed" (ebd., S. 2). Das heißt, das genuine Untersuchungsfeld der linguistischen Pragmatik (kontextabhängige Interaktionen) wird hier auf textlinguistische Fragestellungen ausgeweitet, wobei Text- und Interaktionslinguistik miteinander verwoben werden. Texte werden kontextsensitiv und eingebettet in umfassende Interaktions- bzw. Handlungszusammenhänge untersucht[38] und umgekehrt werden komplexe Handlungen und Interaktionen nicht losgelöst von öffentlichen bzw. wahrnehmbaren Texten (im weitesten Sinne) und sogar der physisch-materiellen Umgebung analysiert.[39]

Für eine situative Bedeutungsanalyse (von Gesagtem und Geschriebenem) stellen Scollon und Scollon eine Liste von übergeordneten ineinandergreifenden Kontextfaktoren, inkl. Basisfragen, zusammen:

> The meaning of ‚What is that?' is anchored in a person (who is the speaker?), a social relationship (who is the hearer?), a social situation (what are the speaker and the hearer doing – looking or pointing at something?), and a physical world (what is a potential ‚that' within the spaces of those people?). (Scollon/Scollon 2003, S. 2f.)

Diese umfassende Kontextabhängigkeit von Zeichen fassen sie unter Indexikalität („indexicality") der Zeichen bzw. der Sprache (siehe ebd., S. 3) als „property of language, that [...] makes part of its meaning because of where it is in the world" (ebd., S. 25). Sie definieren zwar Index, Ikon und Symbol zunächst im Sinne von Peirce (siehe ebd., S. 25ff.), schränken dann allerdings die Zeichentypen auf nur zwei ein: „there are two types of signs, icons and symbols, and [...] all signs achieve their meanings through properties of indexicality" (ebd., S. 28). Das heißt, sie erheben Indexikalität zu einem allen (Kommunikations-)Zeichen zu Grunde liegenden Prinzip der Bedeutungsgenerierung (siehe ebd., S. 28ff.) und damit zugleich zum ersten von drei Basisprinzipien der Geosemiotik (ebd.,

---

[38] So schreiben Scollon und Scollon beispielsweise: „we should take the interaction as primary, not the language" (Scollon/Scollon 2003, S. 8).

[39] Das steht im Gegensatz zu der in der Sprachwissenschaft lange „mindestens tendenziell" propagierten Vorstellung einer situationsunabhängigen geschriebenen Sprache (Auer 2010, S. 271).

S. 23).[40] Indexikalität ist dabei zwingend abhängig vom Ort des Zeichens: „the sign has meaning because of where it is placed in the world" (ebd., S. 29).

Ihre Hauptfragestellung lautet, auf welche Weise das sprachliche Zeichensystem die anderen semiotischen Systeme in der physischen Welt um diese herum erschließt (ebd., S. 5). Dabei setzt ihre Analyse nicht zuerst beim ‚Lesen der Zeichen' an, sondern bei der ‚Gebrauchsanleitung zum Lesen der Zeichen': „Before we can think about *what* we are reading we have to have a principle to tell us *how* to read it" (ebd., S. 6). Darüber gibt der Ort der Platzierung Aufschluss, aber auch die Sprache selbst, z.B. mit ihrer spezifischen Leserichtung (siehe ebd.). Diese „ortsgebundenen ‚Gebrauchsanleitungen'" beschreibt Domke in Anlehnung an Bühler (1999 [1934]) als „empraktisch"[41] und damit bezüglich des gesamten Handlungszusammenhangs als subsidiär (Domke 2010b, S. 268). Dabei sind die semiotischen Hilfestellungen (wie z.B. die Grammatik) für uns im Alltag transparent (vgl. Scollon/Scollon 2003, S. 6 und Jäger 2004b), d.h. sie werden nicht bewusst wahrgenommen. Lediglich Normabweichungen (wie Spiegelschrift oder grammatikalische Abweichungen), unbekannte Zeichensysteme (z.B. eine fremde Schrift) oder Störungen im Allgemeinen (wie fehlende Zeichen) führen in der Regel zur bewussten Reflexion über notwendige Leseregeln.

Im Rahmen ihrer semiotischen Analysen von Sprache innerhalb der materiellen Welt klassifizieren Scollon und Scollon „three broad systems of social semiotics" (Scollon/Scollon 2003, S. 7): „the interaction order (including speech, movement, gesture), visual semiotics (including text and images), and place semiotics (all of the other non-linguistic symbols that directly or indirectly represent language" (ebd., S. 13).

Des Weiteren betonen sie, dass diese mannigfaltigen semiotischen Systeme stets miteinander interagierend soziale Handlungen erzeugen (siehe ebd., S. 12 und 175 ff.) und demgemäß diese Komplexität auch in der Analyse berücksichtigt werden muss. Diesen Aspekt bezeichnen sie als Dialogizitätsprinzip und geben ihm den Rang des zweiten der drei fundamentalen Grundprinzipien der Geosemiotik (ebd., S. 23).

---

[40] Dabei betonen sie die Verankerung an den physischen Orten und den realen Zeiten unserer materiellen Welt sowohl von der Indexikalität als auch von Handlungen und Identität (Scollon/Scollon 2003, S. 14).

[41] „Empraktisches Sprechen" (Bühler 1999 [1934]); siehe auch Habscheid 2001) ist durch ein sympraktisches, ein symphysisches und ein synsemantisches Umfeld gekennzeichnet (siehe Bühler 1999 [1934], S. 154 ff. zum entsprechenden „Diakrise"-Konzept). Das umfassende Umfeld-Konzept, das Bühler aus gestaltpsychologischen Untersuchungen übernimmt, dient ihm dabei als Erklärung und Begründung für elliptische Merkmale in spezifischen Settings „empraktischen Sprechens". Denn diese Sprechsituationen, in denen elliptische Konstruktionen für ein Verständnis ausreichen, ggf. sogar besonders funktional sind (man denke dabei in Feuerwehreinsätzen nur an die – von Feuerwehrleuten in Interviews bestätigten – Energieeinsparungen durch geringeren kommunikativen Aufwand seitens des arbeitenden Sprechers), sind kontextuell stark eingegrenzt. So sind es v.a. allgemeine – stets kontextabhängige – „Schemata, frames und scripts" (siehe für einen Überblick zur framebasierten Bedeutungstheorien Konerding 1993 und Ziem 2008), die Sprecher bei Bedeutungserschließungen und Verstehensprozessen unterstützen und damit elliptische Formen ermöglichen (bzw. ggf. provozieren).

Den sozialen Akteur („social actor", ebd.) klammern sie weder aus der Analyse aus, noch legen sie den Schwerpunkt auf motivationale und intentionale[42] Aspekte. Sie erfassen ihn zunächst als Analyse-relevante Entität im Rahmen der „Interaktionsordnung" (Goffman 1994) und im weiteren Verlauf als eigenständiges viertes Element neben der Interaktionsordnung, durch die das Netz von Handlungen gebildet wird (Scollon/Scollon 2003, S. 198), den ‚visual' und den ‚place semiotics'. Sie charakterisieren insbesondere in Anlehnung an Bourdieu (siehe unter anderem Bourdieu 1998) drei Habitus-Aspekte des sozialen Akteurs: erstens das soziokulturell-psychologische Wissen inkl. (bewussten und unbewussten) Interessen, Motivationen und Dispositionen, zweitens das (beobachtbare) soziale Handeln des Akteurs (als „agent", Scollon/Scollon 2003) und drittens den physischen, lokal und temporal situierten Körper (ebd., S. 15). Dabei ist es offensichtlich, dass sich linguistische sowie soziologische Forschung in der Analyse vorwiegend auf die beiden letzten – perzeptuell wahrnehmbaren – Aspekte stützt, da (nur) diese dem Analysierenden direkt zugänglich sind.[43] Auer betont in diesem Sinne, dass die intendierten Leser eines Kommunikats nicht als Individuen, sondern in ihren sozialen Rollen mit einbezogen werden (Auer 2010, S. 280). Dies sollte m. E. aus den oben aufgeführten Gründen auch – mindestens in institutionellen Kontexten – für die Analyseressource ‚Zeichen-Produzent' gelten, anstatt das Habitus-Konzept in seinem vollen Umfang (mit intentionalen und motivationalen psychischen Aspekten) in der Analyse zu berücksichtigen.

Mit „sign equipment" übernehmen Scollon und Scollon den zentralen Terminus zur Charakterisierung und Analyse der Interaktionsordnung („interaction order") von Goffman, worunter alle bedeutungsvollen Zeichen (im weitesten Sinne) zu fassen sind, „that are available for participants in a social interaction out of which they can build their actions" (Scollon/Scollon 2003, S. 17). Dazu zählen alle semiotischen Systeme vor Ort, mittels derer Handlungen ausgeführt werden (können) (ebd.). Dass von allen möglichen zugänglichen Zeichen für die Handlungen des Akteurs nur je eine spezifische Auswahl entscheidend ist, be-

---

[42] Zum Intentionsbegriff ist zu ergänzen, dass Holly, Kühn und Püschel Sprecherabsicht bzw. Intention grundsätzlich von Bewusstheit abgekoppelt haben (siehe Holly/Kühn/Püschel 1984 und in einer Übersicht Sandig 2006, S. 29), wodurch Intention zwar hinsichtlich Analyseprozessen trotzdem eine problematische Kategorie bleibt (Rezeptions- und Produkt-, ja nicht einmal Produktionsanalysen führen zu validen Interpretationen hinsichtlich der Intentionen), aber von dessen enger Begrenzung gelöst wurde. Sandig resümiert dazu: „Kommunikatives Handeln ist grundsätzlich intentional, wobei auch mit automatisierten, routinierten und unbewussten Intentionen zu rechnen ist. Das Verstehen geschieht mit Bezug auf gewusste Regeln und Muster, nach denen gehandelt wird bzw. von denen gradweise abgewichen wird" (Sandig 2009, S. 1337).

[43] Psychologische und psycholinguistische Forschung konzentriert sich in der Regel vornehmlich auf den ersten Aspekt. Das liegt u. a. an deren besonderen Methoden, die solche Zugänge zumindest in Grenzen eröffnen (zu nennen sind hier u. a. introspektive und/oder Fragenbogen-basierte Verfahren sowie aktuell hochfrequente neurobiologische Messverfahren unter Imaginations-, Fragenbeantwortungs- und Beobachtungsbedingungen). Video- und/oder Audio-basierte Interaktionsanalysen im Feld lassen hingegen nur äußerst bedingt intersubjektiv nachvollziehbare, geschweige denn wissenschaftlich haltbare Schlüsse bezüglich des soziokulturell-psychologischen Wissens einzelner Akteure zu.

zeichnen Scollon und Scollon als Selektionsprinzip und geben diesem den Status des dritten und letzten fundamentalen Prinzips der Geosemiotik (ebd., S. 23).[44] Die Interaktionsordnung kann dabei bezüglich der menschlichen Akteure vornehmlich als Interaktions- oder als Rezeptionsraum charakterisiert werden (siehe Domke 2010b, S. 276; und weiter unten), je nach „symphysischer" (Bühler 1999 [1934], S. 159) Konstellation der beteiligten Zeichenproduzenten und -rezipienten (zuzüglich Medienmaterial).

Als Ressourcen der Interaktionsordnung charakterisieren Scollon/Scollon 1. die zeitliche Dimension (Dringlichkeit und serielle vs. parallele Tätigkeiten); 2. unterschiedliche Wahrnehmungsräume, wobei sie in Anlehnung an Hall (1976) visuelle, auditorische, olfaktorische, thermische und haptische Wahrnehmungsräume differenzieren;[45] 3. interpersonelle räumliche Distanzen (intime, persönliche, soziale und öffentliche Distanz; siehe ebd., S. 118 ff.); 4. rahmentheoretische Handlungsorte nach Goffman (1977), wobei sie im Wesentlichen „frontstage" (öffentliche soziale Räume) von „backstage" (private Bereiche) unterscheiden. Die Einheiten der Interaktionsordnung entnehmen sie ebenfalls Goffman (u. a. Goffman 1963). Je bezogen auf die Anzahl der Akteure sowie den Formalitätsgrad, die Institutionsspezifik, die kommunikative Gattungsspezifik und den Öffentlichkeitsbezug der Situation unterscheiden sie dabei elf Interaktionseinheiten bzw. -konstellationen, die von „single" bis „celebrative occasion" reichen (siehe Scollon/Scollon 2003, S. 45 ff.).

Bezüglich des dritten Aspekts der semiotischen Analyse, der visuellen Semiotik[46] („visual semiotics", ebd.), stützen sich Scollon und Scollon vorwiegend auf Kress und van Leeuwen (Kress/van Leeuwen 2007), die visuellen Elementen eine eigene (selbst in Verbindung mit Texten Text-unabhängige) Grammatik unterstellen und demgemäß in ihren Analysen visuelle Komponenten und Organisationsprinzipien ermitteln. Dabei stellen Scollon und Scollon vier Subaspekte vor: Erstens die Darstellung der Beteiligten. Diese erfolgt in Anlehnung an Kress und van Leeuwen (ebd.) entweder via narrative Strukturen, denen ein Veränderungsmoment innewohnt, oder via konzeptuelle Strukturen, d. h. über abstrakte bzw. generalisierte Kategorien. Der zweite Subaspekt betrifft die Modalität der visuellen Semiotik. Darunter subsumieren Scollon und Scollon (ebenfalls Kress und van Leeuwen folgend) Bildeigenschaften wie Farbaspekte, Helligkeit, Kontrast etc. Den dritten Subaspekt bezeichnen sie als Komposition und im Rahmen dieser Unterkategorie differenzieren sie bezüglich der visuellen Informationsprä-

---

[44] So sind z.B. bei einem Poster – wenn es überhaupt wahrgenommen und als interaktional bedeutsam herausgestellt wird – in den seltensten Fällen alle Zeichen für die Betrachter (gleichermaßen) relevant.

[45] Mindestens für die Interaktionsanalyse von z.B. agierenden Köchen und Liebespaaren wäre noch der gustatorische Wahrnehmungsraum zu ergänzen. So kann z.B. ein bestimmter Geschmack unterschiedliche interaktionale Auswirkungen haben, welche ohne diese Wahrnehmungsressource schlecht oder gar nicht interpretiert werden können. Je nach spezifischer Interaktionskonstellation können also mehr oder weniger und je spezifische Wahrnehmungsräume interaktional bedeutsam sein.

[46] Dieser Aspekt wird hier der Vollständigkeit wegen aufgeführt, auch wenn die untersuchten Daten mit den eingesetzten Markierungssystemen kaum Ansatzpunkte für Analysen im Rahmen einer visuellen Semiotik bieten.

sentation zwischen zentriert und polarisiert (z. B. von links nach rechts oder von oben nach unten). Interaktiv Beteiligte bilden den vierten Subaspekt. Bezüglich Bildern differenzieren sie Bildproduzenten von Abgebildeten und Betrachtern und die jeweiligen Konnexionen (siehe Scollon/Scollon 2003, S. 82 ff.).

Die Ortssemiotik („place semiotics") bzw. „geo-situatedness" (ebd., S. 20) bildet als letzter Aspekt der semiotischen Analyse von Scollon und Scollon gewissermaßen die Kernkategorie ihres Ansatzes. Diese Kategorie unterteilen sie zunächst grob in „nicht-semiotische" Räume (ebd.), worunter sie ortsabhängige Verbote und „naturalisierte"[47] (Fairclough 1995) Handlungen subsumieren, und in semiotische Räume, wozu sie Zeichenbilder, Zeichenräume im Allgemeinen und Zeichen-Diskurse[48] zählen.

Für die LANDMARKEN-Settings sind die semiotischen Räume von besonderer Relevanz, deshalb sollen sie inkl. der elementaren ortsabhängigen Zeichen hier im Hinblick auf die spezifischen Settings erläutert werden. Bevor die semiotischen Räume von Scollon und Scollon aber dargestellt werden, sind die Funktionen von ortsfesten Schriftzeichen zu erörtern. Auer führt fünf generell mögliche Funktionen an: erstens Benennen und Charakterisieren, zweitens Zugehörigkeit markieren, drittens Gebrauchsweisen vorschlagen resp. verbieten, viertens Wege weisen und fünftens Ermahnen bzw. Gedenken (siehe Auer 2010, S. 289 ff.). Im Hinblick auf die Funktionalität charakterisiert Auer noch zwei abweichende Zeichentypen, und zwar „temporär stillgelegte[...] ortsgebundene[...] Zeichen" und „geschichtliche Zeichen" (ebd.). Darunter versteht Auer temporär bzw. „permanent außer Betrieb genommen[e]" Zeichen, bei denen „ihre einstige Funktionalität meist noch lesbar [ist], auch wenn ihre Referenz nicht mehr sicher ist" (ebd., S. 278). Sie haben allerdings „immer noch ein Verweispotenzial" und dadurch muss „die Stilllegung [...] selbst kontextualisiert und kontextuell erschlossen werden" (ebd., S. 276). Dies ist im Falle sicherheitsrelevanter Interaktionen wie bei Notfalleinsätzen ein nicht zu unterschätzendes Problem.

Scollon und Scollon untergliedern die Zeichenbilder als erste Kategorie semiotischer Räume noch einmal hinsichtlich Zeichenpräferenz (sind diese zentriert oder peripher, oben oder unten, links oder rechts, zeitlich früher oder später platziert?), Inskription als das nicht-menschliche Pendant der materiellen Welt zur Ausführung („embodiment") im Rahmen menschlicher Diskurse (Scollon/Scollon 2003, S. 22) mit den Parametern Schriftart, Zeichenmaterial, Aufbringungsart und Änderungsmodus, und Platzierungsart (siehe ebd., S. 116 ff.). Zeichen nach Platzierungsart differenzieren sie generell in drei (unterschiedlich motivierte) Typen: 1. Dekontextualisierte Zeichen: Das sind platzierte Zeichen, die vollständig unabhängig von ihrem Ort sind (z. B. Logos oder Markennamen). 2. Situierte Zeichen: Darunter sind klassisch ortsabhängige Zeichen zu

---

[47] Naturalisierte Strukturen erscheinen den Akteuren mehr oder weniger naturgegeben. Je stärker ein Wissen als Naturkonstante und damit als unbestreitbar wahrgenommen wird, desto stärker ist es nach Fairclough „naturalisiert" (Fairclough 1995, S. 28 ff. und v. a. S. 33).

[48] Fairclough definiert ‚Diskurs' in Anlehnung an Foucault als „use of language seen as a form of social practice" (Fairclough 1995, S. 7). Und er erklärt, dass sich im Diskurs alles Soziale niederschlägt (vgl. ebd., S. 73). Foucault hingegen beschreibt – nach Diaz-Bone – Diskurs recht abstrakt als eine „sozio-historisch spezifische Wissenspraxis, die in einem sozialen Feld, in einem sozialen Bereich anzutreffen ist bzw. war" (siehe Diaz-Bone 2006, S. 6).

verstehen, welche sowohl durch die materielle Welt, in der sie platziert sind, geprägt sind als auch diese selbst mitprägen (z.B. ein Notausgangsschild, das seine Bedeutung durch den Ort erlangt, an dem es angebracht ist und zugleich diesen Ort erst selbst zu einem Notausgang gestaltet). 3. Transgressive Zeichen: Darunter sind Zeichen zu verstehen, die entweder falsch oder regelwidrig im Rahmen einer gesellschaftlichen Ordnung angebracht sind (z.B. vielfach Graffiti) (siehe ebd., S. 22).

Auer führt noch eine weitere Bestimmungstypologie von Schriftzeichenbildern auf: die Auflösung (die bei Scollon/Scollon 2003 Teil der visuellen Semiotik ist). Auer spricht diesbezüglich von unterschiedlichen „Granularitätsstufen" (Auer 2010, S. 280ff.) und resümiert, dass hohe Granularität bzw. geringe Auflösung für eine allgemeine und oberflächliche lokale Orientierung gedacht und damit v.a. an nicht ortskundige Menschen als intendierte Rezipienten gerichtet ist. Zeichen mit geringer Granularität bzw. hoher Auflösung (wie sehr kleine Schrifttexte auf Etiketten) seien entweder an nur ganz bestimmte (Experten-) Rezipienten bzw. spezifische Adressatenrollen gerichtet oder nur für subsidiäre Teilhandlungen als spezifische Zusatzinformation(en) bestimmt (ebd., S. 280f.). Prinzipiell lassen sich die entwickelten LANDMARKEN einer geringeren Granularitätsstufe zuordnen, da sie erstens aus (mehr oder weniger) weiter Entfernung visuell wahrnehmbar sind und zweitens (zumindest zum Teil) aufgrund ihrer an kulturelle farbliche Zeichensysteme angelehnten Grundbedeutung nicht an hochspezialisierte Experten adressiert sind.[49]

Die Zeichenräume als zweite Kategorie semiotischer Räume[50] unterteilen Scollon und Scollon in „front"- und „backstage"-Bereiche, wobei sie den nicht-privaten frontstage-Bereich zusätzlich in allen zugänglich, prinzipiell zugänglich, wenigen und nur sehr wenigen Ausgewählten zugänglich aufgliedern (Scollon/Scollon 2003, S. 166ff.).

Unter den Zeichendiskursen als dritte und letzte Kategorie semiotischer Räume bestimmen sie regulative (im Allgemeinen symbolisierte Regeln für bestimmte Verhaltensweisen), infrastrukturelle (wie städtische Hinweise), kommerzielle (z.B. Werbung) und transgressive (wie Graffiti) (siehe ebd., S. 166ff.). Auch Auer gebraucht das Zeichendiskurs-Konzept. Er subsumiert es allerdings unter drei Formen von wechselseitigen Zeichenbezugnahmen. So ist für ihn ein Zeichendiskurs durch funktionale Ähnlichkeit von Zeichen charakterisiert. Dabei wird mittels Design oder Kontiguität gegenseitige Kohärenz (ohne Kopräsenz) erzeugt. Neben den Zeichendiskurs stellt er noch das „Ensemble" (Auer 2010) als Typ der Bezugnahme. Dieses ist durch Kopräsenz der Zeichen gekennzeichnet. „Schichtung" bzw. „layering" führt er als dritte Form auf. Hier wird die Bezugnahme durch „Überschichtungen" („primäre Zeichen" plus „overlays") erreicht (siehe ebd., S. 285ff.).

---

[49] Siehe Unterkapitel 1.2. Nichtsdestoweniger bleiben sie selbstverständlich für in das Zeichensystem nicht Eingeweihte höchstens teilweise interpretierbar, weshalb kein etwaiges „Ideal der unmittelbar erkennbaren Gebrauchswerte" erreicht wird (Schmauks 2001, S. 5).

[50] Die erste Kategorie semiotischer Räume sind bei Scollon und Scollon die „pictures", mit den drei Schwerpunkten „code preference", „inscription" und „emplacement" (siehe in einer Übersicht Scollon/Scollon 2003, S. 21 bzw. Kap. 6–8).

Domke macht in diesem allgemeinen Zusammenhang zu Recht auf ein Problem im Ansatz von Scollon und Scollon aufmerksam: Die

> Verbindung von Interaktionsordnung, visueller und Orts-Semiotik unter der Perspektive des ‚Zeichenhaften' erscheint jedoch zu statisch und zu wenig differenziert. Nicht in den Fokus gerät hier, dass diese ‚materielle Sprache' eine besondere Form von Kommunikation ist, die nicht nur ortsgebunden ist, sondern sich zudem von anderen ortsgebundenen Kommunikationsformen systematisch unterscheiden lässt. Auch die Merkmale der Interaktions- bzw. Rezeptionsräume bei medienunvermittelter und medien-vermittelter Kommunikation bleiben unbearbeitet. (Domke 2010a, S. 89)

Um dieses Desiderat auszugleichen, entwickelt Domke eine Kommunikationsformen-Typologie zu ortsgebundenen[51] Kommunikaten im öffentlichen Raum. Dabei greift sie auf Hollys Kommunikationsformen-Charakterisierung zurück, wonach diese als „virtuelle Konstellationen eines spezifischen Zeichenspeicherungs- und Übertragungspotentials" verstanden werden (ebd., S. 86 in Anlehnung an Holly 2000, S. 84). In diesem Rahmen differenziert sie bezüglich ortsgebundener Kommunikation fokussierte von nicht-fokussierter Kommunikation. Die fokussierte Kommunikation ist dabei charakterisiert durch die gleichzeitige Anwesenheit von Zeichenproduzent und -rezipient, wohingegen die nicht-fokussierte Kommunikation nur „die Anwesenheit des Rezipienten an einem konkreten, nicht wählbaren Ort, an dem ein in der Regel medienvermitteltes, oft materialiter fixiertes Kommunikat lesbar, hörbar oder tastbar ist" (Domke 2010a, S. 87), voraussetzt. Die ortsgebundenen Kommunikate sind „über ihren kommunikativen Zweck an einen spezifischen Ort […] gebunden und nur dort wahrnehmbar" (ebd., S. 88) und dienen vornehmlich der ‚Vereindeutigung' prinzipiell mehrdeutiger Funktionen von spezifischen Orten. Neben der Ortsgebundenheit führt Domke noch die Raum- und die Zeitgebundenheit als weitere Unterscheidungskriterien für Kommunikationsformen auf und differenziert diese jeweils weiter (siehe ebd., S. 93).[52]

Hinsichtlich der Ortsgebundenheit unterscheidet sie die jeweilige Gebundenheit von Produzent und/oder Rezipient an den Ort und mit Blick auf das Kommunikat (also das ‚token'), ob dieses inhaltlich oder medial sowie materiell

---

[51] „Unter Gebundenheit an einen Ort ist dabei [nach Domke] zu verstehen, dass der Vollzug der Kommunikationsform, der Produktion und Rezeption umfasst, notwendigerweise an einen (geographischen) Ort gebunden ist" (Domke 2010a, S. 91).

[52] Zu einer umfassenden Kommunikationsformen-Typologie stellt sie diese drei Kriterien inkl. „Rezipientenprofil" (Interaktanten statisch: stehend, sitzend, liegend etc.; oder in Bewegung: laufend, rennend, Fahrrad fahrend etc.) und Medienmaterial zu den von Holly und anderen (siehe Holly 2000; Habscheid 2000; Dürscheid 2005) v.a. für ortsungebundene Kommunikationsformen entwickelten Unterscheidungskriterien Zeichensystem/-potenzial (Sprache, Bilder, Töne u.a., allgemein mono- vs. multikodal), Wahrnehmungsmodalität (prinzipiell mono- vs. multimodal), Kommunikationsrichtung (uni- vs. bidirektional), Kommunikationspartner (einer zu einem vs. einer zu vielen), sozialer Status (privat vs. institutionell bzw. öffentlich vs. nicht-öffentlich), räumliche Distanz, zeitliche Dimension (synchron, asynchron, quasisynchron), Kommunikationsmedium (Papier und Stift, Telefon, Handy, Computer etc.), Mitteilungsweise (übertragend vs. speichernd, elektronisch vs. materialiter) und Medieninstitution bzw. -herstellung (institutionell vs. privat, Post, spez. Provider, TV-Sender etc.) (siehe Domke 2010b, S. 270).

gebunden ist. Die inhaltliche Gebundenheit differenziert sie dann noch weiter in Exklusivität (der individuell vorliegende kommunikative Zweck des Kommunikats kann nur an diesem einen Ort erfüllt werden, z. B. „Eingang zum Eifelturm") vs. prinzipielle Multiplizierbarkeit (ein Notausgangsschild ist auch an anderen Orten einsetzbar; dies betrifft ‚types'). Die Medienmaterialität des Kommunikats unterteilt sie primär in unbewegliche vs. bewegliche Medienträger.

Hinsichtlich des Kriteriums der Raumgebundenheit diskriminiert sie ihre Kommunikationsform-Differenzierung weiter mittels der Subkriterien Interaktionsraum vs. Rezeptionsraum, situativ variabel herstellbarer Raum vs. nur eingeschränkt generierbarer Raum (z. B. mittels exklusiven Medienmaterials, das besonders hitzebeständig ist oder andere ortsbezogene Spezifika aufweist) und bezüglich der „Wahrnehmungsmodalitäten [..., die] mit dem Raum der Kommunikationsform verbunden [sind, so z. B. ...] allein auditive, wie beim Lautraum des Telefonats [oder ...] visuelle wie bei dem Rezeptionsraum von Abfahrtstafeln" (Domke 2010a, S. 93; Ergänzungen und Kürzungen von J. G.).

Hinsichtlich der Zeitgebundenheit unterscheidet Domke Kommunikationsformen, die bezüglich der Performanz von solchen, die bezüglich der Übertragung gebunden sind (z. B. elektronische Anzeigetafeln auf Flughäfen).

Wenn man nun einige der Differenzierungskriterien von Domke herausgreift und auf die in dieser Arbeit zu untersuchenden Szenarien anwendet, so unterstützen diese eine detailliertere Darstellung und Analyse. So lässt sich beispielsweise der „Nichtzeichenraum" (Fricke 2004)[53] der LANDMARKEN auslegenden Feuerwehrmänner als Interaktions- und derjenige der rezipierenden Feuerwehrmänner (seien es nachfolgende Trupps oder dieselben Trupps, die die LANDMARKEN ausgelegt haben, bei der Rezeption ihrer LANDMARKEN auf dem Rückweg) als Rezeptionsraum identifizieren. Die prinzipielle Multiplizierbarkeit der LANDMARKEN (als für Symbolsysteme typische types, nicht als token) stellt an spezifischen Orten ein Problem dar und wird von den Feuerwehrleuten mittels kreativer neuer Kombinationsmöglichkeiten gelöst (z. B. Eindeutigkeits- bzw. Exklusivitätsherstellung oder Ambiguitätsvermeidung durch Markierung des ehemaligen Feuerherdes mit zwei roten statt einer roten LANDMARKE wie in TA52 in Unterkapitel 5.5.1; hier geht es dann allerdings um Aktualisierungen mittels ‚token'). Auch das Problem der Beweglichkeit wurde bereits im Designprozess[54] der LANDMARKEN im Laufe der Entwicklungsworkshops herausgehoben und technische Lösungsansätze entwickelt (siehe die spezielle Form und diverse Befestigungsmöglichkeiten vor Ort). Selbst mögliche Probleme bezüglich der Zeitgebundenheit werden indirekt bearbeitet, indem die LANDMARKEN eine Kennzeichnung des auslegenden Trupps aufweisen und damit – im Zusammenspiel mit weiterem Wissen über den Einsatz etc. – eine grobe zeitliche Interpretation erlauben (wobei hier Performanz und Übertragung ineinander übergehen und die Unterscheidung von Domke somit nur in modifizierter Form mit Graduierungsangabe greifbar wird).

Zurück zum theoretischen Rahmen von Scollon und Scollon gilt es m. E. noch weitere kritische Anmerkungen aufzugreifen. In einer Gegenüberstellung von

---

[53] Siehe Unterkapitel 2.2.
[54] In dieser Arbeit wird *Design* synonym zu *(materieller) technischer Entwicklung* verwendet.

systemorientierten Ansätzen im Rahmen sozialer Semiotik, wie der Ansatz von Scollon und Scollon ihn größtenteils darstellt, zu rezeptionsorientierten Ansätzen, wie sie beispielsweise Bucher propagiert, verdeutlicht Steinseifer die Schwierigkeiten eines statischen Analyseinstruments für semiotische Untersuchungen in sozialen Kontexten. Auch wenn Steinseifer dies an Kommunikaten aus dem printmedialen Bereich veranschaulicht, so lässt es sich dennoch auf geosemiotische Anwendungen übertragen. Er moniert:

> Die kommunikativen Werte der Platzierung lassen sich nicht als abstrakte Bedeutung fassen, die auf der Ebene des Designs als eines systemisch organisierten mode dem platzierten Element zusätzlich zukommt. Sondern entsprechende Sinnrelationen ergeben sich relativ variabel aus dem konkreten Zusammenspiel von Textteilen, Diagrammen und Bildern im Rahmen einer (Zeitungs-)Seite. (Steinseifer 2011, S. 173)

Hinsichtlich des Ansatzes von Scollon/Scollon wird damit v. a. der Bereich der visuellen Semiotik (s. o.) kritisiert, bei dem – in Anlehnung an Kress und van Leeuwen (2007) – abstrakte Bild-Text-Bezüge (sowie Bild-Bild-, Text-Text-Bezüge und viele weitere Konstellationen) nur aufgrund ihrer Anordnungen analysiert werden, ohne Interaktionsgefüge und Rezeptionskonstellationen angemessen zu berücksichtigen.[55] So konstatiert Bucher:

> Der Deutungsprozess folgt dem Muster einer antizipierten kontrafaktisch unterstellten Interaktion, in der sich sowohl der Kontext des zu deutenden Elements als auch der Wissensstand des Rezipienten fortlaufend verändern. Analog zu einer dialogischen Kommunikation ‚erhält‘ er vom Kommunikationsangebot jeweils die Information, die dem jeweiligen Kommunikationsstand entspricht. (Bucher 2011, S. 150)

Allerdings gehen rezeptionsorientierte Forscher wie Bucher dabei m. E. etwas zu weit, indem sie – vergleichbar mit Latours symmetrischem Akteursbegriff hinsichtlich Subjekten und Objekten (gleichermaßen als „Aktanten") in der Interaktion (siehe Latour 2007) – „das Kommunikationsangebot selbst zum Akteur in einer quasi-dialogischen Situation erklär[en]" und dabei den „Blick auf die sozial vorkonfigurierten Formen der Kompensation [...] daher eher verstell[en]" (Steinseifer 2011, S. 17). Deshalb ist es besonders wichtig, im Rahmen dieser Untersuchung Ortsabhängigkeit und Ortsbezug gleichermaßen (methodisch, theoretisch und praktisch) zu fokussieren und angemessen zu analysieren, um dem komplexen Interaktionsgefüge ausreichend gerecht werden zu können. Dafür stellt es eine mögliche Lösung dar, im Rahmen der kommunikationslinguistischen Analysen geosemiotische (und raumlinguistische) Konzepte mit Methoden der Interaktionsanalyse sowie Konversationsanalyse[56] zu verknüpfen (siehe auch Kesselheim/Hausendorf 2007). Für die geosemiotischen Konzepte

---

[55] Ein weiteres Beispiel stellt die dokumentarische Bildanalyse dar, so wie sie z. B. Ralf Bohnsack in der Tradition von Panofsky, Mannheim und anderen weiterentwickelt hat (siehe Bohnsack 2011). Obwohl der Rezipient mit seinen unterschiedlichen Wissensformen im Rahmen der „ikonographischen" Analyse (also nach der „ikonologischen" bzw. „vor-ikonographischen" Analyse) mit allen „Konnotationen" (im Rahmen des „kommunikativen Wissens") stets implizit in den Prozess einbezogen ist, wird im Rahmen dieser Bildanalysemethode die Rezeption mit seinen Konstitutiva Kontext, Interaktion und Rezipient ausgeblendet (siehe Bohnsack 2003 und 2012).

[56] Siehe Unterkapitel 3.1.

bieten die aufgeführten Untersuchungsdimensionen nach Scollon/Scollon in Ergänzung um Domkes Kommunikationsformen-Typologie-Hinweise eine geeignete Basis.

Einen weiteren wesentlichen Baustein für geosemiotische Untersuchungen bildet die konkrete orientierungs- und navigationsbezogene Raumsemiotik. Bezüglich dieser und der damit einhergehenden möglichen Schwierigkeiten unterscheidet Schmauks „drei grundlegende Probleme" (Schmauks 2002, S. 2), die auch im hier untersuchten Datenmaterial für die Interaktanten eine bedeutende Rolle spielen,[57] denn ihre Handlungen bieten jeweils Lösungen für mindestens eines dieser Probleme: 1. das „Standortproblem" (ebd.) mit der möglichen Ausgangsfrage *Wo bin ich?* (bzw. *Wo sind wir?*), 2. das „Richtungsproblem" (ebd.), das sich mit der Frage *Wo geht es weiter?* exemplifizieren lässt, und 3. das „Überblicksproblem" (ebd.), das mit der Frage *Welche Struktur hat die Gegend, in der ich bin?* illustriert werden kann (vgl. ebd.). Diese drei Probleme stehen in direktem Zusammenhang mit der kognitionswissenschaftlichen Typologie der Gebietskenntnis, wonach Wegmarkenwissen, Routenwissen und Überblickswissen unterschieden werden (siehe ebd., S. 59).

Für jedes dieser spezifischen Probleme führt Schmauks semiotische Musterlösungen auf. Als Oberbegriff wählt sie dafür „Orientierungshilfen", „unter anderem natürliche und künstliche Zeichen, welche die Orientierung und Fortbewegung im Raum erleichtern" (ebd., S. 20). Darunter differenziert sie die „künstlichen Zeichen [...], also verortete sowie transportable Nachrichten, die eigens zu diesem Zweck geschaffen wurden" (ebd.) in elementare Hinweiszeichen und Überblicksdarstellungen. Weil den Akteuren (v. a. dem Einsatzleiter) im Rahmen der untersuchten Szenarien keine Lagepläne zu den Gebäuden und Wohnungen vorliegen, gibt es auch keine entsprechenden Dokumente zu untersuchen.

Die elementaren Hinweiszeichen unterteilt Schmauks nochmals in Wegmarkierungen, Ortsangaben, Richtungsangaben und Hinweise auf Barrieren. Interessant ist an dieser Stelle, dass sich bezüglich der basalen vereinbarten Grundsemantik der LANDMARKEN all diese Hinweiszeichentypen wiederfinden, sie aber zum Teil nicht scharf voneinander abgetrennt werden können.

„Wegmarkierungen [sind] geschaffen, [... um] den Wegverlauf deutlich sichtbar [zu] kennzeichnen" (ebd., S. 21). Beispielhaft lassen sich hier blaue LANDMARKEN aufführen, die an beliebigen Orten signalisieren sollen, dass die Auslegenden dort entlang gegangen sind.

Ortsangaben dienen der hierarchischen Strukturierung der Räume (ebd., S. 30) und dafür sind nach Schmauks „alle Objekte und Geländestrukturen am Weg, die als Landmarken zur Orientierung beitragen" geeignet (ebd., S. 31). Exemplarisch können hier grüne LANDMARKEN angeführt werden, die nachfol-

---

[57] Auch wenn Schmauks diese analytischen Kategorien primär für Wanderungen entwickelt hat, lassen sie sich auch auf Ortserkundungen in Feuerwehreinsatzübungen übertragen, denn auch hier gibt es Wegziele (auch wenn diese im Allgemeinen nicht durch genaue Positionsangaben, sondern durch Personen oder Objekte (wie Feuerherde) bestimmt sind) und die Notwendigkeit zur lokalen Situierung (v. a. aus Gründen der eigenen Sicherheit sowie der Wegziel-Orientierung), woraus sich die aufgeführten drei grundlegenden Probleme ergeben.

genden Trupps (sowie den Auslegenden selbst) signalisieren, dass die gekennzeichnete Räumlichkeit bereits vollständig durchsucht ist.

Zu Richtungsangaben sind die LANDMARKEN nur sehr bedingt und indirekt geeignet. Klassische Richtungsangaben, wie sie durch Pfeile und andere Symbole vorgenommen werden, lassen sich qua Form und Funktion der LANDMAR-KEN nicht realisieren. Dies wäre auch kaum hilfreich hinsichtlich der praktischen Verwendung, denn an Einsatzorten muss ggf. mit sich verändernden architektonischen Beschaffenheiten gerechnet werden und die LANDMARKEN sind selbst nach der Auslegung verrückbar[58] (im Gegensatz zu den meisten allgemeinen Landmarken). Würden sie also Richtungsangaben aufweisen und im Verlauf des Einsatzes verschoben werden, so würde dies ein erhebliches Risikopotenzial aufweisen.[59] Indirekt können sie ggf. dennoch als Richtungsangaben interpretiert werden, da sie über eine Auslegungsnummer verfügen und sie in Relation zu weiteren ausgelegten LANDMARKEN somit in einigen Situationen eingeschränkt als Richtungsanzeiger genutzt werden können.

Hinweise auf Barrieren warnen vor Unpassierbarkeit durch Hindernisse sowie vor Gefahren. Hierfür lassen sich beispielhaft rote LANDMARKEN heranziehen, die zum Markieren von Gefahrenstellen ausgelegt werden.

Auch wenn sich Schmauks in ihrer Arbeit dezidiert mit der Handlungsform Wandern auseinandersetzt, so sind auch viele ihrer weiteren Begriffserläuterungen, Definitionen und Problematisierungen gleichermaßen relevant für die in dieser Arbeit untersuchten Handlungsformen. So z. B. die Schwierigkeiten, die sich aus der „systematische[n] Mehrdeutigkeit des Ausdrucks ‚Weg'" ergeben (ebd., S. 9), denn

> [a]uf einer abstrakten Ebene bezeichnet er eine zusammenhängende Folge von Punkten auf der Erdoberfläche; auf der Ebene der Realisierung gibt es Wege sehr unterschiedlicher Erkennbarkeit. Eine erste kultursemiotische Klassifizierung geht vom Doppelaspekt von Wegen aus: Als Artefakte sind sie mehr oder weniger gebahnt oder sogar ausgebaut, heben sich also mehr oder weniger deutlich vom Untergrund ab, als Zeichensysteme sind sie mehr oder weniger markiert. (Ebd., S. 9)

Übertragen auf die Wege der Feuerwehrleute zeigen sich in den Konversationen genau diese beiden Differenzierungen bezüglich des Weges. Die Räume ergeben sich aus der Architektur der Gebäude sowie der nachträglichen (interaktionalen) Festlegungen und Modifikationen durch die Nutzer der Räume, durch spezifische Umwelteinflüsse wie z. B. Feuer, und durch organisatorische Regelsysteme (wie die Rechts- und die Linksregel, die den Weg, den die Feuerwehrleute nehmen, ebenfalls beeinflussen). Wege als Zeichensysteme werden durch die Feuerwehrleute mittels herkömmlicher (wie z. B. dem mitgebrachten Schlauch oder gemalter Kreidezeichen) und mittels neuer technischer Hilfsmittel (hier mittels der LANDMARKEN) gebahnt.

---

[58] Zu den Problemen und Konsequenzen, die sich daraus ergeben, siehe TA30 und TA33 in Unterkapitel 5.4.3.

[59] Dies betrifft zwar nicht nur eine mögliche Richtungsangabe-Funktion, aber bei dieser ist die Problematik besonders gravierend.

Für eine noch feinere Differenzierung des ambigen Ausdrucks ‚Weg' greift Schmauks auf Gibsons Theorie der „affordances"[60] (siehe Gibson 1986 und in einer kurzen Darstellung Schmauks 2001, S. 3 f.) bzw. in der Übersetzung „Angebote" (Gibson 1982, Kap. 8) zurück, nach der

> Menschen [...] wie alle Lebewesen in ständiger zeichengeleiteter Interaktion mit ihrer Umwelt [stehen], auch mit der unbelebten. Sie handeln, indem sie sich durch die wahrnehmbaren Eigenschaften von Objekten zu Annahmen über deren Verwendbarkeit für bestimmte Zwecke bewegen lassen. (Schmauks 2002, S. 9)

Diese Interaktionsangebote (affordances) bezeichnet Schmauks als „Gebrauchswerte" (ebd.) und ergänzt in Anlehnung an Posner (1995, S. 17 f.): „Aufgrund der unterstellten Absicht ihres Produzenten kann man [... Artefakte (im Gegensatz zu natürlichen Objekten)] als komplexe Aussagen rekonstruieren" (Schmauks 2002, S. 9). Zusammen mit Posner hat Schmauks eine Skala von 3–4 Reflexionsstufen[61] herausgearbeitet, mit denen sie Gegenstände hinsichtlich ihres Gebrauchswertes typologisieren:

> Auf der Reflexionsstufe 0 wird einem natürlichen Gegenstand nur ein elementarer Gebrauchswert zugesprochen. [...]

> Die Objekte der Reflexionsstufe 1 sind erkennbar absichtlich hergestellt worden, um denselben Zweck [wie ein natürlicher Gegenstand, der zur Orientierung gebraucht werden kann] zu erfüllen [...]

> Auf der Reflexionsstufe 2 wird der Zweck der Artefakte erkennbar absichtlich gekennzeichnet; ihr Hersteller will den Betrachter ausdrücklich glauben machen, dass er sie genau zu diesem Zweck schaffen wollte [...]

> Auf der Reflexionsstufe 3 wird der elementare Zweck des Artefakts nicht nur gezeigt, sondern erkennbar absichtlich zelebriert. (Ebd., S. 10)

Diese Reflexionsstufen weisen auch im vorliegenden Datenmaterial eine bedeutende Relevanz auf, denn es lässt sich nachweisen, dass der Gebrauchswert von Objekten bezüglich der Orientierung und Navigation insbesondere von der Zweckinterpretation durch die Akteure abhängt (siehe z. B. die Begründungen für die Auswahl bestimmter LANDMARKEN in diversen Einsatzübungen).

Im weiteren Verlauf ihrer Untersuchung differenziert Schmauks u. a. die Konzepte *Spur*, *Weg* bzw. *Pfad* und *Straße* aufgrund dieser Reflexionsstufen. *Straße* als Zeichentyp der zweiten Reflexionsstufe spielt im Rahmen dieser Arbeit keine Rolle. Aber es ist sinnvoll, ihre Differenzierung von *Spur* und *Weg* an dieser Stelle aufzugreifen und hinsichtlich der hier vorliegenden Untersuchungssituationen zu modifizieren. Spuren entstehen nach Schmauks, „wenn ein Objekt auf seine materielle Umwelt einwirkt und dabei eine bleibende Veränderung verursacht. Diese Wirkung kann von Personen mit entsprechendem Wissen als Zeichen für ihre nicht mehr anwesende Ursache interpretiert werden" (ebd., S. 10). Ein sol-

---

[60] Mit diesem Kunstwort möchte Gibson „die Komplementarität von Lebewesen und Umwelt" hervorheben (Gibson 1982, S. 137).

[61] Die Reflexionsstufen 0–2 sind durch die Interpretation hinsichtlich des Schaffungszweckes bestimmt, wobei Reflexionsstufe 2 um die Nutzung ergänzt wird. Reflexionsstufe 3 hingegen wird explizit kulturbezogen eingeführt.

cher Fall lässt sich z. B. beim Interpretieren eines vom vorangegangenen Trupp
zurückgelassenen Schlauchs konstatieren. Wird dieser nicht zur bewussten Wegmarkierung zurückgelassen, sondern weil beispielsweise eine Person gefunden
und nun aus dem Gebäude heraus transportiert wird, so lässt sich der Schlauch
dementsprechend als *Spur* im Sinne Schmauks deuten. Demgegenüber definiert
Schmauks „Wege als eigens [... zum Zwecke der gesteuerten Fortbewegung] ge-
schaffene und sehr langlebige Artefakte. [...] Sie ermöglichen die Fortbewegung
und kanalisieren sie auch" (ebd., S. 12). Diese lassen sich beobachten, wenn z. B.
Feuerwehrleute eine Schneise in Schutt oder Gegenstände schlagen würden, um
sich hindurchzubewegen. Da sie dabei in der Regel ehemalige *Wege* freilegen,
wird (spätestens) an dieser Stelle allerdings die begrenzte Anwendbarkeit des
Wegkonzepts sichtbar. Und weil Schmauks – für den Rahmen des Wanderns
durchaus folgerichtig und angemessen – auf der zweiten Reflexionsstufe *Straße*
anführt, dies aber in den hier untersuchten Handlungskontexten terminologisch
irreführend wäre, soll dafür ein alternativer Ausdruck verwendet werden. Denn
die bewusste Herstellung von Wegen, die nachfolgende Trupps auch als bewusst
(möglicherweise primär für sie) generierte Fortbewegungsleitsysteme interpretieren, spielt in den LANDMARKEN-Settings eine bedeutende Rolle.

Im Folgenden werden deshalb *Spuren* als Bezeichnung für die Reflexionsstufe
0 beibehalten und *Raumarchitektur* als allgemeinen Terminus für die architekto-
nisch (und ggf. durch die Nutzer[62] modifizierte) vorgesehene Fortbewegung in
Räumlichkeiten und Häusern und damit für die Reflexionsstufe 1 verwendet.
Route wird als Bezeichnung für Fortbewegungsgebrauchswerte der 2. Reflexionsstufe genutzt. Diese werden in den vorliegenden Situationen v. a. durch LAND-
MARKEN hergestellt.

Schmauks weitere (auf den Rahmen von Wandern bezogene) Unterscheidung
von Weg- und Landmarken kommt bezüglich der neuen technischen Medien
in diesem Kontext nicht zum Tragen, denn die LANDMARKEN liegen erstens am
Weg (Definition von Wegmarken; siehe ebd., S. 59 und 108) und dienen zweitens
auch aus größerer Entfernung der Orientierung[63] (Definition von allgemeinen
Landmarken; siehe ebd., S. 59). Eine Unterscheidung von LANDMARKEN zu allgemeinen Landmarken betrifft zudem das System der Platzierung. So gibt es
nach Scollon/Scollon „three systems of emplacement. A sign [...] may be decon-
textualized [...], situated [...], or transgressive" (Scollon/Scollon 2003, S. 22 und
142 ff.). Hinsichtlich allgemeiner Landmarken (als Wegweiser und Referenzie-
rungssysteme) sind alle drei Platzierungssysteme möglich (z. B. ein (ursprünglich
mehr oder weniger) dekontextualisierter Dom, ein situierter Infopoint und ein
Gebäude mit auffälligen transgressiven Graffitis). Bei den technischen LAND-
MARKEN hingegen ist grundsätzlich nur eine situierte Form des emplacement
vorgesehen. Eine transgressive Verwendung (z. B. durch absichtlich irritierende

---

[62] Nutzer wären in diesem Falle all diejenigen, die modifizierend auf die Raumarchitektur ein-
gewirkt haben und einwirken.

[63] Dies wird erstens dadurch gewährleistet, dass sie in sehr dunkler Umgebung auf Bodennähe
aus weiterer Entfernung sichtbar sind, und zweitens weil sie per Funk zum Teil und eingeschränkt auch auf größere Entfernungen ohne Sichtkontakt auslesbar sind (u. a. akustisch;
siehe TA45).

Auslegung oder unbeabsichtigtes Auslegen, also Verlieren) würde das Zeichensystem als solches destabilisieren und dessen Nützlichkeit ad absurdum führen.
Eine dekontextualisierte Auslegung würde die Lesbarkeit schon aufgrund der
basalen vereinbarten Farbsymbolik unmöglich machen.

2.2 Wahrnehmungsabhängige sprachliche Bezugnahmen auf Raum

Wichtige sprachliche Verfahren im Rahmen geosemiotischer Problemstellun-
gen sind räumlich situierte „wahrnehmungsabhängige Bezugnahmen"[64] (Polenz
1988, S. 120 f.). Da Notfallbewältigungskommunikation immer ortsbezogen und
ortsgebunden ist und damit notwendigerweise nicht nur räumlich situiert stattfindet, sondern auch über den Ort (als Raum) erfolgt[65] (siehe Habscheid/Ger-
winski 2012) – insbesondere in Settings, in denen Orientierung und Navigation
grundlegende Arbeitsaufgaben sind und somit wichtige Handlungsmuster bestimmen –, kommt Fragen, die unter dem Schlagwort *Raumlinguistik* diskutiert
werden, eine besondere Rolle zu. Raumlinguistische Forschung beschäftigt sich
insbesondere mit sprachlichen Formen wie *rechts, links, hier, da, drüben, oben*
etc. und deren Nutzung, die sich auch im untersuchten Datenmaterial beobachten lässt.

Im Rahmen dieser Arbeit wird unter dem weitläufigen Stichwort *Raumlinguistik* all die linguistisch fundierte Forschung subsumiert, die sich (je im weitesten Sinne) grammatikalischen[66] und lexikalischen[67] Manifestationen in der
Sprache bezüglich räumlicher Orientierung und Bewegung widmet.[68] Das heißt,
Raumlinguistik im hier skizzierten Sinne beschäftigt sich mit sprachlichen Phä-
nomenen, die auf Orte sowie Objekte und damit auf wahrnehmungsabhängige
„räumliche Verhältnisse" (Vater 2005, S. 114) Bezug nehmen.[69] In propositiona-

---

[64] Für von Polenz sind v. a. lokale und temporale Pronomen „als Mittel der ORTS- oder ZEIT-
REFERENZ" (Polenz 1988, S. 120; Hervorhebungen im Original) „wahrnehmungsabhängige Bezugsausdrücke" bzw. „Deiktika/Zeigwörter" (ebd., S. 121), für die gilt, „daß sie nur
situationsabhängig eine Bedeutung haben können. Zu ihrem Verständnis muß der Hörer/
Leser sich in der gleichen konkreten Kommunikationssituation befinden wie der Sprecher/
Verfasser bzw. sich diese vorstellen können, damit er die pronominal bezeichneten Bezugsobjekte selbst wahrnehmen bzw. die Wahrnehmungssituation des Sprechers/Verfassers
nachvollziehen kann" (ebd., S. 120).

[65] Zudem konstituiert Notfallbewältigungskommunikation auch den (Wahrnehmungs-)Raum
der Akteure mit.

[66] „Rein grammatikalische Mittel zum Ausdruck von Raumbeziehungen sind z.B. Kasus wie
Ablativ und Lokativ im Lateinischen und Adessiv, Inessiv, Allativ, Illativ, Elativ usw. im
Ungarischen oder Finnischen" (Vater 1996, S. 5).

[67] „Rein lexikalische Mittel sind vor allem Präpositionalphrasen wie *vor/hinter/neben/über
dem Haus, vor/nach dem Essen, während des Essens* usw., Adverbien wie *hier, da, dort* und
darauf, Nebensätze wie *wo der Turm steht* etc." (Vater 1996, S. 5; Hervorhebung im Original).

[68] Das definiert Lang als „räumliches Wissen", das „den Überschneidungs- bzw. Interaktionsbereich von Objektkenntnis und Orientierungsvermögen" umfasst (Lang 1990, S. 62). Dabei
können unter ‚Objekte' auch Personen subsumiert werden.

[69] Aufgrund dieser Charakterisierung könnte man Vater folgend von raumbezogener „Refe-
renzlinguistik" (siehe Vater 2005, S. 11 und 16) sprechen. Berthele bezeichnet es als eine der

ler Hinsicht definiert Berthele diese sprachlichen Ausdrücke folgendermaßen: „Der zentrale propositionale Gehalt eines räumlichen Lokalisierungsausdrucks ist per definitionem das Herstellen einer räumlichen Verknüpfung von Figur und Grund" (Berthele 2006, S. 10), d. h. zwischen dem räumlich zu lokalisierenden Objekt und dem räumlichen Bezugspunkt.[70] Nach Klein hingegen dient

> [e]ine Raumreferenz [...] dazu, einen bestimmten Ort (oder auch mehrere solcher Orte) zu spezifizieren, d. h. aus der Menge aller in Frage kommenden Orte – dem Referenz-bereich – einen (oder auch eine Menge) so weitgehend zu beschreiben, daß der Hörer verstehen kann, worauf sich der Sprecher beziehen will. (Klein 1990, S. 10)

Vater differenziert im Bereich der so umrissenen „Raumreferenz" (in Anlehnung an Lyons 1977, S. 206) ‚Referenz' als das eineindeutige „Verhältnis der Zeichen zu den durch sie bezeichneten ‚Referenten' in der Welt" (Vater 2005, S. 16) von einem sogenannten Referenzpotenzial. Unter letzterem versteht er lexikalische Einheiten, die „nur als Bestandteil eines Ausdrucks innerhalb einer Äußerung" Referenz haben (ebd., S. 16). So käme Eigennamen eine Referenz und Klassen-namen wie ‚Mensch' ein Referenzpotenzial zu. In dieser Untersuchung geht es allerdings weniger um Referenzbeziehungen an sich als um sprachliche Bezug-nahmen auf Raum im Rahmen interaktionaler Orientierungs- und Navigations-handlungen.

Ein Großteil raumlinguistischer Forschung setzt entweder bei kognitiven Pro-zessen an oder zielt letztlich auf kognitive Beschreibungen und Erkenntnisse ab (vgl. Vater 1996, S. 7). Dies lässt sich bis Bühler zurückverfolgen, der Anfang des 20. Jahrhunderts mittels seiner Deixis-Konzeption im Rahmen seiner Sprach-philosophie (siehe Bühler (1999 [1934]); und weiter unten in diesem Kapitel) den Grundstein legte für eine linguistisch orientierte Auseinandersetzung mit kom-munikativen Prozessen hinsichtlich räumlicher Situierung des Selbst, Anderer und von Objekten. In dieser Arbeit aber werden alle vorwiegend kognitionswis-senschaftlich orientierten Fragestellungen ausgeklammert,[71] denn die Sprache wird nicht, wie in kognitionswissenschaftlich-erkenntnistheoretischen und spe-

---

„grundlegenden Aufgaben der Raumlinguistik, die sprachlichen Formen, die solche räum-lichen Verknüpfungsrelationen ausdrücken, zu beschreiben, sowie ihren syntaktischen Ort anzugeben" (Berthele 2006, S. 10).

[70] Vater wählt als zentrales raumlinguistisches Begriffspaar „Objekt" vs. „Lokalisator" (sie-he Vater 2005, S. 124), Berthele spricht stattdessen zunächst vom „zu LOKALISIEREN-DE[N] und [der] räumliche[n] BEZUGSGRÖSSE" (Berthele 2006, S. 8; Hervorhebungen im Original). Beide beziehen sich dabei auf die gestaltpsychologische Unterscheidung von „Figur" und „Grund" (siehe Vater 2005, S. 126 und Berthele 2006, S. 8f.), die Berthele im weiteren Verlauf seiner Arbeit für das Begriffspaar auch ausschließlich verwendet, weil sie 1. hinsichtlich „Dynamik oder Stase der Relation" keine Präferenz aufweisen, 2. in der Raum-linguistik-Literatur etabliert sind und 3. unproblematischer im Deutschen gebraucht werden können als alternative Begriffspaare (siehe Berthele 2006, S. 9f.).

[71] Zu Fragen, wie Raumerfahrungen unsere Konzeptualisierungsweisen prägen, die sich ggf. in spezifischen Raummetaphern aufdecken lassen, siehe z. B. Lakoff/Johnson (2008) und Linz (2002). Zu „Raumreferenz unter extremen perzeptuellen Bedingungen" siehe Frie-derici (1989). Zur Frage nach universalen kognitiven Raumkonzepten siehe stellvertretend Senft (Hg.) (2004). Zu Verständnisgrundlagen für die raumreferenzielle Kommunikation zwischen Interaktanten siehe u. a. Vater (1997, S. 506).

ziell in universalistischen Untersuchungsansätzen in ihrer Funktion ‚als Fenster zum Geist'[72] bzw. „als Spiegel des Geistes" (Linz 2002, S. 149) untersucht. Es soll vielmehr allein ein raumlinguistisches Begriffsinstrumentarium vorgestellt und erarbeitet werden, soweit es für die nachfolgende Analyse der sprachlichen Vollzugswirklichkeit selbst relevant ist. Insofern ist dieses raumlinguistische Kapitel bezüglich der Erkenntnisinteressen näher an typologischen Ansätzen ausgerichtet, da es um die Bestandsaufnahme und angemessene Beschreibung sprachlicher Interaktionen und nicht um kognitiv zu Grunde liegende Schemata und Konzepte, epistemologische Erkenntnisse, gesellschaftskonstitutive Mechanismen oder sprachinterne bzw. sprachexterne Kontrastierungen geht.[73]

Zum Zweck der terminologischen Strukturierung wird auf Vaters Darstellung raumreferenzieller Bezeichnungen im Deutschen zurückgegriffen. Diese geht zunächst von drei Grundarten räumlicher Verhältnisse aus: Positionierung[74] als statische Raumreferenz, Direktionalisierung[75] als dynamische Raumreferenz und Dimensionierung als „Beschreibung von Dimensionseigenschaften eines Objekts" (Vater 1996, S. 41). In einer umfassenden (Baumstruktur-)Übersicht unterteilt Vater (ebd., S. 45) dann die raumreferenziellen Bezeichnungen im Deutschen anhand dieser Grundarten folgendermaßen:

1 Lokalisierung
   1.1 Positionierung
      1.1.1 nach Art (*liegen, stehen, stecken* usw.)
      1.1.2 nach Ort
         1.1.2.1 nicht deiktisch (*im Haus, vorm Zaun, an der Decke* usw.)
         1.1.2.2 deiktisch
            1.1.2.2.1 positional (*hier, da, dort* usw.)
            1.1.2.2.2 dimensional (*oben, unten, vorn* usw.)
   1.2 Direktionalisierung
      1.2.1 nach Art
         1.2.1.1 nicht deiktisch (*legen, stellen, fahren* usw.)
         1.2.1.2 deiktisch (*kommen, gehen, hinwerfen* usw.)
      1.2.2 nach Ort
         1.2.2.1 nicht deiktisch (*ins Haus, vor den Zaun* usw.)
         1.2.2.2 deiktisch
            1.2.2.2.1 positional (*hierher, dahin, dorthin* usw.)
            1.2.2.2.2 dimensional (*nach oben, hinauf, herauf* usw.)
2 Dimensionierung
   2.1 nach Eigenschaft
      2.1.1 zweidimensional (*lang, kurz, breit, schmal* usw.)

---

[72] Ähnliche Zitate und Anschauungen gründen häufig auf Wilhelm von Humboldt. Einen exemplarischen Artikel bietet Friederici (1989).

[73] Im Gegensatz zu „kognitiv-linguistische[n], semantische[n], soziolinguistische[n] und dialektologische[n] Ansätzen und Methoden", die ebenfalls vielfach unter dem Stichwort *Raumlinguistik* behandelt werden (siehe Berthele 2006, S. 1).

[74] Dieses Konzept geht im Rahmen dieser Arbeit v. a. mit räumlicher Koordination einher.

[75] Direktionalisierung ist eng verbunden mit topologischer Navigation.

2.1.2 dreidimensional (*groß*, *klein*, *dick*, *dünn* usw.)
2.2 nach Körper
   2.2.1 zweidimensional (*Fläche, Dreieck, Kreis, Ellipse* usw.)
   2.2.2 dreidimensional (*Behälter, Würfel, Kugel, Pyramide* usw.)

Eine derartige strukturierte Darstellung raumreferenzieller Bezeichnungen erklärt sich aus der komplexen Struktur, die Raumreferenz beispielsweise von Personenreferenz (aber nicht von Zeitreferenz) unterscheidet, denn bei der Raumreferenz bildet den Referenzbereich „nicht einfach eine Menge […], sondern eine komplexe Struktur: alle Elemente dieser Struktur, die einzelnen Orte also, sind durch bestimmte Relationen aufeinander bezogen, und in der Ortsreferenz wird systematisch Gebrauch von dieser Struktur gemacht" (Klein 1990, S. 11).

Unter allen Raumausdrücken differenziert Vater zunächst zwischen denjenigen zur räumlichen Lokalisierung von Objekten und denjenigen, mit denen „Dimensionseigenschaften eines Objekts" (Vater 1997, S. 506) angegeben werden. Dabei unterscheidet er bezüglich der räumlichen Situierungsausdrücke zusätzlich zwischen unbewegten Objekten, auf die mittels „statische[r] Raumreferenz oder Positionierung" (ebd.) Bezug genommen wird, und bewegten Objekten, auf die via Direktionalisierung referiert wird. Greift man zur Veranschaulichung einige der prototypischen Verben aus Vaters Überblick heraus, wird deutlich, worin der Unterschied besteht: mit Positionierungsverben wie *liegen, sitzen, stehen* etc. wird auf Objekte an statischen Orten referiert. Bei Direktionalisierungsverben wie *legen, setzen, stellen* etc. ist immer eine Bewegung der Objekte mit Ursprungs- und Zielort (sowie einem Weg) impliziert. Bei diesen lassen sich also noch adverbiale Ergänzungen mit *von* und *nach* sowie *über* anfügen.[76]

Im Gegensatz zu Dimensionalisierungsausdrücken wie *lang, breit, hoch, klein* etc. ist die Raumreferenz bei räumlichen Situierungsausdrücken „immer mit Ereignisreferenz (genauer: Situationsreferenz) verbunden" (ebd., S. 507). Die Dimensionierung, die im Deutschen v.a. mittels Adjektiven zur Eigenschaftsbeschreibung von Objekten ausgedrückt wird (siehe dazu Vater 1996, S. 79–85), soll im Rahmen dieser Untersuchung aber weitgehend ausgeblendet werden, da sie im Datenmaterial nur eine untergeordnete Rolle spielt.

Die räumlichen Situierungsausdrücke klassifiziert Vater zunächst je nach Art und Ort, d.h. einerseits in Ausdrücke, die Auskunft über die Art der Positionierung resp. der Direktionalisierung des Objektes geben (z.B. *etwas liegt* resp. *etwas wird gelegt*), und andererseits in Ausdrücke, die Auskunft über den Ort des Objektes geben (z.B. *etwas liegt hier* resp. *etwas wird hierher gelegt*). Dabei wird die Art prototypisch mittels Verben und der Ort im Allgemeinen via Präpositionalphrasen (z.B. *im Haus* resp. *ins Haus*) oder Lokaladverbien (z.B. *hier* resp. *hierher*) verbalisiert.

---

[76] Vater verweist allerdings darauf, dass es neben den aufgeführten prototypischen Verben auch solche gibt, die positional und direktional gebraucht werden können. Siehe z.B. *hängen*, dessen transitive Verwendung sich dann nur in dessen Flexion ausdrückt: es „wird beispielsweise stark flektiert, wenn es positionierend (intransitiv) gebraucht wird, und schwach als direktionalisierendes (transitives) Verb: hängt – hing – gehangen vs. hängt – hängte – gehängt" (Vater 1997, S. 507).

Im Bereich der ortsreferenziellen Lokalisierungsausdrücke subklassifiziert Vater noch in deiktische und nicht-deiktische Ausdrücke. Um diese Unterscheidung angemessen erörtern zu können, muss zunächst das Deixis-Konzept etwas näher erläutert werden:

> ‚Deixis‘ ist nach BÜHLER 1934 eine egozentrische (personale, lokale und temporale) Orientierung. Ich, Hier und Jetzt sind nicht physikalisch, sondern nur psychologisch und sprachlich bestimmbare Größen, bei denen jeweils nur das Ego des Sprechenden primärer Bezugspunkt ist: *Ich* ist die Bezeichnung für den Sprecher (d. h. nur den, der gerade spricht), *du* die Bezeichnung für den Adressaten (d. h. nur den, an den der Sprecher sich gerade wendet), *er* oder *sie* sind nur negativ gekennzeichnet, als Personen, die der Sprecher nicht anspricht (sondern über die er spricht). Ähnlich ist [sic!] *hier* eine sprecherbezogene Ortsangabe und *jetzt* eine sprecherbezogene Zeitangabe. (Ebd., S. 1; Hervorhebungen im Original)[77]

Damit „lässt sich [Deixis kurz] definieren als Referenz auf die Sprechsituation bzw. ihre Bestandteile" (Vater 2005, S. 17), wobei „Referenz immer ein subjektives Phänomen ist" (ebd., S. 16 in Anlehnung an Geiger 1995, S. 12). „‚Deiktika‘ sind [demnach] Ausdrücke, die sich auf Bestandteile der Sprechsituation beziehen, wobei der Sprecher egozentrisch sich selbst als primären Bezugspunkt nimmt" (Vater 1997, S. 501). Außerdem spielt der Angesprochene bei der Deixis-Konzeption eine besondere Rolle, wie Fehrmann und Linz betonen: „Deixis konfiguriert als Zeichenmodus also eine Zeigehandlung, in der der Andere als Akteur konstitutiv eingeschrieben ist – sonst zeigt sie nichts" (Fehrmann/Linz 2008, S. 288).[78]

Aus deiktischer Perspektive beschreibt der Sprecher eine räumliche Konfiguration aus der Perspektive der Kommunikationsteilnehmer (vgl. auch Dennerlein 2009, S. 78 f.), wobei in der Regel die (‚ich, jetzt, hier‘-)Perspektive des Sprechers eingenommen wird. Es kann allerdings auch die Perspektive des Adressaten eingenommen werden,[79] welche sich nur dann von der des Sprechers unterscheidet, wenn die Gesprächspartner nicht dieselbe objektive axiale und Blickrichtungsorientierung teilen und damit keine „Tandem-Perspektive" (Vater 1996, S. 50 ff. in Anlehnung an Ehrich 1985 und Bühler 1999) aufweisen.[80] Die Form der Ob-

---

[77] Zu einer weiteren kurzen Übersicht siehe Vater (1996, S. 14–16).

[78] Hinsichtlich unterschiedlicher Zeichenbildungsverfahren, die Auer nutzt, um einen grammatikalisch natürlichen Stil in Kommunikaten zu ermitteln, klassifiziert er Deixis und generelle Kontextabhängigkeit auch als „exophorisch-indexikalisch" (Auer 1989, S. 48; ein morphologisches Beispiel findet sich auf S. 42), womit er den Aspekt des Bezuges auf Bestandteile der Sprechsituation hervorhebt und das Verfahren semiotisch spezifiziert. ‚Exophorisch‘ meint dabei über das mediale System hinausgehend (im Gegensatz zu ‚endophorisch‘) und indexikalisch betont dabei die Zeichenbedeutung als Teil eines Ganzen oder als Wirkung der Ursache eines Verursachers (siehe Unterkapitel 2.1 in Anlehnung an Keller 1995, S. 120).

[79] Friederici subsumiert die Wahl des Hörer-bezogenen Referenzrahmens unter die intrinsische Raumdeixis („hörerbezogene und objektbezogene" vs. „sprecherbezogene deiktische" Perspektive; Friederici 1989, S. 25 f.) und verfestigt damit eher eine „monoaktionale" statt interaktionistische Interaktionskonzeption. In bewusster Abgrenzung dazu wird an dieser Stelle die Hörer-bezogene unter die deiktische extrinsische Perspektive subsumiert.

[80] In Anlehnung an Hill (1982) und Ehrich (1985) unterscheidet Vater bezüglich der deiktischen Lokalisierungsstrategie die „Tandem-Perspektive" von der „Vis-à-vis-Perspektive".

jektlokalisierung aus der Perspektive des Adressaten lässt sich als eine Form der Deixis-Verschiebung beschreiben. Die „Origo", womit Bühler den räumlichen und zeitlichen „Koordinatenausgangspunkt" des Sprechers bezeichnet, den dieser mit den Zeigwörtern „hier, jetzt und ich" markiert (siehe Bühler (1999 [1934]), S. 102), wird dann vom Sprecherort hin zum Adressatenort projiziert.

Nun kann aber auch – und dies zeigen kontrastive Sprach- bzw. Kultur-Untersuchungen (wie z. B. Hill 1982) – die Perspektive des Objektes (bzw. „Figur" nach Berthele 2006) im Rahmen der Beschreibung eingenommen werden. Diese intrinsische Perspektive eignet sich z. B. in Fällen, in denen das Referenzobjekt selbst (intrinsische) horizontale („x-Achse" bzw. „Transversale":[81] vorne vs. hinten und/oder „y-Achse": links vs. rechts;[82] siehe Friederici 1989, S. 2) und/oder vertikale („z-Achse": oben vs. unten; ebd., S. 24) Achsen aufweist[83] und/oder

---

Bei ersterer sind die beiden Orientierungsfelder (die des Sprechers und die des Referenzobjektes bzw. „Lokalisators" (der Hörer ist in dieser Darstellung der Einfachheit halber ausgeklammert) für ein zu beschreibendes bzw. zu lokalisierendes anderes Objekt) gleichgerichtet und bei der zweiten sind die beiden Orientierungsfelder aufeinander gerichtet (siehe Vater 2005, S. 122 f.). Diese Form der Differenzierung von unterschiedlichen Orientierungsfeldern lässt sich auch auf die von zwei Personen übertragen (zwei Personen schauen von derselben Position gleichgerichtet auf ein Objekt vs. zwei Personen schauen sich gegenüberstehend auf ein Objekt zwischen ihnen), wobei dies selbstverständlich nur zwei idealisierte Formen der räumlichen Interaktionskonstellation von zwei Interagierenden darstellt.

[81] Zum Beispiel bei Klein (1990, S. 12). Im Gegensatz zu Kleins Unterteilung in „Vertikale [oben-unten], Horizontale [links-rechts] und Transversale (d. h. vorn-hinten)" (Klein 1990) hat sich in der Anatomie eine andere Einteilung etabliert, nach welcher folgende drei Körperebenen und -achsen unterschieden werden (siehe z. B. Reiche 2009): „Transversalebene" und „Vertikalachse" differenzieren einen Körper in oben und unten, „Sagittalebene" (bzw. „Medianebene") und „Transversalachse" unterteilen einen Körper in links und rechts, und „Frontalebene" (bzw. „Coronalebene") sowie „Sagittalachse" spalten den Körper auf in vorne und hinten.

[82] „Das System rechts/links bezieht sich auf eine symmetrische Raumaufteilung durch eine horizontale Orientierungsachse, die das Zentrum der (beweglichen) Körperfront des Sprechers durchläuft und bei einem bestimmten Punkt (an der Wahrnehmungsgrenze bzw. der Zugänglichkeitsgrenze) endet" (Zifonun/Hoffmann/Strecker 1997, S. 333 f.).

[83] So hat z. B. ein Auto eine intrinsische Vorderseite, die es erlaubt, auf das Auto auch aus intrinsischer Perspektive zu referieren. Dasselbe gilt selbstverständlich für Menschen. Und dass dies in beiden Fällen auch üblich ist, zeigen z. B. die Vereinheitlichungen wie *rechte Tür* für *Beifahrertür* (egal, ob man vor, neben, hinter, über oder – z. B. in einer Grube – unter dem Auto steht) und die aus der Medizin übliche Charakterisierung menschlicher Körperteile in zweifacher Ausführung, die lateral symmetrisch auf beide Körperseiten verteilt sind (die *unterste linke Rippe* bezieht sich z. B. immer auf die intrinsische Perspektive des Referenzobjektes). Trotzdem – und dies belegt die Außergewöhnlichkeit der intrinsischen Perspektive im deutschsprachigen Raum – verursacht dies im Alltag immer wieder unklare Referenzsituationen, die mit zusätzlichem kommunikativen Aufwand gelöst werden müssen. Eine fiktive Situation wäre, dass zwei Menschen vor einem Auto stehen und der Sprecher sagt: *Rechts ist das Licht schwächer ... Also auf der Fahrerseite mein ich.* Zu einer umfassenderen Zusammenfassung zu den Möglichkeiten und Einschränkungen bezüglich der „intrinsischen Strategie" siehe Vater (1996, S. 63) in Anlehnung an Hill (1982) und Levelt (1986).

„bei Lokalisatoren mit ‚asymmetrische[n] Achsen'"[84] (Vater 2005, S. 125), und in Fällen, in denen Okklusionen, also Sichtverdeckungen von Objekten vorliegen (siehe Vater 1996, S. 53 ff.). Zwei weitere Ermöglichungen der „intrinsischen Strategie" (Vater 2005, S. 125) betreffen räumlich zu lokalisierende Gegenstände (und Lokalisatoren) ohne solche Achsen, die allerdings eine „typische räumliche Orientierung [von Personen verlangen], wenn sie sie benutzen" (ebd.) oder „Gegenstände [...], wenn sie sich bewegen, wobei die Bewegungsrichtung entscheidend ist" (ebd.).

Bei in Bewegung befindlichen Interaktanten kommt zusätzlich noch eine „Wegdeixis" (Vater 1996, S. 58) in Frage, bei der der Sprecher eine zukünftige Sprecher-Position bzw. -Perspektive antizipiert und aus dieser heraus beschreibt.

Der relativen und der intrinsischen Perspektive lassen sich noch die topologische, die georeferenzielle und die metrische als absolute Positionierungen hinzufügen, wobei jeweils räumliche Dimensionen, Richtungen und Sprecher- bzw. Hörer-Perspektiven keine Rolle spielen (vgl. ebd., S. 64; in Anlehnung an Herweg 1989). Dennerlein fasst diese Referenzsysteme folgendermaßen zusammen:

> Ein topologisches Referenzsystem umfasst die Beziehungen Inklusion, Kontakt und Nähe, die sprachlich zumeist durch die Präpositionen *in, an* oder *bei* ausgedrückt werden. Mithilfe topologischer Lokalisationen können Nachbarschafts- und Enthaltenseinsrelationen unabhängig vom Betrachterstandpunkt kommuniziert werden.
> Ein Geosystem ist ein Referenzsystem, bei dem auf Himmelsrichtungen, Längen- oder Breitengrade oder geographische Orientierungspunkte wie Landmarken Bezug genommen wird. [...]
> Ein metrisches Referenzsystem bezieht sich auf die Angabe exakter Entfernungen. (Dennerlein 2009, S. 80 f.)

Diese absoluten (und intrinsischen) raumreferenziellen Bezeichnungen, wie bei *im Haus* resp. *ins Haus*, lassen sich generell auch als ‚nicht-deiktische' und somit nicht relative bzw. nicht „origo-basierte" (Berthele 2006, S. 11) sprachliche Ausdrücke charakterisieren.

Nun hat Bühler bezüglich der Zeigemodi auf Objekte neben der eigentlichen Deixis, der „demonstratio ad oculos und ad aures" (siehe Bühler (1999 [1934]), S. 105 f.), noch zwei weitere Formen beschrieben. Dabei handelt es sich erstens um „Anaphorik" und zweitens um „Deixis am Phantasma" (ebd., S. 80 f. und 121 ff.).[85]

Die demonstratio ad oculos beschreibt gewissermaßen den Default-Fall, bei dem davon ausgegangen wird, dass Sprecher und Hörer[86] sich in einer „face-to-face"-Konstellation (siehe Goffman 1983) befinden und der Sprecher mittels Zei-

---

[84] Berthele bezeichnet Lokalisatoren als „Grund" oder „räumliche Bezugsgröße" (Berthele 2006, S. 8; Hervorhebungen gelöscht von J. G.).

[85] Zur Perspektivenwahl siehe auch Tappe (2000) und Hörnig (2000).

[86] Im Rahmen der terminologischen Erörterung des Deixis-Konzeptes soll an dieser Stelle das Sprecher-Hörer-Konzept aufgegriffen werden, da es die Situationsbeschreibungen sehr vereinfacht. Im weiteren Verlauf der Untersuchung wird dieses sowohl unterkomplexe als auch irreführende Konzept einer Gesprächskonstellation nicht verwendet und stattdessen von *Gesprächsbeteiligten, Akteuren* etc. gesprochen, sofern nicht konkret auf das Gesprochene eines Sprechers Bezug genommen wird.

gegesten (via Finger, Hand, Rumpf, Kopf, Augenbewegung etc.) zuzüglich Zeigwörtern auf ein für beide Gesprächspartner sichtbares Objekt verweist. Bühler unterteilt nur zwei Regionen, die Vater als „Nahraum", die „primäre[...] (direkte[...]) Deixis" (Vater 2005, S. 117), vs. „Fernraum" bezeichnet (ebd., S. 118). Vater selbst unterscheidet hingegen – in Anlehnung an Rauh (1983, S. 18) – drei Regionen: den unmittelbaren physischen Raum um den Sprecher, die „proximale Umgebung", den angrenzenden „Peripher-Raum" und den fernen, aber noch sichtbaren Bereich, die „Fern-Umgebung" (Vater 2005, S. 118; in Anlehnung an Ehrich 1992, S. 16).

Neben diesem ‚Default-Fall' führt Bühler die Anaphorik als eine weitere „abgeleitete Deixisart[...]" (Vater 2005, S. 17) an. Unter dieser Verwendung der Zeigwörter versteht er (der klassischen Rhetoriktradition seit Aristoteles folgend) ein „Zeigen[...] auf etwas, was nicht an Plätzen des Wahrnehmungsraumes, sondern an Plätzen im Ganzen der Rede aufgesucht und vorgefunden werden soll" (Bühler (1999 [1934]), S. 121). So kann man z. B. via Zeigwörter anaphorisch auf etwas zuvor Gesagtes rückverweisen[87] (z. B. „In Österreich war es toll. *Da* gab es eine Vielzahl von Attraktionen."). Vater zählt die Anaphorik zwar zur Referenz im Allgemeinen, trennt sie aber von der Deixis. Bühlers Zuordnung führt er darauf zurück, dass Bühler zu seiner Zeit kein übergeordnetes „Referenz-Konzept" zur Verfügung stand (siehe Vater 2005, S. 18).

Bühlers dritte abgeleitete Deixisart,[88] die Deixis am Phantasma, ist dadurch gekennzeichnet, dass das Zeigen auf Objekte weder im gemeinsamen Wahrnehmungsraum erfolgt (wie bei der demonstratio ad oculos) noch rein sprachlich verwiesen wird (wie bei der Anaphorik), sondern auf visuell nicht zugängliche Objekte (die Figur und/oder der Grund) verwiesen wird. Bühlers Paradebeispiel (siehe Bühler (1999 [1934]), S. 139) bildet dabei das Zeigen eines Ortes auf einer Landkarte (z. B. „*Da* liegt Österreich."). Gerade dieses Beispiel nimmt Fricke als Anlass zur Kritik an Bühlers terminologischer Dichotomisierung von ‚Wahrnehmungsraum' und ‚Nicht-Wahrnehmungsraum' und moniert kategorial-begriffliche Mängel. Dementsprechend ersetzt sie Bühlers Dichotomie durch eine (auch für diese Untersuchung sinnvolle) Unterscheidung von „Deixis am Zeichenraum" und „Deixis am Nichtzeichenraum" (Fricke 2009) und grenzt deiktisches Verweisen auf ‚Realobjekte' von deiktischem Verweisen auf Zeichen ab, worunter Karten, Zeichnungen, Gesten und Vorstellungen zu subsumieren sind (vgl. ebd.). Denn nach Fricke liegt Deixis am Nichtzeichenraum[89] (im Gegensatz zu Deixis am Zeichenraum) in einer deiktischen Äußerung dann

---

[87] Zur Vollständigkeit muss in diesem Zusammenhang auch noch die kataphorische Verwendung von Zeigwörtern aufgeführt werden, mittels derer in einem Kommunikat auf etwas noch Folgendes vorverwiesen wird (z. B.: „Ich hab *da* einen tollen Urlaub verbracht – in Österreich.").

[88] Klein (1990) und Wenz (1996) führen im Rahmen des Deixis-Konzeptes noch weitere Origo-Verschiebungen auf (z. B. Wenz 1996, S. 41). Diese sollen aber hier nicht näher betrachtet werden, da sie mit Vaters Darstellung konfligieren und damit nicht zu dessen systematischer Kategorisierung passen. Nur drei weitere für die Auswertung des Datenmaterials relevante Konzepte werden noch weiter unten angeführt.

[89] Auf die Diskussion um die Problematik der Bezeichnung soll an dieser Stelle verzichtet werden.

vor, wenn das Demonstratum und das vom Sprecher intendierte Referenzobjekt
identisch sind (ebd.). Damit wendet sie sich gegen die typologisch inkonsequente
und in vielen Situationen problematische (siehe ebd., S. 171 ff.) Unterscheidungs-
klassifizierung von unmittelbarem Wahrnehmungsraum (bzw. „ad oculos") vs.
„situationsferne [...] Rede" (bzw. „Anaphorik") vs. Vorstellungsraum (bzw.
„Deixis am Phantasma") bei Bühler (Bühler 1999 [1934], S. 80). Anhand von
Wegbeschreibungen, bei denen Sprecher „[m]it Hilfe von redebegleitenden Gesten [...] sichtbare Modelle lautsprachlich beschriebener Situationen erzeugen"
(Fricke 2009, S. 171 ff.), stellt Fricke in anschaulichen Analysen dar, wie „Erinnerungen oder Vorstellungen des Sprechers [...] im Gestenraum verkörpert
und gleichsam – wie auf einer Bühne – in Szene gesetzt" werden (ebd., S. 165).
Das vermeintliche Paradebeispiel Bühlers (siehe Bühler (1999 [1934]), S. 139
und Fricke 2009, S. 171) für Deixis am Phantasma wird somit zu einem Beispiel
für Deixis im Wahrnehmungsraum.

Der Deixis-Begriff soll auch in dieser Arbeit (Vater und Fricke folgend) nur
auf Zeigarten im Rahmen eines gemeinschaftlichen (vorwiegend nicht-visuellen)
Wahrnehmungsraumes beschränkt bleiben, wobei dieser nochmal in einen Zei-
chen- und einen Nichtzeichenraum unterteilt werden kann (s. o.). Diese „Deixis
im engeren Sinne gemeinsamer Wahrnehmung" charakterisiert Hausendorf als
spezifisches eigenständiges Kommunikationsmedium: „[... it] operates at the
interface between code and message where sensory perception is required as a
channel of communication in its own right" (Hausendorf 2003, S. 264).

Generell unterscheidet Bühler in Anlehnung an Brugmann (1904) neben den
oben aufgeführten Deixisformen noch „drei weitere Typen von Zeighilfen: die
Zeig- oder Fingergeste, die räumliche Herkunftsqualität der menschlichen Stimme und ihr Individualcharakter" (Fricke 2004, S. 22). Aufgrund der Relevanz im
Datenmaterial müssen auch diese noch abschließend erläutert werden, um eine
angemessene umfassende Beschreibung im Rahmen der Analysen zu gewährleisten.

Mit der „Hic-Deixis" (Bühler (1999 [1934])) wird v. a. auf den Nahbereich,
genauer auf die Origo des Sprechenden (hic = hier) Bezug genommen. Dabei
bestehen „[d]ie Zeighilfen der Hic-Deixis [...] primär in der Herkunftsqualität
und im Individualcharakter der menschlichen Stimme" (Fricke 2004, S. 22; in
Anlehnung an Bühler (1999 [1934]), S. 96). D. h. für diese deiktischen Zeighilfen,
mit denen der Sprecher auf seinen aktuellen Standort verweist, ist die Äußerung
in ihrer Materialität wichtiger als der Ausdruck selbst. Bühler spricht hinsichtlich
dieser Zeichenfunktion auch von einer „Ortsmarke" (ebd., S. 102).

Mit seinem Konzept der „Dér-Deixis" (ebd.) verweist Bühler auf – mit
visuellen Zeigegesten (in der Regel via ausgestrecktem Arm plus ausgestrecktem Zeigefinger) vergleichbare – Sprechakte, bei denen mittels Deiktika auf
ein Referenzobjekt verwiesen wird, das nicht mit dem Sprecher zusammenfällt
(nicht hier bzw. hic), d. h. „[d]ie Dér-Deixis führt vom Sprechenden hinweg in
dessen Anschauungsbild hinein, ohne Rücksicht auf Nah- und Fernsein des
gewiesenen Gegenstandes" (Brugmann 1904, S. 74; zitiert nach Bühler (1999
[1934]), S. 97).

Für die „Istic-Deixis" (ebd.), mit der Bühler den Fernbereich kennzeichnet
(„origoexklusive Deixis", Fricke 2004, S. 22)

führt [er] optische und akustische Zeighilfen an: die die Körperhaltung sowohl des Gesamtkörpers als auch des Kopfes und der Augen, Zeigegesten und andere dynamische Bewegungsgesten, die einen Zielcharakter haben, adressierende Fixierungen des Blicks, die menschliche Stimme, deren Zielcharakter man ausnutzt, wenn man jemanden anspricht, und deren Intensitätscharakter genutzt wird, wenn man beispielsweise leiser zum Tischnachbarn spricht und seine Stimme erhebt, wenn man alle Personen im Raum erreichen möchte. (Fricke 2004, S. 23 in Anlehnung an Bühler (1999 [1934]), S. 97 f.)

2.3 Initiale semiotische Charakterisierung der Landmarken

Im Rahmen einer ersten Annäherung an eine semiotische Charakterisierung wird im Folgenden das Setting von Notfalleinsätzen und Notfalleinsatzübungen hinsichtlich seiner medialen Besonderheiten mit ein paar weiteren für die Untersuchung notwendigen grundlegenden Begriffen skizziert.

Um in Notfalleinsätzen Verletzte bergen sowie Gefahren und weitere Vorgehensweisen abschätzen zu können, müssen alle Beteiligten unter Zuhilfenahme verschiedener Modalitäten (multimodal: visuell, akustisch, taktil etc.) und mit Hilfe unterschiedlicher Medien (multimedial) und Zeichensysteme (multikodal) an diversen Orten (multilokal)[90] „Artikulationsarbeit" (Corbin/Strauss 1993) leisten. Unter Artikulationsarbeit verstehen Corbin und Strauss alle kommunikativen Aufgaben, die die Ausführung und koordinative Steuerung von kooperativen arbeitsteiligen Arbeitsaktivitäten[91] (vgl. Corbin/Strauss 1993) betreffen, also „the specifics of putting together tasks, task sequences, task clusters" (Strauss 1988, S. 164). Diese Artikulationsarbeit ist nach einer Interpretation von Strübing für Strauss „alltäglicher und unvermeidlicher Bestandteil kollektiver Arbeitsprozesse. [...] [D]ie praktizierte Arbeitsteilung [hat] ihren Ausgangspunkt in diesen Aushandlungen der Arbeitenden untereinander" (Strübing 2005, S. 212). Die Untersuchung dieser Artikulationsarbeit ist daher ein wesentlicher Schritt zur Rekonstruktion einer sozialen Ordnung. Bei der in dieser Arbeit betrachteten Artikulationsarbeit stellen die Verortung der Einsatztrupps[92] und deren räumliche Steuerung besondere Probleme dar. Zur Beschreibung der Probleme und deren Lösungen wird im Folgenden untersucht, inwiefern sowohl verwendete Technologien als auch räumliche Beschaffenheiten die Kommunikation beeinflussen und inwiefern diese jeweils kommunikativ bearbeitet werden.

Die Suche nach sprachlichen und allgemein interaktionalen Verfahren der situationalen Raumerzeugung und räumlichen Lokalisierung führt zu der Frage,

---

[90] Einsatzleiter und Einsatztrupps sind während des Einsatzes nicht kopräsent, sondern räumlich getrennt, d.h. ihre „centres of coordination" (Suchman 1987, S. 13) müssen virtuell hergestellt werden.

[91] Grundlegende linguistische Untersuchungen zu kooperativen Prozessen in organisationaler Kommunikation bieten im deutschsprachigem Raum u.a. Fiehler (1980) und Brünner (1978).

[92] Als Einsatztrupp wird in der Terminologie der Feuerwehr ein Verbund von zwei oder drei Feuerwehrleuten bezeichnet, die direkt zusammenarbeiten und den primären Einsatzort erkunden.

wie es die Feuerwehrleute unter extremen Bedingungen schaffen, Orientierung und Navigation[93] zu gewährleisten. Zu diesen extremen Bedingungen zählen starke Sichtbeschränkungen bis hin zu fehlender Sicht in unbekannten Gebäuden, schwere Ausrüstung, Hitze, psychischer Stress, akustische Einschränkungen aufgrund lauter Umgebungsgeräusche und spezieller Schutzkleidung, hochpriorisierte Handlungsziele (wie Selbst- und Kollegenschutz, Menschenrettung, Gefahren bannen, Feuerlöschen) und vieles mehr.

Im weiteren Verlauf soll stets von *Orientierung* die Rede sein, wenn es generell um die physische räumliche und temporale Situierung des Selbst und/oder Anderer geht. Diese erfolgt mittels interpersoneller räumlicher Absprachen, also Raumkommunikation und/oder gemeinsamer Koordination[94]. Zur Betonung des interpersonellen und interaktiven Aspekts im Rahmen der Konstruktion eines gemeinsamen Bewegungsraums spricht Hausendorf auch von „Ko-Ordination" (Hausendorf 2010 und 2012, S. 144). Mit diesem Begriff grenzt er sich gegen die beiden weiteren interaktiven Situierungsaufgaben „Ko-Orientierung" und „Ko-Operation" (Hausendorf 2010 und 2012, S. 144) ab, womit er die Konstruktion eines gemeinsamen Wahrnehmungsraumes und eines gemeinsamen Handlungsraumes bezeichnet (für eine analytische Anwendung dieser Begriffe siehe Kesselheim 2012). Da die untersuchten Orientierungshandlungen im vorliegenden Korpus im Allgemeinen nur anhand sprachlicher Daten analysiert werden können, fallen Orientierung und „Ko-Orientierung" (Hausendorf 2010) zusammen und können entsprechend nicht getrennt analysiert werden. Im Gegensatz zum Begriff der Orientierung soll im Rahmen dieser Untersuchung mit *Navigation* auf die personelle Orientierungsarbeit hinsichtlich (Ziel-)Bewegungsplanung, also Routenerstellung, verwiesen werden. Dies folgt einer prinzipiellen Unterscheidung, die sich z. B. bei Schmauks findet:

> ‚Orientierung' bezeichnete früher die Hinwendung nach Osten und heute in einer viel weiterer Lesart das Zurechtfinden im Raum allgemein. Der stärker technisch gefärbte Ausdruck ‚Navigation' wird für wichtige Teilaufgaben der Orientierung verwendet, nämlich für die Standortbestimmung sowie die Einhaltung eines gewählten Kurses. (Schmauks 2002, S. 105)

Daraus ergeben sich für die Analyse weitere Fragestellungen wie z. B. nach den Ressourcen, die die Feuerwehrleute für diese Orientierungs- und Navigationsaufgaben verwenden. Gibt es spezifische sprachliche und parasprachliche Marker? Wie nutzen die Feuerwehrleute die vorhandenen räumlichen Strukturen und wie greifen sie selbst in die räumliche Gestaltung (z. B. infrastrukturell und damit insbesondere bewegungsleitend) ein? Auf welche medialen Ressourcen

---

[93] Die in der Literatur zu findende Unterscheidung zwischen zielgerichteter (der Zielort ist bekannt) ‚Navigation' und nicht zielorientiertem (der Zielort ist unbekannt) ‚wayfinding' (siehe Thielmann 2010) soll im Nachfolgenden nicht vorgenommen werden, da mir die Unterscheidung in den vorliegenden Settings der Feuerwehrleute als wenig angezeigt erscheint. Deshalb ist in dieser Untersuchung nur von *Navigation* die Rede.

[94] Siehe zu einer weiteren und tieferen Diskussion bezüglich Koordination Deppermann/ Schmitt (2007).

greifen sie zurück und welche wechselseitigen Interaktionsbeeinflussungen gibt
es zwischen den personalen und technischen ‚Akteuren‘?[95]

Da LANDMARKEN, die konkreten verwendeten technischen Objekte in den
untersuchten Settings, im Folgenden auch als *technische Medien* beschrieben
werden, sollte vorab der hier verwendete Medienbegriff kurz skizziert werden:
Digitale Medien stellen eine Subform des von Holly (2000), Holly/Habscheid
(2001) und Habscheid (2000, 2005 und 2009) in Anlehnung an Posner (1985 und
1986) entwickelten technischen Medienbegriffs dar. Beim allgemeinen Medienbegriff selbst kann man grob zwischen zwei Extrempositionen differenzieren:[96]
zwischen einem sehr engen Medienbegriff, laut dem unter Medien nur (artifizielle) technische Hilfsmittel verstanden werden sollen, die zum Zweck der Kommunikation zwischen Menschen von Menschen geschaffen wurden (z.B. Tele-
fone, TV-Geräte, Bücher und vieles mehr), und einem weiten Medienbegriff, der
alles umfasst, was die Kommunikation ermöglicht, somit auch Sprache, Gestik,
Stimme etc. Der weite Medienbegriff setzt am Konzept der Medialität an, das
mit Vermittelbarkeit und der Erweiterung der menschlich-sensorischen Ver-
mittlungsmöglichkeiten und Wahrnehmung in unmittelbarem Zusammenhang
steht (siehe McLuhan 1968, S. 50 ff.) und „konstitutiv für Kommunikation" ist
(Holly 2011, S. 144). Da Vermittelbarkeit zugleich mit sinnlicher Wahrnehmung
korrespondiert, sind in den Prozess auch notwendigerweise Elemente involviert,
die „über eine gewisse Materialität verfüg[en]" (ebd., S. 144) – so z.B. Zeichen
jeglicher Art für Sprache und akustisch wahrnehmbare Luftschwingungen für
die menschliche Stimme. Dieses sinnlich-materielle Konstitutivum von Kommunikation hebt besonders Jäger hervor, der in seiner ‚Transkriptivitätstheorie‘
Remedialisierungen, also intra- und intermediale Bezugnahmen, als Verständi-
gungsvoraussetzung darstellt (siehe Jäger 2004a, 2004c und 2007a). Wenn man
im weitesten Sinne hinsichtlich der Verständigung jede Kommunikationssituation als ein Problem betrachten kann, so bewirken nach Jäger (kommunikative)
Probleme und Störungen nicht nur allgemeine intramediale kommunikative
Prozesse, sondern ziehen gerade inter- und transmediale (kommunikative) Pro-
blembearbeitungen nach sich. Dieser Tatsache widmet er sich eben mit seinem
Konzept der ‚Transkriptivität‘, nach dem ein entscheidendes Merkmal der Problemlösung[97] darin besteht, auf Methoden der Transkription zurückzugreifen.
Dabei wird unter diesem Konzept nicht das (forschungsmethodisch begründete)

---

[95] Auch wenn Latours Akteur-Begriff (siehe u.a. Latour 2002, S. 211–264) ebenfalls einige An-
knüpfungspunkte bietet sowie als Grundkonzept für weitergehende Überlegungen geeignet
wäre, geht es hier nicht um einen Beitrag zur Akteur-Netzwerk-Theorie. Die Ansätze von
Suchman, nach denen Objekte durchaus eine von handelnden Subjekten zu differenzierende
Entität darstellen, weisen dazu bereits ausreichende und m.E. überzeugendere Argumente
auf (siehe Suchman 2007, S. 260). Dennoch sollen diese Differenzierungsaspekte im Verlauf
der Analyse berücksichtigt werden, um offen für eine mögliche Neubewertung dieser theoretischen Konstrukte zu sein.

[96] Zu einer differenzierten Darstellung unterschiedlicher Medienbegriffe siehe u.a. Habscheid
(2005).

[97] Problemlösung soll hier auch in einem weiteren Sinne verstanden werden; siehe dazu Jägers
Störungskonzept in Jäger (2004b).

Transkribieren verstanden.[98] Jägers Transkriptivitätskonzept ist vielmehr eine Abstraktionsebene höher angesiedelt als das auf spezifische meist linguistische oder mikrosoziologische Forschung hin konzipierte Verschriftlichen mündlicher Äußerungen. Es zielt auf die allgemeine Notwendigkeit der medialen Überarbeitung bzw. Umdeutung für Verstehensprozesse, was Bolter und Grusin bezüglich neuer Medien als „remediation" (Remediatisierung) bezeichnen (Bolter/Grusin 2000). So gibt es diesem Paradigma folgend auch „prinzipiell keine nicht mediale, d.h. unvermittelte, Kommunikation" (Schneider/Stöckl 2011, S. 16), wodurch Kommunikation im Wesentlichen durch mediale Umkodierungen charakterisiert wird (siehe ebd.). Besonders offenkundig wird dieser Prozess der Remediatisierung bei vorliegenden kommunikativen Störungen, die in der Regel eine intra-, inter- oder transmediale kommunikative Bearbeitung erforderlich machen. In Bezug auf technische Übertragungs- und Speichermedien bedeutet dies, dass deren Nutzung solange zur Verständigung, idealiter des Verstehens seitens der Beteiligten transparent (im Sinne einer „Transparenz der Medien", siehe z.B. Jäger 2004b) für die Beteiligten bleibt, bis Störungen auftreten.

Dabei lassen sich dann noch Störungen erster und Störungen zweiter Ordnung[99] unterscheiden. Dieser Differenzierung folgend ergeben sich die Störungen erster Ordnung aus realweltlichen materiellen Problemen, während Störungen zweiter Ordnung aus kommunikativen Prozessen selbst entstehen. Störungen zweiter Ordnung können somit als (kommunikative) Verstehensprobleme im engeren Sinne beschrieben werden.

Der Prämisse folgend, dass insbesondere solche Störungen erster und zweiter Ordnung der kommunikativen Bearbeitung durch die Beteiligten bedürfen und dies somit etwa für Gesprächsforscher einen idealen Untersuchungsgegenstand bildet, bietet es sich an, im Datenmaterial insbesondere nach solchen Störfällen zu suchen, d.h. nach Stellen, in denen entweder Probleme mit der Navigation und Orientierung im Allgemeinen, spezifische Probleme mit der neuen technischen Kommunikationsform oder kommunikative Verständnisprobleme im engeren Sinne auftreten.

Auf das dargestellte umfassende Medienkonzept, das die Materialität der Kommunikation ebenso einschließt wie das *Medium als Kanal, als Institution* und *als Zeichensystem* soll im Folgenden mittels des Terminus *Medialität* referiert werden (siehe für eine Übersicht Habscheid 2000, 2005 und Bartz et al. 2012). Demgegenüber soll mit *technisch-medialen Kommunikationsformen* in Anlehnung an Holly (siehe Holly 2011) Bezug genommen werden auf (artifizielle) „Medien, die der Herstellung, Verbreitung, Übermittlung und Rezeption von Zeichen dienen" (ebd., S. 144). Dabei bilden die digitalen Medien diejenige

---

[98] Siehe Unterkapitel 3.1.

[99] Darunter sind Pannen und Krisen zu verstehen, die sich erst aus kommunikativen Missverständnissen ergeben. Diese Unterscheidung ist klar zu trennen von z.B. Schütz' Trennung von „first-" und „second-order-constructs", die er zur Differenzierung von alltäglichen vs. wissenschaftlichen Typisierungen bzw. Interpretationen heranzieht (siehe Schütz 1963, S. 242; zitiert nach Blaikie 2007, S. 92 und Schütz 1967, S. 205f.). Also sowohl Handelnde selbst (first order) als auch sozialwissenschaftliche Beobachter (second order) beobachten und deuten „Entscheidungen und Handlungen der Menschen" auf der Basis unterstellter „Sinn- und Relevanzstruktur[en]" (Bergmann 1993, S. 283).

Untergruppe der technisch-medialen Kommunikationsformen, die eine elektronische Übermittlung gewährleisten und als technisch-mediale Basis einer elektronischen Schaltung (z. B. in einem Mikrochip) bedürfen (vgl. ebd.).

Bezüglich der Techniknutzung und -entwicklung gibt es unterschiedliche Positionen, die den Innovationsprozessen zu Grunde liegen. So gibt es z. B. die Vision eines „ubiquitous computing" (Weiser 1991), wonach sich „technische Medien" (Habscheid 2000) – analog zur Entwicklung des Schreibens als „ubiquitous technology" (Weiser 1991) – in alltägliches Handeln lückenlos integrieren lassen und für die Beteiligten aus deren Wahrnehmungsfeld verschwinden. Weiser hat dieses Szenario eines ‚ubiquitous computing' 1991 für den Zeitraum bis 2010 prophezeit. Auch wenn viele seiner vorgestellten Konzepte bereits entwickelt – manche sogar weit übertroffen – worden sind,[100] hat sich seine Vision dennoch nur teilweise bestätigt, wie z. B. die öffentlich geführte Diskussion um die RFID-Technologie in den letzten Jahren belegt. Dieser Vision des ‚ubiquitous computing' gegenüber gibt es in der praktischen Mediennutzung vielfach Vorbehalte der Nutzer gegen eine solche Vorstellung. Diese äußern sich in Misstrauen bezüglich automatisierter Abläufe mit höherer Fremdbestimmung und Einschränkungen der Flexibilität. Dass sich beispielsweise bei der Entwicklung kaum alle denkbaren Einsatzszenarien antizipieren lassen können, lässt z. B. die Nutzer der LANDMARKEN wünschen, selbst (bewusst) Systeme modifizieren zu können, und mündet in allgemeine Vorbehalte gegen stärkere Technikabhängigkeit und damit einhergehenden Befürchtungen, auf Dauer kreative Lösungsansätze verkümmern zu lassen.[101] Dies haben u. a. Gespräche mit Feuerwehreinsatzkräften auf einem Workshop im Feuerwehschulungszentrum IdF in Münster am 18.9.2008 gezeigt. Allerdings führt die technische Berücksichtigung solcher Befürchtungen zu höheren persönlichen Anforderungen bezüglich der räumlichen Lokalisierungs- und Situierungsleistungen der Beteiligten.

Bevor Status und Funktionen der LANDMARKEN als Beispiel für digitale Medien im interaktionalen Handeln der Akteure während der Notfallbewältigungspraxis analysiert werden können, sollten diese zunächst in Anlehnung an die bislang skizzierten Grundlagen in einer ersten Annäherung semiotisch charakterisiert werden. Dabei stellen sich folgende Fragen: In welcher Hinsicht lässt sich hinsichtlich der LANDMARKEN von einem speziellen visuellen Symbolsystem neben anderen allgemeinen (v. a. neben sprachlichen, para- und nonverbalen) Symbolsystemen sprechen? Und welche Eigenschaften und Funktionen machen sie zu einer technisch-medialen Kommunikationsform? Welche semiotischen Verwendungsmöglichkeiten und Grenzen bieten die Farbkodierungen der LANDMARKEN?[102] Und welche Möglichkeiten und Einschränkungen bietet a) die Materialität der LANDMARKEN und b) die Funktion bzw. der Rahmen des ‚empla-

---

[100] So hielt Weiser z. B. mittelgroße Bildschirme mit nur einem Zentimeter Tiefe für möglich, doch mittlerweile gibt es bereits mit den sog. ‚OLEDs' millimeterdünne und flexible Bildschirme.

[101] Abgesehen davon besteht die Gefahr, dass die möglicherweise nicht explizierten Vorteile und Möglichkeiten bestehender Nutzungspraktiken damit verloren gehen und Nachfolgeprobleme nach sich ziehen, wie es Dourish für handgeschriebene Patientenzettel nachzeichnet (siehe Dourish 2004, S. 20).

[102] Siehe Unterkapitel 1.2.

cement'[103], in dem sie Verwendung finden. Diese Fragen sollen in den Analysen zum einen allgemein, aber zum anderen auch je nach Entwicklungsstadium der *LANDMARKEN* aufgegriffen werden. Für eine erste semiotische Annäherung werden die vereinzelt zur konkreten Exemplifizierung eingebetteten *LANDMARKE*-Semiotisierungen im Folgenden gebündelt und um wichtige Charakterisierungen ergänzt, so dass die Analysen möglichst transparent und nachvollziehbar (also intersubjektiv plausibel) sind.

Die wohl wichtigste Charakterisierung der *LANDMARKEN* sowohl hinsichtlich ihrer Zeichenhaftigkeit als auch bezüglich ihrer Funktion als Kommunikationsform betrifft ihre Ortsgebundenheit. Eine sinnvolle Interpretation ohne ersichtliche Ortsgebundenheit ist nicht möglich. Läge z. B. eine *LANDMARKE* vor dem Gebäude und nicht in der Nähe einer Tür, so bekämen sie seitens der Nutzer ihre Zeichenhaftigkeit abgesprochen. Es wäre anzunehmen, dass dann dem Auslegenden ein „Versehenshandeln" (Holly 2001, S. 13) unterstellt werden würde. Deutlich wird dies v. a. bei *LANDMARKEN*, die einen bestimmten Ort mit einer spezifischen Bedeutung versehen (und damit zu einem Raum machen), wie z. B. grüne *LANDMARKEN*, mit denen durchsuchte Räumlichkeiten gekennzeichnet werden. Befände sich solch eine Markierung nicht in der Nähe einer Tür, würde möglicherweise eine Bedeutungserschließungsprozedur eingeleitet, aber keine akzeptable Interpretation (und keine darauf aufbauenden sinnvollen Anschlusshandlungen) ermöglicht.[104] Allerdings ist anzumerken, dass selbst bis zum Ende des Entwicklungsprojektes keine einheitliche Verwendung und eindeutige Bedeutungszuschreibung mittels der *LANDMARKEN* stattgefunden haben.

Treffen Beteiligte auf bereits ausgelegte *LANDMARKEN*, wird stets eine ortsgebundene (häufig am expliziten Lokaldeiktikum zu identifizierende) Interpretationshandlung eingeleitet. Prototypisch dafür erscheint die im Datenmaterial hochfrequente Formulierungsform ‚*hier liegt EIne vom zweiten trupp; das heißt (.) hier-...*‛ (W2Ü1). Die visuelle Semiotik, die in diesem Beispiel zunächst nur allgemein (‚*EIne*‛) und in anderen Fällen dann spezifisch mit der Farbnennung thematisiert wird (‚*hier wird es rO:t; [...] wir müssen bald da sein*‛, TA56), gibt einen Hinweis auf die (ostensiv) hohe Bedeutung der visuellen Modalität der *LANDMARKEN*. Dass erstens überhaupt Farben als visueller ‚mode‘ gewählt wurden und zweitens grün und rot im Rahmen der grundsätzlich vereinbarten Farbsymbolik u. a. an die im deutschen Straßenverkehr übliche farbsymbolische Kennzeichnung von *okay* und *Gefahr* angelehnt sind, unterstreicht Kress' Darstellung, dass bestimmte ‚modes and names‘ bereits je (kulturabhänige) eigene Bedeutungsdispositionen mitbringen und diese auch in späteren Analysen als in Zeichen eingeschriebene Bedeutungen offenbaren. Er schreibt:

> A multimodal social-semiotic approach assumes that all modes of representation are, in principle, of equal significance in representation and communication, as all modes

---

[103] Siehe Unterkapitel 2.1.

[104] Oder es würden umfangreiche Rekonstruktionsprozesse eingeleitet und gemeinschaftlich kommunikativ bearbeitet, wobei v. a. Hintergrundwissen sowie weitere Wissensformen (wie lokales Situations-, empraktisches Handlungs-, institutionelles (inkl. Einsatz- und Regelwissen) und allgemeines Weltwissen) eine bedeutende Rolle spielen (siehe z. B. TA30 und TA33, wo ein voraussichtliches Verrutschen der *LANDMARKE* thematisiert wird).

have potentials for meaning, though differently with different modes. The assumption that modes have different potentials for meaning makes the point about apt naming interestingly significant. The meaning-potentials of modes are the effect of the work of individuals as members of their societies over very long periods. These meaning-potentials become part of the cultural resources of any one society. But being made in one society, even if over long periods, and embodying the meanings and values of that society, should mean that all modes express, in some way or other, these socially made and culturally shared meanings. After all, they all have their origins in and give material expression to the ‚same social‘. (Kress 2010, S. 104)

Von den fünf typischen Funktionen ortsfester Schriftzeichen, die Auer anführt (siehe Unterkapitel 2.1), finden sich im Datenmaterial für einige Belege – je nach LANDMARKE und Ort. So werden Räume charakterisiert (Hausanschlussraum mit rot als prinzipiell gefährliche Räumlichkeit aufgrund der Gasleitungen;[105] grün: *Raum vollständig durchsucht*), es werden Gebrauchsweisen vorgegeben (gelb: *der Raum muss noch vollständig durchsucht werden*; siehe TA42), Wege werden – vergleichbar mit infrastrukturellen Elementen[106] – nachgezeichnet (blau: *hier sind wir lang gegangen*; siehe TA12) und Warnungen werden vorgenommen (rot: *Achtung Gefahr*; siehe TA52). In allen Fällen wird mittels Ortsmarkierung mit LANDMARKE(N) ein Ereignis räumlich situiert eingeschrieben und zwar (einsatztaktisch besonders relevante) Handlungen, die die Auslegenden an diesem spezifischen Ort vollzogen haben. Weil es sich bei den LANDMARKEN allerdings nicht um Schriftzeichen handelt, bietet diese Untersuchung eine Erweiterung bisheriger geosemiotischer Untersuchungen und Fragestellungen.

Wie in Unterkapitel 2.1 bereits dargestellt, unterstützen die LANDMARKEN auch die von Schmauks angeführten orientierungs- und navigationsbezogenen Funktionen. Sie dienen als Wegmarkierungen, als Ortsangaben, mit Einschränkungen – zumindest indirekt – als Richtungsangaben und ggf. auch als Barrierehinweise. Im Rahmen von Schmauks und Posners Reflexionsstufen-System[107] lassen sie sich als Symbole der 2. Reflexionsstufe und damit in der für diese Arbeit festgelegten Terminologie für *Routen* verwenden. Die von Schmauks vorgenommene Differenzierung von Weg- und Landmarken, lässt sich hinsichtlich der LANDMARKEN hingegen nicht beibehalten, da sie mit ihrer situierten Platzierung und der Fern-Wahrnehmung (zumindest über etwas weitere Entfernungen, als es bei anderen Zeichensystemen wie Kreidestrichen der Fall ist) beide Funktionen gleichermaßen unterstützen.

Ein kurzer Zeichensystem-Vergleich soll noch die Möglichkeiten und Einschränkungen der LANDMARKEN illustrieren. Hinsichtlich ihrer primären Orientierungs- und Navigationsfunktion sowie ihrer Ortsgebundenheit und ihres logisch-praktischen Kodes (siehe Guiraud 1973; nach Krampen 1988, S. 13) sowie bezüglich ihrer elektronisch realisierten und jederzeit variierbaren visuellen und akustischen Modalität[108] lassen sie sich zunächst mit digitaltechnisch modifizierbaren Verkehrszeichen wie z. B. modernen Stauwarnungen auf Autobahnen

---

[105] Siehe ‚*hier handelt sichs um den hAUsanschlussraum mit gAszähler*‘, TA32.
[106] Siehe zu infrastrukturellen Zeichen auch Scollon/Scollon (2003, S. 166 ff.).
[107] Siehe Unterkapitel 2.1.
[108] Dies betrifft die LANDMARKEN ab der dritten Entwicklungsstufe (siehe Unterkapitel 1.2).

vergleichen. Dabei erfüllen sie mit ihrer Kombination aus Farbsymbolik plus Nummerierung – zumindest in Ansätzen (es handelt sich um Farbsymbole und nicht um „ikonische Signifikanten" (ebd., S. 20) – die Anforderungen an „eine semiotische Enklave[, die] dann vor[liegt], wenn ein ikonischer Radikal durch ein alphanumerisches Zeichen qualifiziert wird" (ebd., S. 19). Allerdings stellen sich die Nutzer der Infrastruktur im Verkehrsbeispiel die räumlich situierten Zeichen nicht gegenseitig als Interpretationsressource zur Verfügung. Bezüglich dieses Aspekts könnten die entwickelten LANDMARKEN (inklusive Fern-Display etc. wie in der vierten Entwicklungsstufe) eher mit untereinander vernetzten Navigationsgeräten verglichen werden, bei denen Nutzer als aktiv partizipierende Verkehrsmelder (im Gegensatz zu ebenfalls erhältlichen passiven Übermittlungsstrukturen)[109] operieren und Informationen zu bestimmten Orten via Navigationsgerät bewusst melden. So können z. B. auf allen Navigationsgeräten im selben System Warnsymbole zu bestimmten Orten (ikonologisch auf einer digitalen Straßenkarte) ausgegeben werden. Eine historisch analoge Kommunikationsform ohne technische Medien stellt die Mitteilungspraxis einiger Gaunergruppierungen im Mittelalter dar, die sich symbolsprachlich (u. a. mit rotwelschen[110] Schriftzeichen) geheime (d. h. nur unter Eingeweihten verständliche) Hinweise zu Ortschaften und Häusern gegeben haben. Mit dieser Analogie hat die Auslege- und Auslesepraxis im Rahmen des LANDMARKEN-Gebrauchs gemeinsam, dass die verwendeten Symbole nur von Eingeweihten sinnvoll zu interpretieren sind, was auf die o. a. Navigationsgeräte nur sehr bedingt zutrifft.[111]

Die Charakterisierung von LANDMARKEN als technisch-mediale Kommunikationsform, die also „medial bedingte kulturelle Praktiken" darstellen (Holly 2011, S. 155), ist naheliegend. Es handelt sich bei den LANDMARKEN unbestreitbar um „Medien, die der Herstellung, Verbreitung, Übermittlung und Rezeption von Zeichen dienen" (ebd., S. 144; in Anlehnung an Posner 1985, S. 257) und aufgrund ihrer elektronischen Realisierung sind sie eindeutig als digitale Medien zu klassifizieren, die eine elektronische Übermittlung gewährleisten und als technisch-mediale Basis eine elektronische Schaltung (z. B. in einem Mikrochip) aufweisen (vgl. Holly 2011, S. 144). Dabei sind sie sowohl „technische Geräte (Instrumente, Apparate)" als auch zugleich „Zeichenkörper (= Zeichenträger)" (Böhme-Dürr 1997, S. 358). Die Bedeutung wird ihnen (zusammen mit

---

[109]   Unter Navigationsgeräten mit passiven Übermittlungsstrukturen sollen Geräte gefasst werden, die Bewegungsdaten als Informationen an einen zentralen Rechner weiterleiten, der z. B. aus dem Stillstand mehrerer Navigationsgeräte an einer räumlich situierten Position auf einer Autobahn oder Landstraße eine Stauwarnung zu dieser Position an alle verbundenen Geräte ausgibt. Auch für Fußgänger gibt es bereits erste technologische Entwicklungen auf der Basis spezieller vernetzter Navigationsgeräte, die Fußgängern die Navigation via Landmarken und sogar aktiv das Erstellen von eigenen Landmarken ermöglicht (siehe Kahle, Christian (28.2.13): Fußgänger-Navi: Landmarken statt Längenangaben (http://winfuture. de/news,74898.html; eingesehen am 1.3.13)).

[110] Siehe zu ‚Rotwelsch' Glück (2004, S. 8108ff.).

[111] Auch die Symbole und Texte auf dem Display von Navigationsgeräten sind natürlich nicht für jeden sinnvoll zu interpretieren, aber im Allgemeinen sind diese für Alphabeten und Verkehrszeichenkundige verständlich und v. a. – wie auch die LANDMARKEN – nicht als Geheimzeichen konzipiert.

der räumlich situierten Positionierung, siehe unten) elektronisch eingeschrieben und sie dienen dann im Anschluss der räumlich situierten Bedeutungsüber-mittlung an andere und sich selbst (bei der Rückkehr), wobei sie visuell und im letzten Entwicklungsstadium auch akustisch rezipiert werden. Die LANDMARKEN werden zunächst in einem Gruppenprozess mit einer grundlegenden Semantik verknüpft und später im Einsatz hinsichtlich ihrer (ortsbezogenen) Bedeutungen je durch die Akteure kommunikativ ausgehandelt. Damit erfüllen sie die Kon-stitutiva von Medien im Rahmen einer sozialkonstruktiven Mediendefinition wie sie Schneider formuliert:

> Medien sind (sozial konstituierte) symbolisierende Verfahren, die immer eine spezi-fische Materialität aufweisen, die auf bestimmte Apparaturen gestützt sind, und in denen Darstellungen spezifischer Gestalt erzeugt werden. (Schneider 2008, S. 100; in Anlehnung an Stetter 2005, S. 69–74 und S. 215)

Vor allem hinsichtlich der Materialität und den technischen Möglichkeiten un-terscheiden sich die verschiedenen Entwicklungsstadien z.T. erheblich (siehe Unterkapitel 1.2). Während im Falle der Entwicklungsstufe 1 runde Objekte mit einer festen unveränderbaren Farbsymbolik und ohne Nummerierung vor-liegen, enthalten die LANDMARKEN von der zweiten Entwicklungsstufe an (neben technischen Veränderungen) eine Durchnummerierung, eine jeweilige Formva-riation und die Möglichkeit der farblichen Umprogrammierung. Die letzte Ent-wicklungsstufe bietet zudem spezifische Fixierungsmöglichkeiten (via Magnet, Kordelband und Keilform) und die Möglichkeit der (Um-)Programmierung sowie akustischen und optischen Aktivierung[112] aus der Ferne via mitgeführter Bedienungseinheit. Dies alles bringt die in Unterkapitel 1.2 beschriebenen Ver-wendungsmöglichkeiten und -einschränkungen mit sich.

Da die LANDMARKEN durch die ihnen eingeschriebenen ortsabhängigen (= kontextabhängigen) Bedeutungen ein hohes handlungsbeeinflussendes (aber keinesfalls determinierendes!) Potenzial haben, greifen m. E. (technik-)soziologi-sche Ansätze zu kurz, die eine strikte Trennung von Technik und Handeln pro-pagieren (siehe Rammert 2006). Dazu zählen z. B. technikdeterministische An-sätze zur Erklärung gesellschaftlicher Zusammenhänge (siehe ebd., S. 13–16). Stattdessen wird im Folgenden ein „technopragmatischer" Ansatz präferiert, wie ihn Rammert (2006) darstellt, um den Dualismus von Technik (mit technischem Funktionieren) und Gesellschaft (mit menschlichem Handeln) sowie von De-terminismus und Konstruktivismus zu überwinden, um die Koproduktion von technischen und sozialen Ordnungen zu betonen, ohne dabei eine Extrempositi-on wie teilweise Latour einzunehmen, der eine Symmetrisierung der Einheiten Mensch und Objekt (beide als gleichberechtigte Aktanten) zur Überwindung der Dualismen propagiert.[113] Über die Beziehungsarten-Analyse der „Interaktion zwischen menschlichen Akteuren [..., der] Intra-Aktion zwischen technischen Objekten [... und der] Interaktivität [..., welche] die Beziehungen zwischen

---

[112] Das heißt, es können bestimmte LANDMARKEN angewählt und insofern aktiviert werden, dass sie z. B. blinken und einen akustischen Piepton im Bereich von ca. 3.000 Hz emittieren. Auf dem Bedienfeld wird ihnen dann je die Nummer und (auch aus der Ferne veränderbare) Farbe der ausgewählten LANDMARKE angezeigt.

[113] Siehe Unterkapitel 2.1 und 3.2 sowie Latour (2007).

Mensch und technischem Objekt" bezeichnet (ebd., S. 26), analysiert Rammert die Entstehung „soziotechnischer Konstellationen". Diese bestehen ihm zu Folge

> aus körperlichen Routinen, sachlichen Designs und symbolischen Steuerungsdispositi-
> ven" und kristallisieren sich heraus, wenn sich probierendes Handeln [...] in körperliche
> Routinen [...] verwandelt, wenn sich die experimentelle Kombination von Sachen [...]
> zu dominanten Designs [...] verfestigt und wenn sich symbolische Kreationen [...] in
> disponierende Medien der Steuerung und Kontrolle [...] transformieren. (Ebd., S. 26)

Die weitgehend chronologische Darstellung der Analyseergebnisse (siehe Unter-kapitel 5.1) hilft, diese Entstehungsprozesse nachzuzeichnen. Da jede durch die LANDMARKEN beeinflusste nicht-sprachliche Handlung zunächst sprachlich vor-bereitet wird – was die hohe Bedeutung der (sprachlichen) Kommunikation im gesamten geosemiotischen Prozess in diesen spezifischen Settings unterstreicht –, wird eine (mikroskopische) Kommunikationsanalyse ermöglicht und zugleich notwendig, wenn man die ortsbezogene Geosemiotik sowie die soziotechnischen Konstellationen angemessen verstehen möchte. Eine reine abstrakte Reflexion über das Symbolsystem und die Kommunikationsform LANDMARKEN wäre m. E. nicht geeignet, Ergebnisse zu deren tatsächlichen Gebrauch zusammenzutragen. Und die Tatsache, dass sie kommunikativ bearbeitet werden, unterstreicht ihre Einordnung unter „Signal- oder Symbolmedien", die [i]m Gegensatz zu den Sprachmedien [...], die vorgelagerte Übersetzung in andere als die bei der [...face-to-face-]Kommunikation verwendeten Zeichensysteme" erfordern (Böh-me-Dürr 1997, S. 360). Im Falle der LANDMARKEN handelt es sich dabei v. a. um farbliche Lichtsignale.

Hinsichtlich der Medienaneignung findet sich eine interessante erste Be-obachtung in der Besprechung der Technikentwickler mit den Anwendern im ersten gemeinsamen Treffen vor den videodokumentierten Workshops mit Ein-satzübungen. Die Anwender wünschten von Beginn an explizit kein System, das völlig neue Handlungspraktiken erfordert. Die Nutzer wollten mit Instrumenten ausgestattet werden, die ihre bisherigen (mehr oder weniger) routinierten[114] Ar-beitspraktiken unterstützen und ihre Operationen selbst dann nicht gefährden, wenn es zu technischen Defekten kommt (siehe Habscheid/Gerwinski 2012). Auf diese Art und Weise sollen weder die Feuerwehrleute noch die Arbeitspraktiken von diesem einen neuen System abhängig sein, wodurch versucht wird, ein tech-nisches Risiko, d. h. die „Antizipation einer Katastrophe" (Beck 2007) im Vor-feld zu eliminieren. Diese Bedenken seitens der zukünftigen Techniknutzer sind von den Technikentwicklern von Beginn an sehr ernst genommen und in die Ent-wicklung mit einbezogen worden.

Abschließend kann man drei Kategorisierungen hinsichtlich der LANDMARKEN herausstellen, die in den Analysen aufgegriffen werden: Erstens LANDMARKEN als neue digitale Medien, zweitens als damit im Rahmen der kommunikativen Praxis konstituierte Kommunikationsform und drittens als Symbolsystem mit (mehrfach neu) vereinbarten farblichen Grundsemantiken. Die Analysen sollen dabei aufzeigen, wie die Nutzung der LANDMARKEN im Rahmen der Bedeutungs-

---

[114] Zwar sind alle Notfalleinsätze immer wieder anders, und damit zwangsläufig idiosynkra-tisch, aber aufgrund eingeübter organisationaler Arbeitspraktiken für bestimmte Arten von Einsätzen lässt sich zumindest bedingt von *Arbeitsroutinen* sprechen.

konstitution erfolgt und welche ggf. neuen Konventionen sich (mindestens im Ansatz und somit im Rahmen der Medienaneignung) herausbilden. Dabei sollte noch angemerkt werden, dass die *LANDMARKEN* nicht entweder digitale Medien oder Kommunikationsform oder Symbolsystem *sind*, sondern dass die Perspektivierung bzgl. der drei Kategorien je nach situativer praktischer Verwendung differenziert in den analytischen Vordergrund rückt.

3 Methodische Hintergründe und Grundlagen

Im Folgenden werden die methodischen Hintergründe, Grundlagen und erkennt-
nistheoretischen Einschränkungen der für diese Untersuchung elementaren Forschungstraditionen nachgezeichnet, um ein Verständnis für die Vorgehensweise
und den ‚Forschungsgeist‘ zu vermitteln. Dafür werden zunächst die Studies of
Work und die Workplace Studies mit der diesen Forschungszweigen zu Grunde
liegenden Ethnomethodologischen Konversationsanalyse vorgestellt. Im Anschluss daran folgen methodische und begriffliche Ergänzungen aus der linguistischen Gesprächsforschung sowie der Videoethnographie und der Interaktionsanalyse.

3.1 Konversationsanalyse (EKA), Studies of Work und Workplace Studies[115]

3.1.1 Grundlagen der EKA

Entstanden ist die EKA vornehmlich aus der in den 1960er Jahren entwickelten
„ethnomethodology"[116] (Garfinkel 1967), im Rahmen derer sich v.a. Garfinkel
damit beschäftigt hat, „was die Mitglieder einer Gesellschaft bei der Abwicklung
alltäglicher Angelegenheiten wissen, denken und tun" (Bergmann 1988a, S. 14).
Somit ging es Garfinkel primär darum, wie Interaktionsteilnehmer in alltäglichen Gesprächen zu interaktiver Verständigung gelangen und wie sie interaktional die Wirklichkeit mitgestalten. Denn obwohl alle Interaktionsteilnehmer je
unterschiedliche Überzeugungen, Einstellungen und Dispositionen, Wissen über
Sprache und Kommunikation, Wissen über institutionelles Handeln, Formulie-
rungs- und Artikulationsfähigkeiten, Interpretationsfähigkeiten und Handlungs-
routinen mitbringen (vgl. Becker-Mrotzek/Brünner 2004, S. 31–33),[117] funktioniert die Konstitution von Sinn in Alltagsgesprächen im Allgemeinen problemlos.
Also lag es nahe, sich dieser Alltagsgespräche als Untersuchungsgegenstand mit
mikroanalytischen Untersuchungen realer Gespräche mit möglichst geringer

---

[115] Für die Unterkapitel 3.1.1 bis 3.1.2 wurde Kapitel 2 meiner unveröffentlichten Magister-
arbeit aus dem Jahr 2008 mit dem Titel „Ethnomethodologische Konversationsanalyse und
Kritische Diskursanalyse: Methodische Konsequenzen kommunikationslinguistischer Gegenstandskonstitution in der Analysepraxis" herangezogen. Im Rahmen der vorliegenden
Untersuchung wurde der frühere Text neu perspektiviert, umgeschrieben und komprimiert.

[116] Für die Entstehung der Bezeichnung siehe Garfinkel (1974) und Warfield Rawls: „Garfinkel's argument that social orders, including work, depend for their coherence on constant
attention to, and competent display of, shared members' methods (ethno-methods) rather
than on formal structures, or individual motivation: hence the term ‚ethnomethodology'"
(Warfield Rawls 2008, S. 701).

[117] Ein Gesamtüberblick zu unterschiedlichen Wissens- und Könnens-Typen findet sich in
Neuweg (2000).

Datenreduktion und -verfremdung zuzuwenden (z. B. mit Gesprächsaufnahmen statt -protokollen). Bei dem Versuch, den sinnkonstituierenden Prozess während sozialer Handlungen in Alltagsgesprächen[118] zu analysieren[119] (Bergmann 1988a, S. 19) und damit darzustellen, wie die Hervorbringung sozialer Ordnung funktioniert, war

> Garfinkels methodologische Prämisse [... somit], daß wir das, was wir im alltäglichen Handeln als vorgegebene soziale Tatsachen [...] wahrnehmen und behandeln, erst in unseren Handlungen und Wahrnehmungen als solche produzieren. Dieser Vorgang der Wirklichkeitserzeugung muß, da alle Gesellschaftsmitglieder an ihm teilhaben, einzelne formale und als solche beschreibbare Strukturen aufweisen. (Ebd., S. 23)

Diese Strukturen der sozialen Wirklichkeit mit allen sie (re)produzierenden Methoden im Rahmen einer räumlich situierten Vollzugswirklichkeit[120] offenzulegen, war und ist das Ziel ethnomethodologischer Analysen (vgl. ebd., S. 23 f.) und nach Garfinkel auch der Beobachtung durch Dritte mittels der originären Gesprächsdaten zugänglich, da sich die Gesprächsteilnehmer fortwährend Verständigungshinweise, sogenannte „accounts" (siehe Garfinkel 1967, S. 1–34, Bergmann 2001, S. 921 und weiter unten) mitteilen. In alltäglichen Interaktionen können diese Hinweise sehr subtil und für externe Beobachter schwierig zu extrahieren sein, aber in gestörten Interaktionssituationen werden diese Formen der Verständnissicherung von den Interaktionsteilnehmern häufig explizit gemacht. Dafür verwenden sie (nicht nur in gestörten Interaktionssituationen) zum Beispiel indexikalische Ausdrücke und reflexive Dialogstrukturen. Nach Garfinkel stellt „jede Verwirklichung einer Handlung [...] eine Selektion aus anderen Handlungsmöglichkeiten dar" (Bergmann 1988a, S. 27–28) und deshalb ist für ihn „the practical question par excellence: ‚What to do next?'" (Garfinkel 1967, S. 12), womit er den reflexiven Charakter von Dialogstrukturen in den Blick nimmt und unterstellt,

> daß sie [die Gesprächsteilnehmer] eine interpretative Kompetenz besitzen, die sie befähigt, Hypothesen, Überlegungen, Theorien, kurz: Sinnkonstruktionen über Handlungszusammenhänge zu entwickeln und zu testen, und als praktische Entscheidungsgrundlage einzusetzen. (Bergmann 1988a, S. 30)

---

[118] Goodwin und Heritage fassen den herausragenden Status alltäglicher Gespräche wie folgt zusammen: „Conversation constitutes the primordial site of language use in the natural world and is the central medium for human socialization" (Goodwin/Heritage 1990, S. 289). Außerdem bestätigen sie diese als grundlegende Ausgangsbasis, indem sie weiterhin schreiben: „Thus ordinary conversation is the point of departure for more specialized communicative contexts" (Goodwin/Heritage 1990, S. 289).

[119] Bergmann beschreibt den sozialtheoretischen Ansatz hinsichtlich ethnomethodologischer Analysen folgendermaßen: „Sozialwissenschaftliches Verstehen realisiert sich für die Ethnomethodologie in Form einer Rekonstruktion der Methoden alltäglichen Verstehens" (Bergmann 1993, S. 284; Hervorhebungen gelöscht von J. G.).

[120] Diese Vollzugswirklichkeit umfasst auch und vornehmlich Kommunikationsprozesse, denn „Handlung, Kontext und Situation [können] gar nicht unabhängig von Sprache und Kommunikation erfasst werden, vielmehr sind sie als symbolische Vollzugswirklichkeit zu denken und zu rekonstruieren" (Habscheid 2011; in Anlehnung an Feilke 2000, S. 77 f.).

Dies verweist auch auf den phänomenologischen Ansatz, „to learn about them [the practical activities] as phenomena in their own right" (Garfinkel 1967, S. 1), womit zugleich angedeutet wird, dass die Ethnomethodologie (EM) als „naturalistisch beobachtende Disziplin" (Bergmann 1981, S. 15) streng induktiv vorgeht und Strukturen und Methoden erst aus dem Untersuchungsgegenstand heraus ableitet. Das erscheint hinsichtlich der Kontextgebundenheit von sprachlichen und nicht-sprachlichen Äußerungen mit ihren jeweiligen „situationsabhängige[n] Referenzmittel[n]" (Bergmann 1988a, S. 34) auch geboten, denn schließlich erhalten die Äußerungen „ihre je spezifische inhaltliche Fülle allein im Kontext und im Augenblick ihrer Anwendung" (ebd.). Dass die Ethnomethodologie mit dem Konzept der „accountability" „zur Kompensation der Unbeobachtbarkeit von Wissen" (Bergmann/Quasthoff 2010, S. 25) geeignet ist, unterstreichen Bergmann und Quasthoff in folgendem Zitat:

> Die Praktiken des Accounting – nicht zu verwechseln mit Handlungserklärungen in Form von Rechtfertigungen oder Entschuldigungen – beziehen sich auf die elementaren Bemühungen der Akteure, im Vollzug von Handlungen immer auch für deren Verstehbarkeit, Plausibilität und Intelligibilität – also deren ‚accountability' – Sorge zu tragen (Garfinkel 1967). Es sind diese Praktiken des Accounting, die einer Aktivität einen wahrnehmbaren Sinn verleihen und eine Handlung [x] für andere als mögliche Handlung [x] erkennbar machen. Aufgrund dieser ‚accounting practices', die in vielfacher Hinsicht dem ähneln, was in der Tradition von John Gumperz als Kontextualisierungshinweise bezeichnet wird, tragen Handlungen eigene Sinnentwürfe mit sich. (Ebd., S. 25)

Mit diesem Konzept der ‚accountability' ist auch die ‚conditional relevance' verbunden. Diese „bedingte Erwartbarkeit" stellt die „Strukturform zur Problemlösung bei korrespondierenden Handlungstypen" (Kallmeyer/Schütze 1976, S. 15) dar und dient den Interagierenden somit als „Interpretationsfolie" (Eberle 1997, S. 253) im Verstehensprozess des Gesprächs, bei dem „der Redezug als eine Einheit [...] interaktiv bestimmt" wird (Bergmann 1981, S. 26) und „auch das ‚Innere' eines Redezugs [bildet] ein sozial organisiertes und interaktiv kontrolliertes Terrain" (ebd.).[121]

In der Analyse wird das Konzept der ‚accountability' mit dem „display-Prinzip" aufgegriffen, wonach „die Daten [...] nicht nur als Illustration für vorab gefaßte Hypothesen selektiv bearbeitet werden [dürfen]. Aussagen müssen möglichst direkt an die Aktivitäten der Gesprächsteilnehmer angebunden werden" (Deppermann 2008, S. 106). Nach dem ‚display'-Konzept stellen „diejenigen Bewegungsaktivitäten, die [...] zum Zwecke einer Kommunikation mit dem Sozialpartner diesem präsentiert werden, [...] Signalverhalten [dar]" (Sager 2001, S. 1069). Sager orientiert sich dabei an Tembrocks Definition für Signalhandlungen (die er primär für seine tierpsychologischen Betrachtungen entwickelt aber sehr allgemein gehalten hat): „Signalhandlungen sind die Verhaltensfunk-

---

[121] So zeigt Goodwin z.B., dass Blickkontakt bei der Produktion von Redezügen eine große Rolle spielt und ein als zusammenhängend wahrgenommener einzelner Redezug durchaus eine Struktur mit Untereinheiten enthalten kann, bei dem einzelne Teile erst je nach speziellem Blickkontakt angefügt werden und stark vom Hörer beeinflusst sind (vgl. Goodwin 1979, S. 98f.).

tion von Signalsystemen und dienen der Informationsübertragung auf einen (oder mehrere) Empfänger. Ihnen können Signalstrukturen zugeordnet sein" (Tembrock 1974, S. 43). Mit dem Konzept der ‚displays‘ werden häufig primär non- und paraverbale Signale bezeichnet, auch wenn es keineswegs nur auf diese beschränkt ist. Dabei interessieren sich Konversationsanalytiker vor allem für unscheinbare Details in den Gesprächen, die möglicherweise nicht bewusst wahrgenommen werden, aber als sogenannte ‚Mechanismen‘ und ‚Apparate‘ die Gespräche strukturieren und den Interaktanten Verstehen ermöglichen.[122] Dem versuchte Sacks mit der Ordnungsprämisse „there is order at all points" (Sacks 1984, S. 22) zu begegnen. Aus dieser Prämisse resultiert die Kernfrage „why that now?" (Schegloff et al. 2002, S. 5). Angelehnt an die Prämisse und die Kernfrage skizzieren Schegloff et al. Konversationsanalysen folgendermaßen:

> Understanding analytically what action is (or actions are) being done by some unit of talk is not accessible to casual inspection and labeling; it requires examination of actual specimens of naturally occurring talk in interaction and analysis of what they are designed to accomplish by their speakers and unterstood to have accomplished by their recipients, and what practices implement that design. (Ebd., S. 5)

Wenn man von einer generellen Geordnetheit[123] im Gespräch ausgeht (vgl. Bergmann 2000b, S. 528 und Kallmeyer 1988, S. 1098 ff.) und das Gespräch als Prozess betrachtet (vgl. Klemm 2000, S. 133), dann muss diese Geordnetheit auch in Form einer Sequenzialität des Interaktionsablaufs bei der Analyse berücksichtigt werden. Dies dient auch zugleich der Gültigkeitsprüfung der Forschungsergebnisse:

> Entscheidendes Kriterium für die Erstellung und für die Validität der Analyse ist dabei zum einen der Aufweis, wie eine bestimmte Aktivität in Bezug auf einen gegebenen Gesprächskontext lokal, d.h. in Bezug auf den unmittelbar vorangehenden Beitrag, produziert wird, auf welche seiner Aspekte sie bezogen ist, wie sie diese interpretiert, wie sie selbst durch den vorangegangenen Kontext bereits vorbereitet und evtl. gar gefordert worden ist. Zum anderen ist zu zeigen, welche Funktion die Aktivität für den weiteren Gesprächsverlauf hat. Entscheidend sind dabei vor allem die unmittelbar folgenden Reaktionen der Rezipient/innen in den nächsten Gesprächsbeträgen (*next turn proof procedure*, Sacks/Schegloff/Jefferson 1974), mit denen diese ihr Verständnis des vorhergegangenen Beitrags zu erkennen geben, sowie die daran anschließenden Reaktionen der Produzent/innen der interessierenden Aktivität in der sog. ‚dritten Position‘ (*third position*, vgl. Schegloff 1992). (Deppermann 2010, S. 648; Hervorhebungen im Original)

Sogenannte Sequenzanalysen dienen der Rekonstruktion von Geordnetheit im Rahmen von Ablaufstrukturen der Redezüge (‚turns‘). Dabei kann einfache Se-

---

[122] Siehe z. B. Jeffersons Untersuchung zur Einladung zum Lachen in Konversationen. In dem Rahmen hat sie erforscht, mit welchen sprachlichen und parasprachlichen Elementen Sprecher Hörer zum Lachen einladen und auf welche Weise diese die Einladung annehmen. Schließlich hat sie dann eine kleine Typologie von Interaktionssequenzen zu diesem Phänomen aufgestellt (siehe Jefferson 1979).

[123] Dass selbst Überschneidungen („overlaps") mehrerer Sprecher kein Zeichen von fehlender Ordnung in Gesprächen sein müssen, sondern die prinzipielle Geordnetheit des Gesprächs sogar belegen können, zeigen u. a. Goodwin/Heritage (1990, S. 290).

quenzialität mittels ‚side sequences‘ und ‚insertion sequences‘ aufgebrochen sein. Solche „Neben- und Einschubsequenzen verlaufen neben dem eigentlichen Handlungsschema" (Kallmeyer/Schütze 1976, S. 18) und dienen häufig der Verständnissicherung. Ob es sich nun um einfache oder solcherart erweiterte Sequenzstrukturen handelt, sie ziehen Vorannahmen nach sich, mit denen Interakteure z. B. präferierte Nachfolgesequenzen erschließen. Da für all diese Prozesse nicht nur verbale Handlungsschritte erfolgen, müssen umfassende konversationsanalytische Untersuchungen auch andere ‚Codes‘ berücksichtigen. Denn die Sprache stellt im Rahmen der Kommunikation nur ein Instrument unter vielen dar und so sollten auch para- und nonverbale Phänomene[124] untersucht werden.[125]

Aus den grundlegenden Vorstellungen einer Vollzugswirklichkeit und der Geordnetheit im Gespräch ergeben sich zwei weitere Prinzipien der EKA: erstens die Kontextdeterminiertheit von Handlungen und zweitens die daraus resultierende gleichzeitige Kontexterneuerung (vgl. Dittmar 1988, S. 889 und Eberle 1997, S. 256). Danach muss man auch vorangegangene (und ggf. folgende) Handlungen zu der Analyse der ausgewählten ‚Turns‘ und ‚Sequenzen‘ heranziehen, denn jede Handlung bildet den Kontext für die nachfolgenden (vgl. Heritage 1984, S. 242) und auch die „Interagierenden [werden] als kontextsensitive Akteure [betrachtet], die den Kontext ihres Handelns analysieren [...] und sich wechselseitig ihre Kontextorientierung anzeigen" (Bergmann 2001, S. 921; Ergänzungen von J. G.). Daraus resultiert für viele Konversationsanalytiker auch der Grundsatz, dass nur Kontext, der im Interaktionsverlauf relevant gesetzt wird, Orientierungs- und Handlungsrelevanz für die Interagierenden besitzt (vgl. ebd., S. 922 und Kallmeyer 1988, S. 1097) und somit auch nur dieser Kontext relevant für die Analyse ist.

„Die Methode, mit der ein Verweisungshorizont einer kontextgebundenen Handlung erschlossen wird", bezeichnet man dabei als „practical reasoning" (Eberle 1997, S. 249) und die Zeichen, mit denen sich die Interaktionsteilnehmer Kontextorientierung anzeigen, sind die oben bereits angeführten ‚accounts‘. Patzelt skizziert die Hauptfunktion von ‚accounts‘ folgendermaßen: „Durch Accounts liefern Ego und Alter einander Konzepte zur Sinndeutung und halten einander wechselseitig zur Verwendung der einzelnen Interpretationsverfahren an"

---

[124] Zu einer (Logozentrismus-)kritischen Auseinandersetzung mit der Bezeichnung *nonverbal* im Rahmen multimodaler Kommunikationskonzeptionen siehe u. a. Kendon (1972, S. 443) und Streeck/Goodwin/LeBaron (2011, S. 7). Im deutschsprachigen Raum moniert insbesondere Cornelia Müller in verschiedenen Texten (siehe u. a. Müller 1998) und Interviews: „Eine solche Redeweise [von verbaler vs. nonverbaler Kommunikation] legt die Trennung zwischen sprachlichen und körperlichen Kommunikationsformen nahe, die sachlich nicht gegeben ist. Angemessener wäre hier der Begriff der multi-modalen Kommunikation" (Cornelia Müller 2003 zitiert im Artikel „Sind Gesten eine international verstaendliche Gebaerdensprache?" des Online-Magazins „kultura extra"; siehe www.kultura-extra.de/extra/feull/gebaerdensprache.html; eingesehen am 1.3.2011). Dennoch soll im Rahmen dieser Untersuchung die (zumindest noch bislang gebräuchliche) terminologische Unterscheidung beibehalten werden (im vollen Bewusstsein, dass eine monomodale Kommunikation in ‚face-to-face‘-Kommunikation den Ausnahmefall bildet).

[125] Zur Untersuchung von Para- und Nonverbalia in der EKA und deren Ergebnissen siehe u. a. Streeck (1983, S. 101 f.).

(Patzelt 1987, S. 89). Des Weiteren beschreibt er ‚accounts‘ als „indexikale Zeichen *aller* Art [...], solange sie in ethniespezifischen Wissensbeständen erwartbar auf die einzelnen Interpretationsverfahren bezogen werden" (ebd., S. 90).[126] Da aber der Analytiker als „der Beobachter [...] im selben Vollzug seiner Aufmerksamkeitsausrichtung die Interaktionskonfiguration und ihren Kontext, ihren Zugehörigkeitsort [bildet]" (Akrich 2004, S. 243) und die Redebeiträge der Interaktionsteilnehmer im Allgemeinen nicht auf den Beobachter zugeschnitten sind, kann sich der Analytiker nie sicher sein, auf den gleichen Verweisungshorizont zurückgreifen zu können wie die Interaktanten. Das stellt den Beobachter vor das Problem, mögliche Diskrepanzen aufdecken zu müssen ohne dabei materialexterne Daten als Belege nutzen zu können.[127]

Insgesamt sollen die Beobachter eine „members' perspective" (Kallmeyer 1988, S. 1104) einnehmen und Psychologisierendes und Personalisierendes aus den Interpretationen heraushalten. Sie sollen ihre Ergebnisse stets einer kritischen Überprüfung und Validierung unterziehen,[128] und eine „analytische Schärfe" mitbringen, mit der sie in Anlehnung an Goffman auch mikroskopische Details aufspüren sollen (vgl. Bergmann 1991, S. 319). Diese „analytische Mentalität" beschreibt Bergmann als vornehmlich durch Übung erworbene Kompetenz hoher „Sensibilität für Interaktionsvorgänge, ein Beobachtungsvermögen für Details und für Strukturzusammenhänge, ein Gehör und eine Taubheit für Bedeutungsnuancen und Ausdauer bei der detektivischen Verfolgung der Spuren eines interaktiven Objekts" (Bergmann 1981, S. 17).

Auch wenn die EKA explizit keine Methodik aufweist,[129] so gibt es doch ein prinzipielles Vorgehen (siehe Bergmann 1988b, S. 37): Zuerst wird ein eventuelles Ordnungselement im Datenmaterial ausfindig gemacht. Danach wird aus dem zur Verfügung stehenden Datenmaterial ein Korpus mit diesem Ordnungselement zusammengestellt. Im Anschluss wird die Ordnung „als eine von den

---

[126] In diesem Zuge klassifiziert Patzelt vier Gruppen von ‚accounts‘ (siehe Patzelt 1987, S. 94–96): 1. Accounts, die die „Benutzung der Schütz'schen Idealisierungen anzeigen" (ebd., S. 94) und den anderen ebenso dazu anhalten, 2. „Accounts zur Herstellung und Nutzung von Indexikalitätstoleranz" (ebd.), 3. Accounts, die Normalität signalisieren, weil einzelne Sprechbeiträge möglicherweise anders interpretiert werden könnten und 4. Accounts, „die selbst gegen Normalformerwartungen verstoßen und dadurch die Sinndeutung steuern" (Müller 2001, S. 1204).

[127] Auer spricht hinsichtlich dieser Form der Validierung von „Ratifizierung" (Auer 1999, S. 142), die die Interaktanten jeweils vornehmen, um die Gültigkeit ihrer Annahmen sowie ihres Sinnverständnisses zu prüfen, und auf die auch externe Beobachter für ihre Analysen zurückgreifen können.

[128] Ein Beispiel dafür gibt Jefferson, die in ihrer Untersuchung zur Bedeutung von Tonhöhe und Lautstärke für Lösungen zur Redeübergabe immer wieder ihre eigenen Gedanken und Intuitionen mit in die Analyse einbezieht und zum Anlass weiterer Untersuchungen nimmt (vgl. Jefferson 1983, S. 10 und 18). Und Sacks moniert, dass „many great scientists do not make adequate reports of their procedures" (Sacks 1989a, S. 214).

[129] Bezüglich der Ablehnung eines Methodenkanons sprechen Sacks und andere Konversationsanalytiker/innen vom ‚unique adequacy requirement‘ und heben damit das phänomenologische Grundprinzip hervor, sich auf die Sachen selbst zu berufen (vgl. Husserl 1913) und die Methode jeweils einzigartig aus dem entsprechenden Datenmaterial zu entwickeln (vgl. u. a. Bergmann 2000a, S. 57 und 62, Kallmeyer 1988, S. 1101 und Eberle 1997, S. 257).

Interagierenden methodisch erzeugte Geordnetheit interpretiert" (ebd., S. 37) und diese „Geordnetheit wird verstanden als Resultat der methodischen Lösung eines strukturellen Problems der sozialen Organisation von Interaktion" (ebd.). Daraufhin werden Hypothesen zu diesem strukturellen Problem gebildet und schließlich werden „[a]usgehend von diesem Problem [...] dann die Methoden rekonstruiert, die als Lösung für dieses Problem dienen" (ebd.) und somit die Ordnung mit herstellen.

Schließlich versuchen aber auch Konversationsanalysen über Einzelfälle hinauszugehen: „Ziel der Konversationsanalyse [...] ist letztlich die ‚Entindexikalisierung‘, also das Herausfiltern der einzelfallübergreifenden Mechanismen und Strukturen" (Klemm 2000, S. 132). Denn analytisch eruierte regelmäßig im Datenmaterial auftretende Mechanismen und Apparate werden „verstanden als Resultat der methodischen Lösung eines strukturellen Problems" (Bergmann 2001, S. 923). Da sich kompetente Interaktionsteilnehmer aber im Allgemeinen aufgrund des in ihren Handlungsabläufen routinisierten Alltags-, Welt- und Handlungswissens nicht der Lösung eines Problems bewusst sind, sprechen Berger und Luckmann von „unproblematischen Problemen" (Berger/Luckmann 2004, S. 27).

Wie die Skizzierung der Grundlagen der EKA aufgezeigt hat, ist es wichtig, möglichst alle Gesprächsdetails in ihrer Sequenzierung festzuhalten und einer Mikroanalyse zugänglich zu machen. Dafür ist eine besondere Form der Datenerhebung und -archivierung notwendig, die sich von Analysepraktiken abhebt, mit bereits vorinterpretierten Daten zu arbeiten. Denn interaktionsanalytischen Ansätzen liegt die Annahme zu Grunde, dass

> knowledge and action are fundamentally social in origin, organization, and use, and are situated in particular social and material ecologies. Thus, expert knowledge and practice are seen not so much as located in the heads of individuals but as situated in the interactions between members of a particular community engaged with the material world.[130] (Jordan/Henderson 1995, S. 42)

Vor der EKA bildeten insbesondere Mitschriften von teilnehmenden Beobachtern und Erinnerungen der Teilnehmer und der Beobachter die Datenbasis nachfolgender Untersuchungen. Doch dank der Entwicklung (günstiger und einfacher) audiovisueller Aufnahmetechniken war es möglich, den natürlichen Gesprächsverlauf in seiner weitgehend unverfälschten und nicht interpretierten Form konservieren, mehrfach wiederholen und im sequenziellen Verlauf springen zu können. Erst diese Art der Datenauswertung macht es Analytikern möglich, kleinste Details aufzuspüren.

Doch neben den originären audiovisuellen Daten bedarf es noch eines weiteren Werkzeugs zur Verschriftlichung der Daten, um „minuziöse Analysen von sprachlichen Handlungsabläufen" (Bergmann 1988b, S. 1 f.) anfertigen und anschließend mit anderen Gesprächsanalysen vergleichen zu können. Dafür entwi-

---

[130] In vielen (post-)modernen Ansätzen wird selbst das ehedem als prototypisch individuell/intrapersonell (wenn auch in Wechselwirkung mit der Umwelt und in manchen Ansätzen zumindest multivalent) klassifizierte Konzept der Identität interaktionistisch substanziiert. So z. B. in der Bewusstseinsphilosophie (siehe Metzinger (Hg.) 2001), in der Sozialpsychologie (siehe Keupp 2010) und in der populärwissenschaftlichen Philosophie (siehe Precht 2007).

ckelte Jefferson (1972) ein erstes vollständiges Transkriptionssystem (siehe Kowal/O'Connell 2000, S. 439) für Gesprächstranskripte. Dieses System ermöglicht weitgehend exakte Verschriftlichungen des gesamten Interaktionsgeschehens mit allen sprachlichen, para- und nonverbalen Daten. Diesbezüglich schreiben Knoblauch/Schnettler auch von „einer Transformation des ablaufenden visuell-auditiven ‚Datenstromes' in ‚gefrorene' Bilder, Zeichen und Texte" (Knoblauch/ Schnettler 2007, S. 593), wobei „die Transkripte die ‚Zeitlupe' und das ‚Mikroskop' des Gesprächsanalytikers" sind (Fiehler 2001, S. 1699). Zur Vermittlung zwischen den beiden Interessen einer möglichst exakten Notation des Gesprochenen[131] und der Lesbarkeit der Transkripte[132] auch für Nichteingeweihte hat sich im Rahmen der in der deutschsprachigen Gesprächsforschung weiterentwickelten Transkriptionssysteme die literarische Umschrift durchgesetzt.[133] Diese ermöglicht auch Nicht-Linguisten eine schnelle Einarbeitung in das Transkriptionssystem und ein hohes Maß an Lesbarkeit trotz möglichst großer Abbildungsexaktheit der Gesprächsdaten. Dafür ist auch ein Pool von eineindeutigen und möglichst leicht zu verstehenden Notationszeichen[134] für sprachliche, para- und nonverbale Daten erforderlich, womit eine den jeweiligen Forschungsinteressen angemessene Detailgenauigkeit erreicht werden kann.[135]

Im Rahmen dieser Untersuchung wurde mit dem Gesprächsanalytischen Transkriptionssystem (GAT) gearbeitet.[136] Das GAT arbeitet mit einem Satz von

---

[131] Eine solche Transkription müsste z.B. mit allen lautlichen Erscheinungen in phonetischer Umschrift erstellt werden. Das könnte sinnvoll sein, wenn Phänomene untersucht werden sollen, die sich andernfalls der Analyse verschließen würden, wie z.B. Dialektgebrauch.

[132] Ideal wäre diesem Paradigma folgend ein Transkript, das vollständig an schriftsprachlichen Konventionen orientiert ist.

[133] Zu den verschiedenen Formen der Verschriftung siehe Kowal/O'Connell (2000, S. 441).

[134] Für leicht identifizierbare Notationszeichen verlangen Selting et al. (2009, S. 357): „Transkriptionszeichen sollen nicht vollständig arbiträr sein, sondern ikonischen Prinzipien folgen."

[135] Diesbezüglich fordern Kowal/O'Connell, es „sollten nur solche Merkmale des Gesprächsverhaltens transkribiert werden, die auch tatsächlich analysiert werden" (Kowal/O'Connell 2000, S. 444), um den Aufwand für die Transkribierenden so gering wie möglich zu halten und einen hohen Grad an Lesbarkeit zu gewährleisten. In der Praxis wird diese Vorgehensweise auch meist angewandt, jedenfalls hinsichtlich der präsentierten Transkripte. Die grundlegenden Transkripte für die Analysen können vielfach auch etwas komplexer (also feiner) sein, um der Ordnungsprämisse gerecht zu werden. Sacks z.B. bietet zu seiner Darstellung über Sprecheridentifikation innerhalb konversationaler Sequenzen sehr grobe Transkripte mit literarischer Umschrift, die stark an der Orthographie und Zeichensetzung der Schriftsprache orientiert sind und einzig Betonungen als parasprachliche Phänomene markieren (vgl. Sacks 1989b). Demgegenüber präsentiert Jefferson in ihrer Analyse zur Bedeutung von Tonhöhe und Lautstärke für Lösungen zur Redeübergabe Transkriptionen, die gemäß dem Untersuchungsgegenstand eine höhere Komplexität mit vielen parasprachlichen und lautlichen Elementen aufweisen (vgl. Jefferson 1983). Sie selbst weist allerdings darauf hin, dass der Detaillierungsgrad und der allgemeine Nutzen von Transkripten jeweils abhängig ist vom Untersuchungsinteresse (vgl. Jefferson 1985, S. 25 und 28) und dass die Arbeit mit Transkripten nur ‚eine' Form der Beschäftigung mit Ereignissen darstellt (vgl. ebd., S. 25 und 26).

[136] Das GAT-System wurde von einigen Linguisten und Sozialwissenschaftlern entwickelt und orientiert sich stark an der EKA, versucht aber dabei möglichst offen zu bleiben, damit kei-

Basisnotationszeichen und erweiterten Transkriptionszeichen für das sog. „Feintranskript" (vgl. Selting et al. 2009).[137]

3.1.2 Probleme, Grenzen und Kritik an der EKA

Grundsätzlich ist allen konversationsanalytischen Ansätzen die begrenzte Reichweite der Aussagen und Erkenntnisse gemeinsam. Dies ist unablösbar mit den spezifischen Detailuntersuchungen in situational und kontextuell begrenzten Settings verbunden. Dadurch werden Generalisierungen über die jeweiligen Settings hinaus mindestens eingeschränkt (und der Duktus der Neugenerierung von Kategorien aus dem Datenmaterial heraus wird dadurch erneut unterstrichen). Schegloff et al. fassen dies prägnant zusammen:

> CA [= conversation analysis] analyses are grounded on recurrent patterns of talk studied with detailed attention to the specific sequential contexts in which these practices are found. Specific findings should not be used to categorize talk in other settings without investigating whether similar practices are used to accomplish similar actions in the new setting. [...] It is therefore especially important that researchers of talk investigate individual practices for what they are being used to accomplish in a particular sequence and setting, rather than relying on categories imported from other, even similar, settings. (Schegloff et al. 2002, S. 18)

Nach Billig würde die EKA durch ihre reine Beschränkung auf Oberflächenelemente[138] der Gespräche historische Hintergründe unhinterfragt übernehmen und als gegeben konstatieren (vgl. Billig 1999, S. 554). Zwar versucht die EKA mit dem Konzept der Vollzugswirklichkeit, die (Re-)Produktion der Wirklichkeit aus den sozialen Handlungspraktiken zu erklären, aber dennoch ist die Kritik berechtigt, weil es die EKA schließlich mit ihrer eigenen Methodologie nicht erreicht, das Verhältnis von Makro- zu Mikrostruktur umfassend zu modellieren (siehe auch Kallmeyer 1988, S. 1098). Das lässt sich u. a. darauf zurückführen, dass soziale Einheiten und Dimensionen oberhalb der sozialen Praxis wie Institutionen, Gesellschaftsteilmengen, allgemeine und spezielle Diskurse und vieles weitere nur insoweit berücksichtigt werden können, wie sie im vorliegenden Gesprächsmaterial vorkommen. Nur Metaauswertungen vieler Einzeluntersuchungen z. B. zu spezifischen Institutionen können langfristig zu überindividuellen Darstellungen der (Re-)Produktion der Wirklichkeit beitragen.

Die Beschränkung trotz unvermeidlicher Vorannahmen, Vorstellungen, Wissensformen und ideologischen Überzeugungen im Rahmen der Analyse ausschließlich vom Datenmaterial auszugehen und eigene Interpretationen sowie Kontextwissen auszublenden, sofern es nicht im Material selbst von den Interak-

---

ne Untersuchungsmöglichkeiten per se ausgeschlossen werden und das System prinzipiell ausbaufähig bleibt (vgl. dazu Selting et al. 2009 und Kowal/O'Connell 2000, S. 440).

[137] Zu der Auswahl an Notationszeichen aus GAT, die in den für diese Untersuchung zu Grunde liegenden Transkripten verwendet wurden, siehe das Transkriptionszeicheninventar in Kapitel 7.

[138] Zu den Oberflächen-nahen Untersuchungseinheiten in der EKA zählen z. B. Sprechwechsel, Korrekturen und vieles mehr (siehe u. a. Streeck 1983; Bergmann 1981; Eberle 1997; Kallmeyer 1988; Kallmeyer/Schütze 1976; Schegloff/Jefferson/Sacks 1977).

tionsbeteiligten relevant gesetzt wird, kann analytische Probleme bereiten, wenn Offensichtliches ausgeklammert werden muss, nur weil es im Material nicht als relevant markiert erscheint. Diese paradoxe Stellung der Analytiker ist ebenfalls für fremdkulturelle Beobachtungen von besonderer Brisanz, bei denen gerade das Auffinden von Besonderheiten Ziel der Analyse ist, wie Klemm zusammenfasst:

> Einerseits muss der wissenschaftliche Beobachter Mitglied der zu beschreibenden Ethnie[139] sein, um zu angemessenen Deutungen gelangen zu können, andererseits muss er bei der Analyse ausreichend Distanz zu den Interaktionen aufbauen, um das Besondere an diesen routinierten Aktivitäten erkennen zu können. (Klemm 2000, S. 130)

Hinsichtlich des propagierten bewussten Ausblendens von Wissenshintergründen unterschiedlicher Art wie z. B. ‚frames' spricht Holly vom „Vorsatz zu interpretativer Unschuld" (Holly 1992, S. 31), dessen Grundsätzlichkeit er im Rahmen der Befürwortung eines holistischen und hermeneutischen Analysekonzepts kritisiert. Selting und Hinnenkamp konstatieren diesbezüglich im Rahmen der Stilanalyse, dass „die klassische Konversationsanalyse oft zu kurz greift: Bei der Rekonstruktion der handlungsleitenden Wissensbestände [der ‚frames'], auch über unmittelbare lokale Interaktionssequenzen hinaus" (Selting/Hinnenkamp 1989, S. 8), da ggf. notwendige Wissensressourcen während der Forschung ausgeblendet werden (sollen). Dies geht mit einer alle Menschen einschränkenden Erkenntnisreichweite aufgrund des ihnen zur Verfügung stehenden Wissensvorrats und ihrer Denktradition einher, die jeweils nur begrenzte „soziologische Topoi" (Knoblauch 2000, S. 655–658) zulassen.[140]

Diese Kritik betrifft die interpretationstheoretischen Grundlagen bzw. das entsprechende Vorgehen (siehe Deppermann 2000, S. 102), das die drei Wissenstypen Alltagswissen, ethnografisches Wissen und theoretisches Wissen (siehe ebd., S. 103) nicht ausreichend berücksichtigt.[141] So sieht Deppermann insbesondere ein Problem in den folgenden drei interpretationstheoretisch impliziten Annahmen der Konversationsanalyse:

> Interpretationen und die Relevanz von Kontexten (bzw. Kontextwissen) werden für jeden – Gesprächsteilnehmer wie Analytiker – gleichermaßen offensichtlich aufgezeigt (displayed);
>
> zwischen immanenten Kontextaspekten und Interpretationen, die von den Gesprächsteilnehmern als relevant aufgezeigt werden, und exmanenten, die für die Gesprächsteilnehmer nicht relevant sind, kann (immer) eindeutig unterschieden werden;

---

[139] Wobei hier unter Ethnie – sehr weit gefasst – auch jede subkulturelle Gruppe oder soziales Milieu subsumiert sind.

[140] Siehe dazu auch die wissenssoziologische Forschung (eine Übersicht bietet Knoblauch 2005).

[141] In diesem Zuge betont Deppermann zugleich den Nutzen bzw. die Notwendigkeit, dass man als Forscher/in „über sehr viele Wissensressourcen verfügen [sollte], um sie für eine gute Analyse nutzbar machen zu können; zugleich sollte man aber die Geltung der betreffenden Wissensbestände nicht a priori festschreiben, sondern sie als Instrumente betrachten, deren Brauchbarkeit immer erst im Analyseprozess aufs Neue zu erweisen ist" (Deppermann 2000, S. 117). Diese Janusköpfigkeit im Umgang mit den eigenen Wissensressourcen seitens der Forschenden bezeichnet Deppermann als „Wissensparadox" (ebd.).

das Erkennen von displays ist voraussetzungslos möglich und erfordert kein spezifisches Vorwissen. (Ebd., S. 100)

Deppermann schlägt vor, den daraus entstehenden Problemen mit (spezifischer) ethnografischer Forschung zu begegnen und demgemäß die konversationsanalytische um ethnografische Forschung zu ergänzen.[142] Damit soll der „*epistemologische*[n] [… Vernachlässigung], dass auch konversationsanalytische Ergebnisse unausweichlich perspektivische, also historisch und kulturell relative, selektive und gestaltete Rekonstruktionen sind" (ebd., S. 102; Hervorhebung im Original), begegnet werden. Zudem soll auf die

> *gegenstandsbezogene*[…] Präferenz für die Untersuchung formaler Eigenschaften der Gesprächsorganisation (wie *turn-construction*, *turn-taking* oder *repair*) gegenüber Fragen inhaltlicher Natur, also etwa aus dem Bereich der Semantik, des Handelns und ganz generell der Funktion konversationeller Aktivitäten (ebd.; Hervorhebungen im Original),

zumindest aufmerksam gemacht werden (wenn die Ethnografie auch keine alleinige Lösung des Problems bereitstellt), mit dem Ziel, die „vernachlässigte Dimension des Inhaltlichen [zu] verstärk[en] und auf solider methodischer Basis in Angriff zu nehmen" (ebd., S. 118). Überdies soll „[i]n methodenpraktischer Hinsicht" mittels ethnografischer Daten gewährleistet werden, „dass Fragen nach der Notwendigkeit, dem Gewinn und den Kriterien für den adäquaten Einsatz von Wissen [...] gestellt werden" können, was Deppermann zu Folge durch die omnipräsente „*display*-These"[143] verhindert wird, „da das Forscherwissen in der methodologischen Konzeption keine analysefundierende, entscheidende positive Rolle einnimmt, sondern lediglich als potenziell im Kontrast zur Teilnehmerperspektive stehend und dann negativ zu bewerten thematisiert wird" (ebd., S. 102).

Speziell mittels teilnehmender Beobachtung soll gewährleistet werden, dass Typikalität, Repräsentativität und Relevanz von einzelnen Gesprächsdaten angemessen beurteilt werden können (siehe ebd., S. 105 f.). Zudem beschreibt er die Gefahr, dass man ohne ethnografisches Wissen in sehr viel höherem Maße darauf angewiesen ist,

- sich auf Schlussfolgerungen, die von unsicheren Prämissen abhängen, zu verlassen anstatt auf Erfahrungswissen zu rekurrieren,
- sich mit gedankenexperimentellen Variationen über das, was passiert wäre, wenn die Interaktanten anders gesprochen und gehandelt hätten, zu begnügen, statt die Spannweite tatsächlich realisierter Alternativereignisse zu kennen, und
- relevante Nebenbedingungen lediglich spekulativ und nicht aus empirischer Kenntnis zu veranschlagen. (Ebd., S. 115)

Zugleich betont Deppermann aber die Priorisierung einer konversationsanalytischen Vorgehensweise gegenüber ethnografischem Wissen, wodurch er Ethnografie als Ergänzungsdisziplin kennzeichnet und im Gegensatz zur oben aufgeführten Gefahr vice versa auf die Gefahr hinweist, dass bei Überbetonung der Ethnografie gegenüber der Konversationsanalyse erstens „[d]as besondere

---

[142] Siehe auch Deppermanns Fazit zu den Zielen durch die Ergänzung konversationsanalytischer Ansätze mit ethnografischen Methoden und Daten in Deppermann (2000, S. 118).

[143] Zu einer dezidierten ‚display'-Kritik siehe Deppermann (2000, S. 99 ff.).

Erkenntnispotenzial der Gesprächsanalyse [...] verschenkt [wird], wenn ethno-graphisches Wissen als fraglos gültige Interpretationsressource hypostasiert und bei der Gesprächsanalyse angewandt wird" (ebd., S. 116), zweitens „[d]as empirische Erkenntnispotenzial der Konversationsanalyse [...] nur dann genutzt [wird], wenn Gültigkeit und Relevanz des ethnographischen Wissens zur Ana-lyse eines Gesprächsphänomens soweit als möglich am Gesprächsdatum aus-gewiesen werden" (ebd.) und drittens das „[e]thnographisches Wissen [...] die Gefahr in sich [trägt], den Blick auf die Details des Gesprächs und darauf, wie die Interaktionsteilnehmer durch ihre Aktivitäten das Gespräch organisieren, zu verstellen" (ebd., S. 117).

Auch die „unterstellte Selbstexplikativität" (Klemm 2000, S. 133) birgt ein hohes Kritikpotenzial, das Klemm in Anlehnung an Bergmann und Depper-mann expliziert: „Obwohl die Konversationsanalyse von der Konstruiertheit sozialer Wirklichkeit ausgeht, hält sie an der Überzeugung fest, dass ihre eigenen Interpretationen nicht konstruktiv sind, sondern quasi aus der Interaktion abge-lesen werden können" (ebd., S. 136). Aufgrund dessen propagiert Deppermann eine „reflexive Konversationsanalyse" und empfiehlt: „Statt Gesprächsereignisse als passive selbstexplikative Evidenzen für Analysen zu verstehen, muß der Ana-lytiker aktiv die Akzeptabilität seiner Interpretationen als rhetorisch-argumen-tative Leistung erarbeiten" (Deppermann 1997, S. 14).

Das Problem der Validierung der Ergebnisse teilt die EKA mit allen qualita-tiven sozialwissenschaftlichen Methoden, denn es gibt für qualitative Einzelun-tersuchungen noch keine wirklich greifenden und überzeugenden Methoden der Validierung. Für diese sind möglichst hohe Quantitäten notwendig, die schließ-lich einer statistischen Auswertung unterzogen werden und so die Objektivität der Erkenntnisse garantieren und statistisch relevante Prognosen für nicht unter-suchte Daten erlauben. Mit einem stetig wachsenden Korpus an gesammelten Daten und Analyseergebnissen ist eine solche quantitative Auswertung aller-dings denkbar.[144] Insgesamt ist aber der wissenschaftliche Anspruch auf Gütekri-terien wie Validierung der Ergebnisse nicht im Rahmen des konversationsanaly-tischen Paradigmas zu leisten. Stattdessen kann und muss qualitative Forschung Plausibilisierung bieten. Diese kann nur durch möglichst umfassende und offene Darlegung aller Hintergrundinformationen, Vorüberlegungen und zu Grunde liegenden Konzepte erreicht werden.

Flick führt v. a. folgende – teilweise aus der quantitativen Forschung hinrei-chend bekannte und dort etablierte – Gütekriterien an und zeigt Abwandlungen bzw. (gegenstands- und forschungsangemessene) Modifikationen dieser hinsicht-lich qualitativer Forschung auf, die Forschern eine Möglichkeit bieten, Güte qua-

---

[144]   Eine quantitative Datenauswertung findet auch durchaus Anwendung, denn bereits Sacks und Garfinkel (vgl. Garfinkel/Sacks 1976, S. 132) sowie v. a. Jefferson greifen in ihren Ana-lysen immer wieder auf größere Datenmengen zurück, an denen sie beobachtete Phänome-ne untersuchen und untereinander vergleichen und sogar selbst statistische Auswertungen vornehmen, um ihre Ergebnisse zu validieren oder zu relativieren (siehe z. B. Jefferson 1983, S. 4ff.). Allerdings besitzen ihre Datenmengen natürlich noch keinen repräsentativen Umfang.

litativer Forschung zu beurteilen und mehr oder weniger umfassend her- bzw. sicherzustellen.

> Die Reformulierung von Reliabilität im Sinne einer stärker prozeduralen Konzeption zielt darauf ab, das Zustandekommen der Daten so zu explizieren, dass überprüfbar wird, was Aussage noch des jeweiligen Subjekts ist und wo die Interpretation der Forschenden schon begonnen hat. [...]

> Der Gültigkeitsanspruch dieser Validierung wird auf die ‚Rekonstruktionsadädquanz‘ [sic!] beschränkt, nicht jedoch auf die eigentlich zu prüfende ‚Realitätsangemessenheit‘ der subjektiven Theorie bezogen. [...]

> Lincoln/Guba (1985) propagieren Glaubwürdigkeit; [sic!] Vertrauenswürdigkeit, Übertragbarkeit, Zuverlässigkeit und Bestätigbarkeit als Kriterien qualitativer Forschung, wobei das erstgenannte zum zentralen Kriterium wird. (Flick 2010, S. 399f.)

Breuer betont v. a. das (spätestens seit Peirce bekannte und wissenschaftlich weitgehend etablierte) erkenntnistheoretische Prinzip der Abduktion als (Güte-) Grundlage qualitativer Forschung und betont zugleich die epistemologische Begrenzung der somit gewonnenen Erkenntnisse, die stets seitens der Forscher reflektiert werden (siehe Steinke 2000) sollten. Bei der Abduktion

> geht es [...] darum, aus vorhandenen empirischen Daten sowohl einen theoretischen Kode (eine Kategorie, einen Begriff) wie eine Regel (einen gesetzesartigen Erklärungszusammenhang) für ihr Zustandekommen zu generieren. (Breuer 2010, S. 39)

> Die *finale, abschließende Deutung eines sozialen Sachverhalts oder Ereignisses (bzw. der* entsprechenden Daten) gibt es nicht. Stets haben wir es mit *Lesarten zu tun, die an Verstehenshorizonte* von Beteiligten und Beobachter/innen gebunden sind.

> Diese können unauflöslich divergent ausfallen, und sie können sich – mit unterschiedlichen Zeitdistanzen, im Lichte eines veränderten Interpretationshintergrunds – wandeln. (Ebd., S. 42; Hervorhebungen im Original)

Steinke führt folgende Gütekriterien qualitativer Forschung an: intersubjektive Nachvollziehbarkeit (des Forschungsprozesses und der Ergebnisse), Gegenstandsangemessenheit (des gesamten Forschungsprozesses), empirische Verankerung, reflektierte Subjektivität vs. Objektivität, Reichweiten-Prüfung, Theorienkohärenz und Untersuchungsrelevanz (siehe Steinke 2000).

Nun gilt es, Möglichkeiten der konkreten Gütesicherung darzustellen und diese hinsichtlich ihrer Befolgung und Grenzen im Rahmen dieser Untersuchung kritisch zu eruieren. Intersubjektive Nachvollziehbarkeit lässt sich nach Steinke erstens herstellen durch akribische Dokumentationen. Darunter sind folgende Dokumentationen zu subsumieren: Dokumentation des Forschungsprozesses, des Vorverständnisses, der Erhebungsmethoden, des Erhebungskontextes, der Transkriptionsregeln, der Daten, der Auswertungsmethoden, der Informationsquellen, der Entscheidungen und Probleme sowie der Gütekriterien. Eine zweite Möglichkeit, intersubjektive Nachvollziehbarkeit herzustellen, bieten Gruppeninterpretationen und als dritte Möglichkeit führt Steinke die Anwendung kodifizierter Verfahren an.

Gegenstandsangemessenheit hinsichtlich Fragestellung(en) und Auswertung stellt das zweite Gütekriterium qualitativer Forschung nach Steinke dar. Die Gegenstandsangemessenheit bezieht sich dabei auf unterschiedliche Forschungsaspekte: 1. auf das Vorgehen, 2. auf die Methodenwahl, 3. auf die erstellten resp.

verwendeten Transkriptionen, 4. auf die Samplingstrategie und 5. auf die zu
Grunde gelegten Bewertungskriterien.

Das Gütekriterium der empirischen Verankerung bezieht sich auf folgende
Forschungsaspekte: 1. auf die Verwendung kodifizierter Methoden, 2. auf die
Prüfung der Theorie anhand hinreichender (Daten-)Belege, 3. auf die analytische Induktion, 4. auf die Prognosenableitung aus der Theorie und 5. auf die
kommunikative Validierung.

Reflektierte Subjektivität (vs. Objektivität) bildet nach Steinke das vierte
übergeordnete Gütekriterium qualitativer Forschung. Dabei differenziert sich
innerhalb dieser Reflexion 1. die Selbstbeobachtung während des Forschungsprozesses, 2. Voraussetzungen der Forscher zur Gegenstandserforschung, 3. die
Vertrauensbeziehung zwischen Forscher(n) und Informanten resp. Akteuren
sowie 4. allgemeine erste Feldeinstiegreflexionen.

Eine Reichweiten-Prüfung kann nach Steinke via (1) Fallkontrastierung und
(2) Suche nach und Analyse von abweichenden, negativen und/oder Extremfällen
erfolgen.

Das letzte übergeordnete Gütekriterium umfasst Steinke zu Folge Fragen
zur Prüfung der Theorienkohärenz und Untersuchungsrelevanz. Dabei gilt es
seitens der Forscher kritisch zu erfragen, ob die Theorie in sich konsistent ist und
(v. a. im Paradigma angewandter Forschung) ob die Forschung einen praktischen
Nutzen aufweist (siehe ebd.).

Einen diesen Gütekriterien übergeordneten Rahmen bilden die wissens-
soziologischen Rechtfertigungsmuster, die Reichertz konstatiert (Reichertz
2000, Juni). So führt er 1. die Begründung durch persönliches Charisma, 2. die
Begründung durch Verfahren (Rechtfertigung mittels phänomenologischer Reduktion, Rechtfertigung mittels Methoden-Triangulation, Rechtfertigung mittels
datengestützter Perspektivendekonstruktion) und 3. die Begründung durch den
wissenschaftlichen Diskurs an.

Durch eine möglichst umfangreiche und transparente Darstellung der Methodik und Methodologie, stetige Orientierung am Datenmaterial und Offenlegung
der Begründungen für gezogene Schlussfolgerungen, sollten die Anforderungen
an qualitative Forschung in dieser Untersuchung im Sinne der Plausibilisierung
erfüllt und die Ergebnisse intersubjektiv nachvollziehbar dargestellt sein. Dabei
wird stets versucht, mit streng sequenziellen, über einzelne ‚turns‘ hinausgehen-
den und zunächst umfassend beschreibenden Analysen so weit wie möglich Erklärungen zu bieten und nur in Zweifelsfällen ethnografisches Wissen und weitere zur Verfügung stehende Daten zur Erklärung heranzuziehen, wie es bei den in
den nächsten beiden Unterkapiteln angeführten Studies of Work und den Workplace Studies im Allgemeinen üblich ist.

3.1.3 Studies of Work

Nach diesen für ein Verständnis der in dieser Untersuchung angewandten Heran-
gehensweise notwendigen Ausführungen zu den methodisch-theoretischen Entwicklungen, die den Workplace Studies und den Studies of Work vorausgingen,
folgen nun einige Spezifika, die diese beiden Forschungsdisziplinen im Speziellen
kennzeichnen und von der EKA abgrenzen.

Die ‚Studies of Work' zeichnen sich aus durch das Bemühen, über die genaue Erfassung, Beschreibung und Analyse von realen Arbeitsvollzügen die situativen verkörperten Praktiken zu bestimmen, in denen sich die für diese Arbeit spezifischen Kenntnisse und Fertigkeiten materialisieren. (Bergmann 2005, S. 639)

Anhand dieser kurzen Charakterisierung werden bereits die wichtigsten Prinzipien dieser Disziplin sichtbar:

Erstens geht es den Studies of Work[145] (wie der Name bereits vermuten lässt) – im Gegensatz zu anfänglichen Foki der EM und EKA – nicht um private Alltagssituationen, sondern um berufliche Kontexte. Allerdings geht es nicht um außergewöhnliche Situationen, sondern – ganz traditionsbewusst – um alltägliche, genauer um arbeitsalltägliche Interaktionssituationen, wie den in dieser Untersuchung beobachteten Feuerwehreinsatzübungen als eine Form institutioneller Kommunikation.

Zweitens steht im Mittelpunkt aller analytischen Betrachtungen stets der Kontext und damit die Situativität und Kontextsensitivität jeder interaktionalen Sequenz, deren Situierung das Hauptaugenmerk gilt.

Drittens steht in unmittelbarem Zusammenhang mit dieser je spezifischen Situierung methodologisch die „genaue Erfassung, Beschreibung und Analyse" mittels Transkripten, aber v. a. auch – und insbesondere damit grenzen sich die Studies of Work von der EKA ab – mit dem Einbezug aller infrastrukturellen Objekte und Dokumente sowie aller weiteren symbolischen und die Handlung beeinflussenden Elemente (siehe Heath/Button 2002, S. 157).[146] Damit geraten auch Schrifterzeugnisse, Bildschirminhalte, sensorische Randerscheinungen und vieles mehr in den Fundus Analyse-relevanter Informationen. Wobei zu beachten ist, dass diese Daten – ähnlich wie im Forschungsparadigma des symbolischen Interaktionismus[147] – „nicht gegeben sind und nur entdeckt werden müssen. Vielmehr werden sie in den symbolischen Interaktionen im Feld durch die Forschungspraxis geschaffen" (Winter 2010b, S. 85; zum symbolischen Interaktionismus). Zu diesen sensorischen Randerscheinungen zählen alle Formen der wahrnehmbaren Reize. Wobei – den ethnomethodologischen Paradigmen der Relevantsetzung, Indexikalisierung und Kontextualisierung folgend – natürlich nur nach interaktional relevanten wahrgenommenen (statt wahrnehmbaren) Elementen gesucht wird. Aber dafür müssen alle diese Elemente zunächst prinzipiell der Analyse zur Verfügung stehen, denn erst dann können sie im Rahmen der Analyse als relevant oder irrelevant charakterisiert werden. Schließlich gilt:

---

[145] Terminologisch können die Studies of Work auf den Ethnomethodologen Harold Garfinkel zurückgeführt werden (Garfinkel 1986), der allerdings die Forschung selbst auf Sacks' Untersuchungen 1972 zurückdatiert (Garfinkel 1986, S. vii). Damit wird deutlich, wie untrennbar die EM und die EKA mit den Studies of Work verknüpft sind.

[146] Dies teilen sich die Studies of Work mit dem symbolischen Interaktionismus, denn nach Blumer lautet dessen erste Prämisse „that human beings act toward things on the basis of the meanings that the things have for them" (Blumer 1969, S. 2).

[147] Dass Ethnomethodologie und symbolischer Interaktionismus einige theoretische und methodische Gemeinsamkeiten (neben diversen Unterschieden) aufweisen, liegt v. a. daran, dass beide soziologischen Schulen als interpretative Ansätze in Abgrenzung zum Strukturfunktionalismus entstanden sind (siehe zu einer Gegenüberstellung der beiden Theorien z. B. Arbeitsgruppe Bielefelder Soziologen 1975).

Nur insoweit die Kommunikationspartner ihre Mutmaßungen und Schlussfolgerungen dadurch ‚sichtbar' und für die Kommunikation erkennbar relevant machen, dass sie einander wechselseitig darüber orientieren, werden sie auch für Analysierende empirisch rekonstruierbar.[148] (Habscheid 2011, S. 9)

Das steht in der Tradition des Sacks'schen „there is order at all points"-Paradigmas (vgl. Arminen 2001, S. 184) sowie des ‚accountability'-Konzepts und ergänzt Feintranskripte um wesentliche weitere kontextuelle Informationen. In der methodischen Anwendung wirkt sich dies dergestalt aus, dass neben Audio- und Videoaufzeichnungen der Beteiligten auch – bei der Arbeit an Computern – Bildschirmelemente abgefilmt werden müssen. Außerdem müssen alle Textdokumente, die den Beteiligten situational zur Verfügung stehen, mit einbezogen werden, schließlich sind „[a]rtifacts […] ubiquitously present in all human endeavors. They structure interaction, generate problems, and provide resources for the solution of difficulties as they arise" (Jordan/Henderson 1995, S. 78). Die unmittelbare Umgebung der Handelnden inkl. möglicher Ausblicke aus Fenstern und Türen sollte ebenfalls in Ergänzung zu deren mindestens axialen Körperausrichtungen berücksichtigt werden,[149] denn „in any given environment some spaces provide more interactional resources and others less"[150] (ebd., S. 76). Durch teilnehmende Beobachtung und das Sammeln von Informationen zu Beteiligten und Kollegen durch den Forscher kann dabei versucht werden, das Wissensdefizit bezüglich organisatorisch-institutioneller Zusammenhänge zu minimieren.[151] Dennoch bleibt auch dieser Zweig der Konversationsanalyse „zumeist dem Fall der Augenblickskommunikation im Sinne der Interaktion treu, auch wenn ein objektsoziologischer Zugang gewählt wird" (Kesselheim/Hausendorf 2007, S. 341).Viertens ist der

Gegenstand der ‚Studies of Work' […] das verkörperte Wissen, das sich in der selbstverständlichen Beherrschung kunstfertiger Praktiken materialisiert und das für die erfolgreiche Ausführung einer bestimmten Arbeit konstitutiv ist. Die ‚Studies of Work' zielen […] auf die empirische Analyse von Kompetenzsystemen ab (Lynch/Livingston/Garfinkel 1985, S. 182), die für eine bestimmte Art von Arbeit charakteristisch sind und ihr ihre Identität verleihen. (Bergmann 2005, S. 639)

---

[148] Siehe dazu auch die Unterscheidung von Performativität (Handlungsvollzug) und Performanz (Handlungsaufführung), die den Analysierenden ein entsprechendes Instrumentarium zur Verfügung stellen (z. B. in Habscheid 2011, S. 10f.).

[149] Dass die Miteinbeziehung der Umgebung keine neuerliche Forderung für Handlungsanalysen darstellt, exemplifizieren Streeck/Goodwin/LeBaron (2011, S. 6) mit einem (selten zitierten) Rekurs auf einen Artikel von Goffman (1964, S. 164).

[150] Jordan und Henderson illustrieren dies folgendermaßen: „Physical arrangements, the spatial layout of a setting, the arrangement of furniture, the open spaces, walkways, coffee niches, doors to the outside, and so on, have an important influence on structuring interaction" (Jordan/Henderson 1995, S. 77).

[151] Man sieht an diesem Punkt deutlich, dass der Fundus auszuwertender Daten im Rahmen von Analysen innerhalb der Studies of Work sehr schnell immens anwachsen kann. Das führt dazu, dass entweder nur Mikroausschnitte einer so komplexen und detaillierten Analyse unterzogen werden oder dass größere Analyseaufgaben unter mehreren Forschern in organisierten Teams aufgeteilt und regelmäßig in gemeinschaftlichen Diskussionsrunden abgeglichen und so zu einem Gesamtbild ergänzt werden.

„Die endogenen Praktiken der Erzeugung von Ordnung und Sinn im Vollzug
von Arbeit sind der zentrale Gegenstand der ‚Studies of Work'" (ebd., S. 640).
Damit stehen die Studies of Work ganz in der interaktionistisch-konstruktivistischen Tradition der EKA und sie grenzen sich mit der Fokussierung auf die interaktionale Materialisierung der Kenntnisse und Fertigkeiten als ‚prozedurales
Wissen'[152] sowohl von kognitivistischen und individualpsychologischen Deutun-
gen[153] auf der Mikroebene einzelner Erscheinungen (siehe auch Warfield Rawls
2008, S. 704) als auch von überinterpretierten gesamtgesellschaftlichen Verall-
gemeinerungen auf der Makroperspektive im Gegensatz zu manchen sozialtheoretischen und philosophischen Ansätzen ab.

Eine weitere Besonderheit stellen bei den Studies of Work die spezifischen Ar-
beitsbereiche dar, in denen vornehmlich diese Form der Forschung Anwendung
findet. So sind es insbesondere hochtechnisierte Arbeitsumfelder im Bereich
der Informationstechnologie, in denen ethnomethodologische Untersuchungen
durchgeführt werden (siehe z.B. Suchman 1987; Button (Hg.) 1993; Heath/Luff
2000). Bei diesen Arbeitsumfeldern spielen dann neben Mensch-Mensch- auch
Mensch-Maschine-Interaktionen eine große Rolle. Dabei konnten die ethno-
methodologisch geprägten Arbeitsstudien vielfach den bis dato unterschätzten
räumlich situierten Einfluss menschlichen Handelns nachweisen, welches z.B.
„[i]n der CSCW-Forschung[154] [...] keineswegs den Ideen und Vorgaben der Sys-
tementwickler folg[t]" (Bergmann 2005, S. 641).

Anzumerken ist noch, dass sowohl die Studies of Work als auch die Workplace Studies neben den konversationsanalytischen noch genuin ethnografische
Methoden einsetzen (siehe Arminen 2001, S. 185), und zwar v.a. die teilnehmende
Beobachtung. So wird zwar auch in konversationsanalytischen Ansätzen häufig
mit diesem Instrument gearbeitet, aber nicht zwangsläufig. Dass häufig mit teilnehmender Beobachtung gearbeitet wird, liegt daran, dass sich die Teilnahme
häufig aus der Datenerhebung ergibt. Bei der Ethnografie hingegen ist teilnehmende Beobachtung ein Muss, denn nur so gelangt der Forscher an zusätzliche
(institutionelle, kontextuelle etc.) Informationen über das Untersuchungsfeld und
die handelnden Akteure, die nicht unbedingt mittels audiovisueller Datenerhe-
bungen erhoben werden können. Ebenso verhält es sich bei den Studies of Work
und den Workplace Studies. Zwar sollten sich alle Interpretationen nur aus dem
Datenmaterial ableiten lassen, aber die Protokolle der Forscher und Datensamm-
lungen (wie schriftliche Texte) zählen ebenso zum Datenmaterial. Zumal die
Videokameras nicht in der Lage sind, wirklich alles für Handelnde Relevante ein-
zufangen. Dafür bietet sich die teilnehmende Beobachtung an.[155] Was allerdings

---

[152] Zur Fokussierung der Workplace Studies auf „tacit seen but unnoticed, indigenous resourc-
       es which inform the production and coordination of in situ technologically mediated con-
       duct" siehe Luff/Hindmarsh/Heath (2000, S. 17).

[153] So stellt die „Gesprächsforschung [...] ins Zentrum ihrer Analyse den Interaktionsprozess, nicht
       das interagierende Individuum" (Deppermann 2004, S. 18; siehe auch Fiehler 2001, S. 1699f.).

[154] ‚CSCW' steht für Computer Supported Cooperative Work. Einen ersten Einblick in diese
       Forschungsrichtung bietet u.a. die Zeitschrift „Computer Supported Cooperative Work.
       The Journal of Collaborative Computing and Work Practices".

[155] Trotz aller Gefahren der situativen Verzerrungen (siehe dazu in noch immer aktueller
       Übersichtlichkeit Labov 1972, S. 108–118).

im Rahmen von Workplace Studies im Gegensatz zu klassischen ethnografischen Untersuchungen (siehe z. B. Crabtree 2003) grundsätzlich ausgeklammert werden sollte, sind introspektive Annahmen und Interpretationen Beteiligter.

3.1.4 Workplace Studies

Seit Ende der 1990er Jahre haben sich

> [u]nter starker Beteiligung von Anhängern des ‚Studies of Work'-Programms und unter Bezug auf eine Reihe anderer Forschungsansätze (v. a. ‚Activity Theory', ‚Actor Network Theory', ‚Distributed Cognition'-Ansatz) [...] die sog. ‚Workplace Studies' als eine eigene Forschungsrichtung entwickelt (Luff/Hindmarsh/Heath 2000; Knoblauch/ Heath1999; Heath/Button2002). Sie sind das Resultat der gemeinsamen Anstrengungen von Sozialwissenschaftlern und Computerwissenschaftlern, zu erforschen, wie situative berufliche Arbeitspraktiken und neue Informationstechnologien ineinander wirken. (Bergmann 2005, S. 642)

Die Workplace Studies sind „vorwiegend im Rahmen interdisziplinär[156] ausgelegter Forschungsprojekte, die mit der Entwicklung, Gestaltung und Anwendung neuer Technologien[157] befasst sind" (Knoblauch/Heath 1999, S. 164), entstanden, womit die Nähe zum dieser Untersuchung zu Grunde liegenden Datenmaterial evident erscheint. Das besondere Kennzeichen der Workplace Studies in Abgrenzung zur EM, der EKA und den Studies of Work ist ihr „angewandtes Element" (ebd.). Darunter verstehen Knoblauch und Heath den starken Anwendungsbezug, den sie aufweisen. Denn sie nehmen mit ihren Ergebnissen oftmals Einfluss auf die Entwicklungen, indem sie ihre in den Interaktionsanalysen ermittelten Grundprobleme mitsamt generierten Schlüsselbegriffen den Teilnehmern bereitstellen und somit z. B. an der Gestaltung technischer Systeme mitwirken[158] (siehe ebd.; zu einer Übersicht verschiedener Anwendungsfelder der Workplace Studies siehe Luff/Hindmarsh/Heath (Hg.) 2000).

Knoblauch und Heath definieren die Workplace Studies demgemäß kurz als interdisziplinäre Untersuchungsansätze, die „sich mit der Beziehung zwischen dem ‚Sozialen und dem Technischen' beschäftigen" (Knoblauch/Heath 1999, S. 164), wodurch sie zweifellos als Teil der Techniksoziologie (siehe Button (Hg.)

---

[156] Darunter sind v. a. Soziologie, soziale Anthropologie, Kognitionswissenschaften, Computerwissenschaften (vgl. Luff/Hindmarsh/Heath 2000, S. 13), aber auch Linguistik, Ethnografie, diverse technologische Ingenieurswissenschaften und zunehmend weitere Wissenschaften wie u. a. Medienwissenschaften (vgl. Ayaß 2004) und Didaktik (vgl. Becker-Mrotzek/Vogt 2001) gefasst.

[157] Wobei hier und im Weiteren Technologien in Anlehnung an Conein und Jacobin (die sich wiederum auf Schütz und Mead beziehen) „als diejenigen Mittel [verstanden werden], mit denen wir Handlungen über den Bereich der ‚Welt in Reichweite' hinaus ausführen" (Knoblauch 1996, S. 355) und zu einer „Multiplizierung der Perspektiven" (Schmidt 1991, S. 1 und 6; zitiert nach Knoblauch 1996, S. 356) führen – mit all ihren daraus entstehenden Möglichkeiten aber v. a. auch kommunikativen Problemen.

[158] Nach Arminen zielen insbesondere die jüngeren Arbeiten auf die Frage ab, wie die Entwicklung neuer technologischer Produkte durch Workplace Studies unterstützt werden kann (vgl. Arminen 2001, S. 188). Trotzdem „this may not be their principal contribution" (Luff/Hindmarsh/Heath 2000, S. 3).

1993) betrachtet werden können.[159] Dabei haben die Workplace Studies die detaillierte Beschreibung der komplexen Interaktionshandlung mit all ihren kontextuellen Elementen im Fokus (vgl. Knoblauch/Heath 1999, S. 164) und unterstreichen vielfach – wie es Suchman (1987)[160] eindrucksvoll nachgewiesen hat und auch weitere Forschungsergebnisse der Studies of Work zeigen – „die Rolle ‚sozialer [je situierter] Faktoren' beim Gebrauch von Technologien" (Knoblauch/Heath 1999, S. 165). Suchman konnte u. a. widerlegen, dass Handlungen vorwiegend „durch vorab festgelegte Pläne und Ziele bestimmt seien"[161] (Knoblauch/Heath 1999, S. 166) und generierte für die Betonung des unmittelbaren Kontextes der Handlungen den Term „situated action" (Suchman 1987). Der Begriff der ‚situated actions' zielt darauf ab, die situationale Eingebundenheit aller kommunikativen Handlungen hervorzuheben und sowohl soziale als auch physische Umstände unbedingt in die Interpretation einzubeziehen. Eine Konsequenz, die sich aus dieser Erkenntnis für die Entwicklung von technischen Systemen ableitet, ist die, stets die konkreten Nutzungsbedingungen der zukünftigen Nutzer mit zu berücksichtigen und bereits in die Entwicklung mit einfließen zu lassen. Mit diesen Erkenntnissen, dem daraus hervorgegangenen Paradigmenwechsel zum ‚Sozialen' in Teilen der Technikentwicklung und der ‚Cognitive Science' sowie der konversationsanalytisch geprägten Methoden und Prämissen entstanden die Workplace Studies (vgl. Knoblauch/Heath 1999, S. 167). Sie beschäftigen sich vorwiegend mit den „centres of coordination" (Suchman 1987, S. 13), also den räumlichen Interaktionszentren der Beteiligten und dem darin situierten Vollzug aller Aktivitäten,[162] wobei die technischen Geräte ebenso Beachtung finden, da sie nicht bloß zum Zwecke der Handlung gebraucht werden, sondern der Umgang mit diesen Geräten stellt bereits eine Interaktion dar (vgl. Suchman 1987, S. 1). Diesen Aspekt betont Suchman im Hinblick auf kommunikative Handlungen und Interaktionsräume, indem sie schreibt: „The foundation of actions by this account is not plans, but local interactions with our environment, more and less informed by reference to abstract representations of situations and of actions, and more or less available to representation themselves" (ebd., S. 188). Dazu merken Knoblauch und Heath an, dass „[d]ie Workplace Studies […] in sehr grossem

159 Dabei haben zwar Heath, Hindmarsh und Luff insbesondere organisationelle Veränderungen wie Fragmentierungen, geografische Dislokationen und Virtualisierungstendenzen durch neue Technologien im Blick (Luff/Hindmarsh/Heath 2000, S. 1), aber die Untersuchungen beschränken sich keinesfalls auf solche Sonderfälle.

160 Nach Knoblauch (1996, S. 252) geht auch die Bezeichnung *Workplace Studies* auf Suchman zurück (siehe Suchman 1989).

161 Dabei hat sie aber nicht verworfen, dass Pläne, Ziele und institutionelle sowie kulturelle und historische Hintergründe einen Einfluss auf die Praktiken haben (siehe Suchman/Trigg/Blomberg 2002, S. 175), sondern deren Einfluss lediglich relativiert.

162 Aktivitäten beschreiben dabei „nicht einzelne Handlungen, sondern komplexe, zielgerichtete Handlungszusammenhänge […]. Wie auch der Handlungsbegriff setzt ‚activity' zwar voraus, dass Handlungen auf der Grundlage eines situativen Verstehens entworfen werden. Bei einer Aktivität konstituieren sich indessen Handlungen, Interaktionen und die dabei eingesetzten Instrumente zu längeren Handlungszusammenhängen, in denen Leistungen vollzogen werden, die sich allein der Koordination verdanken" (Knoblauch/Heath 1999, S. 175).

[sic!] Detail aufgezeigt [haben], wie der Gebrauch von Computern ebenso wie der anderer Instrumente und Geräte von den Situationen und Kontexten ihres Gebrauchs abhängt und auf sie reagiert" (Knoblauch/Heath 1999, S. 169).

Mit der Berücksichtigung aller inter-menschlichen und menschlich-technologischen Interaktionen sind die Workplace Studies im Stande, umfassende komplexe Handlungen zu beschreiben und „damit einen interaktiven Kontext im eigentlich soziologischen Sinne" (ebd., S. 170) aufzuzeigen. Außerdem veranschaulichen sie, „wie die Eigenschaften der jeweiligen Systeme fortwährend in den Handlungen der Beteiligten konstituiert werden" (ebd., S. 171).[163] Knoblauch und Heath resümieren die Bemühungen und Ergebnisse der Workplace Studies folgendermaßen:

> Zwar sind die theoretischen Ausführungen der Workplace Studies noch nicht ausgereift, doch könnten sie sich als besonders fruchtbar herausstellen, zumal sie auf einer soliden empirischen Basis eine zentrale Frage der modernen Soziologie aufwerfen (vgl. Goffman 1994), nämlich die nach der Verbindung zwischen Interaktionen und den sich wandelnden Strukturen gegenwärtiger Organisationen, also zwischen der ‚microsociological analysis of locally constructed and negotiated work activities' und ‚macrolevel discussions of the impact of technological development on the skills and organization of work' (Engeström/Middleton 1997, S. 1). (Knoblauch/Heath 1999, S. 178)

Um der Verknüpfung von Interaktion, Kommunikation und Arbeit insbesondere in (hoch)technologischen[164] Organisationen gerecht zu werden, hat Knoblauch in Anlehnung an die Konzepte „Interaktionsarbeit" und „articulation of work" von Corbin/Strauss (1993) den Begriff der „Kommunikationsarbeit" eingeführt (vgl. Knoblauch 1996, S. 344; und zu einer detaillierten Begriffsbeschreibung 357–360). Diese Bezeichnung veranschaulicht zum einen „ethnographische, ‚naturalistisch' orientierte Untersuchungen der Koordination und Kollaboration bei der Arbeit" (ebd., S. 353)[165] als Fokus der Workplace Studies. Zum anderen illustriert die Bezeichnung die wichtige Erkenntnis der Workplace Studies, dass „die Einführung technologischer Systeme nicht notwendig zur Reduktion der Arbeit

---

[163] Damit wenden sich die Workplace Studies explizit gegen den Technizismus und dessen Trennung von Sozialem und Technischen (vgl. Knoblauch/Heath 1999, S. 171 f.) ohne dabei menschliche Subjekte und technische Objekte in eine gemeinsame Kategorie wie die der ‚Akteure' zu fassen, was Vertreter der ‚Akteur Network Theory' zum Zwecke dieser Überwindung unternommen haben (siehe Belliger/Krieger (Hg.) 2006 und Latour 2007). Suchman veranschaulicht die kategorielle Trennung in ihrer 2. Auflage von „Plans and Situated Actions" (siehe Suchman 2007). An dieser Stelle sollte allerdings erwähnt werden, dass „[i]n den Workplace Studies [...] zuweilen auch die radikalkonstruktivistische Auffassung vertreten [wird], Technologien, Artefakte, ja Objekte jeder Art ‚existierten' lediglich und ausschließlich in und durch die Handlungen und Interaktionen" (Knoblauch/Heath 1999, S. 173). Dies spiegelt sich aber nicht im Gros der Arbeiten wider.

[164] Weil das v. a. Informations- und Kommunikationstechnologien umfasst (siehe Knoblauch 1996, S. 353) und die angewandten Methoden zudem optimal zu den Zielen der gesprächslinguistischen Forschungen passen, bieten sich die Workplace Studies in einem besonderen Maße für die hier vorliegende Untersuchung an.

[165] „Die interaktive Organisation der Arbeitsaktivitäten und ihre Abhängigkeit von situativen, kontextuellen Kontingenzen wurde von Anderson, Sharock [sic!] und Hughes [sic!] (1990) auch als ‚working division of labor' bezeichnet" (Knoblauch 1996, S. 356).

auf instrumentelle Handlungen isolierter Akteure führt" (ebd., S. 358). Dabei sollte noch hervorgehoben werden, dass die meisten Forscher innerhalb dieses Forschungsparadigmas selbst vermeintlich informelle Interaktionen „zu den formalen Arbeitsaktivitäten [zählen, die] wesentlich für deren Gelingen sind" (ebd., S. 355), was noch einmal Sacks' Prämisse „there is order at all points" auch für Arbeitsaktivitäten unterstreicht und – wie weiter oben bereits beschrieben – das Soziale betont. Damit wird informeller Kommunikation v. a. in „ordinary conversation" oder in spezifischen Phasen (wie Pausen) innerhalb von Interaktionen, die in Organisationen stattfinden, ein bedeutsamer Status zuerkannt. Abgesehen von diesen spezifischen Phasen, die offenkundige, institutionell organisierte Unterbrechungen[166] der Arbeitsaktivitäten darstellen, ist die gesamte restliche „‚institutional interaction' [...] oriented towards accomplishing more or less complex institutional tasks" (Koskinen 2000, S. 6). Warfield Rawls spricht aufgrund dessen den Garfinkel folgenden Workplace Studies gar die Etablierung einer neuen alternativen Arbeitstheorie zu (vgl. Warfield Rawls 2008, S. 701):

> it has been Garfinkel's proposal that mutual understanding (orienting objects, meaning, and identities) in interactions, including technical situations of work, requires constant mutual orientation to situated constitutive expectancies – taken-for-granted methods of producing order that constitute sense – accompanied by displays of attention, competence, and trust. (Ebd., S. 701)

3.2 Linguistische Gesprächsforschung

Vor einer kurzen Skizzierung von Ansätzen der deutschsprachigen linguistischen Gesprächsforschung, wie sie im Rahmen dieser Untersuchung für sinnvoll gehalten werden, muss zunächst erwähnt werden, dass viele gesprächslinguistische Ansätze ebenfalls auf Grundlagen der EKA aufbauen, ähnliche Methoden und Praktiken verwenden und es viele Überschneidungen gibt (vgl. Ayaß 2004, S. 10 und Schegloff et al. 2002). Allerdings sind es weniger gleiche Erkenntnisinteressen als vielmehr Methoden der auf Gesprächspraktiken in Interaktionen fokussierten EKA, die für unterschiedliche Ansätze linguistischer Gesprächsforschung von besonderem Interesse sind, wie Schegloff et al. (2002) für die Angewandte Linguistik im Allgemeinen unterstreichen:

> ‚CA' [= conversation analysis] refers to not only a corpus of findings and accounts of talk-in-interaction, but also – perhaps preeminently – to a method of inquiry, one addressed to distinctive data and embodying a distinctive research stance. [...] Applied linguists can therefore potentially benefit from bringing the resources and tools of conversation analysis to bear on those domains which engage their interest and professional concerns – whether in conversation or in institutionally specific talk. (Ebd., S. 4; Ergänzung von J. G.)

---

[166] Dabei können selbst diese konversationsanalytisch untersucht werden, d. h. wie diese Unterbrechungen hergestellt werden, denn „organizational constraint, while relevant at the level of accounts, and oriented toward managing the accountability of actions, does not order action; its function is retrospective" (Warfield Rawls 2008, S. 704).

Deshalb werden in diesem Kapitel vorwiegend spezifische Besonderheiten angeführt, die im Kapitel zuvor nicht bereits berücksichtigt wurden. So müssen z. B.
Formen der Datenerhebung und -aufbereitung nicht erneut dargestellt werden.
Aber es gibt auch einige Spezifika der im deutschsprachigen Raum (weiter)ent-
wickelten gesprächsanalytischen Ansätze. Dazu zählt vor allem das spezifische
Erkenntnisinteresse. Denn im Gegensatz zu sozialwissenschaftlich orientierten
konversationsanalytischen Ansätzen liegen die primären Erkenntnisinteressen
der unterschiedlichen Ansätze linguistischer Gesprächsforschung im Allgemeinen eher in den verwendeten sprachlichen Mitteln und Formen und weniger in
der Ordnung der Interaktion selbst. So werden z. B. sprachliche Mittel mit ihren
im Kontext situierten speziellen Funktionen ermittelt. Damit ist es insbesondere
die Sprache im Rahmen kommunikativer Praktiken und weniger ein sozialwissenschaftliches Erkenntnisinteresse, das im primären Fokus vieler Gesprächsforscher liegt.

   In den 1960er Jahren begann in der deutschsprachigen Linguistik eine allmäh-
liche Abkehr von der „Dominanz des Geschriebenen" (Lappe 1983, S. 17; zitiert
nach Brinker/Sager 2006, S. 15) und damit eine Öffnung für Forschungsfragen zu
gesprochener Sprache. Zunächst war die Gesprochene-Sprache-Forschung noch
geprägt von systemlinguistischen Fragestellungen wie der spezifischen Grammatik gesprochener Sprache (siehe z. B. Schwitalla 2001b, S. 897), aber im Zuge der
pragmatischen Wende in der Linguistik zu Beginn der 1970er Jahre gewannen
auch zunehmend „[s]ituative und kommunikativ-funktionale Aspekte" an Bedeutung (Brinker/Sager 2006, S. 16). Diese pragmatische Wende wurde insbesondere durch die Sprechakttheorie begünstigt, die Sprechen als eine (und mit-
unter die wichtigste) Handlungsform charakterisierte und das gesamte Handeln
statt lediglich sprachliche Teilausschnitte in den Blick nahm. Einzelne Handlungsschritte wurden dann als Akte bezeichnet und bekamen damit den Status
kleinster Handlungselemente. Auf diese Weise wurden auch Sprechakte identifiziert und klassifiziert (ähnlich wie Morpheme, Phoneme, Grapheme, Sememe in
anderen Subdisziplinen der systemisch-strukturalistisch orientierten Linguistik).
Ein Defizit für einen interaktionistisch-konstruktivistisch ausgerichteten Ansatz der Gesprächsforschung stellte dabei die noch immer (trotz pragmatischer
Wende und damit verbundener Handlungsorientierung und programmatischer
Abkehr von systemlinguistischen Paradigmen) starke Sprecherzentrierung dar,
denn damit wurden dialogische, interaktionale Untersuchungen von vornherein
theoretisch ausgeblendet.[167]

   Zunächst wird in aller Kürze der Arbeitsbegriff ‚Gespräch' definiert: Ein Gespräch ist in der Gesprächsforschung „eine begrenzte[168] Folge von sprachlichen
Äußerungen [in natürlichen Kontexten], die [prinzipiell] dialogisch [zwischen
mindestens zwei Personen] ausgerichtet ist [...,] eine [mehr oder weniger strenge]
thematische Orientierung aufweist" und wenigstens analytisch aufgrund ritua-
lisierter Sequenzen in zeitliche Phasen unterteilt werden kann (ebd., S. 11–14;

[167] Searle hat sich selbst später gegen diesen Sprecher-zentrierten Ansatz gewandt und die
      Sprache (ganz konstruktivistisch) als „ein[en] konstitutive[n] Teil der Wirklichkeit" hervor-
      gehoben (Searle 2004, S. 78).
[168] Zum Beispiel durch „Einleitungs- und Beendigungssignale" (Brinker/Sager 2006, S. 12).

Ergänzungen von J.G.). Im Rahmen eines modifizierten und erweiterten Gesprächsbegriffs, der auch für diese Untersuchung zu Grunde gelegt wird, führt Deppermann folgende Konstitutiva eines Gesprächs auf: Prozesshaftigkeit[169], Interaktivität[170], methodische Herstellung in situ[171], pragmatische Orientierung[172] und Konstitutivität durch Aktivitäten auf verschiedenen Ebenen und in verschiedenen semiotischen Modalitäten[173] (vgl. Deppermann 2004, S. 18).

Zu den primären Forschungszielen der für diese Untersuchung relevanten Ansätze linguistischer Gesprächsforschung zählen die möglichst detaillierte Beschreibung menschlicher Kommunikation, um „Bedingungen und Regeln systematisch zu erforschen, die die ‚natürliche‘ Gesprächskommunikation, d. h. dialogisches sprachliches Handeln in verschiedenen gesellschaftlichen Bereichen (Alltag, Institutionen, Medien usw.), bestimmen" (Brinker/Sager 2006, S. 19). Daraus werden typologisierte Formen menschlicher Kommunikation klassifiziert, und zwar anhand aufgefundener und aus dem Datenmaterial, welches aus natürlichen Gesprächen besteht, herausgearbeiteter Muster, Formeln, Typen und Regeln. Auf diese Weise wird versucht, zunächst individuelle und anschließend durch mehrfaches Auffinden typologisierbare Formen der Gesprächsorganisation (bis hin zu Musterverläufen) herauszukristallisieren, womit „die linguistische Gesprächsanalyse letztlich auf allgemeine Aussagen" abzielt (ebd., S. 19). Im Rahmen dessen werden kleinste (Gliederungs-)Elemente und deren Funktionen ermittelt, indem die Komplexität aufgebrochen wird.[174] So soll die Sinnkonstitution nachgestellt und Verstehen bzw. Verständigung untersucht werden. Im Gegenzug geht es allerdings ebenfalls um die Ermittlung von Problemen und Störungen und dabei v. a. um die Frage, wie diese im konkreten Verlauf eintreten konnten. Auf diese Weise sollen schließlich strukturelle Kommunikationsprobleme rekonstruiert werden. Der Aspekt des Anwendungsbezugs betont auch den (Rück-)Transfer vom wissenschaftlichen Diskurs in die Praxisebene. Das

---

[169] „Die Eigenschaft ‚Prozessualität‘ umfasst Phänomene wie Flüchtigkeit, Zeitlichkeit, Kontextabhängigkeit und Offenheit von Gesprächsprozessen" (Deppermann 2004, S. 22).

[170] „Die Eigenschaft ‚Interaktivität‘ meint, dass Handeln und Bedeutung im Gespräch vom Gesprächspartner abhängig, auf den anderen bezogen formuliert sind und von seiner Reaktion beeinflusst werden" (Deppermann 2004, S. 22).

[171] „Die Methodizität der Herstellung von Gesprächen erfordert die aktive wie rezeptive Beherrschung von kulturellen Etiketten und Normalformen, von institutionellen Handlungsschemata, Konventionen und Gepflogenheiten" (Deppermann 2004, S. 23).

[172] „Die Pragmatizität von Gesprächen bezieht sich auf deren Ziel- und Aufgabenstruktur, die gerade für berufliche Interaktionen maßgeblich ist; allgemeiner noch meint sie die Qualität von Gesprächen, Wirklichkeiten verschiedenster Art (z.B. Identitäten, Beziehungsstrukturen, Verpflichtungen, Berechtigungen etc.) zu schaffen" (Deppermann 2004, S. 23).

[173] „Der Aspekt der Konstitutivität von Gesprächshandlungen meint, dass alles, was im Gespräch geschieht, letzten Endes allein durch die lokalen Aktivitäten der Beteiligten hergestellt wird" (Deppermann 2004, S. 24).

[174] Dabei geht es „um die Rekonstruktion der interaktiven Verfahren und der ihnen zugrundeliegenden kommunikativen Prinzipien bei der Herausbildung [... einer jeweils bestimmten] Struktur im Gesprächsverlauf" (Brinker/Sager 2006, S. 19). Der „‚Gestus der Rekonstruktion‘ [ist gerade das Spezifikum der Konversationsanalyse], der die Interaktion soweit als möglich als sich selbst interpretierendes Geschehen behandelt" (Deppermann 2008, 51 in Anlehnung an Hausendorf 1992 und 1997, S. 269).

heißt, neben der Ermittlung und Klassifizierung von Gesprächsorganisationen und ihren Muster- sowie gestörten Verläufen werden die Erkenntnisse didaktisch aufbereitet mit entsprechenden Handlungsempfehlungen in Form von Kommunikationstrainings, -beratungen und -coachings[175] den Beteiligten zugänglich gemacht[176] (z. B. in Form von Kommunikationstrainings für Telefonisten in großen Service-Unternehmen im Bereich der Wirtschaftskommunikation). Kontrastive Untersuchungen können der Ermittlung kultureller, geschlechtlicher, altersbedingter und vieler weiterer Einflussfaktoren auf die Kommunikation dienen.[177] In Anlehnung an konversationsanalytische Ansätze werden Prinzipien, Verfahren und Methoden ermittelt, mittels derer die Gesprächsteilnehmer Sinn und Ordnung (u. a. eine geordnete Reihenfolge) im interaktiven Geschehen herstellen.[178] Auf diese Weise wird (und das geht über die Ziele der Konversationsanalyse hinaus) der „kommunikative Haushalt" (Luckmann 1986) eines mehr oder weniger umfangreichen Gesellschaftsausschnitts beschrieben und Handlungskategorien können (in Anlehnung an sprechakttheoretische Grundsätze) eingeteilt werden. Dabei werden sowohl formelle (in einem beruflichen Kontext; unmittelbar auf institutionelle bzw. organisationale oder öffentliche Ziele ausgerichtet) als auch informelle (v. a. private) Gespräche untersucht.

Ein Unterschied der sozialwissenschaftlich orientierten EKA zu einigen gesprächslinguistischen Forschungen besteht darin, dass „[l]inguistische Beschreibungen [...] häufig nur hilfswissenschaftlichen Stellenwert" (Deppermann 2008, S. 61) für die Untersuchung besitzen und in einigen linguistischen Untersuchungen gerade diese linguistischen Beschreibungen das Ziel der Analyse darstellen oder doch zumindest eine stärkere Beschäftigung während der Analyse erfahren (vgl. Klemm 2000, S. 139).

Außerdem spielt Insiderwissen, das z. B. durch Befragungen gewonnen werden kann (vgl. ebd., S. 138), eine wichtige Rolle für das Interaktionsverständnis. Damit grenzen sich einige Ansätze linguistischer Gesprächsforschung – ähnlich wie bei den Workplace Studies – eindeutig von der klassischen EKA ab. Dass diesbezüglich mit den – z. B. durch Befragungen – gewonnenen Daten allerdings vorsichtig und reflektiert umgegangen werden muss, resümiert Klemm in Anlehnung an Holly:

---

[175] Einen Einblick in die Theorie der Vermittlung kommunikativer Fähigkeiten geben u. a. Becker-Mrotzek/Brünner (2004), Hartung (2004) und Fiehler (2001).

[176] Auch an dieser Stelle des wissenschaftlichen Prozesses unterscheidet sich die angewandte Gesprächsforschung auffallend von der EKA, „da [... die angewandte Gesprächsforschung] als pädagogisch-normative Wissenschaft auf jeden Fall normative Standards braucht" (Deppermann 2004, S. 20).

[177] So können z. B. interkulturelle Kommunikationsuntersuchungen im Bereich der Wirtschaftskommunikation mit darauf aufbauenden Trainings, Beratungen oder Coachings für Akteure in internationalen Arbeitsumfeldern nutzbar gemacht werden, indem die Akteure für sog. ,critical incidents' und weniger gravierende (potenzielle) Kommunikationsstörungen sensibilisiert werden.

[178] Demgemäß besteht Deppermann zu Folge „die Aufgabe des Gesprächsanalytikers darin, die Aktivitäten der Gesprächsteilnehmer so zu explizieren, daß das Geschehen als sinnvolles und systematisch geordnetes verständlich wird" (Deppermann 2008, S. 51).

> Es geht keineswegs darum, solche Informationen eines Beteiligten als Fakten zu be-
> trachten, insbesondere wenn es um die Interpretation des eigenen Sprachhandelns geht.
> Da Handlungen prinzipiell Beschreibungskategorien sind [...], hat auch der Sprecher
> selbst kein Monopol auf die ‚richtige‘ Deutung. Daher ‚werden wissenschaftliche Inter-
> pretationen gar nicht zu dem Zweck vorgenommen, Äußerungen unbedingt im Sinne
> des Sprechers zu verstehen‘ (Holly 1990, 66). Externe Informationen liefern lediglich
> weitere hilfreiche Daten für die Interpretation des Forschers, die dadurch nicht ersetzt,
> sondern unterstützt und vielleicht etwas valider gestaltet wird. (Klemm 2000, S. 138)

In diesem Sinne steht auch der gesprächslinguistische Ansatz von Holly „stärker
als die Ethnomethodologie in der Tradition der Hermeneutik“ (Klemm 2000,
S. 139; für eine umfassende Darstellung siehe Holly 1992), mit einer Selbstverortung als Interpretations- und nicht nur als Beobachtungswissenschaft. Diesbezüglich werden keine erhobenen Daten als Fakten, sondern generell als Daten
betrachtet, die zunächst noch interpretiert werden müssen (Klemm 2000, S. 138).
Demgemäß wird bei diesem Ansatz (und bei einer selbstreflexiven EKA; siehe
Deppermann 1997) unter materialgeleitetem Vorgehen nicht verstanden, „auf
ein Vorverständnis zu verzichten, sondern die Analyse ohne vorgefertigte Theo-
reme und ohne eine ‚Rasterfahndung‘ (Bergmann 1981, S. 23) zu betreiben“
(Klemm 2000, S. 139).

Vielen interaktionistischen Ansätzen liegen soziologische Konstruktivismus-
Theorien zugrunde (siehe z. B. Schmidt 2003). Um eine kurze aber eindrückliche
Charakterisierung des konstruktivistischen Paradigmas hinsichtlich Sprache zu
geben, kann an dieser Stelle auf Winter zurückgegriffen werden, der in seiner
Darstellung des sozialen Konstruktionismus schreibt:

> Der Konstruktionismus betrachtet die Sprache als eine Form sozialen Handelns. Sie
> drückt nicht Emotionen oder Denken auf sekundäre und passive Weise aus, sondern
> gestaltet und artikuliert sie. Sprache bildet nicht die Wirklichkeit ab, sondern bringt
> diese hervor. So gilt das Interesse der Struktur und dem performativen Charakter von
> Sprache, den Sprachspielen und ihrer wirklichkeitsschaffenden Kraft. (Winter 2010a,
> S. 124)

Die Analyse erfolgt stets an authentischen Realsituationen (nur in Ausnahmefällen kann z. B. zu bestimmten Schulungszwecken auf nachgestellte Situationen
[siehe z. B. Becker-Mrotzek/Brünner 2002] zurückgegriffen werden). Prinzipiell
gibt es zwei mögliche Herangehensweisen:

Erstens induktives Vorgehen (diese Variante deckt sich mit konversationsanalytischen Prinzipien): Dabei wird streng empiriegeleitet vorgegangen; deshalb
erfolgt auch eine passiv registrierende Datenerfassung (siehe Bergmann 1985,
S. 309). Bergmann beschreibt und begründet dies folgendermaßen:

> Die Ethnomethodologie benötigt für ihre Arbeit Daten, die ein soziales Geschehen auf
> registrierende Weise – und nicht auf rekonstruierende Weise [wie z. B. im Falle von In-
> terviewdaten] – konservieren. Nur in diesem Falle besteht eine Chance, ein noch nicht
> durch nachträgliche Kategorisierungen überformtes soziales Geschehen und die in ihm
> sich realisierende primäre Sinnschicht als Ausgangs- und fortwährenden Bezugspunkt
> der Analyse benutzen zu können. (Bergmann 1993, S. 290; Ergänzungen von J. G.)

Auch Theorien, apriorische Hypothesen, selbst Ziele werden zunächst soweit wie
nur möglich ausgeblendet und erst aus dem Material heraus abgeleitet. Wenn

erste Forschungsfragen formuliert werden, dann möglichst offen (Offenheits-
prinzip), vage und schlicht. Dieses Vorgehen ist sehr ergebnisoffen und weist, um
nur zwei wichtige Kritikpunkte zu nennen, Schwierigkeiten bezüglich der Legitimation der Forschung und Unglaubwürdigkeit bezüglich des Ausklammerns von
Vorannahmen etc. auf.

Die zweite dem induktiven Vorgehen komplementäre Vorgehensweise kann
als *deduktiv* bezeichnet werden: Diese erfolgt theoriegeleitet mit Forschungs-
schwerpunkten, Einschränkungen, Auswahlen, Vorannahmen und konkreten
vordefinierten Zielen. Ein klarer Vorteil dieses Ansatzes ist seine Strukturiert-
heit und damit einfachere Legitimation im wissenschaftlichen Diskurs. Zu den
Nachteilen zählt v.a. die prinzipielle Eingeschränktheit, die Neuentdeckungen
unwahrscheinlicher macht.

Der generelle Analyseablauf besteht bei den gesprächslinguistischen Forschungen, die dieser Untersuchung zu Grunde liegen, in der Regel aus audio(-
visueller) Gesprächsaufzeichnung, Transkription, Suche nach Regelmäßigkeiten
im Datenmaterial, Interpretation der gefundenen Regelmäßigkeiten und be-
grifflicher Rekonstruktion der Elemente inkl. Typologisierungen. Nach der Ermittlung und Analyse der Muster und ihrer Binnenstruktur werden klare Fälle
ausgewählt. Dann erfolgt ggf. eine Phasierung und v.a. Detailanalyse inkl. Zweck-
bestimmung. In einigen Fällen (gegensätzlich zum konversationsanalytischen
Paradigma) wird zudem versucht, mentale Prozesse zu rekonstruieren. Nach diversen Musterrekonstruktionen kommt es schließlich zu Musterprüfungen am
vorliegenden und ggf. an weiterem Datenmaterial. Prinzipiell ist das Vorgehen
dieser Forschungsansätze – wie bei der EKA – deskriptiv und nicht präskriptiv
bzw. normativ. Selbst, wenn schließlich Handlungsempfehlungen für Beratungen
u.a. gegeben werden sollen, so werden diese aus dem Datenmaterial ermittelt und
dienen lediglich dem Aufzeigen möglicher Handlungsalternativen. Bewertungen
erfolgen höchstens in gemeinschaftlichen Diskussionen mit den Beteiligten. Der
Umgang mit den Daten zielt nicht – wie bei quantitativen Forschungsansätzen
– auf eine Standardisierung und Reduktion der Daten auf kleinste auszählbare
Kategorien etc. Somit ist allerdings auch die wissenschaftliche Aussagekraft je
nur falladäquat und damit bezüglich der Reichweite eingeschränkt, was auch mit
der Kontextspezifität der Phänomene (neben der Methodologie) einhergeht.[179]
Es wird bezogen auf die Unterscheidung von Sinn und Ordnung allem voran
(wenigstens zunächst) nach den Ordnungsprinzipien gesucht, d.h. ermittelte vornehmlich sprachliche (aber auch nichtsprachliche) Formen werden Funktionen
zur Bearbeitung bestimmter kommunikativer Aufgaben zugesprochen.

In Anlehnung an die bereits bis hierhin herauskristallisierte Diversität lassen
sich grob zwei Hauptströmungen inkl. Erklärungsansätze und Methodik feststellen: Erstens einen Ansatz, der primär der Frage nach dem Wie nachgeht und die
Ordnung des Geschehens mittels lokaler Anwendungen bestimmter Verfahren

---

[179] Dabei ist zu beachten, dass sie zwar „[e]inerseits [...] auf den Kontext, der sich im bisherigen
Gesprächsverlauf entwickelt hat, zugeschnitten [sind], und sie [...] ein Verständnis dieses
Kontexts [dokumentieren]; andererseits sind sie Handlungen, die einen neuen Kontext und
normative Erwartungen für folgende Handlungen schaffen (‚context-shaped‘ und ‚context-
renewing‘, Heritage 1984, S. 242ff.)" (Deppermann 2008, S. 49).

unterstellt (siehe Kallmeyer/Schütze 1976). Dieser mikroskopische Ansatz (vgl. Deppermann 2008, S. 52) ist eng verbunden mit der EKA und allen in Unterkapitel 3.1 angeführten Grundsätzen, wonach der Handlungsvollzug im Zentrum steht (vgl. Brinker/Sager 2006, S. 20). Zweitens einen makroskopischen Ansatz (vgl. Deppermann 2008, S. 52), der die Geordnetheit kommunikativen Handelns als Funktion der Zweckhaftigkeit von Sprache untersucht und im Grundsatz unterstellt, dass sich konkrete kommunikative Handlungen gesellschaftlich entwickelter Formen bedienen. Das heißt, es steht den Sprechern ein Inventar verbaler und nicht verbaler Mittel für diverse kommunikative Anlässe zur Verfügung, das es zu ermitteln gilt.

Auch in den dieser Untersuchung zu Grunde liegenden Ansätzen linguistischer Gesprächsforschung ist seit einigen Jahren ein Trend hin zur Untersuchung para- und nonverbaler Handlungselemente zu verzeichnen (siehe Bührig/Sager (Hg.) 2005 und bereits Scherer/Wallbott (Hg.) 1979), was noch in den Anfangsjahren aufgrund der linguistisch orientierten Sprachzentrierung vielfach ausgeblendet wurde, wodurch zwangsläufig wichtige Teile bei der Ordnungsherstellung mittels interaktiver Handlungsmuster übergangen wurden. Im folgenden Unterkapitel wird die multimodale Interaktionsforschung skizziert.

3.3 Untersuchungen zum ‚multimodalen Interaktionsraum‘

In einem Übersichtsartikel zum „multimodalen Interaktionsraum"[180] (siehe Schmitt (Hg.) 2007) machen Deppermann und Schmitt im Rahmen konversationsanalytisch geprägter linguistischer Gesprächsforschung deutlich, warum eine neue methodische Ausrichtung innerhalb der linguistischen Gesprächsforschung notwendig ist, welchen Zielen diese dient, auf welchen Prinzipien und theoretischen Grundlagen sie fußt und welche neue Ausgestaltung sie aufgrund dessen erfährt (vgl. Deppermann/Schmitt 2007).

Nach Deppermann und Schmitt ist es v. a. den zunehmenden (kostengünstigen und praktikablen) Möglichkeiten audiovisueller Datenerhebung geschuldet, dass diese neuen Formen der Daten auch mehr und mehr erhoben werden können. Zugleich werden damit „neue Untersuchungsaspekte methodisch und theoretisch relevant, die im Kontext primär verbal definierter Erkenntnisinteressen eher randständig oder gänzlich bedeutungslos waren" (ebd., S. 15).

Damit öffnet sich für konversationsanalytisch geprägte Gesprächsanalyseansätze ein weites Feld an (mehr oder weniger neuen) Untersuchungsaspekten. Waren es in den Anfangstagen der Konversationsanalyse – insbesondere mit Sacks und Schegloff – noch v. a. reine Audiodaten (insbesondere von Telefongesprächen), die der Datenanalyse zur Verfügung standen und für mikroanalytische Strukturuntersuchungen Verwendung fanden; so werden reine Audiodaten be-

---

[180] Der Interaktionsraum ist nicht zu verwechseln mit Nothdurfts imaginärem „Gesprächsraum"-Konzept, welches er ausschließlich für gesprächslinguistische Zwecke skizziert und worin er Raum lediglich als Metapher für semantische Prozesse untersucht und verwendet (siehe Nothdurft 2009). Der multimodale Interaktionsraum ist demgegenüber ganz realweltlich als wahrnehmbare und direkt beschreibbare Entität konzipiert.

reits seit einigen Jahren zunehmend durch Videodaten (mit immer höherem Auflösungsgrad) ergänzt. Entsprechend reicht das v. a. auf verbale und paraverbale Kommunikationselemente zugeschnittene Beschreibungsinventar für die Analyse nicht mehr aus und es muss, wenn man Sacks' Ordnungsprämisse konsequent befolgen möchte, ein ebenso detailreiches Beschreibungsinventar zu nonverbalen und raumkonfigurativen Elementen erstellt werden. Zwar ist es offenkundig, dass auch früher bereits nonverbale und raumkonfigurative Elemente Einfluss auf die soziale Interaktion genommen haben (allerdings weniger in visuell separierten Kommunikationskonstellationen, weshalb Sacks und Schegloff Telefongespräche als Untersuchungsobjekte präferierten), aber erst die kostengünstigen und praktikablen Aufnahmegeräte machten die visuellen Daten für viele – auch kleinere – Forschungsvorhaben zugänglich und ermöglichen so einen zu sehr viel höherem Grade umfassenden Gesamtüberblick über die (auch kleinsten) Konfigurationen, Konstellationen und Interaktionselemente, die die unterschiedlichsten Interaktionen multimodal hervorbringen (vgl. Deppermann/Schmitt 2007, S. 16) und/ oder dadurch (re)produziert werden (vgl. mikroanalytisch perspektivierte konstruktivistische Ansätze im Sinne Garfinkels und eher makroanalytisch perspektivierte deterministische Ansätze in der Nachfolge Parsons).

Neben Sacks, Schegloff u. a. betonen Deppermann und Schmitt auch Goffmans Konzeptionen, wie dessen ‚interaction order‘ (siehe auch Unterkapitel 2.1) oder ‚face-to-face-domain‘ und damit die gesamte ‚soziale Situation‘, die Goffman im Rahmen seiner Interaktionsuntersuchungen als primäre Untersuchungseinheit der Soziologie zu etablieren versucht hat (vgl. Bergmann 1991, S. 303). Mit diesen Konzepten lassen sich auch umfassende Sequenzanalysen durchführen (vgl. Deppermann 2008).

Der Rahmen der multimodalen Interaktionsanalyse im o. a. Sinne ist allerdings weiter gefasst als der Goffmans, da dessen „‚face-to-face‘-Konzeption [...] eine ‚emische‘, d. h. nicht physikalische Grundlage" bildet, welche als Metapher darauf hinweisen soll, „dass alles, was in einer sozialen Situation von den Interaktionsbeteiligten wahrnehmbar ist, grundsätzlich unter einer Perspektive interaktiver Relevanz zu betrachten ist" (Deppermann/Schmitt 2007, S. 16). Im Rahmen der multimodalen Interaktionsanalyse wird dem Physikalischen allerdings auch ein hoher Stellenwert beigemessen und es muss ebenso in die Analyse mit einbezogen werden wie die perzeptive Dimension. Dies unterstreicht Dourish für die CSCW, indem er *place* in ‚workplace studies‘ besonders hervorhebt (siehe Dourish 2004, S. 65). So kommt es, dass räumliche Konfigurationen, Schreiberzeugnisse, unbewegliche und bewegliche Objekte und vieles mehr Eingang in die Analyse finden (und dies auch dank der bereits oben angeführten Techniken können; vgl. dazu Knoblauch/Schnettler/Raab 2006). Dabei kann den Dingen sogar im Latour'schen Sinne Subjektcharakter zugesprochen werden, was eine der umstrittensten und zugleich auch eindeutigsten Forderungen der Akteur-Netzwerk-Theorie (‚ANT‘) darstellt (vgl. Latour 2002, S. 211 ff.), muss es aber nicht notwendigerweise. Zur Betonung der Dinge und Umgebung schreibt Meyer: „Soziale Interaktion findet eben nicht nur zwischen Personen, sondern auch in der Auseinandersetzung mit Dingen und materiellen Umgebungen statt" (Meyer 2010; in Anlehnung an Streeck 2009). Letztlich dienen die Sequenzanalysen – ganz im Sinne der Goffman'schen Tradition – der Ermittlung der „interaktiven

Ordnung' [...], welche] den Gesamtzusammenhang aller simultan realisierten, sequenziell strukturierten und aufeinander bezogenen interaktiven Beteiligungsweisen aller Teilnehmer" beschreibt (Deppermann/Schmitt 2007, S. 17).

Neben den Beschreibungsvorschlägen, die Latour u. a. im Rahmen der ANT für unbelebte physikalische Objekte anbieten, gibt es noch eine Reihe von analytischen Vorarbeiten zur Beschreibungspraxis mimischer (z.B. Ekman/Friesen/Hager 2002), gestischer (z.B. Sager 2005 und Fricke 2004), proxemischer (z.B. Hall 1959 und Heilmann 2005), taxischer (z.B. Kendon 1979), axialer (z.B. Büttner 2005 und Sager 2000), kinesischer (z.B. Birdwhistell 1979) und vieler weiterer Interaktionsdimensionen (siehe für einen ersten Überblick Scherer/Wallbott (Hg.) 1979 und Bührig/Sager (Hg.) 2005). Auch neuere Ansätze wie Streecks praxeologische Gestikforschung (Streeck 2009; für eine rezensionale Übersicht siehe Meyer 2010) bieten interessante (und theoretisch reflektierte sowie empirisch erprobte) Beschreibungsansätze mit abgestimmtem Terminologie-Inventar.

Vornehmlich geht es bei der „Multiplizität relevanter Ausdrucksmodi" (Deppermann/Schmitt 2007, S. 35) darum, herauszufinden, inwiefern die Kookkurrenz verschiedener Muster und Interaktionsdimensionen zur Konstruktion mehr oder weniger komplexer Handlungszusammenhänge beiträgt (vgl. ebd., S. 18f.). Aufgrund der konversationsanalytischen Grundlagen und der konkreten Untersuchungsaspekte sowie -ziele gilt es im Rahmen dieser Arbeit, zwei wesentliche Koordinationsbegriffe analytisch zu trennen: Erstens „Koordination [im Rahmen gegenseitiger Zuwendung und Aktivitätsabstimmung] als beobachtbares Verhalten der Interaktionsbeteiligten", das nach Sacks im Rahmen der Konversationsanalyse „zum eigenständigen Untersuchungsgegenstand" gemacht werden sollte (ebd., S. 20; Ergänzungen von J. G.).[181] Zweitens Koordination als komplexes Handlungsmuster (inkl. der jeweiligen Absichten der Handelnden), das empraktisch in die Navigationsarbeit der handelnden Akteure eingebunden ist und damit eher einem alltagssprachlichen Verständnis von Koordination entspricht. Ein dritter Koordinationsbegriff im Sinne von Selbstorganisation, der bei Deppermann und Schmitt als dichotomer Gegenbegriff zur interaktionsorganisationalen Koordination angeführt wird (siehe Streeck/Goodwin/LeBaron 2011, S. 8), soll im Rahmen dieser Arbeit mit (*Selbst-*)*Orientierung* (statt mit *intrapersonelle* vs. *interpersonelle Koordination*) bezeichnet werden. Die beiden Koordinationsbegriffe beinhalten die nach Deppermann und Schmitt hervorgehobenen konstitutiven Aspekte „Zeitlichkeit, Räumlichkeit, Multimodalität und Mehrpersonenorientierung" (Deppermann/Schmitt 2007, S. 23ff.) im Rahmen eines ergebnisorientierten interaktiven Prozesses. Als eine konstitutive Bedingung bezüglich der Mehrpersonenorientierung führen Deppermann und Schmitt Adaptivität auf (vgl. ebd., S. 26). Adaptivität ist in der Tat in einem hohen Maße notwendig, um Koordination zu ermöglichen (siehe für Spracherwerbstheorien im Rahmen psychologischer Forschung z.B. Zimbardo 1995, S. 66f.), allerdings sollte der Begriff der Adaptivität

---

[181] Auf die Differenzierung Koordination vs. Kooperation, wie bei Deppermann/Schmitt (2007, S. 22ff.), soll im Rahmen dieser Arbeit nicht näher eingegangen werden, da sie weniger bedeutsam für die Untersuchung erscheint, aufgrund der Tatsache, dass in Arbeitsprozessen eingebundene Koordinationsleistungen zwangsläufig mit Kooperation (als „Herstellung eines [im weitesten Sinne] gemeinsamen Produktes" (ebd., S. 23)) verflochten sind.

nicht allein auf rein menschliche Interaktionsaspekte beschränkt bleiben (wie bei Deppermann und Schmitt), sondern auch auf technische und infrastrukturelle[182] Interaktionsaspekte ausgeweitet werden. Schließlich erwirken auch die vielen technischen und nicht-technischen Hilfsmittel Aneignungsprozesse, die die Kommunikation eminent beeinflussen (siehe dazu z. B. Habscheid 2001, Holly/Püschel (Hg.) 1993 und Jakob 2000; und in der Techniksoziologie z. B. Rammert 2003). Was koordinative Aktivitäten im Hinblick auf die Gesprächsanalyse so wertvoll macht, unterstreichen Deppermann und Schmitt, indem sie diesen Aktivitäten oftmals Indexikalität unterstellen und sie damit funktionell mit Gumperz' Begriff der Kontextualisierungshinweise vergleichen (siehe Deppermann/Schmitt 2007, S. 26).[183] So kann man in Bezug auf die zu erbringenden Leistungen der Interaktionsteilnehmer von „reaktiver, multi-orientierter Aufmerksamkeitsausrichtung" (ebd., S. 36) sprechen, wodurch Interaktion die Struktur einer „perceived perception" (Hausendorf 2003, S. 252) erhält.

    Neben dem Koordinationsbegriff gibt es eine Reihe weiterer Grundbegriffe, die für diese Untersuchung festgelegt werden sollten. So werden im Rahmen dieser Arbeit grundsätzlich ‚Interaktionsbeteiligte' bzw. ‚Interaktanten' (oder ‚Aktanten', wenn der Fokus auf einer einzelnen Person liegen soll) zur Bezeichnung der menschlichen Akteure gewählt. Damit soll konsequent auf das diffuse monodirektionale Kommunikationsmodell mit den Entitäten ‚Sprecher' und ‚Hörer' (analog zu ‚Sender' und ‚Empfänger' im Informationsmodell von Shannon/Weaver 1972)[184] verzichtet werden, welches in der konversationsanalytischen Tradition (und damit auch zunehmend in der gesprächsanalytischen Nachfolge) mit

---

[182] Der Aspekt räumlicher Beschaffenheiten wird bei Deppermann und Schmitt implizit mit angeführt, wenn auch eingeschränkt auf die Funktion, die Bewegungen der Akteure zu beschränken bzw. zu ermöglichen (vgl. Deppermann/Schmitt 2007, S. 26 und 31). Aufgrund der im Rahmen dieser Arbeit anderen Fokussierung soll auch die analytische Unterscheidung von intra- vs. interpersonelle Koordination (vgl. ebd., S. 32 ff.) hier nicht weiter aufgegriffen werden, denn im Rahmen von Untersuchungen bezüglich Koordinations- und Navigationsleistungen im empraktischen Arbeitsumfeld von Akteuren wäre eine entsprechende Unterscheidung kaum zu bewerkstelligen.

[183] An anderer Stelle entkräften sie ihren eigenen Vergleich, indem sie koordinativen Tätigkeiten zwar interaktive Relevanz zusprechen, „ohne aber in der Regel zum Gegenstand von ‚displays' zu werden" (Deppermann/Schmitt 2007, S. 41). Diese Rücknahme ist nur im Hinblick auf ihre zuvor eingegrenzte enge Definition von koordinativen Tätigkeiten zu verstehen, was wiederum Teil ihres argumentativen Zuges ist, Koordination und Kooperation streng analytisch zu differenzieren (siehe ebd., S. 40 ff.) und dabei Koordination als weitgehend „transparente" (vgl. Jäger 2007b) Verhaltensweisen zu charakterisieren, die nur in Ausnahmefällen als „Koordinations-‚displays' […] erkennbar […] produziert werden" (Deppermann/Schmitt 2007, S. 41).

[184] An dieser Stelle ein kurzer Hinweis zum vielfach m. E. zu Unrecht kritisierten Modell von Shannon und Weaver: Ihr Modell, das eigentlich nur für die Informationsverarbeitung in technischen Umgebungen konzipiert und in diesem Zusammenhang durchaus sinnvoll und angemessen war (vgl. auch Hartung 2004, S. 51), ist erst in einer kommunikationstheoretischen Rezeption zum umfassenden Kommunikationsmodell erhoben worden und hat damit (schließlich zu Recht) in der Nachfolge viel Kritik auf sich gezogen, da es die Kommunikation als monodirektionale von interaktionalen Effekten weitgehend befreite Situation propagierte (vgl. u. a. Antos 2002, S. 94 und Keller 2009, S. 22).

einem konstruktivistisch geprägten Begriff von nur gemeinsam zu erzeugenden Interaktionssituationen (bis hin zu Fremd- und sogar Selbstverstehen) überwunden und abgelöst worden ist und zusätzlich die nur analytisch zu gewährleistende Trennung von einem (zumindest aktuellen) Sprecher und Hörer zugunsten des „gesamte[n] ‚Interaktionsensemble[s]'" (Deppermann/Schmitt 2007, S. 20) überflüssig macht. Damit ist ein erster Schritt hin zur prinzipiellen Gleichwertigkeit aller zur Verfügung stehender Modalitäten aller Beteiligten zur Hervorbringung einer Interaktion als „gemeinsam konstituiertes und praxeologisch gerahmtes gesamtes Ereignis" unternommen (siehe ebd., S. 21 f.). Die Bedeutung und (mindestens) gleichwertige Funktion anderer Zeichensysteme als rein sprachlicher (und damit verbunden auch anderer Sinnesmodalitäten etc.) wird in jüngster Vergangenheit zunehmend auch in der Linguistik unterstrichen und untersucht.[185]

Erst auf dieser Grundlage können Interaktionen umfassend beschrieben und untersucht sowie Interpretationen plausibilisiert werden, in die für teilnehmende Beobachter viel Interaktionswissen einfließt. Dieses je lokale und damit kontextabhängige, prinzipiell beobachtbare ‚Interaktionswissen' ist vom allgemeinen Hintergrundwissen zu trennen, welches zwar ebenfalls in die Analyse mit einbezogen und expliziert werden sollte, aber nicht aus der direkten Wahrnehmung[186] interpretationsfrei gewonnen werden kann. Zu dem Hintergrundwissen zählen Informationen zu den Personen (intrapersonell; mit Implikationen wie Absichten und Intentionen) und den Beziehungskonstellationen (interpersonell) sowie in handlungsschematischer Perspektive Informationen zu den konkreten Situationsrahmungen (situational), den Institutionen (institutionell) und Diskursen (diskursiv) und schließlich zu den gesellschaftlichen Rahmungen (soziokulturell). Da allerdings dieses Hintergrundwissen nicht ohne Interpretationsleistung aus dem Material gewonnen werden kann und damit für die EKA – im Gegensatz z.B. zur Kritischen Diskursanalyse nach Fairclough (1995) – auch weitgehend bei der Analyse ausgeklammert wird, soll hier diese strikte Einteilung von Interaktions- und Hintergrundwissen aufrecht erhalten werden.[187]

Ein Problem, das sich aufgrund der besonderen – sehr stark eingeschränkten – Sichtverhältnisse in den untersuchten Settings ergibt, betrifft die Definition des gemeinsamen Interaktionsraumes der Beteiligten. Denn weder Blickkontakt noch axiale Körperausrichtung (jedenfalls die Körper mit zugewandten Gesichtern, wie es z.B. Kendon 1979 beschreibt) formen das „in between" (Heilmann 2005) und übergeordnet das gesamte „participation framework" (Goffman 1981). Vielmehr muss dieser gemeinsame Interaktionsraum häufig

---

[185] Was in der psychologischen Forschung mit Ekman, Friesen, Wallace, Kendon, Scheerer und vielen weiteren schon mindestens seit den 1950er Jahren in den Blick genommen wird (wenn auch – insbesondere anfangs – zum Teil nur randläufig innerhalb der Forschungsdisziplin rezipiert und akzeptiert), erfährt auch in der Linguistik zunehmend Beachtung.

[186] Dazu ist neben der klassischen Form, der Beobachtung (im engeren Sinne), auch die Wahrnehmung durch alle anderen als nur den visuellen Sinn zu zählen. Um diese Verwechslung zu vermeiden, soll im Folgenden bezüglich der Multimodalität von ‚Wahrnehmung' anstatt von ‚Beobachtung' die Rede sein, wenn es um Beobachtungen im weiteren (und somit multimodalen) Sinne geht.

[187] Auch wenn diese selbstverständlich analytisch erfolgt und damit u.a. unscharfe Ränder aufweist.

akustisch und taktil hergestellt werden. Das zeigt sich u. a. daran, dass deiktische Ausdrücke wie *hier* mit Berührungen kombiniert werden und die axiale
Ausrichtung der Körper und Köpfe vielfach derart gestaltet sind, dass ein Ohr
des aktuellen Hörers dem aktuellen Sprecher zugewandt wird. Das wird häufig
dadurch nötig, dass akustische Störquellen (wie Feuer, bewegte Gegenstände,
andere Trupps etc.) und eigene Einschränkungen (insbesondere bedingt durch
die Masken inkl. Beatmungsgeräten) bezüglich der akustischen Wahrnehmung
und artikulatorischen Produktion zusätzlich den auditiven Kanal limitieren.
Dadurch zeigt sich, „dass die Beteiligten einen der Aktivität [und Situation]
angemessenen Raum aktiv herstellen" (Mondada 2007, S. 56). Deshalb kann
der Raum auch als „verkörperte Aktivität" (ebd., S. 58; in Anlehnung an Goodwin 2000, Haviland 2000 und Hanks 1990)[188] beschrieben werden, denn sowohl
die Beziehungen der Teilnehmer untereinander als auch deren Positionierung
im umgebenden Raum konstituieren diesen.[189] Eine im Rahmen dieser Untersuchung angemessene Definition für ‚embodied interaction' mit Fokus auf neue
Technologien gibt Dourish, indem er schreibt: „Embodied Interaction is the
creation, manipulation, and sharing of meaning through engaged interaction
with artifacts" (Dourish 2004, S. 126).

3.4 Videoethnografie und Interaktionsanalyse

Auch wenn das Erheben audiovisueller Daten und interaktionsanalytische
Konzepte in den Studies of Work, in den Workplace Studies sowie in den oben
skizzierten Ansätzen linguistischer Gesprächsforschung zu den methodischen
Grundprinzipien zählen, sollen die spezifischen Charakteristika der Videoeth-
nografie (siehe Knoblauch et al. (Hg.) 2006, 2009; Knoblauch/Schnettler 2007;
Schnettler/Knoblauch 2009) und der Interaktionsanalyse (siehe z. B. einführend
Jordan/Henderson 1995; und grundsätzlich Goffman 1986) in diesem eigenstän-

---

[188] Zu einer aktuellen Forschungsübersicht zu „embodied interaction" siehe Streeck/Good-
win/LeBaron (Hg.) (2011). Zum v. a. in der Phänomenologie und Ethnomethodologie (aber
ebenso in der Psychologie) verwendeten Konzept des „embodiment" siehe u. a. Merleau-
Ponty (2008, v. a. S. 123ff. zum „Körperschema"), Goodwin (2000) und Ziemke/Zlatev/
Frank (2007). Auch wenn der Terminus in Unterkapitel 3.1 nicht explizit aufgeführt und
erläutert wird, so durchzieht dessen bezeichnetes Konzept dennoch die gesamte Beschreibung des konversationsanalytischen Paradigmas sowie und v. a. dessen nachfolgende Schulen der Studies of Work und Workplace Studies.

[189] Die Gesprächsteilnehmer stellen also den Raum u. a. durch ihre lokalen Konfigurationen
mit her. Dies widerspricht der (prä-existenziellen) Vorstellung „von normalen Sprechern
und Sprecherinnen", „Raum (und Zeit) [...] schlicht als existent voraus[zusetzen]" (Berthele
2006, S. 4; in Anlehnung an Eichinger 1989, S. 10). Dabei ist es ostensiv, dass Raumvorstel-
lungen nicht einzig und vollständig von den Gesprächsteilnehmern ohne Beachtung der architektonischen Umgebung geprägt werden können (entgegen möglicher radikal-konstruk-
tivistischer Konzeptionen). In Bezug auf Gegenstände und ihre Lokalisierungen schreibt
Wunderlich (1990, S. 44) deshalb: „Jeder Gegenstand hat charakteristische Umgebungen
(die ihm teils inhärent zugehören, die wir teils durch unsere Perspektive auf den Gegenstand ‚erzeugen')."

digen Unterkapitel – zumindest in der gebotenen Kürze – dargestellt werden.[190] Die Interaktionsanalyse kann man nach Jordan und Henderson folgendermaßen charakterisieren:

> Interaction Analysis [...] is an interdisciplinary method for the empirical investigation of the interaction of human beings with each other and with objects in their environment. It investigates human activities such as talk, nonverbal interaction, and the use of artifacts and technologies, identifying routine practices and problems and the resources for their solution. (Jordan/Henderson 1995, S. 41)

Diese Kurzcharakterisierung illustriert sehr deutlich die enge Verwobenheit mit anders bezeichneten Ansätzen wie der Konversationsanalyse und v. a. der Studies of Work sowie der Workplace Studies.

Sowohl die Studies of Work als auch die Workplace Studies und die linguistische Gesprächsforschung nutzen die Videoethnografie als notwendige Methode für ihre Untersuchungszwecke, denn in der konversationsanalytischen Tradition ist es zwingend geboten, auf reale authentische Situationsaufzeichnungen zurückzugreifen, um die Mechanismen sozialer Interaktion aufdecken zu können. Dabei sind multimodale Aufzeichnungen aus dem Untersuchungsfeld aufgrund „eine[r] größere[n] Fülle und Komplexität von Wahrnehmungsaspekten" (Knoblauch/Schnettler 2007, S. 587) hilfreicher für die Datenauswertung als z. B. reine Audioaufzeichnungen[191], wie sie in den Anfangstagen der Konversationsanalyse (v. a. von Sacks und Schegloff)[192] verwendet wurden, denn Videoaufnahmegeräte erfüllen diesbezüglich nach Knoblauch und Schnettler die Funktion eines „Interaktionsmikroskops" (Knoblauch/Schnettler 2007, S. 585).

Es kann an dieser Stelle nicht ausgeklammert werden, dass insbesondere in dem spezifischen hier untersuchten Setting auch andere Ressourcen eine Rol-

---

[190] Dies ist m. E. sinnvoll, weil methodische Prinzipien der Videoethnografie und der Interaktionsanalyse divergenter und mit einer größeren Anzahl an theoretischen Einflüssen verbunden sind als z. B. die Technik des Transkribierens, deren Entwicklung sehr viel enger an die konversationsanalytischen Ansätze gekoppelt war. Deshalb wurden Grundlagen der Datenerhebung und des Transkribierens im Kapitel zur EKA beschrieben, statt jenen ebenfalls ein eigenes Kapitel zu widmen. Es sollte dennoch unbedingt beachtet werden, dass alle unter Kapitel 3 angeführten Konzepte miteinander verwoben sind. Dabei lässt sich mindestens ein basales konstruktivistisch-interaktionales Grundverständnis von Wirklichkeits(re)konstruktion als ‚kleinster gemeinsamer Nenner' konstatieren. Und diese Wirklichkeits(re)konstruktionen lassen sich besonders in Interaktionen bzw. Kommunikationssituationen (diese beiden Konstrukte können in der Linguistik seit Austins und Searles sprachtheoretischer Reflexionen weitgehend synonym verwendet werden) untersuchen. Zu einem sozialwissenschaftlichen Konzept von Wirklichkeitsrekonstruktion siehe Giddens' ‚Theorie der Strukturierung' (u. a. in Giddens 1984 und in einer Kurzübersicht bei Walgenbach 2002).

[191] Und multimodale Aufzeichnungen sind für diese Zwecke hilfreicher als reine Feldnotizen, Beobachtungsprotokolle, Interviews etc. (siehe Knoblauch/Schnettler 2007, S. 587).

[192] Sacks und Schegloff waren sich dieses Umstandes durchaus bewusst. Deshalb haben sie anfangs v. a. Telefongespräche aufgezeichnet. In diesem spezifischen medialen Rahmen sind es im Wesentlichen nur akustische Signale, die den Beteiligten während des Gesprächs zur Interaktion zur Verfügung stehen. Deswegen genügt den Analysierenden im Allgemeinen auch die Auswertung nur dieser Daten, wenn jene eine Rekonstruktion der gemeinsamen Wirklichkeitsherstellung seitens der Beteiligten anstreben.

le spielen und zwar je nach Arbeitsalltagspraxis. In Feuerwehreinsätzen sind z.B. neben dem auditiven und dem visuellen v. a. auch der taktile, der thermale und ggf. (je nach Ausrüstung) auch der olfaktorische Sinneskanal eine wichtige Informationsressource zur Einschätzung von Gefahren sowie zur Orientierung und Navigation. In den untersuchten Übungsszenarien werden thermale und olfaktorische Sinneskanäle nicht genutzt, da kein echtes Feuer in den Simulationen Verwendung findet. Allerdings spielen taktile Sinnesreize eine bedeutende Rolle. So werden sowohl die Umgebung als auch Kollegen taktil erkundet. Deshalb wurden von Beginn der Untersuchung an nicht nur Audio-, sondern auch Videoaufzeichnungen vorgenommen, obwohl der visuelle Sinneskanal der Beteiligten teilweise in einigen Szenarien durch (nahezu) absolute Dunkelheit vollständig eingeschränkt wurde. In diesen Settings wurde der sog. ‚Nightshot'-Modus bei den verwendeten Kameras gewählt, welcher durch das Deaktivieren des (in allen Camcordern) integrierten Infrarot-Sperrfilters in einigen Fällen noch eingeschränkte (wenn auch farbverfälschte) Videoaufnahmen produzierte. Die Auswertung solcher Daten bringt nun einen besonderen Vorteil mit sich sowie mindestens ein zu beachtendes Problem: Obwohl zur Datenerhebung keine taktilen Messinstrumente verwendet wurden, können so taktile Informationen indirekt über die Beobachtung mit in die Analyse einbezogen werden. Ein Problem besteht durch prinzipiell mögliche Überinterpretationen der so erhobenen Daten auf Grund der quasi-auktorialen Position des Beobachters. Schließlich stellen Videodaten „keine schlichten Abbildungen der Wirklichkeit", sondern „Transformationen lebensweltlicher Situationen"[193] (ebd., S. 589, siehe auch Jordan/ Henderson 1995, S. 55) dar. Es gilt zu beachten, dass nur von allen Interaktionspartnern gemeinsam geteilte Informationen als interaktionale Ressourcen für die Wirklichkeits(re)konstruktion des gemeinsam geteilten Interaktionsraumes zur Verfügung stehen. So müssen taktile Ortserkundungen durch eine Person den anderen (auf welche Weise auch immer) mitgeteilt werden, wenn sie es für interaktional relevant halten. Berührungen unter den Beteiligten – z.B. um sich zu signalisieren, dass man sich noch in der Nähe befindet – müssen ebenfalls interaktional bearbeitet werden. Dies kann z.B. via akustischer Signale erfolgen (wie *alles klar*) und/oder durch eine taktile Gegenreaktion, die signalisiert, dass der taktil Angesprochene die Berührung bemerkt[194] und das Zeichen im Sinne

---

[193] An dieser Stelle beziehen sich Knoblauch und Schnettler offensichtlich nicht auf Habermas' Lebenswelt-Konzept, welches in Abgrenzung zu dessen Systemkonzept (nicht zu verwechseln mit Luhmanns Konzept) alle nicht organisationalen Lebensbereiche umfasst. Sie referieren hier auf das alltagssprachliche bzw. konversationsanalytische Konzept von Lebenswelt als Synonym für Lebens- oder Interaktionsbereich, da sie konversationsanalytische Untersuchungsfelder mit einbeziehen. Im Rahmen dieser Forschung wurden – v. a. in Untersuchungen jüngeren Datums – besonders organisationale bzw. Interaktionen am Arbeitsplatz untersucht. Dies wiederum lässt sich auf die phänomenologische Tradition dieser Richtung zurückführen. Denn der Ausdruck *Lebenswelt* geht auf Edmund Husserl zurück und wurde in der Nachfolge v. a. von Alfred Schütz vielfach diskutiert und in der Regel synonym zu *Alltagswelt* – inkl. privater und beruflicher sozialweltlicher Lebensbereiche aber in Abgrenzung zu wissenschaftlicher Sinndeutung – gebraucht (siehe Eberle 1984, S. 50 und 78f.).

[194] Aufgrund der äußerst festen und kaum ‚berührungssensitiven' Schutzkleidung der Feuerwehrleute sowie der Einsatzsituation ist eine Berührung nicht per se als solche zu erkennen.

des Ansprechenden oder zumindest als interaktionsrelevante Information gedeutet hat.

Mithilfe mittlerweile günstiger, qualitativ hochwertiger und unauffälliger Aufnahmegeräte mit sehr hohen Aufnahmekapazitäten (bezüglich der Speichermedien und der Akkuleistungen) ist „die Anfertigung überaus reichhaltiger und detaillierter Aufnahmen sozialer Prozesse" (Knoblauch/Schnettler 2007, S. 585) möglich, weshalb Knoblauch und Schnettler auch von einer „‚Video-Revolution' für die qualitative empirische Sozialforschung" (ebd.) sprechen. Diese ergab sich aus den ostentativen Vorzügen, die „feldintensiv und datenextensiv" (ebd., S. 587) durchgeführte Videountersuchungen bieten: So sind diese „detaillierter, kompletter […,] akkurater [… und] technisch verlässlicher [als z. B. teilnehmende Beobachtungen ohne die Erhebung von Videodaten], weil sie eine wiederholte Reproduktion und damit eine Analyse der Beobachtungsdaten unabhängig von der Person erlauben, welche die Beobachtung durchgeführt hat" (ebd., S. 586; Ergänzung von J. G.). Jordan und Henderson unterstreichen dies, indem sie schreiben, „[v]ideo recordings replace the bias of the researcher with the bias of the machine" (Jordan/Henderson 1995, S. 53). Knoblauch und Schnettler heben hervor, dass die Video(ethno)grafie mit der EKA, der sozialwissenschaftlichen Hermeneutik und der Videohermeneutik auf Grund dieser Form der Datenerhebung drei zentrale methodische Aspekte teilt: die „Natürlichkeit, Sequentialität und Interpretativität" (Knoblauch/Schnettler 2007, S. 586). Während die ersten beiden Aspekte bereits ausführlich diskutiert worden sind, soll an dieser Stelle noch die Interpretativität erläutert werden. Dieser Aspekt ergibt sich aus der (Selbst-)Reflexion bezüglich der Beobachtungsperspektive, auf die Luhmann im Rahmen seiner Systemtheorie und Bezug nehmend auf konstruktivistische (und quantentheoretische) Grundlagen hingewiesen hat (siehe z. B. Luhmann 2001a). Denn indem der Analysierende aus der Situation heraustritt und damit sowohl zeitlich als auch räumlich als getrennter Beobachter der Interaktion auftritt, wird er sich seiner Position stets durch seine Möglichkeiten, interaktionale Aspekte gezielt anzusteuern, zu wiederholen, zu vergrößern, zu verlangsamen, zu überspringen etc. gewahr. Die gebildeten Urteile können aufgrund dieser Möglichkeiten möglichst plausibel an die Interpretationen der Beteiligten herangeführt, aber niemals vollständig bestätigt werden (ähnlich wie auch in der Objektiven Hermeneutik[195]). Insofern steht das Konzept der Interpretativität in direktem Zusammenhang mit Luhmanns Erkenntniskonzept, wonach „Erkenntnis […] durch Operationen des Beobachtens und des Aufzeichnens von Beobachtungen (Beschreiben) angefertigt" wird (Luhmann 2001a, S. 222) und keine Ontologie per se existiert. Diese konstruktivistische Theorie des Beobachtens, die sich nicht nur auf die Analysierenden, sondern ebenso auf die Interaktionsbeteiligten bezieht, fasst er folgendermaßen zusammen:

> Wenn man den Beobachter einführt, […] relativiert man die Ontologie. Tatsächlich muss man den Gedanken an einen Beobachter immer mitführen[196], wenn man sagen will, was der Fall ist, muss also immer einen Beobachter beobachten, einen Beobachter

---

[195] Für eine kurze Übersicht zu der von Ulrich Oevermann begründeten Methode siehe z. B. Garz/Ackermann (2006).

[196] Was im Falle der Analyse anhand von Videodaten leichter fällt.

benennen, eine Systemreferenz bezeichnen, wenn man Aussagen über die Welt macht. (Luhmann 2002, S. 138 f.)

Weitere Vorteile, die Videoaufzeichnungen bieten, sind die in den Aufzeichnungen beibehaltene Chronizität, die dennoch „diachrone Vergleiche zwischen verschiedenen Sequenzen [er]möglich[t]" (Knoblauch/Schnettler 2007, S. 587), und die große Menge an Datenelementen, wie „Sprache, Gestik, Mimik, Körperhaltung und -formationen [... sowie] Settings, Accessoires, Bekleidungen, Prosodie und Geräusche" (ebd., S. 588).

Eine Besonderheit der Videografie stellen neben den Videoaufzeichnungen im Feld erhobene Daten wie „participant observation, in-situ interviewing, historical reconstruction, and the analysis of artifacts, documents, and networks for providing the framing context" (Jordan/Henderson 1995, S. 44) sowie ausgelagerte Interviews, Feldnotizen, Feldtagebücher etc. dar (vgl. Knoblauch/ Schnettler 2007, S. 589), die die audiovisuell aufgezeichneten Interaktionen um Hintergrundinformationen ergänzen und damit Verständlichkeit fördernd wirken können. Feldnotizen und Interviews haben auch bei dieser Untersuchung eine – zumindest nebengeordnete, aber an gegebenen Stellen unverzichtbare – Informationsressource gebildet, obwohl dies in streng konversationsanalytischen Ansätzen zum Teil sehr kritisch gesehen wird, aufgrund der Bestrebung, alle Erklärungen aus den Interaktionsdetails her abzuleiten (siehe Unterkapitel 3.1). Allerdings sind v. a. einige organisationale Regeln, Grundlagen, Begriffe etc. für fremde Beobachter notwendig, um bestimmte Interaktionssequenzen verstehen zu können. So betonen auch Jordan und Henderson für die Interaktionsanalyse, ethnografische Information „furnishes the background against which video analysis is carried out while the detailed understanding provided by the micro-analysis of interaction, in turn, informs our general ethnographic understanding" (Jordan/Henderson 1995, S. 45). Dies ist zudem schon deshalb notwendig, weil auch die Aufnahmemöglichkeiten durch die Filmenden stets eingeschränkt sind. So können z. B. jeweils nur Ausschnitte gefilmt werden (siehe auch ebd., S. 55 f.). Damit wird zugleich ein bedeutender Vorbehalt gegen ein streng konversationsanalytisches Vorgehen aufgegriffen und methodisch berücksichtigt,

> dass für gewisse Phänomene und Fragestellungen der strikt interaktionsanalytische Forschungsrahmen der KA und DP [= diskursive Psychologie] bspw. um interaktionstranszendente ethnografische Daten und Wissensbestände erweitert werden muss. (Deppermann 2010, S. 657; in Anlehnung an Deppermann 2000; Ergänzungen von J. G.)

Die „auswertungsextensiv[e]" (Knoblauch/Schnettler 2007, S. 591) Arbeit mit den Videodaten sieht dann folgende Schritte vor: „Rubrizierung und Indexierung von Sequenzen" (ebd., S. 592), Transkription von ausgewählten Ausschnitten und sequenzanalytische „Analyse und Interpretation [orientiert] an der soziologischen Gattungsanalyse" (ebd., S. 593; zur soziologischen Gattungsanalyse siehe z. B. Luckmann 1988; und zum Konzept in der sprachwissenschaftlichen Forschung siehe z. B. Günthner 1995). Die Analyse erfolgt sowohl durch Einzelne als auch in multidisziplinären Arbeitsgruppen[197] (vgl. Jordan/Henderson 1995,

---

[197] Zu den vielfachen Vorteilen und Möglichkeiten, die sich durch gemeinsame Analysesitzungen dieser multiplen Arbeitsgruppen ergeben, siehe Jordan/Henderson (1995, S. 45–48).

S. 45) und „alterniert [dabei] zwischen Grob- und Feinanalysen und sucht in Anwendung des hermeneutischen Zirkels durch das Material aufgeworfene Fragen
anhand weiterer Daten zu überprüfen" (Knoblauch/Schnettler 2007, S. 594), wobei jeweils Forschungsprotokolle angefertigt werden (ebd., S. 594). Dabei erfolgt
abschließend immer die Analyse durch Einzelne (siehe Jordan/Henderson 1995,
S. 38 f.).

4 Datenerhebung und Datenkorpus

4.1 Diskussion der Datenerhebung

Wie in Unterkapitel 1.2 beschrieben, erfolgte die Erhebung visueller Daten insbesondere durch das Begleiten eines jeden Feuerwehr-Einsatztrupps durch mindestens einen Kameramann mit kompakter HD-Kamera inkl. aufgesetztem Stereomikrofon. Zwar ließen sich die Kameras in abgedunkelten Bereichen auf Nachtmodus schalten, doch wurde diese Sichtverbesserung (nur für Kameras und Filmende) häufig durch künstlichen Nebel aufgehoben, so dass die Kameras in Einsatzübungen mit Kunstnebel sowie in vollständig abgedunkelten Einsatz-übungen vom Betreten der verrauchten Bereiche an nur noch Audiodaten lieferten. Neben den Kameras wurden zusätzlich Audioaufnahmegeräte verwendet, mit denen der Einsatzleiter und einige bis alle beteiligten Feuerwehrleute ausgestattet wurden.

Zu Nach- aber auch Vorteilen der Sichtbegrenzung kann man anmerken, dass die fast vollständige Sichtbegrenzung in methodischer Hinsicht eher eine realistische Annäherung an die Situation der Beteiligten darstellt. Denn die Akteure nehmen ebenso wenig visuelle Reize wahr wie die Kameras aufzeichnen und somit könnten Erkenntnisse, gewonnen aufgrund spezieller Videoaufnahmegeräte, die den Beteiligten bezüglich der visuellen Fähigkeiten überlegen wären, ggf. irreführende Ergebnisse liefern. Auch im Paradigma der Konversationsanalyse dürfen nur Elemente in die Interpretation bzw. Datenanalyse einbezogen werden, die sich die Beteiligten selbst anzeigen (siehe Unterkapitel 3.1). Allerdings gibt es einen sensorischen Kanal, den Videoaufnahmegeräte (ohne Sichtbegrenzung) zumindest indirekt mit erfassen können: die Haptik. Dieser Kanal spielt in den untersuchten Übungseinsätzen der Feuerwehrleute eine teilweise bedeutende Rolle. Aufgrund der vielfachen sensorischen Limitierung wird auch – jedenfalls unter den Mitgliedern eines Einsatztrupps – diese Form der Kommunikation relevant. So übermittelt v. a. der hintere der beiden Feuerwehrmänner über Berührungen (er kriecht im Allgemeinen hinter dem Vordermann am Wasserschlauch entlang) am Unterbein des Vordermanns Informationen. Dabei kann der hintere Feuerwehrmann z. B. schlicht signalisieren, dass er noch da ist, oder dass der Vordermann stoppen soll, weil der Hintermann mit ihm oder via Funk mit dem Einsatzleiter sprechen möchte.[198] Dies ist der Grund, warum in späteren Work-

---

[198] Selbst Gespräche mit dem Vordermann werden häufig – in der Regel parallel zu akustischen Signalen – so eingeleitet, weil aufgrund der akustischen Beschränkungen nicht gewährleistet sein und aufgrund der visuellen Begrenzung nicht verifiziert werden kann, ob der Vordermann seinen Hintermann hört. Allerdings lässt sich anhand der erhobenen Daten kein ausdifferenzierter Code für diese kinästhetischen Signale beobachten. Das könnte daran liegen, dass auch diese Wahrnehmung – alleine durch die Schutzkleidung – erheblich eingeschränkt ist und keine Perzeption feiner Nuancen zulässt.

shops vielfach auf Kunstnebel verzichtet und mit verklebten Masken oder fast vollständig abgedunkelten Bereichen weitergearbeitet wurde.[199]

Meine Rolle im Rahmen des Forschungsprojektes war die eines angegliederten Forschers, der mit einem eigenständigen – wenn auch in die Workshops und bezüglich der Daten integrierten – Ansatz teilnahm und in den Einsatzübungen je die Rolle eines Kameramanns ausfüllte. Diese forschende Position mit zumindest generellem Erkenntnisinteresse wurde von Beginn an allen Beteiligten transparent gemacht, um auch forschungsethischen Ansprüchen zu genügen und die bestehende vertrauensvolle Atmosphäre im gesamten Forschungsverbund nicht zu gefährden.

Nach den Workshops erfolgte – bei analogen Kameras mit Band – das Digitalisieren bzw. – bei digitalen Kameras mit Festplatte und den digitalen Audioaufnahmegeräten – das Einlesen der Daten. Diese wurden anschließend mit eindeutigen Titeln versehen, je nach Workshop und Szenario gruppiert archiviert und mindestens zweifach gesichert. Schließlich wurde ein Inventar mit Titeln, Datumsangaben, Längen, Kurzbeschreibungen und Schlüsselwörtern angefertigt. Mit Hilfe im Anschluss an die Workshops erstellter Notizen sowie im Rahmen der Inventarisierung wurden Übungseinsätze und Interaktionssegmente ermittelt, die für die Untersuchungsziele als relevant und interessant eingestuft wurden. Für eine nähere Analyse wertvoll erscheinende Szenarien wurden schließlich ausgewählt. Dazu wurden zunächst Grob- und sukzessive immer feinere Detail-Transkripte im Rahmen der Konventionen nach dem „Gesprächsanalytischen Gesprächssystem GAT2" (Selting et al. 2009) erstellt.

Zwar wurde die Untersuchung nicht unter Ausblendung aller theoretischen Vorüberlegungen gestartet, aber erst durch das Datenmaterial wurden einige dieser Theorien für die weitere Untersuchung als relevant eingestuft und andere hinzugezogen sowie Ergänzungen erarbeitet. So konnte die Beschäftigung mit Theorien und Modellen zwar nicht von Anfang an vollständig ausgeblendet werden (wie es im konversationsanalytischen Paradigma idealiter erfolgen sollte), aber sie konnte doch zu großen Teilen erst in der Auseinandersetzung mit dem Datenmaterial erfolgen, und so ergab sich in einem wechselseitigen Prozess je eine Beschäftigung mit dem Datenmaterial und Theorien. Dieses methodische Vorgehen ist typisch für qualitative Forschungsansätze. Explizit wird dies z. B. in Lehrbüchern zur „Grounded Theory" nach Strauss/Corbin (1996) vorgeschlagen (siehe Mey/Mruck 2010, S. 616).

Für die eigentliche Datenerhebung im Rahmen der Einsatzübungen gab es eine Reihe von Grundsätzen und Bedenken, die zum Teil methodisch aufgestellt bzw. minimiert werden konnten und teilweise innerhalb einer kritischen Bewertung der Aussagekraft einzelner Analysen, Interpretationen und Erklärungen selbstreflexiv bzw. selbstkritisch aufgegriffen werden mussten.

Zu den methodischen Grundsätzen zählen das möglichst verdeckte Aufnehmen der Audio- und Videodaten, um Phänomene wie das Beobachterparadox (siehe Labov 1972, S. 113) und weitere die natürliche Situation verzerrende Faktoren, die Knoblauch und Schnettler als „Reaktanz" (Knoblauch/

---

[199] Allerdings musste bei der Auswertung entsprechend mit Vorsicht vorgegangen werden, um den sensorischen Vorteil gegenüber den Beteiligten zu berücksichtigen.

Schnettler 2007, S. 588) bezeichnen, zu minimieren. An dieser Stelle muss eine Zusatzbemerkung erfolgen, um mögliche Einwände gegen die Natürlichkeit der Übungseinsätze zu entkräften: Unter der Prämisse, echte Einsätze und die währenddessen erfolgende Kommunikation zu untersuchen, muss den Übungseinsätzen ein hoher Grad an Künstlichkeit (deshalb ist schließlich auch die Rede von ‚Simulationen' bzw. ‚Übungen') zugesprochen werden. Aber erstens kann im Datenmaterial auch nach solchen ‚Unnatürlichkeitsmarkern' gesucht und die Natürlichkeit somit metareflexiv dargestellt werden. Zweitens bestätigen alle Beteiligten (Auswertungen sowie Eindrücke während der teilnehmenden Beobachtung unterstützen dies), dass auch alle Übungseinsätze von den Beteiligten sehr ernst genommen werden und realen Einsätzen z. T. sehr nahe kommen. Und drittens (als Hauptargument, welches die Berechtigung für die Erforschung der Einsatzübungen stützt) sind die Einsatzübungen für alle Beteiligten ebenfalls ein integraler und auch quantitativ sowie qualitativ nicht zu unterschätzender Bestandteil der alltäglichen Arbeitspraxis. Denn Einsatzübungen werden im Rahmen von Aus- und Weiterbildungen regelmäßig und verpflichtend für alle Feuerwehrleute durchgeführt. Dabei finden diese – v. a. für Berufsfeuerwehren – in Weiterbildungszentren wie dem IdF in Münster statt. Daneben werden unterschiedliche Einsatzübungen auch regelmäßig in Eigenregie von und in bzw. in der Nähe von Feuerwehrwachen geplant und durchgeführt, um spezifische Praktiken und Routineabläufe zu üben und damit insbesondere die Koordination innerhalb des Teams zu gewährleisten bzw. zu verbessern. Auf diese Weise ist es möglich, dass die Einsatzübungen bestimmter Feuerwehrwachen einen quantitativ höheren Teil des Arbeitsalltags ausmachen als reale Notfalleinsätze mit Feuer. Somit kann sich diese Untersuchung bezüglich des Untersuchungsfeldes ohne Weiteres in die Workplace Studies einreihen.

Verdeckte Aufnahmen zur Verringerung des Beobachterparadoxons sind aufgrund der extremen Sichtbeschränkungen sowie aufgrund der akustischen Einschränkungen (für Bewegungsgeräusche wie Schritte) möglich. Allerdings können Phänomene wie das Verhalten „sozialer Erwünschtheit bzw. Desirabilität"[200] nicht ausgeschlossen und eliminiert, nur aufzudecken versucht werden. Denn allen Beteiligten ist von Beginn an der Rahmen erläutert worden und somit wissen z. B. die Feuerwehrleute, dass sie nicht nur unter Beobachtung ihrer Vorgesetzten, sondern auch einiger Ausbilder, Forscher, Entwickler und mindestens einer Kamera sowie diverser Audioaufnahmegeräte stehen. Da die Audioaufnahmegeräte allerdings recht unauffällig und ohne Bewegungs- und Taststörungen in die Schutzkleidung der Beteiligten integriert werden konnten, stellten diese keine gravierende Störquelle für die Natürlichkeit der Situationen

---

[200] Bei sozialer Erwünschtheit bzw. Desirabilität handelt es sich um „[e]ine Tendenz, eigene Denk- oder Verhaltensweisen im Lichte ihrer Übereinstimmung mit vorgestellten oder tatsächlichen sozialen Normen zu beurteilen. Die soziale Erwünschtheit zählt u. a. zu jenen Reaktionseinstellungen, die das Ergebnis von Einstellungsmessungen verfälschen können. Dabei werden die Feststellungen (items) einer Einstellungsskala nicht nach dem Grad des Zutreffens für die eigene Person beurteilt, sondern danach, ob das Zugeben einer dort angesprochenen Verhaltensweise mit den für sozial wünschenswert gehaltenen Denk- oder Verhaltensweisen anderer übereinstimmt oder nicht" (Fröhlich 2004, S. 2479).

dar.[201] Aufgrund der verschiedenen Aufnahmegeräte ließen sich einzelne technische Ausfälle kompensieren und v. a. sprachliche Daten trotz der akustischen Beschränkungen einigermaßen sicher rekonstruieren. Einen besonderen Vorteil, den die Vor- und Nachbesprechungen boten, war der Wissensabgleich mit den Beteiligten. Auf diese Weise konnte auch – zumindest in einem gewissen Maße – das Hintergrundwissen der Beteiligten rekonstruiert und berücksichtigt werden. Dies war nur durch den Einsatz der teilnehmenden Beobachtung erreichbar.[202] Dennoch wurde natürlich während der Analysen versucht, alle Interpretationen nur aus dem primären Datenmaterial zu generieren und entsprechend zu stützen.

So waren es ausschließlich sprachliche und andere symbolische Besonderheiten im Datenmaterial, die den Analyseblick lenkten und Gesprächssegmente wurden nur mit einbezogen, wenn diese auch für die Beteiligten eine Handlungsrelevanz (im weitesten Sinne) aufwiesen. Dennoch muss kritisch angemerkt werden, „dass die zu untersuchenden Daten nicht einfach vorhanden sind, sondern stets erst auf der Basis von (methodisch reflektierten) Wahrnehmungen und Interpretationen des Analysierenden gebildet werden" (Habscheid 2011, S. 14; in Anlehnung an Luckmann 1986).

Eine letzte Anmerkung betrifft die spezifischen Settings als Datenbasis für die Hauptfragestellungen: Bezüglich der gemeinsamen multimodalen Herstellung von Einsatzorten gilt es nämlich, mehrere relevante Arbeitsalltagspraktiken der Akteure zu beleuchten. Da ist zunächst die Brandbekämpfung mit oder ohne Menschenrettung. Dies ist die populärste[203] und zugleich gefährlichste Aufgabe der Feuerwehrleute. Allerdings ist es nicht die quantitativ wichtigste Aufgabe, denn es überwiegen Arbeitsaufträge wie das Auspumpen von überfluteten Kellern, die Bergung von Verletzten sowie Hilfe bei Autounfällen, Umweltschäden, Tierfangeinsätzen und vieles mehr (siehe z. B. Bergmann 1993, S. 315 ff.). Aber diese in der Regel häufigeren Aufgaben des Arbeitsalltags sollen im Rahmen dieser Arbeit ausgeklammert werden, da Fragen der Orientierung und Navigation mit und ohne neue technische Medien und unter erschwerten Bedingungen im Fokus stehen: schlechte bis keine Sicht (aufgrund des Rauchs), Feuer bzw. hohe Hitze, Lärm (durch das Feuer selbst, durch marodierende Gebäudeteile und ggf. durch Schreie), sehr schwere und einschränkende Arbeitskleidung (wie Helm, Stiefel, Schutzanzug, Atmungsgerät, Handschuhe), Arbeitswerkzeuge (z. B. ein schwerer und unhandlicher Wasserschlauch, Axt, Hammer, Keile, Seil, Haken, Funkgerät, ggf. Wärmebildkamera, Kreide) und Akkordbedingungen, welche insbesondere aufgrund der physisch erschwerten Sauerstoffversorgung mittels der Atmungsgeräte, der zunehmenden Zerstörung des Einsatzortes und der abnehmenden Überlebenschancen verunfallter Personen im ggf. lebensgefähr-

---

[201] Das zeigten auch die teilweise sehr überraschten Reaktionen der Feuerwehrmänner, die nach den Einsatzübungen ihre Audiogeräte abgenommen bekamen, und nach eigenem Bekunden völlig vergessen hatten, dass sie damit bestückt worden sind.

[202] Dieses Plädoyer für teilnehmende Beobachtung richtet sich zugleich gegen Erkenntnis- und Erklärungsbeschränkungen, die sich auf fremderhobenes Datenmaterial beziehen, da Hintergrundwissen zu Datenmaterial immer nur sehr eingeschränkt mitgeliefert werden kann.

[203] Mit *populärste Aufgabe* soll darauf verwiesen werden, dass es sich um die bei der Bevölkerung im Allgemeinen mit der Feuerwehr primär in Verbindung gebrachte Aufgabe handelt.

lichen Rauch zustande kommen. Mit Arbeitseinsätzen unter solchen Bedingungen setzt sich diese Untersuchung auseinander.

4.2 Vorstellung des Datenkorpus

Für eine Übersicht über die für diese Untersuchung zur Verfügung stehenden Daten folgt an dieser Stelle eine kurze Charakterisierung aller Workshops inkl. aller durchgeführten Einsatzübungen.[204]

Kürzel	Workshop	Übungsszenario	Länge	rel.	LM	VD	AD	Transkript	von	bis	Seiten
W1Ü1-090113-KG	Jan 09	Kellergeschoss	00:22:10	ja	ja	1	2	ja	00:04:58	00:26:30	16
W1Ü2-090113-OG2	Jan 09	2. Obergeschoss	00:28:40	ja	ja	2	2	ja	00:06:20	00:33:57	21
W1Ü3-090114-AH	Jan 09	Altenheim	00:04:12	nein	ja	1	1	ja	00:00:00	00:04:08	7
W2Ü1-090626-TG	Jun 09	Tiefgarage	00:24:41	ja	ja	2	2	ja	00:00:00	00:21:07	15
W3Ü1-091007-AH	Okt 09	Altenheim	00:15:30	nein	ja	1	1	nein			
W3Ü2-091007-TG	Okt 09	Tiefgarage	00:08:04	nein	ja	1	6	nein			
W4Ü1-091022-ÜC	CHW Okt 09	Übungswache Keller	00:15:20	nein	nein	0	1	nein			
W5Ü1-091207-CA	Dez 09	Generalprobe Cafe	00:09:27	nein	ja	0	1	nein			
W6Ü1-100518-OG1	Mai 10	1. Obergeschoss	00:35:43	ja	nein	3	7	ja	00:00:00	00:20:48	14
W6Ü2-100518-TG	Mai 10	Tiefgarage	01:01:07	ja	nein	2	6	ja	00:00:00	01:02:03	33
W6Ü3-100519-WH	Mai 10	Wagenhalle	00:36:58	nein	nein	3	6	Beginn	00:05:26	00:22:15	4
W7Ü1-101005-OG1	Okt 10	1. Obergeschoss	00:15:33	nein	ja	2	3	nein			
W7Ü2-101005-AH	Okt 10	Altenheim	00:24:28	nein	ja	3	3	Beginn	00:17:39	00:17:48	2
W7Ü3-101006-AH	Okt 10	Altenheim	00:05:05	nein	ja	2	3	nein			
W7Ü4-101006-TG	Okt 10	Tiefgarage	00:27:34	nein	ja	1	1	nein			
W8Ü1-101207-TG	Dez 10	Tiefgarage	00:21:14	ja	ja	3	8	ja	00:00:00	00:20:34	21
W8Ü2-101208-TG	Dez 10	Tiefgarage	00:21:28	ja	ja	2	6	ja	00:00:00	00:21:11	22
W9Ü1-110524-TG	Mai 11	Tiefgarage	00:20:14	ja	ja	9	11	ja	00:05:37	00:23:00	15
W9Ü2-110524-TG	Mai 11	Tiefgarage	00:24:22	ja	ja	9	11	ja	00:04:07	00:28:20	24
W9Ü3-110524-TG	Mai 11	Tiefgarage	00:23:32	ja	ja	9	13	ja	00:05:11	00:28:05	21
Summe:	*9*	*20*	*7:25:22*	*10*	*8*	*56*	*94*	*11*	*4:40:28*		*215*

Abb. 7: Datenkorpus-Übersicht

Erläuterung der Spalten

In der Spalte *Kürzel* sind die im weiteren Verlauf dieser Untersuchung verwendeten Kurzbezeichnungen für die einzelnen Einsatzübungen aufgeführt. Dabei steht *W* für Workshop (Workshop 1 bis 9) und *Ü* für Übung (Übung 1 bis 4 pro Workshop). Die sechsstellige Zahl, die mittig durch Bindestriche abgetrennt ist, verweist auf das Datum des Workshops. Dabei stehen die ersten beiden Ziffern für das Jahr (09 bis 11: 2009 bis 2011), die nächsten beiden Ziffern für den Monat (siehe Spalte 2: *Workshop*) und die letzten beiden Ziffern für den Tag (also z. B. *090113* für 13.01.2009). Das zweistellige Buchstabenkürzel am Ende des Kurznamens verweist auf den Einsatzort (siehe Spalte 3: *Übungsszenario*).

Die Spalte *Workshop* listet die unterschiedlichen Termine für einzelne Workshops auf. Mit Ausnahme von *CHW Okt 09* fanden alle Einsatzübungen im Außengelände des Instituts der Feuerwehr (IdF) in Münster statt.

---

[204] Diskussionen, Präsentationen, Interviews und LANDMARKEN-Tests, die unabhängig von simulierten Übungen durchgeführt wurden, sind an dieser Stelle nicht mit aufgeführt. Zwar liegt auch dazu umfangreiches Datenmaterial vor, das zudem ebenfalls nachträglich noch einmal gesichtet wurde, aber darauf wird in dieser Untersuchung nicht Bezug genommen und Inhalte dienten lediglich zur Klärung von Verständnisfragen etc.

In der Spalte *Übungsszenario* sind alle Einsatzübungen einzeln nach Übungs-ort gelistet. Insgesamt standen für diese Untersuchung Video- und Audiodaten zu 20 unterschiedlichen Szenarien zur Verfügung.

Die Spalte *Länge* informiert über die Länge der Einsatzübung (in Stunden, Minuten und Sekunden). Alle Einsatzübungen zusammen ergeben ca. sieben Stunden und fünfundzwanzig Minuten.

In der Spalte *rel.* sind alle Einsatzübungen bezüglich ihrer Relevanz für diese Untersuchung bewertet. Nur die als relevant beurteilten Einsatzübungen (insgesamt 10) wurden Detailanalysen unterzogen.

Die Spalte *LM* gibt Auskunft darüber, ob in der jeweiligen Einsatzübung mit LANDMARKEN gearbeitet wurde oder ob die Feuerwehrleute die Übung nur mit herkömmlichen Hilfsmitteln absolviert haben. In acht der als relevant beurteil-ten Einsatzübungen wurde mit LANDMARKEN gearbeitet, somit standen für die Auswertung zwei Einsatzübungen ohne LANDMARKEN zur Verfügung.

In der Spalte *VD* ist angegeben, wie viele unterschiedliche Videodaten zur Analyse der jeweiligen Einsatzübung ausgewertet werden konnten. Das reicht von keinen Videodaten (nur Audioaufnahmen) bis hin zu Einsatzübungen, die mit neun Kameras (mit unterschiedlicher Mobilität (statisch, beweglich, mit-geführt) und Qualität (HD, VGA, HD mit Nachtmodus, Wärmebild) aus unter-schiedlichen Perspektiven gefilmt wurden. Insgesamt standen für die Analyse 56 Videodaten zur Verfügung.

Die Spalte *AD* gibt Auskunft über die Anzahl der verwertbaren Audiodaten zur entsprechenden Einsatzübung. So gibt es z. B. Einsatzübungen, die lediglich mit einem Audioaufnahmegerät oder dem Mikrofon einer Videokamera auf-genommen wurden, und Einsatzübungen, die mit bis zu fünf Audiogeräten und mehreren Mikrofonen von Videokameras dokumentiert wurden. Die Audioauf-nahmegeräte wurden dabei zum Teil ohne und mit zu großen Teilen mit externen Lavaliermikrofonen[205] betrieben, die an unterschiedlichen Punkten der Schutz-kleidung der Akteure befestigt wurden. Für die Auswertung standen insgesamt 94 Audiodaten bereit.

In den Spalten *Transkript, von bis* und *Seiten* ist aufgeführt, zu welcher Ein-satzübung je ein Transkript angefertigt worden ist, welchen Zeitraum der Ein-satzübung und wie viele Seiten es insgesamt umfasst.

Eine Gesamtauflistung aller Video- und Audiodaten der Workshops ergibt ca. 9 Stunden und 32 Minuten Datenmaterial zu Übungsvorbereitungen, ca. 23 Stunden und 46 Minuten zu Einsatzübungen, ca. 18 Stunden und 1 Minute zu Übungsnachbesprechungen und etwa 18 Stunden und 7 Minuten zu allgemeinen Diskussionen. Im Nachfolgenden werden einige kurze Erläuterungen zu den ein-zelnen Einsatzübungen aufgeführt.

W1Ü1-090113-KG

Im ersten Workshop mit Einsatzübungen wird unter Zuhilfenahme von sehr pro-prietären LANDMARKEN-Prototypen (bzw. ‚Quasi-Prototypen‘[206]) der Entwick-

---

[205] Lavaliermikrofone sind kleine unauffällige externe Mikrofone für Sprachaufnahmen.
[206] Siehe Unterkapitel 1.2.

lungsstufe 1[207] ein Feuerwehrtrupp zur Brandbekämpfung in den Keller eines Wohnhauses[208] geschickt. Eine grundlegende Symbolik ohne genaue Spezifizierung ist zuvor von den Nutzern und Entwicklern in einem Vorab-Workshop festgelegt worden.[209] Die LANDMARKEN in diesem Workshop sind kleine durchsichtige Plastikbälle mit integrierten leuchtenden LEDs. Im Workshop geht jeweils ein Entwickler mit einer Tasche mit den Feuerwehrtrupps mit und reicht ihnen die gewünschten LANDMARKEN an. Das Feuer wird mit künstlichem Nebel simuliert. Dies ist Realeinsätzen sehr ähnlich,[210] verringert allerdings die Qualität der Videodaten erheblich.

W1Ü2-090113-OG2

Die zweite Übung des ersten Workshops läuft hinsichtlich der LANDMARKEN-Nutzung genauso ab wie die erste Übung (W1Ü1-0901-KG). In diesem Szenario wird zunächst ein erster Feuerwehrtrupp zur Menschenrettung über die Treppe in einem Mehrfamilienhaus ins zweite Obergeschoss geschickt. Etwas zeitlich versetzt wird ein zweiter Trupp über eine Drehleiter durch ein Fenster in die Wohnung im zweiten Obergeschoss geschickt mit dem Auftrag, das Feuer zu löschen. Beide Trupps sind jeweils mit LANDMARKEN ausgerüstet. Auch in dieser Übung wird künstlicher Nebel verwendet.

W1Ü3-090114-AH

Die dritte Übung des ersten Workshops stellt eine ‚Trockenübung‘ dar. In dieser gehen die Feuerwehrleute (ohne Ausrüstung und visuelle Einschränkung) zusammen mit den Entwicklern durch einen Gebäudebereich, der einem Altenheim nachempfunden wurde, und überlegen zusammen unter Anleitung des Einsatzleiters die Ausbringung von LANDMARKEN aus der Sicht eines ersten Feuerwehrtrupps, der zur Menschensuche und Brandbekämpfung in dieses Gebäude geschickt wird. Da diese Übung sehr kurz ist und keine eigentliche Simulation darstellt, wurde diese Quasi-Einsatzübung nicht mit in das Analysekorpus aufgenommen.

W2Ü1-090626-TG

Die einzige Übung des zweiten Workshops findet in der Tiefgarage des Übungskomplexes statt. Es werden in zeitlichem Abstand zwei Feuerwehrtrupps über zwei unterschiedliche ‚Angriffswege‘ zur Menschenrettung in eine verrauchte Tiefgarage geschickt. Dabei sind sie je mit LANDMARKEN der zweiten Entwicklungsstufe[211] ausgestattet. Diese quaderförmigen Hilfsmittel verfügen über diverse LEDs (und sind entsprechend hinsichtlich der Farbsymbolik programmierbar) und zweiziffrige Displays, die Auskunft über den Trupp (1 bis 9) und die Aus-

---

[207] Siehe Unterkapitel 1.2 und Abbildung 1.
[208] Dieser befindet sich – wie alle Einsatzszenarien außer W4Ü1-0910-ÜC – im Außengelände des Instituts der Feuerwehr (IdF) in Münster. Dort steht dem Aus- und Weiterbildungsinstitut ein großes und komplexes Gebäude mit unterschiedlichen Bereichen zur Verfügung.
[209] Siehe Unterkapitel 1.2.
[210] Abgesehen davon, dass Kunstnebel etwas dichter und vertikal gleichmäßig verteilt ist. Echter Rauch hingegen wird nach oben dichter.
[211] Siehe Unterkapitel 1.2 und Abbildung 2.

lege-Nummer der jeweiligen *LANDMARKE* (1 bis 9) geben. Ein ranghöherer Feuer-
wehrkollege geht mit den Trupps mit, programmiert die *LANDMARKEN* und reicht
ihnen auf Wunsch die angeforderte *LANDMARKE* an.

W3Ü1-091007-AH

In der ersten Übung des dritten Workshops werden drei Feuerwehrleute ohne
Schlauch und Sauerstoffgeräte mit verklebten Masken in die Altenheim-Nachbil-
dung geschickt, mit dem Auftrag, so schnell wie möglich zur neunten ausgelegten
LANDMARKE der Entwicklungsstufe 3 (siehe Abb. 3) zu gelangen. Die *LANDMAR-
KEN* wurden zuvor von Kollegen möglichst sinnvoll verteilt. Da diese Simulation
nur Testzwecken der neu implementierten akustischen Funktion dient und sich
bezüglich des Ablaufes keine realistische Übung konstatieren lässt, wurde diese
Übung nicht mit in das Analysekorpus aufgenommen.

W3Ü2-091007-TG

Die zweite Übung des dritten Workshops entspricht im Ablauf der ersten. Allerdings werden die drei Feuerwehrleute hier in die Tiefgarage geschickt. Zudem
wird ein vollständiges Szenario entwickelt, das dem Auftrag dieses Trupps vorangegangen ist. Es werden ein Schlauch und *LANDMARKEN* so ausgelegt, wie sie ein
möglicher vorangegangener Trupp hätte ausgelegt haben können. Dieser Trupp
soll durch eine Verpuffung einen Unfall erlitten haben und drei Feuerwehrleute
werden anschließend als ‚Sicherheitstrupp‘ zur Rettung des simulierten vorangegangenen Trupps vorgeschickt mit der Information, dass der vorangegangene
Trupp zuletzt *LANDMARKE* neun ausgelegt hat. Auch dieses Szenario ist nur bedingt als echte Einsatzübung zu klassifizieren, da der Vorgängertrupp nur simuliert wurde und der Sicherheitstrupp ohne Schlauch und Pressluftatmungsgeräte
vorgeht. Deshalb wurde auch diese Einsatzübung nicht ins Analysekorpus aufgenommen.

W4Ü1-091022-ÜC

Diese Einsatzübung gehört nicht zu den Workshops des ‚Landmarke‘-Projekts.
Ein Entwickler und der Autor haben sich entschieden, für Interviews und zu
Vergleichszwecken auf der Übungswache der im Projekt beteiligten Feuerwehrleute Gespräche mit Beteiligten zu führen und dort eine allgemein übliche Einsatzübung mit zu verfolgen. Aus ethnografischen Gesichtspunkten war dieser
Besuch sehr hilfreich. Allerdings wurden die erhobenen Audiodaten der dort
durchgeführten Einsatzübung nicht mit in das Analysekorpus aufgenommen,
da größtenteils andere Akteure beteiligt waren und das Einsatzszenario keine
Vergleichbarkeit mit anderen Daten aufweist. Aber dieser Besuch konnte u.a.
dazu beitragen, die Alltagsrelevanz der Einsatzübungen einzuschätzen und eine
Bestätigung zu erhalten, dass die Einsatzübungen im Aus- und Weiterbildungsinstitut der Feuerwehr in Münster den üblichen Einsatzübungen in der Feuer-
wehrwache durchaus entsprechen.

W5Ü1-091207-CA

Der fünfte Workshop diente als ‚Meilenstein-Treffen‘ der Präsentation des Entwicklungsstandes im ‚Landmarke‘-Projekt. Dementsprechend gab es auch nur

eine als Vorführung dienende Einsatzübung, die nicht aufgezeichnet werden konnte, und eine ,Generalprobe' am Vortag, zu der zwar Audiodaten erhoben wurden, die aber aufgrund metakommunikativer Reflexionen seitens der Akteure mehr ethnografischen Zwecken dienten als zur Auswertung von Einsatzübungen geeignet sind. Deshalb wurden auch diese Daten nicht mit in das Analysekorpus aufgenommen.

W6Ü1-100518-OG1

In der ersten Einsatzübung des sechsten Workshops geht ein Feuerwehrtrupp ohne LANDMARKEN mit verklebten Masken zur Brandbekämpfung in das erste Obergeschoss in einem Mehrfamilienhaus vor. In der dritten Räumlichkeit der Wohnung wird ein Feuerwehrmann dazu angehalten, einen Unfall zu simulieren. Daraufhin wird ein Sicherheitstrupp zur Bergung losgeschickt. Diese und die nächste Einsatzübung (W6Ü2-100518-TG) dienen v. a. kontrastiver Vergleiche zwischen Einsatzübungen mit und ohne neue Orientierungs- und Navigationsmedien.

W6Ü2-100518-TG

In der zweiten Übung des sechsten Workshops werden nacheinander von derselben Stelle aus zwei Angriffstrupps zur Menschenrettung in eine Tiefgarage geschickt. Der zweite Feuerwehrtrupp wird während des Einsatzes angeleitet, einen Atemschutznotfall zu simulieren. Daraufhin wird ein Sicherheitstrupp zur Rettung hereingeschickt. Alle drei Trupps arbeiten nur mit ihren herkömmlichen Hilfsmitteln und mit verklebten Masken.

W6Ü3-100519-WH

Auch in der dritten Übung des sechsten Workshops arbeiten die Feuerwehrleute ohne LANDMARKEN. In diesem Szenario werden zeitlich versetzt zwei Feuerwehrtrupps zur Menschenrettung in eine Wagenhalle geschickt. Auch hier erleidet ein Truppmitglied, diesmal des ersten Angriffstrupps, einen Atemschutznotfall und es wird zur Rettung ein Sicherheitstrupp losgeschickt. Da die Audioaufnahmen dieser Einsatzübung nur sehr eingeschränkt auszuwerten waren und dieser Einsatzort kein Übungspendant mit LANDMARKEN aufweist, wurde diese Übung nicht mit in das Analysekorpus aufgenommen.

W7Ü1-101005-OG1

In der ersten Übung des siebten Workshops werden drei Feuerwehrleute eines Einsatztrupps zur Menschenrettung in die Wohnung eines Einfamilienhauses geschickt. Sie sind mit LANDMARKEN ausgerüstet. Es wird allerdings weder mit künstlichem Nebel noch mit verklebten Masken eine Sichteinschränkung simuliert. Auch im Datenmaterial lassen sich eindeutige Simulationseffekte nachweisen, die die Authentizität dieser Einsatzübung diskreditieren. Deshalb wurde diese Übung nicht mit in das Analysekorpus aufgenommen.

W7Ü2-101005-AH

In der zweiten Einsatzübung des siebten Workshops wird ein Feuerwehrtrupp zur Brandbekämpfung in das Altenheim geschickt. Das Gebäude wurde zuvor mit künstlichem Nebel verraucht, die Feuerwehrleute sind vollständig ausgerüstet und haben zudem *LANDMARKEN* des vierten Entwicklungsstandes (siehe Abb. 4) ohne Transportbehälter (siehe Abb. 5) dabei. Die Video- und Audiodaten dieses Einsatzes sind aber kaum verwertbar, so dass diese Einsatzübung nicht mit in das Analysekorpus aufgenommen wurde.

W7Ü3-101006-AH
Die dritte Übung des siebten Workshops schließt an die zweite an. Am Folgetag werden die *LANDMARKEN* und der Schlauch wieder dort ausgelegt, wo sie der erste Trupp am Vortag ausgelegt hatte. Es wird nun vorgegeben, dass der erste Trupp aufgrund nicht mehr ausreichender Atemluft das Gebäude ohne Schlauch verlassen musste. Der nachfolgende Trupp soll nun mit Hilfe der *LANDMARKEN* so schnell wie möglich den letzten Punkt des ersten Trupps wiederfinden. Diese sehr kurze (Anschluss-)Übung bietet wenig Authentizität und kaum verwertbare Daten, weshalb sie nicht in das Analysekorpus aufgenommen wurde.

W7Ü4-101006-TG
Auch die vierte Übung des siebten Workshops wurde nicht mit aufgenommen, da es sich nur um einen Funktionstest der *LANDMARKEN* handelt, ohne dass sich die Feuerwehrleute selbst durch das Gebäude bewegen. Da es allerdings der erste Test der neu implementierten Funktion, die *LANDMARKEN* auch von der Ferne aus auslesen und umprogrammieren (siehe Abb. 6) zu können, war, waren diese Daten zumindest für ethnografische Zwecke hilfreich.

W8Ü1-101207-TG
In der ersten Einsatzübung des achten Workshops ist ein Feuer mit vermisster Person in einer Tiefgarage vorgegeben. Drei Mitglieder eines Feuerwehrtrupps werden nun zur Rettung mit *LANDMARKEN* der vierten Entwicklungsstufe in die verrauchte Tiefgarage geschickt.

W8Ü2-101208-TG
Die zweite Übung des achten Workshops verläuft zunächst genau wie die erste. Allerdings findet der Trupp diesmal zwei Personen und daraufhin wird sofort ein zweiter Feuerwehrtrupp hineingeschickt. Beide Trupps nutzen zur Rettung der Personen die *LANDMARKEN* der letzten Entwicklungsstufe. Die Videodaten in beiden Einsatzübungen sind nur sehr schwer auszuwerten, aber teilweise standen Aufnahmen einer mobilen Wärmebildkamera zusätzlich zu den Audioaufnahmen zur Verfügung.

W9Ü1-110524-TG, W9Ü2-110524-TG und W9Ü3-110524-TG
Im neunten und letzten Workshop finden alle drei Einsatzübungen in der weder verrauchten noch verdunkelten Tiefgarage statt. Die Sichteinschränkung wird ausschließlich durch verklebte Masken simuliert. Die Feuerwehrtrupps gehen je als 2er-Trupps mit *LANDMARKEN* der vierten und letzten Entwicklungsstufe zur Menschenrettung über die Rampe der Tiefgarage vor. Sie finden je eine Person und beginnen anschließend mit der Rettung. Alle drei Einsatzübungen weisen dasselbe Setting auf. Es agieren aber je andere Akteure, die zuvor von den vorangegangenen Übungen isoliert worden sind.

5 Kommunikationsanalyse der Notfalleinsatzübungen

5.1 Vorbemerkungen zu den Analysen

In diesem Unterkapitel wird nun das in Unterkapitel 1.2 und in Kapitel 4 vorgestellte Datenmaterial hinsichtlich der in der Einführung (Unterkapitel 1.1) dargelegten Hauptthesen und Hauptfragestellungen (1. kommunikative Konstitution des Einsatzortes; 2. Status und Funktionen der LANDMARKEN) und auf der Grundlage der in Kapitel 2 erörterten Theorien und Begriffe mit den grundlegenden Methoden und zugehörigen Begriffen aus Kapitel 3 analysiert.

Dabei kann selbstverständlich nur eine Auswahl aus dem Datenmaterial berücksichtigt werden. Diese Auswahl ist aufgrund einer Gesamtsichtung aller Transkripte erfolgt. Zunächst wurden alle Ausschnitte mit umfassenden und gut dokumentierten Gesprächssegmenten inkl. Orientierungs- und/oder Navigationskommunikation ausgewählt. Ein Hauptindikator für Orientierungs- und/oder Navigationskommunikation stellte dabei die Verwendung räumlich situierender Sprachmittel, wie in Unterkapitel 2.2 erläutert, dar. Diese wurden dann der jeweiligen ‚Einsatzphase' zugeordnet und hinsichtlich der Hauptfragestellungen unterschiedlich detailliert dargestellt, erläutert und analysiert. Das Vorgehen bei der Auswahl der Ausschnitte war orientiert am Prinzip der „Sättigung" im Rahmen des „theoretischen Samplings" in qualitativen Ansätzen der Datenanalyse wie der „Grounded Theory" (siehe z. B. Strauss/Corbin 1996). Die Darstellung der einzelnen Analysen in den Unterkapiteln erfolgt prinzipiell chronologisch[212], kann allerdings auch – wenn dies argumentativ notwendig erschien – davon abweichen, denn die Darstellung der Erkenntnisse ist v. a. phänomen- bzw. aufgabenorientiert und soll nicht primär den Entwicklungsprozess der LANDMARKEN nachzeichnen. Dennoch erscheint mir das generelle Vorgehen von W1Ü1 bis W9Ü3 sinnvoll, da die Entwicklung der LANDMARKEN sowie der Umgang damit seitens der Akteure (zumindest prinzipiell)[213] von der ersten bis zur letzten Übung kontinuierlich eine Zunahme von Erfahrungen und Praxis aufweist. Da zu bestimmten Einsatzphasen mehr und zu anderen ggf. sehr viel weniger Daten zur Verfügung stehen, sind auch die entsprechenden Unterkapitel unterschiedlich umfangreich.

Zunächst noch ein paar zusätzliche Vorbemerkungen zum Verständnis und zur Strukturierung des Kapitels: Die Analysen in den Unterkapiteln 5.2 bis 5.7 sind jeweils noch einmal im Rahmen einer ersten Heuristik idealtypisch nach

---

[212] Von der ersten Einsatzübung im ersten Workshop (W1Ü1) bis zur dritten und letzten Einsatzübung im letzten Workshop des Entwicklungsprojekts (W9Ü3).

[213] Da es sich nicht immer um dieselben Akteure handelt, der Abstand zwischen den Einsatzübungen unterschiedlich groß ist und neue Objekte nur zum Teil erworbene Handlungspraktiken abzurufen erlauben, kann hier nur von einem *prinzipiellen* Voranschreiten der Erfahrung gesprochen werden.

Einsatzphasen unterstrukturiert,[214] da dies u. a. eine höhere Übersichtlichkeit der Analysen und eine bessere Vergleichbarkeit zwischen den Einsatzübungen (auch und v. a. mit herkömmlichen Hilfsmitteln vs. mit den neu entwickelten LANDMARKEN) sowie zwischen den einzelnen Transkriptausschnitten erlaubt. Die Phasen wurden aus den Feldbeobachtungen und Datenauswertungen heraus entwickelt, dennoch stellen deren Aufteilung und Strukturierungsfunktion für das empirische Kapitel eine Abweichung vom anvisierten streng induktiven Vorgehen dar. Aber die eigentliche Analysearbeit innerhalb der Unterkapitel erfolgt situations- bzw. fallbezogen und nicht einer Idealtypik folgend. Damit sind die einzelnen und zusammengezogenen Analysen grundsätzlich ‚funktionsbezogen handlungs- oder aufgabenschematisch' und nicht ‚strukturbezogen ablaufschematisch' (siehe Metzing/Kindt 2001, S. 1101).

Die Phasierung der Einsätze als erste Heuristik kann neben den o. a. voranalytischen Gründen durch folgende Charakteristika begründet werden: Die einzelnen Phasen unterscheiden sich primär durch die chronologische Abfolge mit mehr oder weniger eindeutigen Anfangs- und Endpunkten der Interaktionssegmente innerhalb jeder Einsatzübung. Aber sie unterscheiden sich zudem durch den Grad der sensorischen Beschränkungen (keine Sichtbeschränkung bis keine Sicht, keine bis starke Akustikbeschränkung etc.), durch die zu erledigenden primären Teilaufgaben (Einsatzbefehl empfangen, Schlauch auslegen und Suche vorbereiten, Suche nach Menschen und/oder Feuer, Rückweg nach draußen und Informieren des Einsatzleiter nach der Mission) und kommunikativen Handlungen sowie durch die Art der Fortbewegung (Stillstand, aufrecht gehend, kriechend). Dadurch ergeben sich sehr unterschiedliche „kommunikationsstrukturelle Konstellationen" (vgl. Habscheid/Gerwinski 2012), denen mit der Phasengetrennten Darstellung und Analyse Rechnung getragen werden soll. Folgende (auf zwei Seiten verteilte) Tabelle illustriert die Charakteristika der Phasen:

---

[214] Dabei gilt es zu beachten, dass diese Phasen nur in einigen idealtypisch verlaufenden Einsätzen zu konstatieren sind und selbst dann selten klar definierte Grenzen aufweisen. Sie ließen sich auch als Szenen mit je idealtypischen Aufgaben (statt idealtypischem Ablauf) und je begrenztem örtlichen, zeitlichen und personellen Rahmen (ohne scharfe Grenzen) beschreiben.

Einsatzphase	#	im Anschluss an	darauf folgt	sensorische Beschränkung(en)	verwendete Medien	primäre Teilaufgabe(n)	Fortbewegungsart	LANDMARKEN-Verwendung
Einsatzvorbesprechung	I	Notruf und Anrücken und ggf. materielle Vorbereitung (Schlauchanschluss etc.)	II	akustisch und visuell hinsichtlich des Sichtwinkels durch den Helm	Stimme, Gestik etc. (,face-to-face'-Kommunikation); ggf. Funkgerät (bei Dislokation im äußeren Interaktionskreis)	Beauftragen und Instruieren des Trupps; gemeinsame Einsatzkoordination	aufrecht stehend oder im Feuerwehrauto sitzend	nicht oder modal-adverbiale Formen im Rahmen des Einsatzbefehls
Ersterkundung	II	Besprechung	Erreichen der Rauchgrenze	akustisch und visuell hinsichtlich des Sichtwinkels durch den Helm	Stimme, Gestik etc. (,face-to-face'-Kommunikation); Funkgerät, ggf. Schlauch des Vorgänger-Trupps, ggf. Kreide oder LANDMARKEN	Aufsuchen des primären Einsatzortes (an der Rauchgrenze) und (Taktik-)Besprechung zum weiteren Vorgehen	gehend und stehend (bzw. in die kniende Position wechselnd)	LANDMARKEN-Auslegung initiiert durch spezifische Raumcharakteristika; im inneren Interaktionskreis: Aushandlungs- und Begründungssequenzen zur LANDMARKEN-Verwendung; im äußeren Kreis: (noch) keine Angaben zur LANDMARKEN
Personen- bzw. Feuersuche	III	Erreichen der Rauchgrenze	IV (erfolgreiche Suche) oder V (erfolglose Suche)	akustisch (Helm, Krach), visuell (Rauch, Dunkelheit, verklebte Helme), haptisch (Handschuhe und Schutzkleidung) und olfaktorisch (Rauch)	Stimme, Klopfzeichen, Berührungen (Verlängerung durch Axt) etc.; Funkgerät, ggf. Schlauch des Vorgänger-Trupps, ggf. Kreide oder LANDMARKEN	Suche von Personen und/oder Brandherd(en)	in der Regel kriechend (bei Sichtbeschränkung)	LANDMARKEN-Auslegung initiiert durch spezifische Raumcharakteristika; LANDMARKEN-Auslesung

Abb. 8: Merkmale der Einsatzphasen I bis III

Einsatzphase	#	im Anschluss an	darauf folgt	sensorische Beschränkung(en)	verwendete Medien	primäre Teilaufgabe(n)	Fortbewegungsart	LANDMARKEN-Verwendung
Feuerlöschen bzw. Personenauffindung	IV (fakultativ)	Personen-/ Feuersuche	V oder III	akustisch (Helm, Krach), visuell (Rauch, Dunkelheit, verklebte Helme), haptisch (Handschuhe und Schutzkleidung) und olfaktorisch (Rauch)	Stimme, Klopfzeichen, Berührungen (Verlängerung durch Axt) etc.; Funkgerät, ggf. Schlauch des Vorgänger-Trupps, ggf. Kreide oder LANDMARKEN	Löschen des Feuers und/oder Bergung von Verunfallten	in der Regel kriechend (bei Sichtbeschränkung)	Metakommunikation über die LANDMARKEN als Symbolsystem
Rückweg	V	IV (erfolgreiche Suche) oder III (erfolglose Suche)	Erreichen der Rauchgrenze; ggf. VI	akustisch (Helm, Lärm), visuell (Rauch, Dunkelheit, verklebte Helme), haptisch (Handschuhe und Schutzkleidung) und olfaktorisch (Rauch)	Stimme, Klopfzeichen, Berührungen (Verlängerung durch Axt) etc.; Funkgerät, ggf. Schlauch des Vorgänger-Trupps, ggf. Kreide oder LANDMARKEN	Verlassen des primären Einsatzortes	in der Regel kriechend (bei Sichtbeschränkung) bis zur Rauchgrenze, dann gehend	LANDMARKEN als relevantes, aber nur sekundäres Orientierungs- und Navigationsmedium
Einsatznachbesprechung	VI (fakultativ)	Rückweg	Abfahrt der Feuerwehrleute	akustisch und visuell hinsichtlich des Sichtwinkels durch den Helm (bis zu dessen Abnahme)	Stimme, Gestik etc. (,face-to-face'-Kommunikation); ggf. Funkgerät	Informieren des Einsatzleiters und ggf. nachfolgender Trupps	aufrecht stehend oder sitzend (z.B. bei Erschöpfung)	nicht im vorliegenden Datenmaterial

Abb. 9: Merkmale der Einsatzphasen IV bis VI

Phase I bilden die Einsatzvorbesprechungen. Das sind die zu Beginn jeder Einsatzübung stattfindenden (Instruktions-)Gespräche zwischen Einsatzleiter und allen beteiligten Feuerwehrleuten, in der Regel unmittelbar nach der Ankunft am Einsatzort (z. B. vor dem brennenden Gebäude).[215]

Daran schließt sich die Ersterkundung an (Phase II). Diese umfasst die Zeit zwischen Einsatzvorbesprechung und Erreichen der ‚Rauchgrenze' durch den vorangehenden Trupp und zeichnet sich u.a. dadurch aus, dass die Sicht nicht (oder kaum) limitiert ist. Dabei kann es je nach Anzahl vorgehender Trupps entsprechend viele Ersterkundungen geben.

Daran schließt die Personen- bzw. Feuersuche in visuell eingeschränkt wahrnehmbarer Umgebung an (Phase III). Diese Phase reicht vom Überschreiten der Rauchgrenze bis zur eventuellen Bearbeitung der primären Aufgabe (Menschenrettung und/oder Feuerlöschen).

Die Interaktion während der Bearbeitung der primären Aufgabe (Feuerlöschen bzw. Personenauffindung) fällt dann in Phase IV.

Darauf folgt in der Regel der Rückweg (Phase V).[216] Dieser umfasst die gesamte Rückkehr des Trupps, von dem Moment an, in dem sie sich entscheiden, das Gebäude wieder zu verlassen, bis zum Erreichen der Sammelstelle vor dem Gebäude (im Allgemeinen in der Nähe des Feuerwehrautos).[217]

Die letzte (fakultative) Phase VI bildet die Einsatz-Nachbesprechung. Diese umfasst die Gespräche der Feuerwehrleute, die das Gebäude wieder verlassen haben, mit dem Einsatzleiter, und/oder nachfolgenden Einsatztrupps. Bei der Einsatzübergabe an einen weiteren Feuerwehrtrupp bekommt diese Phase eine besondere Relevanz, weil der Nachfolgetrupp dann wichtige Informationen zum Einsatzort vom vorangegangenen ortserfahrenen Trupp erhält.[218]

Jedes der phasenbasierten Unterkapitel in 5.2 bis 5.7 ist – sofern es das Datenmaterial zulässt – noch einmal unterteilt in ein erstes Analysekapitel, welches sich vornehmlich der kommunikativen Konstitution des Einsatzortes widmet, und in ein zweites Analysekapitel, das insbesondere den Status und die Funktionen der neu entwickelten LANDMARKEN in ihrem spezifischen Entwicklungsstadium analysiert und reflektiert. Hierbei erlaubt die chronologische Darstel-

---

[215] Selbstverständlich können auch noch zusätzliche und/oder neue Informationen im Verlauf der Übung nachgereicht werden (siehe z. B. W8Ü1) und Arbeitsaufträge können während des Einsatzes modifiziert oder völlig neu definiert werden. Zudem können Teile der Einsatzbesprechung im weiteren Sinne auch bereits im Einsatzfahrzeug auf dem Weg zum Einsatzort stattfinden (siehe W6Ü1).

[216] Es kann selbstverständlich auch während eines Einsatzes mehrere Personen-/Feuersuchen und konkrete Notfallbearbeitungen (Feuerlöschen/Personenauffindung) geben, bevor der Trupp den Rückweg antritt. Dies ist abhängig vom Einsatzauftrag, der zur Verfügung stehenden Atemluftmenge und vielen weiteren situationalen und personalen Rahmenbedingungen. Außerdem können Trupps auch keine Personen oder Feuer finden, bevor z. B. ihr Luftvorrat verbraucht ist, so dass dann Phase IV entfällt.

[217] Die von mir untersuchten Einsatzübungen wurden allerdings in der Regel spätestens beim Erreichen der ehemaligen Rauchgrenze abgebrochen.

[218] Dies gilt auch für Einsatzübungen, die aus der Sicht des Einsatzleiters nicht ideal verlaufen sind, um im Rahmen der Nachbesprechung vermeintliche Fehler aufzudecken und unmittelbare Lerneffekte anzuvisieren.

lung (vom ersten bis zum letzten Workshop) eine Beschreibung der design- und praxisbezogenen Veränderung des Umgangs mit den LANDMARKEN und lässt somit auch Rückschlüsse über damit einhergehende Entwicklungen hinsichtlich der Status und Funktionen zu. In Phase III wurde aufgrund der umfangreicheren Datenbasis zudem eine weitere Unterkapitel-Unterteilung in Einsätze mit vs. Einsätze ohne LANDMARKEN (siehe Unterkapitel 5.4.1 und 5.4.2) sowie in Einsätze mit LANDMARKEN in unterschiedlichen Entwicklungsstadien, ggf. noch zusätzlich differenziert in Auslege- und Auslesehandlungen (siehe Unterkapitel 5.4.3 bis 5.4.6) vorgenommen.

Innerhalb des ersten Analyseteils wird v. a. mittels des in Unterkapitel 2.2 dargestellten raumlinguistischen Begriffsinstrumentariums die repräsentationale und raumkonstituierende räumliche Situierung von Personen, Objekten und Ereignissen am Einsatzort behandelt. Dabei stehen Aspekte wie Raumcharakterisierung, -identifizierung und -gebrauch und die dafür verwendeten herkömmlichen Medien und materiellen Objekte in Feuerwehreinsatzübungen als Spezialfall institutioneller Kommunikation im Fokus.

Im jeweils zweiten Teil des Analysekapitels erfolgt zunächst eine für folgende handlungstheoretische Erörterungen angemessene Interaktionsbeschreibung zur (kommunikativen) LANDMARKEN-Verwendung. Daran schließt eine Interaktionsanalyse an, die die Rolle(n) neuer technischer Medien (speziell der LANDMARKEN) im Einsatz offenlegt. In einem dritten Schritt wird eine – falls möglich und nötig – geosemiotische Analyse der ‚Interaktionsordnung‘, der ‚visual semiotics‘ (soweit dieser Aspekt eine Rolle spielt) und der ‚place semiotics‘ (insbesondere der ‚signs in place‘) vorgenommen,[219] mit dem Anspruch, (semiotische und weitere handlungsbezogene) Probleme der Akteure herauszuarbeiten und die Problemlösungen vorzustellen, die die LANDMARKEN den Handelnden bieten.

Die Interaktionsordnung wird im Rahmen der Analysen noch einmal in unterschiedliche ‚Interaktionskreise‘ unterteilt.[220] Der erste wird als *innerer Interaktionskreis* bezeichnet und zusätzlich superlativ gesteigert, wenn sich ein Trupp aus mehr als zwei Mitgliedern zusammensetzt und die Kommunikation nur zwischen zwei dieser Mitglieder stattfindet, ansonsten fallen *innerer* und *innerster Interaktionskreis* zusammen. Dieser innere Interaktionskreis ist dabei gekennzeichnet durch eine weitgehend identische Empraxis der Akteure,[221] durch den gemeinsamen Nichtzeichenraum (v. a. als ohne technische Medien realisierter au-

---

[219] Siehe Unterkapitel 2.1.

[220] Die Unterteilung in Interaktionskreise ist frei angelehnt an Burgers für massenmedial inszenierte Gesprächssituationen skizzierte Differenzierung der „kommunikativen Konstellationen" in unterschiedliche „innere und äußere Kommunikationskreise" (siehe Burger 2005, 2001 und bereits 1990), womit Burger z. B. in TV-Talk-Shows mit mehr als zwei Gesprächspartnern, ermöglichter Telefon-Beteiligung und Studiopublikum zwischen einem ersten innersten Kreis (zwei unmittelbar miteinander Sprechende), einem zweiten Kreis (die weiteren Teilnehmer der ‚Talk-Runde‘), einem dritten Kreis (Studiopublikum), einem vierten Kreis (via Telefon beteiligte Zuschauer) und einem äußersten fünften Kreis (Fernsehzuschauer) differenziert (siehe Burger 2001, S. 1494 f.).

[221] Ebenfalls anwesende LANDMARKEN-Träger, Videofilmer u. a. zählen v. a. deshalb nicht zum inner(st)en Interaktionskreis, weil sie eine andere primäre Handlungspraxis und damit keine gleiche Empraxis zu den Akteuren AT1FM1 und AT1FM2 aufweisen.

ditorischer Wahrnehmungsraum) und durch eine persönliche Distanz zwischen den (kommunikativ) Handelnden, die sich u.a. an einer nicht explizit erhöhten Lautstärke erkennen lässt. Der zweite wird als *äußerer Interaktionskreis* bezeichnet, der durch Dislokation der Beteiligten und daraus notwendiger Verwendung eines „tertiären Mediums"[222] (Pross 1972), hier konkret analogen Funkgeräten, zur Kommunikation gekennzeichnet ist. Damit ist zugleich impliziert, dass nonverbale Codes in dieser Interaktionsordnung nicht eingesetzt werden (können). In einigen Fällen ist auch noch ein Verweis auf einen weiteren Interaktionskreis notwendig, und zwar eine Interaktionsordnung, die sich aus dem inneren Interaktionskreis und den mitgehenden Entwicklern, LANDMARKEN-Trägern und/oder Einsatzkoordinatoren zusammensetzt. Dieser Kreis wird im Folgenden als *erweiterter Interaktionskreis* bezeichnet.

Da sich im Umgang mit den LANDMARKEN im Verlauf des Entwicklungsprojekts erste kommunikative Muster herausbildeten, werden diese im Anschluss mit Blick auf weitere Transkriptausschnitte präsentiert, um damit die Reichweite einer möglichen Generalisierung zu eruieren. Im letzten Schritt des zweiten Analyseteils werden zunächst Nutzen der und ggf. entstehende bzw. entstandene Probleme durch die Verwendung der LANDMARKEN dargestellt, bevor auf dieser Grundlage eine (je vorläufige) Beurteilung der LANDMARKEN hinsichtlich ihres Nutzens im Rahmen der untersuchten Settings erfolgt, die noch einmal die Status, Funktion(en) und Handlungspraktiken aus einer angewandten Perspektive reflektiert. Im Rahmen einer anschaulichen, phänomenorientiert ganzheitlichen Darstellung können die Analyseschritte häufig nicht ganz trennscharf auseinander gehalten werden und je nach Datum sind sie auch nur als vage Orientierung zu verstehen, von der gezielt abgewichen werden kann und muss.

Hinsichtlich der LANDMARKEN als zweiter Analysefokus werden schließlich also v.a. folgende Fragestellungen und Aspekte untersucht: Was leisten sie im Gebrauch als neue digitale Medien? Welche Merkmale lassen sich zu der mit

---

[222] Die Typologisierung von Medien in primäre, sekundäre und tertiäre geht auf Pross (1972) zurück, der Medien nach dem Grad der Beteiligung von technischen Geräten an der Kommunikation einteilt. Primäre Medien sind nach Pross z.B. Sprache, Körpersprache und Körperbewegungen. Primäre Medien sind dadurch gekennzeichnet, dass zwischen Sender und Empfänger einer Botschaft kein vermittelndes Gerät geschaltet ist. Die sekundären Medien zeichnen sich dadurch aus, dass auf der Produktions-, nicht aber auf der Rezeptionsseite ein technisches Gerät erforderlich ist. Dazu zählen z.B. Rauchsignale, Grenzsteine, Flaggensignale und geschriebene Texte. Charakteristisch für tertiäre Medien ist nach Pross die Notwendigkeit eines technischen Gerätes sowohl für die Produktion als auch für die Rezeption einer Botschaft. Als Beispiele lassen sich Film, Schallplatte, Radio und TV aufführen. Faßler (1997) unterscheidet noch ein quartäres Medium, worunter tertiäre Medien fallen, die zusätzlich die Möglichkeit bereithalten, dass der Empfänger interaktiv in den emittierten Inhalt eingreifen kann. Darunter ließen sich beispielsweise Chats und via Internet gemeinsam bearbeitete Dokumente subsumieren. An dieser Stelle soll keine kritische Reflexion dieses (durchaus streitbaren) Typologisierungskonzepts erfolgen (z.B. aufgrund des zu Grunde liegenden Kommunikationsmodells, der fehlenden Abgrenzungsschärfe unter den klassifizierten Kategorien oder der kritisierbaren Verknüpfung mit den menschlichen Sinnesmodalitäten, wie sie Pross 1972 im Original vornimmt). Es wird lediglich angeführt und erläutert, da das Konzept der „tertiären Medien" zur Beschreibung der Kommunikationssituation an diesem Punkt hilfreich erscheint.

diesen digitalen Medien in der kommunikativen Praxis konstituierten Kommunikationsform zusammentragen? Welche Bedeutung und Auswirkungen hat das
(mehrfach neu) vereinbarte farbliche Symbolsystem? Und welche (ggf. neuen)
Konventionen können bezüglich der Nutzung der LANDMARKEN im Rahmen der
Bedeutungskonstitution beobachtet werden?

Eine letzte Vorbemerkung betrifft die Gesamttranskripte und Transkriptausschnitte: Die Siglen der Akteure (z.B. ‚AT1FM1') beinhalten im ersten Teil die
Zugehörigkeit zu einem bestimmten Feuerwehrtrupp im Rahmen der Einsatzübung (‚AT1' = ‚Angriffstrupps 1'; ‚AT2' = ‚Angriffstrupp 2'; ‚ST' = ‚Sicherheitstrupp') und im zweiten Teil einen Hinweis auf die Position im Rahmen der
Erkundung (‚FM1' = vorderer Feuerwehrmann; ‚FM2' = zweiter bzw. hinterer
(bei 2 Personen, die einen Trupp bilden) Feuerwehrmann). Gehören die Akteure
keiner Gruppe an, so verweist ihre Sigle auf ihre Funktion im Rahmen der Einsatzübung (‚ZF' = ‚Zugführer'; ‚EL' = ‚Einsatzleiter'; ‚Ma' = ‚Maschinist'; ‚Ko' =
‚Koordinator' usw.).

Für die Transkriptausschnitte wurden leere Zeilen, die das Transkriptions-
programm bei der Konvertierung in ein Word-kompatibles Format zum Teil erzeugt, sowie die Zeit-Zeilen und ggf. parallele Gespräche, die den untersuchten
Akteuren nicht zugänglich waren und nicht untersucht wurden, eliminiert, um
den Gesamtumfang, den die ohnehin recht platzfüllenden Ausschnitte bean-
spruchen, möglichst zu minimieren. Es wurde stets versucht, pro Ausschnitt vollständige Segmente zu erfassen, damit alle Interpretationen nachvollziehbar sind
und um damit den Anforderungen qualitativer Datenauswertungen möglichst
gerecht zu werden.

5.2 Phase I: Einsatzvorbesprechungen

5.2.1 Die kommunikative Konstitution des Interaktionsraums und
des primären Einsatzorts

Der folgende erste Transkriptausschnitt[223] zeigt den Beginn einer Notfallein-
satzübung. Der ‚Einsatzleiter' bzw. ‚Zugführer'[224] (‚ZF') steht mit sechs weiteren Feuerwehrleuten vor dem Übungsgebäude, in dem der Brand simuliert wird
(siehe Abb. 10), und sie besprechen den nachfolgenden Einsatzverlauf. AT1FM1
und AT1FM2 sind die beiden Feuerwehrleute, die zusammen den ‚ersten An-

---

[223] Dieser Transkriptausschnitt ist (zusammen mit TA10, TA14 und TA35) bereits in Hab-
scheid/Gerwinski (2012, S. 275–282) vorgestellt worden, aber hier erfolgt eine umfassendere und auf die Fragestellungen dieser Untersuchung fokussierte neue Analyse.

[224] Hinsichtlich der Funktion des befehligenden Feuerwehrmanns in den Einsatzübungen gibt
es sowohl unterschiedliche Fremd- (durch die befehligten Feuerwehrleute) als auch Selbst-
charakterisierungen (durch den befehligenden Feuerwehrmann). So wird er einmal als Einsatzleiter (‚EL') und ein anderes Mal als Zugführer (‚ZF') bezeichnet (und entsprechend
unterschiedlich bezeichnet er sich auch selbst). Das liegt daran, dass in (Real-)Einsätzen
mit einem Feuerwehrzug, das ist im Allgemeinen die Besatzung eines Feuerwehrautos resp.
einer Feuerwehreinheit, die Funktionen des Zugführers (Befehligender des Feuerwehr-
zuges) und des Einsatzleiters (Befehligender aller Züge eines Einsatzes) zusammenfallen.

griffstrupp' bilden und somit zuerst das Gebäude betreten werden. AT2FM1 und AT2FM2 bilden zusammen den ‚zweiten Angriffstrupp', der später über einen anderen Zugangsweg, ein Fenster via Feuerleiter, in das Gebäude vorgehen wird. FM6 bereitet die Schlauchleitung vor dem Gebäude vor und FM5, der ‚Maschinist', ist erstens für die Wasserversorgung über die Wasserpumpe des Einsatzfahrzeuges zuständig und zweitens für die Überwachung des noch verbleibenden Luftdrucks in den Atmungsgeräten der vorgehenden Einsatztrupps.[225] Der Einsatzleiter, die jeweiligen ‚Truppführer' sowie der Maschinist sind jeweils mit einem Funkgerät ausgerüstet. Aufgrund der lauten Umgebungsgeräusche, die v. a. durch das Einsatzfahrzeug erzeugt werden, muss der Einsatzleiter vor dem Gebäude sehr laut sprechen, wenn er beabsichtigt, alle Feuerwehrleute zu adressieren. Nach Mondada ist the „noisy environment [...] certainly a central feature of busy life of the workplace" (Mondada 2002) und dies kann bezüglich der hier untersuchten Feuerwehreinsatzszenarien uneingeschränkt bestätigt werden (siehe Habscheid/Gerwinski 2012, S. 275f.).

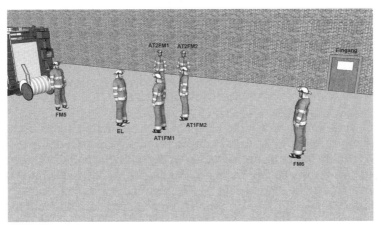

Abb. 10: Schematische Übersicht über den zu Beginn des Einsatzes gemeinschaftlichen Interaktionsraum aller Beteiligten (siehe TA01, Z. 1ff.)

TA01 zUr mEnschenrettung (W1Ü2–0901-OG2)

```
001 ZF        <<len>so:.
002           (-) angriffstrupp eins;
003           (.) zUr mEnschenrettung;
004           (-) Unter pe a: mit erstem cE: rO:hr,
005 AT1FM1 (4.5) <<p>nochmal;>
```

[225] Das Einsatzfahrzeug der hier beobachteten Feuerwehrleute ist mit einer Tafel inkl. mechanischer Stoppuhren für bis zu drei Trupps ausgerüstet. Auf dieser Tafel wird nach gelegentlich abgefragten Füllstand-Abfragen an die Truppmitglieder der geringste Füllstand mit Zeitangabe notiert, um im Verlauf abschätzen zu können, wann sich der jeweilige Einsatztrupp wieder auf den Rückweg begeben sollte, um unbedingt vor dem Aufbrauchen der mitgeführten Atemluft wieder aus dem Gebäude zu sein. Das Notieren dieser Zeiten inkl. Füllstände sowie das ggf. notwendige Warnen bzw. zumindest Erinnern der Truppmitglieder und/oder des Einsatzleiters übernimmt der ‚Maschinist' am Einsatzfahrzeug.

```
006 ZF      (.) Über den treppenraum vor.>
007         zwEItes o ge über den treppenraum vor.
008 AT1FM1  (--) <<p>gut;>
009 ZF      (-) o ke:;
010         Erster angriffstrupp is vor.
011         (4.0) atemschutzüberwachU:ng-
012         (--) erster angriffstrupp hat angeschlossen;
```

Abb. 11: AT1FM1 und AT1FM2 betreten das Gebäude durch die Haupttür
(siehe TA01, nach Z. 12)

Zu Beginn versammelt der Einsatzleiter räumlich alle beteiligten Feuerwehrleute des Löschzuges, indem er Aufmerksamkeit erzeugt. Er schafft den gemeinsamen Interaktionsraum mit Hilfe linguistischer und paralinguistischer Mittel und zwar mit einem laut gesprochenen[226] und gedehnten „so‘ mit fallender Intonation und anschließender kurzer Pause (siehe Z. 1). Während der kurzen Pause orientiert er sich mittels Taxis[227] und Lokomotion[228] zu den damit offenkundig primär adressierten Hörern, AT1FM1 und AT1FM2. Er steht sowohl in proxemischer, also körperdistanzialer Hinsicht (siehe Abb. 10), näher an diesen beiden Feuerwehrleuten als auch bezüglich seiner axialen Blick-, Kopf- und Rumpforientierung. Der Abstand beträgt ca. 1,5 Meter und damit befindet er sich nach Tembrock (1974) im „Kontaktfeld", nach Hall (1976, S. 126f.) in der „nahen Phase der sozialen Distanz" und nach Sager im näheren „Verfügungsbereich" (siehe zu einer Übersicht Sager 2000, S. 563). Diese Interaktionskonstellation ist ein Kennzeichen „zentrierter Interaktion" (Goffman 1973), bei der sich die Beteiligten der Kommunikation gewissermaßen nicht entziehen können (siehe die Abgrenzung von „open state of talk‘ zu fokussierter Interaktion). Kendon bezeichnet sie als

---

[226] Im Transkript ist die laute Sprechweise („forte‘) nicht gekennzeichnet, weil die gesamte Ansprache des Einsatzleiters – schon aufgrund der Umgebungsgeräusche – im Verhältnis zu seiner durchschnittlichen Sprechweise in weniger lärmender Umgebung lauter erfolgt.

[227] ‚Taxis‘ ist das Hyperonym zu Blick-, Kopf- und Rumpforientierung (siehe Sager/Bührig 2005, S. 10).

[228] Unter ‚Lokomotion‘ sind alle körperlichen Ortsveränderungen subsumiert. Es bildet somit auch den Oberbegriff zur Proxemik, der Distanzregulierung der Gesprächspartner (siehe Sager/Bührig 2005, S. 10).

„Interaktionsterritorium" (Kendon 1979, S. 209) oder „f-formation"[229] (Kendon 1990) und Sager als „Displayzirkel" (Sager 2000, S. 567).

Die verbale Bestätigung der Teilnehmer der zentrierten Interaktion erfolgt dann auf das lokale aufmerksamkeitsfokussierende (vgl. Kindt/Rittgeroth 2009, S. 87f.) ‚so' (Z. 1), indem der Einsatzleiter die beiden Feuerwehrleute, die den ersten Einsatztrupp bilden, direkt mit ‚angriffstrupp eins' (Z. 2) als adressierte Rezipienten ratifiziert (vgl. Goffman 1981, S. 132; zur Übersicht Schwitalla 2001a, S. 1355ff.). Nachdem er also auf diese Weise verbal, paraverbal und nonverbal den Displayzirkel – und damit einen ersten Schauplatz zur gemeinsamen Vorgehensbesprechung resp. der Einsatzinstruktion – gebildet hat, formuliert er laut und klar artikuliert das Hauptziel der bevorstehenden Mission: ‚zUr mEnschenrettung' (Z. 3), indem er die auf das Missionsziel hinweisende lokative Präposition (inkl. Artikel) sowie die erste Silbe der fachterminologischen Nominalisierung betont. Selbst, wenn aufgrund starken Lärms die Perzeption unbetonter Silben vollständig gestört wäre, könnte das Einsatzteam die Benennung des primären Missionsziels akustisch wahrnehmen, denn sowohl das missionsmarkierende ‚zUr' als auch das wesentliche (selbstständige lexikalische bzw. autosemantische) Morphem der Missionsbezeichnung (‚mEnsch') sind hervorgehoben.[230] Und auch bei dieser Bezeichnung würde eine Reduzierung auf die erste Silbe für ein Verständnis ausreichen. Ob diese Erläuterung als Begründung für ein bewusstes paraverbales Verhalten des Einsatzleiters dienen kann, soll und kann (aufgrund quantitativ nicht ausreichender kontrastiver interpersoneller Vergleiche)[231] in dieser Arbeit nicht untersucht werden.[232] Es ist allerdings zu konstatieren, dass es sich bei dieser auffällig rhythmisierten Sprechweise um ein dem Sprecher eigentümliches (und somit personal-stilistisches) Merkmal handelt, das sich in allen Transkripten mit lauten Umgebungsgeräuschen[233] bzw. mit räumlicher Distanz findet (situationsspezifisch), wenn der ‚offizielle Einsatzbefehl'[234] über Funk gegeben wird, in denen dieser Sprecher die – ihm auch in realen Einsätzen übliche – Rolle des Einsatzleiters ausfüllt (rollenspezifisch) und die Mission zu Beginn der Übung vorstellt.[235]

---

[229] Dieses Kurzwort steht für „facing formation" und ist von Kendon in Anlehnung an Goffmans ‚face-to-face'-Konzept entwickelt worden, um räumliche Interaktionskonstellationen beschreiben und differenzieren zu können (siehe Kendon 1990).

[230] Zur Erinnerung: Neben der Menschenrettung gibt es bei den untersuchten Brandeinsätzen nur noch die Feuerbekämpfung als weitere mögliche Primärmission.

[231] Es gibt in allen untersuchten Einsatzübungen nur zwei Feuerwehrleute, die die Funktion des Einsatzleiters resp. des Gruppenführers übernehmen.

[232] Das ist auch keine Aufgabe interaktionistischer Analysen, bei denen Bewusstseinsinhalte einzelner Handelnder keine Berücksichtigung finden, stattdessen ein kollaboratives Handlungskonzept (im Sinne Giddens) zu Grunde liegt. Siehe dazu auch Holly/Habscheid (2001, S. 215f.) und als Beispiel für ein Spracherwerbskonzept in diesem Sinne Kellers „invisiblehand"-Modell (Keller 1994).

[233] Insbesondere durch Motorgeräusche des Einsatzfahrzeugs. In manchen Einsatzübungen beeinflussen diese die Gespräche nicht, weil der Motor entweder ausgestellt ist oder das Fahrzeug weit entfernt steht.

[234] Der offizielle Einsatzbefehl stellt das (organisationale) Kernelement der Einsatzvorbesprechungen dar.

[235] Siehe auch TA02 und TA03.

In Zeile 2–4 ergänzt er wichtige Details zum Einsatz. Die ohne Verb(en) realisierte und je mit Pausen abgetrennte Aneinanderreihung von der als nominalisierte finale Präpositionalphrase („*zUr mEnschenrettung;*‘, Z. 3) vorangestellten Primärmission-Benennung, gefolgt von zwei ergänzenden modalen („*Unter pe a: mit erstem cE:-rO:hr,*‘, Z. 4) und abschließend einer lokalen Präpositionalphrase („*Über den treppenraum vor.*‘, Z. 6) entspricht einer aus der Syntaxtheorie[236] (siehe z.B. Dürscheid 2000) und aus der journalistischen Praxis (siehe z.B. den „inverted pyramid"-„Lead"-Aufbau in Zeitungstexten, vgl. Blum/Bucher 1998, S. 24) bekannten abstufenden Informationshierarchisierung. Dabei sind alle informationstheoretisch überflüssigen Satzteile[237], wie insbesondere Verben,[238] getilgt, was in spezifischen hochfunktionalen – und meist organisationalen – Settings durchaus üblich ist. Mittels der ersten beiden modalen Präpositionalphrasen verweist der Einsatzleiter auf die im bevorstehenden Einsatz notwendige Ausrüstung: „*Unter pe a:* und *mit erstem cE:-rO:hr*‘ (Z. 4). *PA* ist dabei die Abkürzung für *Pressluftatmung*. Das heißt für die Feuerwehrleute, dass sie mit Atmungsgeräten[239] vorgehen müssen (siehe Abb. 11). Dies wiederum impliziert, dass die Feuerwehrleute während des Einsatzes in regelmäßigen Abständen ihren verbleibenden Luftvorrat prüfen und per Funk durchgeben müssen. Mit *C-Rohr* wird auf einen bestimmten Schlauchtyp mit spezifischen Anschlüssen, Schlauchdurchmesser und Schlauchlänge (je 15 Meter bis zur nächsten Kupplung) referiert. Dadurch können die Feuerwehrleute das Gewicht des Schlauchs, mögliche Anschlussmöglichkeiten im Gebäude (bei ggf. im Treppenhaus vorinstallierten Wasserentnahmestellen) und die Wassermenge, die sie abgeben können, abschätzen.

Die zusätzliche Information, dass es sich dabei um das „*erste*' C-Rohr handelt, lässt sich ggf. als mehrfach adressiert interpretieren, denn diese zusätzliche Information ist für die beiden Feuerwehrleute des ersten Angriffstrupps von geringerer Bedeutung. Erst ab dem zweiten C-Rohr würde diese Information für sie relevant, weil sie dann mit weiteren Schläuchen im Gebäude zu rechnen hätten, was sich auf Orientierungs- und Navigationsprozesse mittels des Schlauchs als Medium auswirkt.[240] So könnte diese Angabe für sie zwar dennoch als informativ

---

[236] Wobei es syntaxtheoretisch allerdings auch eine Hervorhebung bestimmter Phrasen durch das ostentative Positionieren im Nachfeld gibt. Im topologischen Feldermodell (siehe Dürscheid 2000, S. 89ff.) werden anhand des finiten Verbs in der zweiten Position (linke Satzklammer) und des infiniten Verbteils (rechte Satzklammer, vierte Position) die drei Felder Vorfeld (erste Position), Mittelfeld (dritte Position) und Nachfeld (fünfte Position) differenziert.

[237] In freier Anlehnung an Shannon und dessen Informationstheorie könnte man solche Teile mit niedrigem bis keinem (weiteren) Informationsgehalt (aufgrund kollokativ geringer Überraschung) als „negativ entropische" Text- (oder Satz-)Teile bezeichnen (siehe Shannon 1948).

[238] Selbstverständlich ließen sich die Informationen auch mit Verben plus spezifischen Nomina übermitteln, aber dies wäre – jedenfalls in den hier aufgeführten Fällen – erstens zeichenquantitativ mindestens etwas unökonomischer und zweitens weniger präzise aufgrund des Verzichts auf anerkannte Feuerwehr-fachsprachliche Termini.

[239] Die Atmungsgeräte umfassen Pressluftflasche, Luftschläuche, vollständige Maske und Luftdruckkontrollanzeige.

[240] In TA23 erzeugt z.B. das Auseinanderhalten von mitgebrachtem und aufgefundenem Schlauch zusätzlichen Aufwand.

gewertet werden, weil sie so zumindest darüber in Kenntnis gesetzt sind, dass sie mit keinen weiteren Schläuchen zu rechnen haben, aber dies können sie auch ohne Weiteres aus der offenkundigen Situation schlussfolgern, dass sie das einzige Löschfahrzeug und aus diesem wiederum der erste Angriffstrupp sind. Somit liegt die Interpretation nahe, diese Information als primär an die ratifizierten, aber weder verbal noch nonverbal explizit adressierten Hörer FM5 und FM6 zu werten. Paraverbal deutet darauf zumindest das laute Sprechen hin. Aber da die beiden Feuerwehrleute FM5 und FM6 axial ausgerichtet und in Hörweite (nach Sager im „Zugänglichkeitsbereich" und nach Tembrock im „Nahfeld", siehe Sager 2000, S. 563) zum Einsatzleiter stehen (siehe Abb. 10) und keine anderen Sprechhandlungen vornehmen, ist seitens des Einsatzleiters auch weder eine Reparations- noch eine andere explizite Sprechhandlung notwendig, die diese Interpretation eindeutig stützen würde. Was ebenfalls für die These spricht, dass diese Information primär an diese beiden Feuerwehrleute gerichtet ist, ist die Aufgabenverteilung und damit die organisationale Rahmung des Einsatzes. Denn FM6 ist derjenige, der den Schlauch nachreicht und außerhalb des Gebäudes für den Wasseranschluss am Hydranten und die Verteilung der Schläuche zuständig ist. FM5 ist als ‚Maschinist' für die via Fahrzeugpumpe erfolgende Wasserversorgung inkl. Wasserdruckkontrolle zuständig.

Die lokale Präpositionalphrase, mit der der Einsatzleiter den Zugangsweg des ersten Angriffstrupps spezifiziert (‚*Über den treppenraum vor.*', Z. 6), erweist sich als notwendig, da es zusätzlich zum Betreten des Gebäudes via Haupttür noch den möglichen Einstieg über ein Gebäudefenster gibt. Diesen Weg nimmt zu einem späteren Zeitpunkt des Einsatzes der zweite Angriffstrupp (siehe W1Ü2 und Abb. 21), welcher via Feuerleiter später in ein Fenster im zweiten Obergeschoss einsteigt. Diesen dritten Teil der Missionsbeschreibung schließt der Einsatzleiter mit stark fallender Intonation ab und pausiert. Damit kennzeichnet er diese Sprechsequenz als beendet und ermöglicht einen Turnwechsel (z. B. für Nachfragen oder Bestätigungen). Diese Gelegenheit zum Sprecherwechsel wird durch AT1FM1 aufgegriffen, der leise um eine Wiederholung bittet (‚<<p>nochmal;>', Z. 5) und damit eine fremdinitiierte Selbstkorrektur seitens des Einsatzleiters einfordert. Dass er dies nicht als bloße Repetitionsaufforderung versteht, zeigt die Reaktion des Einsatzleiters, der nicht nur den letzten Teil, die lokale Präpositionalphrase, wiederholt, sondern diese auch noch um die Ergänzung ‚*zwEItes o ge*' (Z. 7) als finalen bzw. primären Einsatzort[241] präzisiert. Sowohl die Betonung als auch die Voranstellung deuten darauf hin, dass der Einsatzleiter den Turn von AT1FM1 als Aufforderung versteht, den genauen Einsatzort zu nennen und damit eine mögliche (kommunikative und einsatztaktische) Fehlerquelle zu beseitigen. Mit der darauf folgenden Erwiderung ‚<<p>gut' (Z. 8) seitens AT1FM1 bestätigt dieser indirekt wiederum die Interpretation des Einsatzleiters und schließt die Missionsabklärungssequenz ab, was wiederum durch Nicken und anschließenden Themenwechsel sowie axiale

---

[241] Im Folgenden wird unter *primärem Einsatzort* der lokale Bereich verstanden, an dem die konkrete Suche nach Feuer und/oder Personen stattfindet, und nicht das gesamte Areal (also z. B. ein konkretes Stockwerk, in dem Feuer gemeldet oder sichtbar ist, aber nicht das gesamte Gebäude, der Häuserblock, die Straße etc.).

Modifikation seitens des Einsatzleiters bestätigt wird. Denn dieser wendet nun seinen Körper linkslateral in die Richtung des Feuerwehrmanns FM5, wobei der Blickkontakt an AT2FM1 und AT2FM2 (siehe Abb. 10) vorbeiläuft, während er den Status der Mission (‚*Erster angriffstrupp is vor.*', Z. 10) konstatiert und FM5 die Order zur ‚*atemschutzüberwachU:ng-*' (Z. 11) erteilt, gefolgt von der Erklärung: ‚*erster angriffstrupp hat angeschlossen*' (Z. 12). Diese Order ist an FM5 gerichtet, da dieser neben der Wasserversorgung auch – wie oben ausgeführt – für die Kontrolle der Restatemluft der Feuerwehrleute im Gebäude zuständig ist[242] (er ist somit die ‚Atemschutzüberwachung', siehe dazu auch W8Ü1). Er notiert (meist auf einer im Fahrzeug mitgeführten Tafel) die Restluftangaben der Feuerwehrleute mit der jeweiligen Einsatzzeit, um frühzeitig auf einen zu diesem Zeitpunkt zu empfehlenden Rückweg hinzuweisen, für welchen den Feuerwehrleuten ausreichend Atemluft zur Verfügung stehen muss (siehe Fußnote 225). Dass der Angriffstrupp die Atmungsgeräte nun ‚angeschlossen' hat, bedeutet, dass sie von dem Zeitpunkt an ihre mitgeführte Luft verbrauchen.

Hinsichtlich der Raumkonstitution lässt sich für diesen ersten TA festhalten, dass zwei Räume bzw. Schauplätze interaktiv (verbal, paraverbal und nonverbal) und mit je unterschiedlichen vom Einsatzleiter primär adressierten Hauptakteuren[243] hergestellt werden: 1. der Raum der Einsatzinstruktion und 2. der eigentliche primäre Einsatzort (als Hauptschauplatz) bzw. dessen nach einer eingeforderten Reparatursequenz präzisierter räumlich situierter Startpunkt (‚*zwEItes o ge über den treppenraum vor*', Z. 7) für den ersten Angriffstrupp inklusive zur Verfügung stehender Ausrüstung und Hilfsmittel (Pressluftatmungsgeräte, Schlauchart).

Der nächste TA vermittelt einen ersten Eindruck in die Funkkommunikation während des Einsatzes und zeigt ein paar Besonderheiten im Gegensatz zur ‚face-to-face'-Kommunikation, wie in TA01 präsentiert.

---

[242] Die Atemschutzkontrolle kann auch der Einsatzleiter resp. Zugführer initiieren (siehe z.B. W8Ü1).

[243] Diese etwas umständlich erscheinende Formulierung (statt z.B. direkt von ‚AT1FM1' zu schreiben) plus die weitere (nicht direkt objekt-)sprachliche Beschreibung, dient der sprachlichen Distanzierung und wird je nach Beschreibungsgrad verwendet. Damit erscheint es m.E. leichter, die zweite Beobachterperspektive (siehe z.B. Luhmann 2002; in Anlehnung an Schütz 1954) einzunehmen, also die Perspektive eines Wissenschaftlers, der die originären Beobachter (die ‚accounts' nutzenden Akteure) beobachtet und sich dafür idealiter einer distanzierenden (soweit wie möglich) objektivierten Beschreibungssprache bedient, die sich von der Sprache der Akteure unterscheidet und damit eine Beobachtung zweiter Ordnung m.E. erst ermöglicht. Zum Phänomen der Beobachtungsbeobachtung schreibt Luhmann: „Wenn man den Beobachter einführt, [...] relativiert man die Ontologie. Tatsächlich muss man den Gedanken an einen Beobachter immer mitführen, wenn man sagen will, was der Fall ist, muss also immer einen Beobachter beobachten, einen Beobachter benennen, eine Systemreferenz bezeichnen, wenn man Aussagen über die Welt macht" (Luhmann 2002, S. 138 f.).

TA02 zUr mEnschenrettung in die tiefgarage (W8Ü1-101207-TG)

```
001 ZF       (2.0) <<len>Angriffstrupp zUr mEnschenrettung mit
002          erstem cE-rohr [in die   ]
003 AT1FM1                   [pass auf]
004 sit      AT1FM1 zu AT1FM2 ohne Funk.
005 ZF       [tief]garage vor.>
006 AT1FM2   [ja. ]
007 sit      AT1FM2 zu AT1FM1 ohne Funk.
008 AT1FM2   (4.5) angriffstrupp (2.0) mit erstem ce-rohr (.)
009          über die treppe (.) zur menschenrettung in die
010          tiefgarage vor,
011 sit      AT1FM2 zu ZF via Funk.
012 ZF       jA richtig.
...
014 ZF       (5.0) zugführer für die Atemschutzüberwachung-
015          der angriffstrupp hat angeschlossen;
016 Ko1      <<all>atemschutzüberwachung verstanden;>
```

In dieser Einsatzübung übernimmt derselbe Feuerwehrmann wie in TA01 die Rolle des Zugführers, der wieder die wesentlichen Informationen betont. Hier erfolgt der ‚offizielle (.) einsatzbefehl‘[244] via Funk. Auffällig ist an diesem Ausschnitt – im Gegensatz zu TA01 – die Wiederholung des Einsatzbefehles durch AT1FM2. Die Verstehensabsicherungen durch die Wiederholung von AT1FM2 und die anschließende Bestätigung durch EL (‚jA richtig‘, Z. 12) sind bedingt durch die Dislokation von ZF und AT1FM2. Es können also keine nonverbalen Signale verwendet werden. Entsprechend kann hier auch kein Displayzirkel gebildet werden und eine notwendige Etablierung eines gemeinsamen Nichtzeichenraumes für die Einsatzinstruktion – wie im ersten Ausschnitt – entfällt.

Der primäre Einsatzort allerdings wird als Schauplatz in zweifacher Hinsicht etabliert: Erstens wird er mit einer spezifischen Bezeichnung terminologisch präzisiert (wohin: ‚in die tiefgarage‘, Z. 2 und Z. 5). Und zweitens wird der Schauplatz über eine festgelegte raumarchitektonisch (Reflexionsstufe 1)[245] spezifizierte räumlich situierte Direktionalisierungshandlung in Form einer modalen adverbialen Bestimmung (wo entlang: ‚über die treppe‘, Z. 9) räumlich situiert. Zusammen mit dem Weltwissen der Beteiligten, hilft ihnen diese Rahmung[246] zu schlussfolgern, dass es mindestens einen weiteren Zugang zur Tiefgarage gibt, und zwar einen Zufahrtsweg.[247] Die Schauplatzetablierung durch den Einsatzleiter wird – die Instruktion repetierend – durch den Truppführer des Angriffstrupps via Funk bestätigt und somit akzeptiert. Zudem wird dadurch sichergestellt, dass auch der ‚Truppmann‘, der sich in der Regel zumindest etwas weiter entfernt vom Lautsprecher des Funkgeräts befindet als der Truppführer, die Einsatzinstruktionen inkl. der ersten Raumkonstitution wahrnehmen kann.

---

[244] Siehe W8Ü1.

[245] Siehe Unterkapitel 2.1.

[246] Der Terminus *Rahmung* wird hier in Anlehnung an Goffmans „framing" (Goffman 1977) verwendet.

[247] Dass ihnen dieses Wissen zur Verfügung steht, wird deutlich, wenn man die Kommunikation in TA58 mit der Umgebung vergleicht.

In den Zeilen 14–16 wird ersichtlich, an wen die Information adressiert ist, dass ‚*der angriffstrupp* [... die Pressluftatmungsgeräte] *angeschlossen*'[248] hat: an die ‚*Atemschutzüberwachung*‘, die in der Regel von einem Feuerwehrmann vor dem Gebäude gewährleistet wird. Im Allgemeinen übernimmt das der ‚Maschinist'[249] oder die Rolle bzw. Funktion wird im Rahmen einer Einsatzübung – wie hier – von einem der Einsatzkoordinatoren (‚Ko1‘) übernommen. Dass Ko1 die Wahrnehmung der Information verbal bestätigt, stellt ein Kennzeichen der Dislokation der Beteiligten dar.[250]

Der nachfolgende TA unterstreicht und ergänzt noch einmal die Besonderheiten der Funkkommunikation im Rahmen der Einsatzvorbesprechungen, so dass in den nachfolgenden Analysen sprachstilistische Spezifika der unterschiedlichen Interaktionskreise diskutiert werden können.

TA03 zUr mEnschenrettung über die kellertreppe (W8Ü2-101208-TG)

```
001 ZF      Angriffstrupp für zugführer-
002         kommen,
003 AT1FM2  ja hier angriffstrupp-
004         kommen,
005 ZF      Angriffstrupp zUr mEnschenrettung über den
006         treppenraum (.) in den kellerbereich (.) mit erstem
007         ce-rohr vor.
008 AT1FM2  angriffstrupp zUr menschenrettung über die
009         kellertreppe (.) durch die tür (-) mit erstem ce-rohr
010         vor.
011 ZF      ja richtig.
```

Auch in diesem Ausschnitt übernimmt derselbe Feuerwehrmann wie in TA01 und TA02 die Rolle des Einsatzleiters und auch hier erfolgt der offizielle Einsatzbefehl – wie in TA02 – via Funk, was sich für außenstehende Beobachter erneut an der gegenseitigen sprachlichen Bestätigung ablesen lässt.[251] Die Wiederholung des offiziellen Einsatzbefehls wird hier von AT1FM2 noch um die lokal-direktionale Angabe ‚*durch die tür*‘ (Z. 9) ergänzt. Damit verweist der Feuerwehrmann erstens darauf, dass er sich in diesem Augenblick vor der Eingangstür befindet, und zweitens v. a. auf sein Wissen, dass sich der ‚*kellerbereich*‘ (Z. 6) auch noch auf anderem Wege erreichen lässt (z. B. über eine Rampe, siehe TA58). Die Angabe, dass es sich um den ‚ersten‘ Angriffstrupp handelt, lässt der Einsatzleiter aus. Unbedingt notwendig ist die Information auch nicht, da sich dies aus der Angabe ‚*mit erstem ce-rohr*‘ (Z. 6–7) unmittelbar erschließen lässt. Dass die den

---

[248] Siehe auch TA01 aus W1Ü2.
[249] Siehe FM5 in TA01.
[250] Zum Kontrast siehe W1Ü2.
[251] Es gibt einige Beispiele, in denen der Einsatzbefehl auch in der ‚face-to-face‘-Kommunikation durch ein Truppmitglied wiederholt wird. Aber der Sequenzabschluss durch eine Bestätigung seitens des Einsatzleiters resp. Zugführers erfolgt dann in der Regel nicht explizit (via *ja*), sondern sprachlich implizit (z. B. ‚*macht*‘ in TA04) und/oder nonverbal (siehe ebd.).

Feuerwehrleuten vor Ort offensichtliche Tatsache, den ersten Trupp zu bilden, im Allgemeinen[252] überhaupt sprachlich aufgegriffen wird, unterstreicht den formellen Charakter des offiziellen Einsatzbefehls, zu welchem diese explizite Angabe gehört. Außerdem stellt dies für den Maschinisten, der ebenfalls ein Funkgerät besitzt, eine prinzipiell wichtige Information dar, da er die Wasserversorgung je Trupp reguliert. Zudem bieten die Schläuche für alle Beteiligten ein Navigationsmedium, mit dem sich der jeweilige Trupp auffinden lässt,[253] wodurch der Schlauch (speziell: dessen Ende) im Allgemeinen[254] zugleich als raumkonstituierende Ressource (,*wir sin im* [...] *unmittelbarer nähe vom strahlrohr*‘, TA17, Z. 20) für den Aufenthaltsort der zugewiesenen Feuerwehrleute dient (,*Angriffstrupp* [...] *mit erstem ce-rohr*‘, Z. 5–7).

Die Rahmung erfolgt – wie in allen offiziellen Einsatzbefehlen – über eine mehr oder weniger präzise Benennung des Einsatzortes (hier: ,*kellerbereich*‘) und den direktionalen Zugang (hier: ,*über den treppenraum*‘, Z. 5–6). Durch einen offiziellen Einsatzbefehl wird somit in jeder Einsatzübung durch den Einsatzleiter der Schauplatz erstmals etabliert und damit für sprachliche Anschlussmöglichkeiten vorbereitet. Wie sich im Datenmaterial beobachten lässt, obliegt diese Hoheit in der Kommunikation dem jeweils hierarchisch Höheren im Rahmen der Mission.[255] So kann zwar durch die Einsatztrupps ein Korrekturvorschlag unterbreitet werden, aber die terminologische Festlegung liegt letztlich im Einflussbereich des Einsatzleiters resp. Zugführers (siehe ,*zugführer*‘ statt ,*einsatzleiter*‘ in TA39 und ,*flurbereich*‘ als Raumbenennungshandlung in TA25).

Die gesamte Interaktion lässt sich in Instruktions- und Ratifizierungssequenzen unterteilen, welche gut abgestimmt sind auf und zwischen den Beteiligten. Dabei kommt es bei den dislozierten Settings zu einer doppelten Ratifizierung, indem der Truppführer den Einsatzbefehl wiederholt und der Zugführer seinerseits zusätzlich auch noch diese Wiederholung jeweils mit ,*ja richtig*‘ (Z. 11) bestätigt. In TA01 ist das Wiederholen des Einsatzbefehls nicht notwendig, weil hier Blickkontakt besteht und (akustisches) Verstehen auch nonverbal (durch Nicken, Augenbewegung etc.) signalisiert werden kann. Die in den Einsatzübungen erfolgende Koordination weist dabei die von Deppermann/Schmitt (2007, S. 23ff.) beschriebenen konstitutiven Koordinationsmerkmale „Zeitlichkeit, Räumlichkeit, Multimodalität und Mehrpersonenorientierung“[256] auf, wobei die Räumlichkeit bzw. die „perceived perception“[257] in TA02 und TA03 via Funk als „Zeichenraum“[258] und nur in TA01 als „Nichtzeichenraum“[259] hergestellt wird.

Der Hauptunterschied von uni- zu polylokalen Interaktionssituationen besteht darin, dass bei unilokalen Interaktionssituationen im Normalfall nonverbale „Zeighilfen“ (Bühler 1999), d. h. vorwiegend hinweisende Körperbewegungen, und „ikonische Gesten“ (Fricke 2009), also nonverbale Referenzobjektabbildun-

---

[252] Siehe TA01.
[253] Siehe TA17 aus W6Ü1.
[254] Eine Ausnahme stellt z. B. eine Unterbrechung des Schlauchs wie in W6Ü2 dar.
[255] Das ist in allen untersuchten Einsatzübungen der Einsatzleiter resp. Zugführer.
[256] Siehe Unterkapitel 3.3.
[257] Siehe Unterkapitel 3.3 und Hausendorf (2003, S. 252).
[258] Siehe Fricke (2004) und Unterkapitel 2.2.
[259] Siehe Fricke (2004) und Unterkapitel 2.2.

gen, zur Steuerung, räumlicher Lokalisierung und Referenzierung herangezogen werden, wohingegen bei multilokaler Beschaffenheit der Einsatzszenarien zu erwarten wäre, dass räumliche Situierungsausdrücke vorwiegend absolut und nicht relativ zur Origo[260] des Sprechers Verwendung finden und Verweisräume expliziert werden (das ist eine Hauptfunktion von selbst erstellten allgemeinen Landmarken wie z. B. Beschilderungen[261]).

Im Rahmen der meisten Notfalleinsatz-Phasen bestimmt Deixis am Zeichenraum vs. Deixis am Nichtzeichenraum häufig schon aufgrund der Dislokation der Beteiligten und aufgrund äußerster Sichtbeschränkungen einer Akteursgruppe den größten Teil der Steuerungs-, räumlichen Situierungs- und Referenzierungskommunikation. Allerdings werden auch nonverbale Zeighilfen zur Kommunikation zwischen räumlich anwesenden Beteiligten verwendet. Diese entsprechen aber v. a. haptischen (z. B. Berühren am Fußgelenk, siehe TA22) und akustischen (z. B. Klopfgeräusche, siehe TA17, oder Sprechen selbst, siehe z. B. TA35) Signalen.

Der folgende TA04 zeigt in Ergänzung dazu, wie sich gestische Symbole bei (visuell nicht oder kaum eingeschränkten) ‚face-to-face‘-Gesprächen im Rahmen der Einsatzinstruierung mit sprachlichen Zeichen verbinden können:[262]

TA04 Schaufelbewegung (W1Ü1-090113-KG)

```
001 ZF       <<f>okE:-
002 sit      Laute Motorengeräusche vom Einsatzfahrzeug im
003          Hintergrund zu hören.
004 ZF       wir legen 1Os.
005 sit      ZF dreht und schaut sich zu allen beteiligten
006          Feuerwehrleuten um.
007 ZF       (1.0) Angriffstrupp.
008          zur brAndbekämpfung unter pe A: mit erstem cE-rohr
009          über den treppenraum in den keller vor.
010 sit      ZF nickt zum Abschluss.
011 AT1FM1   (...)
012 ZF       (macht.)
013 sit      ZF macht mit beiden Armen eine Schaufelbewegung hin
014          zum Gebäude. AT1 geht vor. Sie legen den Schlauch
015          durchs Treppenauge. Der Flur ist bereits leicht
016          verraucht.
017 ZF       dEr angriffstrupp für zugführer kommen;
```

---

[260] Siehe Unterkapitel 2.2.

[261] Posner spricht bezüglich des Haupteffektes einer Beschilderung davon, dass sie „Kategorien zur Erfassung des Ortes an[bietet]" (Posner 1995, S. 15), und weil Schilder (wie auch die LANDMARKEN – v. a. in ihrer spezifischen Umgebung) die Sicht auf sich ziehen (siehe ebd., S. 16), führen sie zu einer „kognitive[n] Entlastung" (ebd., S. 23).

[262] Anhand der Parallelisierung von sprachlichem Ausdruck und gestischer Bewegung lässt sich prinzipiell keine Symbolform als die primäre identifizieren, weshalb hier sprachlich explizit auf ein unterstelltes ‚Unterstützen‘ einer Form durch eine andere verzichtet wird.

Abb. 12: ZF macht eine Aufforderungsgeste (siehe TA04, Z. 12)

Hier wird mittels einer spezifischen parallel ausgeführten ‚Vorwärts'-Gestik mit den Armen erstens die Beendigung der Einsatzinstruierung und zweitens die Aufforderung zum Start des Trupp-Vorstoßes in Richtung der Haupteingangstür gestisch kodiert und die nächste geforderte (Bewegungs-)Handlung der Angesprochenen damit vom Raum der Einsatzinstruktion hin zum primären Einsatzraum orchestriert. Parallel zur Gestik wird dabei die sprachliche Aufforderung mittels des imperativischen ‚*macht.*' (Z. 12) artikuliert. Aufgrund des gemeinsam geteilten visuellen Wahrnehmungs- bzw. Nichtzeichenraums ist solch eine Instruktionsgeste als Kommunikationszeichen möglich und in kodaler Hinsicht typisch für Einsatzphase I (siehe TA01). Des Weiteren unterstreicht die Aufforderungsgeste auch auf nonverbaler Ebene (neben der verbalen Ebene mit ‚*macht.*') die hierarchische Ordnung der Beteiligten.

Im nachfolgenden Ausschnitt bestimmt der Zugführer noch im fahrenden Feuerwehrauto (als Einsatzinstruktionsort) den Einsatzort und instruiert die Feuerwehrleute über die wichtigsten Daten zum bevorstehenden Einsatz: den präzise bestimmten Einsatzort (Z. 2–4), die Art des Einsatzes bzw. die primäre Aufgabe (‚*es brennt*', Z. 4; ‚*zur brandbekämpfu:ng*', Z. 5), die Funktion des Feuerwehrtrupps (‚*angriffstrupp*', Z. 5), die Art und Menge der Ausrüstung (‚*mit erstem ce-rohr unter drei pe a*', Z. 5–6) sowie den Einsatzweg (‚*über den treppenraum vor.*', Z. 6–7).

TA05 hier hausnummer vier (W6Ü1-100518-OG1)

```
001 ZF      (4.0) mÄnner;
002         EIngang is hier hausnummer vier direkt neben dem
003         fallro:hr,
004         (2.0) es brennt im Ersten ogE:-
005         angriffstrupp zur brandbekämpfu:ng (.) mit erstem
006         ce-rohr unter drei pe a (.) über den treppenraum
007         vor.
```

Abb. 13: Erreichen des Einsatzortes (Z. 1 in TA05)

Der Zugführer verwendet Deiktika in diesem Ausschnitt als genuin positionale räumliche Situierungsmittel für dér-deiktische Handlungen,[263] indem er die hinter ihm im Einsatzfahrzeug sitzenden Feuerwehrleute an einer Position informiert, von wo aus Hausnummern des Wohngebäudes erkennbar sind (siehe Abb. 13) und der Ausdruck somit als „optische Zeighilfe der hinweisenden Geste" (Fricke 2004, S. 22) fungiert. Zudem ist der Ort noch zusätzlich präzisiert mittels der nicht-deiktischen lokalen adverbialen Bestimmung *,neben dem fallro:hr'* (Z. 2–3). Damit ist die Ortsbezogenheit dieser Notfallbewältigungskommunikation in der Phase der Einsatzinstruktion mit unterschiedlichen sprachlichen Formen dokumentiert.

Neben dem deiktischen Ausdruck enthält der Einsatzbefehl zusätzlich eine exakte Hausnummerierung (*,hier hausnummer vier'*, Z. 2), um den Einsatzort zu spezifizieren. Solche Formen von „Kombinationen von deiktischen und nicht-deiktischen Richtungsangaben" werden „bevorzugt" verwendet, „[u]m Mißverständnisse zu vermeiden" (Schmauks 1996, S. 9). Insbesondere die Verwendung von Nummerierungen findet sich im Rahmen der nicht-deiktischen Richtungsangaben (siehe neben *,es brennt im Ersten ogE:-'*, Z. 4, auch TA01, Z. 7) sowie Selbst- und Fremdidentifizierungen häufig in der Einsatzkommunikation[264] und stellt damit eine musterhafte kommunikative Einsatzpraxis dar.

Im folgenden Ausschnitt kommt noch eine indirekt-metrische Angabe zu der dem Trupp maximal möglichen Einsatzweg-Strecke im Rahmen der Einsatzinstruktion hinzu.

---

[263] Mittels Dér-Deiktika wird auf ein Referenzobjekt verwiesen, das nicht mit dem Sprecher zusammenfällt, d.h. „[d]ie Dér-Deixis führt vom Sprechenden hinweg in dessen Anschauungsbild hinein, ohne Rücksicht auf Nah- und Fernsein des gewiesenen Gegenstandes" (Brugmann 1904, S. 74; zitiert nach Bühler (1999 [1934]), S. 97). Siehe Unterkapitel 2.2.

[264] Siehe z.B. TA01, Zeile 1 und TA08.

TA06 eine be-länge verteiler (W6Ü2-100518-TG)

```
001 ZF     A:lso-
002        folgende lA:ge,
003        ähh-
004        feuer in der tiefgarage im ersten tiefgeschoss-
005        ersten untergeschoss;
006        äh vorgehen über den trEppenraum hier vorne durch
007        die tür dUrch.
008        eine be-länge verteiler vorm haus;
009        und äh-
010        ja angriffstrupp zur menschenrettung-
011        zwei vermisste personen (.) in der tiefgarage vor.
012 AT1FM2 Angriffstrupp zur mEnschenrettung mit erstem
013        ce-rohr-
014        zwei vermisste personen in die tiefgarage vor,
015 ZF     jAwoll.
```

In der hier vorliegenden Kommunikation im äußeren Interaktionskreis gibt es einige interessante ortsspezifische und ortsbezogene und damit einsatztaktische Zusatzinformationen: erstens die Angabe zur höchstmöglichen Weglänge, die durch ‚be-länge verteiler‘ (Z. 8) charakterisiert[265] und durch die nicht-deiktische lokale adverbiale Bestimmung ‚vorm haus‘ (Z. 8) präzisiert ist (denn diese Angabe bedeutet, dass sich die mögliche Weglänge bereits im Treppenhaus verkürzt); zweitens die nachträgliche Korrektur von ‚tiefgeschoss‘ zu ‚untergeschoss‘ (Z. 4–5), die die Interpretation unterstützt, dass es sich bei *Untergeschoss* um eine akzeptierte in der Feuerwehrsprache terminologisch präzisierte und entsprechend präferierte Bezeichnung handelt im Gegensatz zu *Tiefgeschoss*; drittens der ebenfalls wie im vorherigen Beispiel verwendete deiktisch-positionale Ausdruck ‚hier‘ (Z. 6), der in diesem Einsatzbefehl noch um die deiktisch-dimensionale räumliche Situierung ‚vorne‘ plus nicht deiktische lokale Direktionalisierung ‚durch die tür dUrch‘ (Z. 6–7) ergänzt und damit eindeutig bestimmt wird; und viertens die nicht-deiktische räumliche Situierung mittels der Präpositionalphrase ‚in der tiefgarage‘ (Z. 4), womit der konkrete primäre Einsatzort benannt und notwendig präzisiert wird (hinreichend mittels der oben aufgeführten weiteren räumlich situierenden Spezifizierungen). Es wird also mit nahezu allen sprachlichen Mitteln, die bislang angeführt wurden, eine genaue Einsatzortbestimmung vorgenommen. Dass es sich dabei um eine hinreichend präzise Konstitution des Einsatzortes handelt, zeigt u. a. eine weder verbal (z. B. durch Nachfragen oder Explizierung von Verständnisschwierigkeiten) noch paraverbal (angezeigt durch ‚stotternde‘ Sprechweise mit langen Sprechpausen und Anakoluthen etc.) angezeigte Problematisierung im Rahmen der Wiederholung des Einsatzbefehls durch AT1FM2 (siehe Z. 12–14).

---

[265] Bestimmte Schläuche haben je spezifische Durchmesser und Längen (und andere eindeutige Werte, wie Durchflussmenge, Belastbarkeit etc.). B-Schläuche haben üblicherweise 5, 20 oder 35m Länge. Dabei wissen alle Feuerwehrleute eines Trupps um die genaue Länge ihrer Feuerwehrschläuche.

Der nächste Ausschnitt ist kein typisch verkürzter offizieller Einsatzbefehl, sondern eine Ergänzung dessen um zusätzliche Einsatzinstruktionen vor der Ersterkundung durch den Feuerwehrtrupp.

TA07 den schlAUch zur orientierung (W6Ü2-100518-TG)

```
001 ZF      ähm-
002         [ihr versucht jetz-    ]₁
003 AT2FM2  [<<f>das heißt wir gehen]₁ der rEchten wand entlang
004         [bis die endet,>        ]₂
005 ZF      [<<f>hier an der rEchten]₂ wand entlang->
006         ihr hab ja auch jetzt auch erstma den schlAUch zur
007         orientierung-
008         nämlich die seite die hier-
009         äh vom-
010         vo-
011         zum elef hingeht-
012         zum verteiler hingeht;
013 AT2FM2  ja:;
014 ZF      <<acc>die habt ihr auch als Orientierung->
015         und da guckt da mA so schnell wie möglich dahin zu
016         kommen wo die andern wa:ren;
017 AT2FM2  und da [lInks-       ]
018 ZF             [<<all>ich denk] dat macht für die
019         [übung mehr sinn.>]
020 AT2FM2  [dann links rüber-]
021 ZF      ja oke.
```

Zu diesem Ausschnitt muss als Hintergrundinformation hinzugefügt werden,
dass sich der Zugführer zusammen mit den Feuerwehrleuten des zweiten Angriffstrupps an der ‚Rauchgrenze' (siehe Unterkapitel 5.3.1) und damit unmittelbar vor dem primären Einsatzort befindet, von dem aus die dritte Einsatzphase
beginnt. Dies ermöglicht einige kommunikative Besonderheiten, wie die Bezugnahme auf den für alle sichtbaren Feuerwehrschlauch des ersten Trupps. Zudem
muss ergänzt werden, dass zuvor der Zugführer, dem Vorschlag des Truppführers von AT1 folgend, eine linksseitige (‚Linksregel' als komplementäres Pendant
zur ‚Rechtsregel'[266]) Orientierung als Einsatztaktik präferiert hat, und erst anschließend eine Selbstkorrektur *für die übung* (Z. 18–19) vornimmt, nämlich
die Orientierung *an der rEchten wand entlang* (Z. 5). Somit gibt der Zugführer

---

[266] Die fachterminologisch denotierte Organisationsregel ‚Rechtsregel' sieht folgendes Vorgehen vor: Die Feuerwehrleute durchsuchen nach dem Eintritt in eine Wohnung – oder
allgemein nach dem Erreichen eines Einsatzortes – diesen Einsatzort, indem sie sich an der
rechten Wand orientieren und diese kontinuierlich ablaufen, während sie die Räumlichkeit
zu ihrer linken Seite hin soweit absuchen, wie sie es schaffen, ohne die haptische Orientierung an der rechten Wand zu verlieren (zur Verlängerung des Absuchungsradius zur linken
Seite dienen dabei der Stiel der mitgeführten Axt und ggf. der zweite oder dritte Truppmann). Wenn dabei eine Tür oder ein Durchgang ertastet wird, so wird auch diese Räumlichkeit oder diese Nische nach dem gleichen Muster durchsucht, bis sie diese Räumlichkeit
wieder durch den Durchgang verlassen und weiter vorgehen können.

zwei wesentliche Einsatzinstruktionen: erstens sich prinzipiell rechts und zweitens sich anfänglich primär am ausliegenden Schlauch des vorangegangenen Trupps zu orientieren. Ein dritter Instruktionsteil betrifft die Spezifizierung des Ortes, den es zu erreichen gilt: ‚*dahin zu kommen wo die anderen wa:ren*‘ (Z. 15–16). Da dieser Ort nicht vom Vorgängertrupp gekennzeichnet wurde und auch der Schlauch nicht dort zurückgelassen wurde, müssen sich die Feuerwehrleute dafür auf die Informationen im Rahmen der Einsatznachbesprechung des ersten Angriffstrupps stützen (siehe TA63). Mit der Anmerkung, dass der zu erreichende Zielort von der aktuellen Position der Akteure aus eher links liegt (‚*dann links rüber*‘, um ‚*so schnell wie möglich dahin zu kommen wo die andern wa:ren*‘, Z. 20, 15–16), gibt AT2FM2 indirekt zu verstehen, dass er die Empfehlung des ersten *Angriffstrupps*, der *Linksregel* zu folgen, zustimmt und dessen Raumbeschreibung akzeptiert und in sein Raumkonzept integriert (hat).

Doch aufgrund der nur sehr vagen Ortsbeschreibung des Vorgängertrupps bleibt auch dieser Teil der Einsatzinstruktionen sehr unpräzise, was alle bisher angeführten Einsatzinstruktionen kontrastiert und eine Ausnahme im gesammelten Datenmaterial darstellt. Abgesehen von dieser Ausnahme werden also alle besonderen Einsatz-Schauplätze (insbesondere der Einstiegsort für den Vorstoß und der vermeintlich primäre Einsatzort für die Suche, der in der Regel – wenigstens zunächst – mit der Rauchgrenze zusammenfällt) in den Einsatzinstruktionen hinreichend präzise kommunikativ etabliert.

Wie der Einsatzbefehl über modale adverbiale Bestimmungen jeweils erweitert werden kann, zeigt der folgende Einsatzbefehl.

TA08 über die drehleiter (W1Ü2-090113-OG2)

```
001 ZF      (6.0) berg für wittenba:ch-
002         angriffstrupp zwEI zur menschenrettung-
003         mIt (.) zweitem ce rohr über die drehleiter (.)
004         vo:r.
005 AT2FM1  (2.0) der angriffstrupp zwO: (.) mIt ce rohr zur
006         menschenrettung vor;
007 ZF      oke dann legt mal los.
```

Hier wird explizit auf den Weg des Vorstoßes hingewiesen. Dieser unterscheidet sich vom ersten Angriffstrupp (siehe TA01) darin, dass jener nicht über den Treppenraum und die daran angrenzende Wohnungstür, sondern über die Drehleiter in eines der Wohnungszimmer vorgeht.

Was bei einem Vergleich der präsentierten Einsatzinstruktionen mit formeller sprachstilistischer Gestaltung, wie in diesem Ausschnitt, auffällt, ist der Verzicht auf Deiktika. Sowohl kommunikative räumliche Situierungs- als auch Direktionalisierungshandlungen erfolgen nicht deiktisch, sondern topologisch (siehe absolute Positionierungen in Unterkapitel 2.2) via lokaler Präpositionen und eindeutigen Referenzierungsnomen, wobei nicht-eindeutige Ortsangaben in der Regel durch Reparaturaufforderungen nachträglich eingefordert werden, wie im Beispiel der fehlenden Präzisierung ‚*im ersten o ge*‘ (siehe TA01).

Auch wenn die LANDMARKEN und ihre sprachliche Verwendung im Einsatzbefehl in der Regel nicht thematisiert werden, so gibt es dennoch eine Übung, in der sie explizit genannt werden, wodurch ein Eindruck vermittelt wird, wie ihre sprachliche Verwendung – bei Etablierung in der Praxis – in den offiziellen Einsatzbefehl integriert werden kann. Im folgenden Ausschnitt wird im Verlauf der Übung ein zweiter Einsatztrupp (der ‚Sicherheitstrupp') angewiesen, zur Menschenrettung ins Gebäude vorzugehen und eine zweite Person zu bergen, die der erste Trupp gefunden und via LANDMARKE gekennzeichnet hat, aber selbst nicht hinaus bringen kann, da er bereits mit der Bergung einer anderen Person beschäftigt ist.

TA09 unter nutzung der landmarken vo:r (W8Ü2-101208-TG)

```
001 Ma      kOmmen sie.
002 ZF      sIcherheitstrupp unter pe a mit zweitem ce-rohr in
003         den kellerbereich zur menschenrettung eine zweite
004         person-
005         unter nutzung der landmarken vo:r.
006 Ma      der sicherheitstrupp mit zwEIter ce-leitung zur
007         menschenrettung unter nutzung der landmarken vOr.
008 ZF      be vau a mitgehö:rt?
009 BVA     mitgehört.
```

Zu den wesentlichen und notwendigen Einsatzinformationen wird hier ‚*unter nutzung der landmarken*' (Z. 5) hinzugefügt. Es bildet im Rahmen der Einsatzinstruktion die dritte modale adverbiale Bestimmung nach ‚*unter pe a*' (Z. 2) und ‚*mit zweitem ce-rohr*' (Z. 2). Dass es sich hierbei um das einzige Beispiel im Gesamtkorpus handelt, veranschaulicht, dass die Verwendung der LANDMARKEN noch nicht in die alltägliche Praxis der Akteure übergegangen ist. Dennoch zeigt die kommunikative Einbettung zugleich die unproblematische Erweiterung der Einsatzinstruktionen durch eine weitere modale adverbiale Bestimmung, die asyndetisch ins Satzgefüge integriert werden kann. Für die Bestimmung des Einsatzortes haben sie allerdings in diesem Ausschnitt keine Bedeutung, zumal ihre Verwendungsweise nicht thematisiert wird.

5.2.2 Erkenntnisse aus Phase I: zur Rolle von Hierarchie und Status

In der ersten Einsatzphase besteht der innere Interaktionskreis, der insbesondere (im Fall nicht dislozierter Akteure) durch einen Nichtzeichenraum gekennzeichnet ist, nicht nur aus den jeweiligen Truppmitgliedern, sondern auch aus dem Einsatzleiter und ggf. weiteren Feuerwehrleuten (siehe TA01). Der größere Redeanteil liegt eindeutig beim (hierarchisch und Status-höheren) Einsatzleiter und die Sprache ist hochgradig (institutionell) formalisiert: Es finden sich Fachtermini (‚*pe a*', ‚*cE: rO:hr*', TA01), elliptisch kondensierte verblose Anweisungen mit Nominalisierungen und Präpositionalphrasen (‚*zUr mEnschenrettung; (-) Unter pe a: mit erstem cE: rO:hr, (.) Über den treppenraum vor*', TA01), keine umgangssprachlichen Elemente, kaum dialektale Färbungen, aber stets rollenspezifische Fremdidentifizierung (‚*angriffstrupp eins*', TA01). Der Besprechungsort als gemeinsamer Nichtzeichenraum ermöglicht im Allgemeinen ‚face-to-face'-Kommunikation mit entsprechend möglichen nonverbalen (Blick, Taxis, Gestik) Signalen (siehe TA01) und entspricht in der Regel nicht dem thematisch fokussierten primären Einsatzort.

Hinsichtlich Orientierung und Navigation erfolgt die nicht-deiktische, möglichst präzise räumliche Situierung des Einsatzortes (‚*zwEItes o ge*', TA01[267]) sowie des Weges dorthin (‚*über den treppenraum vor*', TA01), sofern sich Einsatzleiter und Feuerwehrleute des primär angewiesenen Trupps nicht gemeinsam unmittelbar an der Rauchgrenze befinden (siehe TA07), was allerdings den Ausnahmefall darstellt.[268] Damit wird gemeinschaftlich – mittels Wiederholungen, Paraphrasierungen, Nachfragen, Selbst- und Fremdkorrekturen sowie Bestätigungen – ein möglichst hinreichend genau bestimmter Schauplatz für den primären Einsatzort konstituiert.

In den Einsatzvorbesprechungen spielen LANDMARKEN insgesamt keine bedeutsame Rolle. Sie werden lediglich in einem einzigen Fall als ein Hilfsmittel unter anderen (Pressluft-Atmungsgeräte, Schlauch) aufgeführt. Dieser Transkriptausschnitt erlaubt einen Einblick auf die für Einsatzvorbesprechungen stilistisch angepasste sprachliche Verwendungsmöglichkeit mittels einer Präpositionalphrase innerhalb einer modalen adverbialen Bestimmung (‚*unter nutzung der landmarken vo:r*', TA09) und damit auf den – im Rahmen des fortlaufenden Technikentwicklungsprojektes – in Ansätzen angezeigten Medienaneignungsprozess. Die Zeichenfunktionalität und damit ihr Status als Symbolsystem wird hier nicht explizit thematisiert. Stattdessen wird ihr Status als technisches Medium betont. Da sie in dieser Phase weder nicht-sprachlich ‚benutzt' noch kommunikativ weiter bearbeitet werden, kann auch keine Analyse hinsichtlich ihrer Verwendung erfolgen. Letztlich lässt sich also diese Phase auch hinsichtlich der weitgehend fehlenden sprachlichen Verwendung von LANDMARKEN von anderen Einsatzphasen abgrenzen bzw. charakterisieren.

5.3 Phase II: Ersterkundungen

5.3.1 Die kommunikative Konstitution des primären Einsatzortes anhand der ‚Rauchgrenze'

Der folgende TA10[269] schließt zeitlich unmittelbar an TA01 an und demonstriert das Vorgehen des ersten Angriffstrupps im visuell noch weitgehend un-

---

[267] *Zweites OG* stellt, wie in Unterkapitel 5.3.2 erläutert, keinen Rekurs auf allgemeines Welt-, sondern auf institutionelles Regelwissen dar, da die Bezeichnungen und Nummerierungen fachterminologisch eindeutig festgelegt sind (im Gegensatz zur Alltagssprache, in der z.B. *erstes Obergeschoss* auch synonym für *Erdgeschoss* verwendet werden kann).

[268] Selbst wenn ein ganzes Haus brennt, unterscheiden sich der Besprechungsort und der durch die Rauchgrenze markierte Eingangsbereich des Einsatzortes zumindest minimal, da die Einsatzbesprechung in einem gewissen Sicherheitsabstand erfolgt. Im vorliegenden Datenmaterial wird allerdings kein Häuserbrand simuliert, sondern nur Etagenbrände.

[269] Dieser Transkriptausschnitt ist (zusammen mit TA01 und TA14) bereits in Habscheid/Gerwinski (2012, S. 275–282) vorgestellt worden, aber hier erfolgt eine etwas umfassendere und auf die Fragestellungen dieser Untersuchung fokussierte neue Analyse.

eingeschränkt begehbaren Treppenhaus auf dem Weg zum in der Einsatzvorbesprechung etablierten Startpunkt des eigentlichen Einsatzortes.

TA10 tu hier durchs auge (W1Ü2-0901-OG2)

```
001 AT1FM2 (10.0) kommste rAn?
002        (8.5)
003 sit    Blickkontakt: AT1FM1 nickt.
004 AT1FM1 is o kE:;
005        (.) (gib) ma weiter (rechts den).
006 sit    AT1FM2 klemmt zwei Keile unter die Eingangstür.
007 AT1FM1 (16.0) (...) wir jetzt (am) rauch angekommen ne?
008        müssten ma eigentlich wasser draufgeben;
009 AT1FM2 ja (.) oben machen wa dat.
010        (--) oben is rauchgrenze.
011        tu hier durchs auge;
012        (12.0) so dann sach ma bescheid wasser mArsch.
013 AT1FM1 (4.5) erstes ce-rohr wasser mArsch,
014 ZF     (5.0) erstes ce-rohr (.) wasser kommt.
015 AT1FM1 (4.5) wir befinden uns in der (.)ersten etage (vor
016        rauchgrenze.)
017 ZF     (3.5) zugführer mitgehört.
```

Abb. 14: AT1FM1 und AT1FM2 am ,Treppenauge' (siehe TA10, Z. 9) im Erdgeschoss

Abb. 15: AT1FM1 und AT1FM2 betreten das erste Obergeschoss (siehe TA10, Z. 12)

In Zeile 1 positionieren die Feuerwehrleute AT1FM1 und AT1FM2 zwei Holz-keile unter der Haupteingangstür, um während des Einsatzes den Schlauch nach-ziehen zu können, ohne dass sich dieser zwischen Tür und Türrahmen verkeilt.[270] Diese Handlung koordinieren sie umgangssprachlich, verkürzt und (implizit) ortsbezogen (,*kommste rAn?*', Z. 1 und ,*is o kE:; (.) (gib) ma weiter (rechts den).*', Z. 4–5). Eine solche umgangssprachliche und teilweise dialektale Sprechweise findet sich häufig in den untersuchten Einsatzübungen bei Feuerwehrleuten in-nerhalb des Gebäudes und v. a. im inneren Interaktionskreis. Dies ist auch durch-aus üblich in solcherart empraktischen Kommunikationssituationen, in denen der kommunikative (und zugleich auch kognitive) Aufwand aus physio-öko-nomischen Gründen in diesen Arbeitssituationen gering gehalten werden sollte.

In Zeile 7 fragt AT1FM1 AT1FM2, ob sie bereits ,*(am) rauch angekommen*' sind. Bei dieser Aushandlung handelt es sich um eine einsatztaktisch sehr wich-tige und durchaus diskutable Positionsbeschreibung, denn die ,*rauchgrenze*' (Z. 10), also die räumliche Position, an der der Rauch beginnt, ist kein fester und/oder eindeutiger Ort. Rauch breitet sich diffusionsartig von der oder den Feuer-bzw. Schwelherden aus. Daraus ergibt sich erstens eine sich stetig verschiebende Rauchgrenze (spätestens beim Öffnen von Türen breitet sich der Rauch stärker aus) und zweitens handelt es sich nicht um eine objektiv bestimmbare Grenze, sondern um einen graduellen Übergang von weniger zu stärker verrauchten Be-reichen (siehe auch Abb. 14 und 15). Dennoch handelt es sich bei der (ersten ausgehandelten) Rauchgrenze – v. a. in der Einsatzphase der Ersterkundungen – um eine sehr wichtige Einsatzkategorie und Raumcharakterisierung, die der Schauplatzetablierung dient,[271] denn von dort an wird der Einsatz aufgrund ein-geschränkter Sicht für die Feuerwehrleute gefährlicher und sie wechseln von dort an in der Regel vom aufrechten Gang zu einer kriechenden Fortbewegung.[272] Dies ist deshalb funktional, weil der Rauch im Allgemeinen geschichtet ist, d. h. bei echtem Rauch nimmt die Dichte des Rauches nach oben hin zu, was dazu führt, dass im unteren Bereich (bis ca. 50 cm Höhe) häufig noch etwas Sicht gewähr-leistet ist.[273] Aufgrund der von der Rauchgrenze an zunehmenden Gefährlich-keit sind die Feuerwehrleute auch dazu angehalten, spätestens von dort an mit gefülltem Wasserschlauch weiter vorzugehen.[274] Diesen Umstand (und damit sein

---

[270] Das ist eine übliche und arbeitsnotwendige Praxis, die im Verlauf der technischen Entwick-lung zu der in Unterkapitel 1.2 aufgeführten eigentümlichen Form der neuen technischen Medien (der LANDMARKEN) geführt hat.

[271] Das ist auch daran abzulesen, dass die Rauchgrenze in allen Ersterkundungen des vorlie-genden Datenmaterials thematisiert wird.

[272] Zu weiteren Charakteristika dieser ,Phasen-Grenze' siehe Abbildung 8.

[273] Dies ist bei dem im Übungszentrum verwendeten, mit Nebelmaschinen erzeugten künst-lichen Rauch nicht der Fall. Dennoch bewegen sich die Feuerwehrleute auch in diesen Szenarien kriechend, da sie auf diese Weise erstens weniger Gefahr laufen, sich z. B. an-zustoßen und weil es zweitens der allgemein üblichen Praxis (sowohl in Einsätzen als auch in Einsatzübungen) entspricht.

[274] Da der Schlauch im gefüllten Zustand ungleich schwerer und unbeweglicher ist, versuchen die Beteiligten im Allgemeinen diesen Zeitpunkt – soweit wie unter Sicherheitsaspekten noch zu vertreten – zeitlich bzw. räumlich nach hinten zu verlagern, so dass sie Energie ein-sparen.

institutionelles Wissen) macht FM1 auch explizit, indem er die Frage nach dem Rauch um ‚*müssten ma eigentlich wasser draufgeben;*' (Z. 8) ergänzt. AT1FM2, der Truppführer dieses Zweimann-Angriffstrupps, bestätigt das Anfordern des Wassers für den Schlauch an der Rauchgrenze (‚*ja (.)*', Z. 9), definiert allerdings die obere Etage, die man bereits von der Position der Treppe aus sehen kann (siehe Abb. 15), als Rauchgrenze (‚*oben machen wa dat. (--) oben is rauchgrenze.*', Z. 9–10). Damit legt er den räumlich situierten Startpunkt des primären Einsatzortes fest. Da kein Widerspruch erfolgt, kann damit diese Schauplatzetablierung als gemeinsam beschlossen betrachtet werden.

Im Anschluss daran weist er AT1FM1 umgangssprachlich und mittels einer direktionalisierenden modalen adverbialen Bestimmung an, den Schlauch an eine bestimmte Position zu verlagern (‚*tu hier durchs auge;*', Z. 11). Dies ist eine einsatztaktisch funktionale Position für den Schlauch, da dieser durch das ‚*auge*' des Treppengeländers leichter nachzuziehen ist und eine geringere Schlauchlänge auf der Treppe zurückbleibt. AT1FM2 nutzt hier und in der Sequenz zuvor seine organisationshierarchische Stellung zur Festlegung sowohl des Einsatzort-Startpunktes (Funktionen: benennend, charakterisierend) als auch der Schlauchpositionierung (Funktion: Weg weisend). Gleichzeitig nimmt er explizit Bezug auf den ihre Einsatztaktik mitbestimmenden spezifischen Handlungsweisen ermöglichenden bzw. begrenzenden Ort und macht den Ort auch als derzeitigen und zukünftigen Handlungsraum kommunikativ verfügbar, indem auf die Positionierungsart ihres herkömmlichen Hilfsmittels (auch als Weg markierendes Medium) sowie auf (von nun an) damit verknüpfte spezifische Ortsspezifika (‚*auge*') kommunikativ Bezug genommen werden kann.

Auf ihrem Weg in die erste Etage lassen sich konstant relevante Beschreibungen bezüglich ihrer Position (‚*wir jetzt (am) rauch angekommen*', Z. 7 und ‚*wir befinden uns in der (.) ersten etage (vor rauchgrenze)*', Z. 15–16), der ortsverknüpften Situation (‚*rauchgrenze*', ‚*oben is rauchgrenze*') und der situational notwendigen oder nicht erforderlichen Handlungen beobachten (‚*müssten ma eigentlich wasser draufgeben*', ‚*oben machen wa dat*', ‚*tu hier durchs auge*', ‚*so dann sach ma bescheid wasser mArsch*'). Diese letzten (im inneren Interaktionskreis geäußerten) Beschreibungen inkl. der Wasseranforderung gibt AT1FM1 auch an den Einsatzleiter weiter (‚*erstes ce-rohr wasser mArsch,*', Z. 13), der dies bestätigt (‚*erstes ce-rohr (.) wasser kommt.*' und später ‚*zugführer mitgehört.*', Z. 14 und Z. 17). Dabei ist die Bestätigung von fernmündlich Gehörtem eine nicht nur bei Funk-, sondern auch bei telefonischer Kommunikation übliche kommunikative Handlung, um dem oder den anderen zu signalisieren, dass die Mitteilung gehört (im Idealfall auch verstanden) worden ist, denn ein visueller Kanal steht – im Gegensatz zur ‚face-to-face'-Kommunikation – für diese Bestätigung nicht zur Verfügung.

Im folgenden Ausschnitt einer anderen Übung gibt der Einsatzkoordinator das Erreichen der Rauchgrenze explizit vor (vor Z. 1). Der hohe Stellenwert dieses Raumes[275] für den Einsatz wurde im vorangegangenen Ausschnitt bereits deut-

---

[275] Da es sich bei der Rauchgrenze – wie oben erläutert – nicht um einen eindeutigen Ort handelt, sondern dieser erst kommunikativ ausgehandelt (oder wie hier übungstechnisch vom

lich. Hier kommt mit der ortsrelevanten kommunikativen Handlung der Durchsage an den Zugführer ein weiterer Beleg für die hohe Bedeutsamkeit dieser räumlich situierten Position hinzu, die gewissermaßen das Ende eines „Übergangsbereichs" zwischen dem Ort der Einsatzinstruktion und dem primären Einsatzort markiert (vergleichbar mit dem bei Kesselheim und Hausendorf beschriebenen „Treppenhaus [...] als Übergangsbereich" bei musealen Ausstellungen; siehe Kesselheim/Hausendorf 2007, S. 356).

TA11 rauchgrenze erreicht (W2Ü1-090626-TG)

```
001 AT1FM1  zugführer fü:r ersten angriffstrupp kommen,
002 ZF      zugführer hört?
003 AT1FM1  wir sind (...) an der rauchgrenze;
004         (wir schließen an).
005 ZF      ja verstanden.
006         <<f>angriffstrupp eins ist an der rauchgrenze und
007         schließt geräte an;>
008         (11.0) einsatzleitung für zugführer;
009 IV      hört,
010 ZF      Erster angriffstrupp an der rauchgrenze-
011         schließt an und geht und geht in die tiefgarage vor.
012 IV      verstanden ende.
013 sit     AT1 schließt sich die Atmungsgeräte gegenseitig an.
```

Im Gegensatz zu TA01 in Unterkapitel 5.2.1 schließen die Feuerwehrleute hier die Luftgeräte erst an der Rauchgrenze an, da die Nutzung von dort an im Allgemeinen (spätestens) notwendig wird. Diese einsatztaktisch hochrelevante Information wird an den Zugführer weitergegeben, der dessen Bedeutsamkeit unterstreicht, indem er die Informationen zur Rauchgrenze sowie zum Anschluss der Atmungsgeräte (sprachlich verkürzt auf ,*schließt geräte an*', Z. 7) für den Gesamt-Einsatzleiter[276] wiederholt (Z. 8–12). Des Weiteren legt der Zugführer indirekt die Rauchgrenze unmittelbar vor dem Zugang zur Tiefgarage fest (,*... schließt an und geht und geht in die tiefgarage vor.*', Z. 11). Damit wird auf den primären Einsatzort referiert, an dessen Zugang sich die Feuerwehrleute mit dem nominal bestimmten räumlichen Konzept ,*rauchgrenze*' (Z. 3, 6, 10) befinden.

Was lässt sich in diesem TA also hinsichtlich Ortsbezogenheit, räumlicher Situierung und Raumkonstitution konstatieren? Die Akteure beziehen sich vornehmlich und vorerst nur auf einen vagen und veränderlichen Ort, und zwar auf die ,*rauchgrenze*', bevor sie schließlich am Ende des Gesprächssegments mit ,*tiefgarage*' (Z. 11) auch einen mehr oder weniger fest umrissenen räumlich situierten

---

Koordinator festgelegt) wird, muss diese bedeutsame lokale Stelle gemäß der Definition in Unterkapitel 2.1 als *Raum* bezeichnet werden.

[276] Ein Institutsvertreter (,IV') übernimmt in dieser Einsatzübung zu Beginn sporadisch die Rolle des Gesamt-Einsatzleiters, also desjenigen, der nicht nur einen Feuerwehrzug, sondern den gesamten Einsatz resp. die gesamte Übung leitet. In der Regel fallen die Rollen des Zugführers und des Einsatzleiters in den untersuchten Settings zusammen, so dass eine Differenzierung meist unnötig ist.

Bereich thematisieren und damit eine Raumkonstitution ermöglichen.[277] Denn erst durch diese räumliche Situierung können die Akteure im äußeren Interaktionskreis gemeinsam über den Schauplatz des vorangehenden Einsatztrupps kommunizieren.

Des Weiteren weist die Interaktion zwar keine ausführlichen Turns auf, aber auch keine derart elliptisch kondensierte und institutionell formalisierte sprachstilistische Gestaltung (z. B. mittels Auslassung von Verben und Nominalisierungen) wie in den Einsatzvorbesprechungen. Allerdings sind ebenfalls Fachtermini (‚rauchgrenze‘, ‚angriffstrupp‘, ‚schließt an‘), der Verzicht auf umgangssprachliche Elemente und rollenspezifische Selbst- und Fremdidentifizierungen (z. B. ‚zugführer fü:r ersten angriffstrupp kommen‘, Z. 1) zu beobachten.

5.3.2 Status, Funktionen und Verwendung von LANDMARKEN in Phase II

Dass der eigentliche ‚EIngang‘ (Z. 17) zum Einsatzort für die Akteure mit der ‚rAUchgrenze‘ (Z. 18) zusammenfällt und dessen bedeutende einsatztaktische Rolle damit unterstreicht, zeigt der folgende Ausschnitt aus der zweiten Übung des letzten Workshops. Des Weiteren wird hier die Auslegung von LANDMARKEN diskutiert, weshalb sich eine erste Reflexion über Status, Funktionen und Verwendung von LANDMARKEN in der Ersterkundungsphase anbietet.

TA12 blaue landmarke hier am EIngang an der rAUchgrenze (W9Ü2-110524-TG)

```
001 AT1FM1 ja;
002 sit    Beide Feuerwehrmänner bekommen die Masken
003        vollständig abgeklebt.
004 AT1FM1 (schIffi) dann setzen wir hier die erste landmArke-
005 sit    AT1FM1 greift eine Landmarke.
006 AT1FM1 [ne?      ]
007 AT1FM2 [<<all>ja.>]
008 AT1FM1 ja-
009 sit    AT1FM1 gibt die Landmarke Ko.
010 AT1FM1 [blAU. ]
011 Ko     [fArbe?]
012        gesEtzt.
013 sit    AT1FM2 positioniert die Landmarke.
014 AT1FM1 (3.0) so-
015        (2.5) okAY.
016 AT1FM2 hast du schon was gesEtzt?
017 AT1FM1 jA: die blaue landmarke hier am EIngang an der
018        rAUch[grenze.]
019 AT1FM2      [xxx xxx];
```

---

[277] Alltagssprachlich ist auch ein mittels *Tiefgarage* skizzierter lokaler Bereich nicht allzu klar umrissen, da sich an die eigentliche Tiefgarage anschließende Räumlichkeiten wie Kellerräume, Treppenräume etc. dazu zählen lassen. Aber die ausgewerteten Daten der Einsatzübungen lassen darauf schließen, dass *Tiefgarage* für die Akteure in Feuerwehreinsätzen enger definiert ist und damit einen eindeutigeren lokalen Bereich skizziert als in der Alltagssprache.

```
020        dÜcker für ritter kOmmen;
021 EL     kOmmen;
022 AT1FM2 ja-
023        wir gehn jetzt ins gebÄUde rein.
024        die erste landmarke gesetzt.
025        auf eingang blAU.
026 AT1FM1 ja.
027        [sach ma wir-  ]
028 EL     [ja verstanden.]
029 AT1FM1 wir gehen nach der rEchtsregel vor.
030 AT1FM2 das machen wa ja Immer.
031 AT1FM1 <<p>ja;>
```

Diese Interaktion findet direkt im Anschluss an das Abkleben ihrer Masken statt (siehe Z. 1), was in dieser Einsatzübung statt künstlichem Rauch als Sichtbeschränkung benutzt wird. Die Interaktion beginnt damit, dass AT1FM1 mit einer Fragepartikel und steigender Intonation (also fragend)[278] vorschlägt („...- ne?', Z. 6), den Eintrittsbereich in die Tiefgarage und damit zugleich die Rauchgrenze (symbolisiert durch das Abkleben der Masken) mittels ‚erste[r] landmArke' zu markieren (Z. 4), was AT1FM2 bestätigt („ja.', Z. 7). Die Farbauswahl stellt AT1FM1 allerdings nicht zur Disposition, sondern setzt sie fest („blau.', Z. 10) und schließt die Auslegung nach deren Vollzug im erweiterten Interaktionskreis mit dem LANDMARKEN-Träger (Z. 8–13) auch kommunikativ (zumindest indirekt) mittels ‚so- (2.5) okAY.' (Z. 14–15) ab. Diese Äußerung nimmt AT1FM2 zum Anlass, noch einmal explizite Informationen zur Auslegung durch seinen Kollegen in Erfahrung und implizit zum Ausdruck zu bringen, dass er nicht in die konkrete Auslegehandlung einbezogen worden ist (‚hast du schon was gesEtzt?', Z. 16). Daraufhin erläutert AT1FM1 alle relevanten Informationen zur Auslegung: erstens dass er eine LANDMARKE als Markierungssysmbol ausgelegt hat („jA:', Z. 17), zweitens welche Farbe er gewählt hat (‚die blaue landmarke', Z. 17) und drittens wo genau er sie positioniert hat (‚hier am EIngang an der rAUchgrenze', Z. 17–18). Damit legt er auch zugleich einen wichtigen räumlich situierten Referenzpunkt fest und konstituiert den Raum als ‚EIngang an der rAUchgrenze'. Dieser Referenzpunkt kann weiterhin handlungspraktisch genutzt werden. Dass AT1FM2 mit der vorangegangenen und beschriebenen Handlung von AT1FM1 einverstanden ist, bringt er indirekt zum Ausdruck, indem er das Vorgehen nicht im inneren Interaktionskreis thematisiert, sondern die Informationen zum Handlungsvollzug und zur Raumkonstitution im äußeren Interaktionskreis unmittelbar an den Einsatzleiter weitergibt. Er informiert den Einsatzleiter über die Art und Nummer des ortsmarkierenden Auslegeobjekts (‚die erste landmarke gesetzt', Z. 24) und den hergestellten Raum, den die Markierung kennzeichnet inkl. Farbsymbol (‚auf eingang blAU.', Z. 25). Damit wird die Verwendung der LANDMARKEN neben dem inneren auch im äußeren Interaktionskreis kommunikativ aufgenommen und somit in allen relevanten Interaktionsordnungen zur Orientierung(skommunikation) verwendet.

---

[278] Die Interpretation des Turns als Frageturn ergibt sich aus der für Fragen im Deutschen typischen Kombination von Fragepartikeln plus „steigende phrasenfinale Intonationsverläufe [...] um Nicht-Terminiertheit zu signalisieren" (Auer 1989, S. 36).

Diese Informationen ergänzt er um eine Ankündigung der nun erfolgenden Anschlusshandlung des Angriffstrupps, die er – wie bereits in Unterkapitel 5.2.1 dargestellt – mit dem dafür typischen Marker, dem Temporaldeiktikum *,jetzt'*, einleitet (*,wir gehn jetzt ins gebÄUde rein'*, Z. 23). AT1FM1 fordert daraufhin AT1FM2 auf, auch noch die Angabe, dass sie *,nach der rEchtsregel vor[gEhn]'* (Z. 29), durchzugeben. Dies lehnt AT1FM2 allerdings indirekt ab mit der Begründung *,das machen wa ja Immer'* (Z. 30). Er weist dieser Angabe somit nicht genügend Informationswert zu, dass sie übermittelt werden müsste. In Grice' Terminologie lehnt er also mit Bezug auf die erste „Konversationsmaxime", die „Kategorie der Quantität" (vgl. Grice 1989) ab, in deren zweitem Hauptsatz steht „Do not make your contribution more informative than is required"[279] (ebd., S. 26). Die Begründung akzeptiert AT1FM1 (*,ja;'.* Z. 31) und damit ist die Sequenz abgeschlossen. Hinsichtlich der kommunikativen Explizierung der *Rechtsregel* als institutionell festgelegtes und in situ relevantes Orientierungsleitsystem kann man also quer über die Daten aller Einsätze keine einheitliche Vorgehensweise beobachten, höchstens die Tendenz, dass sie häufiger expliziert als nicht erwähnt wird.

Auch im folgenden Ausschnitt erreichen die Feuerwehrleute des ersten Angriffstrupps die bedeutsame Position des Startpunkts ihres primären Einsatzortes. In diesem Ausschnitt werden ebenfalls die mitgeführten LANDMARKEN explizit thematisiert und in den Handlungsvollzug einbezogen.

TA13 im eingangsbereich quasi (W1Ü1-090113-KG)

```
001 AT1FM1 angriffstrupp-
002 sit    AT1FM1 zu ZF via Funk.
003 AT1FM1 (1.0) steht jetzt vor der ersten (.) tÜ:r.
004        [(1.5)] wir Öffnen diese jetzt.
005 AT1FM2 [(...)]
006 ZF     ja zugführer hat mitgehört.
007 AT1FM1 oke?
008 AT1FM2 (1.0) oke.
009 sit    AT1FM2 nickt.  AT1FM1 öffnet die Tür.
010 AT1FM2 nimmst du schlauch?
011 AT1FM1 ja::;
012 sit    AT1FM1 geht vor.
013 AT1FM1 (3.5) willst du hier schon-
014        (1.5) den ersten pUnkt setzen?
015 AT1FM2 (3.0) ja das ist ja die EIngangstür hIEr;
016 AT1FM1 ja (.) der EIngangsbereich quasi;
017 AT1FM2 (2.0) ja setzen wir hier-
```

---

[279] An dieser Stelle muss angemerkt werden, dass Grice mit einem anderen Informationsbegriff operiert als der Autor, was an diesem Passus auffällt. In dieser Arbeit wird mit einem eher technisch inspirierten Informationsbegriff gearbeitet (siehe die Anmerkung zu Shannon/Weaver 1972 in Fußnote 237), in welchen bereits der Neuigkeitswert operationalisiert ist, wohingegen Grice auf ein eher alltagssprachliches Informationskonzept verweist, bei welchem *Information* mit *Angabe* oder *Datum* synonym zu verstehen ist.

```
018            (2.0) EInmal eine orangene landmarke.
019 sit        Axiale Ausrichtung und Blick zu LMT.
020            LMT (-) orange?
021 sit        LMT hat bereits eine Landmarke in der Hand.
022 AT1FM2     (xxx) ja-
023            weil wir gehn hier rein.
024 sit        LMT tauscht die Landmarke gegen eine gelbe und gibt
025            sie AT1FM2.
026 AT1FM1     das wir hier rEIn[gegangen <<p>sind.>]
027 AT1FM2                      [ne gElbe türe;       ]
028 AT1FM1     ja-
029 MT         okE;
```

Abb. 16: AT1FM2 positioniert die erste LANDMARKE (siehe TA13, Z. 17)

In TA13 ist der Trupp bis zur ersten Tür, die in den Keller führt, vorgegangen. Wie man am weiteren Transkript ablesen kann, befinden sie sich damit an der (selbst definierten) Rauchgrenze (etwas später im Transkript paraphrasiert mittels *,hinter der tÜr is stark verraucht;'*).

Der Truppmann AT1FM1 fragt den Truppführer AT1FM2, ob er vor dieser ersten Kellertür eine Markierung vornehmen möchte (*,willst du hier schon- (1.5) den ersten pUnkt setzen?'*, Z. 13–14). AT1FM2 bejaht dies nicht nur, sondern begründet dies auch zugleich, und zwar damit, dass dies die *,EIngangstür'* ist (Z. 15), womit er das Symbol zur Lösung des Standortproblems (*Wo sind wir?* im Sinne einer allgemeinen Landmarke in Anlehnung an Schmauks 2002) vorschlägt. Es erfolgt somit die Begründung für das Markieren des ersten einsatzrelevanten Ortes. AT1FM1 bestätigt dies und paraphrasiert die Bezeichnung (*,ja (.) der EIngangsbereich quasi;'*, Z. 16). Dadurch, dass dies wiederum von AT1FM2 verifiziert wird (Z. 17), ist die Benennung dieses Schauplatzes und somit die Raumkonstitution abgeschlossen. Im Anschluss daran erfolgt die Kennzeichnung mittels LANDMARKEN-Auslegung. AT1FM2 entscheidet sich, die Tür mit einer orangefarbenen LANDMARKE[280] zu markieren und begründet die

---

[280] Zur Farbsymbolik siehe Unterkapitel 1.2. Bis auf die letzten Workshops (W8Ü1 bis W9Ü3) steht *orange* für nicht vollständig durchsuchte und *gelb* für begangene, aber noch nicht verlassene Räumlichkeiten.

Wahl (*,weil wir gehn hier rein.'*, Z. 23) gegenüber LMT. Dies ist ein vielfach be-
obachtbares Vorgehen beim Auslegen der LANDMARKEN und damit der expliziten Raumkonstituierung. Diese Begründung gibt dabei einen Hinweis auf die primäre (orientierungs- und navigationsbezogene) Problemlösung, die AT1FM2 mit der Auslegung bereithält: Er hält eine Lösung für das Richtungsproblem (*Wo geht es weiter?* im Sinne einer Wegmarke in Anlehnung an ebd.) bereit. Er erhält von LMT daraufhin eine gelbe LANDMARKE,[281] womit dieser AT1FM1 indirekt hinsichtlich der Zuordnung der LANDMARKE-Grundbedeutung korrigiert, denn mit der gelben LANDMARKE wird (sowohl in der ursprünglich vereinbarten als auch in dieser Übung teils modifizierten Farbsymbolik)[282] markiert, dass sich der auslegende Trupp durch diese Tür in eine Räumlichkeit hineinbegeben hat, aber noch nicht wieder hinaus gekommen ist und diese Beschreibung findet sich auch noch einmal verkürzt in der Begründungshandlung von AT1FM2 (*,weil wir gehn hier rein'*), wodurch auch die Skepsis implizierende Nachfrage von LMT (*,orange?'*, Z. 20) beantwortet wird. Im Anschluss an das Anreichen der gelben LANDMARKE erfolgt die indirekte Annahme der Korrektur (plus Wiederholung für alle) durch AT1FM2 mit *,ne gElbe türe'* (Z. 27), womit auch zugleich die Verräumlichung am Startpunkt des primären Einsatzortes abgeschlossen wird. Damit wird also in diesem Interaktionssegment nicht nur das Symbolsystem in seiner Materialität thematisiert (*,den ersten pUnkt setzen'*, Z. 14), sondern auch über ein spezifisches Symbol besprochen und ausgehandelt (farbliche Kodierung inkl. Begründung). Die in Unterkapitel 2.1 vorgestellte Definition von *Symbol* ist hier eindeutig wiederzuerkennen: „Die Bedeutung eines Symbols ist zu wissen, zu welchem Zweck es normalerweise regelkonform verwendet wird" (Unterkapitel 2.1 in Anlehnung an Keller 1995, S. 130).

Des Weiteren wird mit der metonymischen Übertragung der LANDMARKEN-Farbe auf den räumlich situierten Referenzpunkt (die Tür wird benannt und charakterisiert) ein deutliches *,sign in place'* kommunikativ erzeugt, auf das auch im weiteren Verlauf der Übung jederzeit – vergleichbar mit einer allgemeinen Landmarke – referiert werden kann. Damit handelt es sich schließlich um ein (kommunikativ) situiertes Zeichen. Im Rahmen der drei Akteure umfassenden *,interaction order'* (inkl. ihrer verbalen und nonverbalen Symbole neben den paraverbalen Elementen, wie akustischen Hervorhebungen wichtiger Elemente: *,rEIn gegangen'*, *,gElbe türe'*, Z. 26 und Z. 27) kommen also sowohl *,visuelle Semiotik'* (die gelbe LANDMARKE, die LMT anreicht), als auch *,Ortssemiotik'* (die schließlich gelb markierte Türe) gleichermaßen zum Einsatz und bilden somit Teile des geosemiotischen Ensembles.

---

[281] Hier wird auch deutlich, wie wichtig das Einbeziehen visueller Daten ist, denn ohne die Angaben zu den nonverbalen Handlungen von LMT – und damit wesentliche Bestandteile der *,interaction order'* – wäre die Interaktion nicht oder nur unzureichend interpretierbar. Zudem wird offenkundig, dass nonverbale Kommunikation in den Ersterkundungen mit höchstens minimal eingeschränkter Sicht neben der akustischen auch noch durch den visuellen Wahrnehmungsraum gekennzeichnet ist (auch wenn diese Erkenntnis trivial anmutet, so sollte die Beobachtung dennoch erwähnt werden, um eine vollständige Beschreibung des *,Wie'* im Handlungsverlauf zu liefern).

[282] Siehe Unterkapitel 1.2.

Einen Hinweis auf die Nicht-Exklusivität der Verbindung aus Kommunikat (*LANDMARKE*) und Eingangstür zum primären Einsatzort gibt AT1FM2 mit dem unbestimmten (und umgangssprachlichen) Artikel ‚*ne [gElbe türe]*‘, was darauf hindeutet, dass es sich um eine prinzipiell multiplizierbare inhaltliche Gebundenheit des Kommunikats zum Ort handelt,[283] denn es sind weitere *gelbe Türen* möglich.[284]

Im folgenden Einsatzszenario[285] spielen die entwickelten *LANDMARKEN* ebenfalls eine entscheidende Rolle. Auch hier werden *LANDMARKEN* der ersten Entwicklungsstufe (siehe Abb. 1) mit dem in Unterkapitel 1.2 angeführten Fünf-Farben-System verwendet. An diesem TA10 folgenden TA14 wird besonders ersichtlich, dass der situierte Gebrauch auch dieser ersten technisch noch sehr einfachen *LANDMARKEN* nicht so simpel ist, wie das offenkundig sehr profane Farbkodierungssystem es auf den ersten Blick vermuten lässt. Sowohl die Auslegung als auch die Rezeption der *LANDMARKEN* erfolgt in sehr komplexen körperlich (embodied)[286] und räumlich situierten Praktiken, die zu sehr unterschiedlichen und variierenden Status, Funktionen und Nutzungen der *LANDMARKEN* mit je wechselnden organisationellen Rahmungen führt.

TA14 *hier die erste landmArke (W1Ü2-0901-OG2)*

```
001 AT1FM1 (4.5) wir befinden uns in der (.) ersten etage (vor
002         rauchgrenze.)
003 ZF      (3.5) zugführer mitgehört.
004 AT1FM2  (2.0) alle bEIde?
005 AT1FM1  jA;
006         (5.5) solln wa hier die erste landmArke ma setzen?
007 AT1FM2  (3.0) joa weiß ich net.
008         (.) treppen[(raum-)]
009 AT1FM1        [(u ge) ] machen wir Oben an die tÜr.
010         (-)(xxx xxx)  (--) hier könnten wa ne blaue setzten;
011         ne blau-gelbe oder?
012 AT1FM2  ja könnten wa auch machen.
013 AT1FM1  (--) wolln wir hier erst(mal) eine sEtzen?
014 sit     AT1FM1 wendet sich zu einem der Entwickler, der die
015         Landmarken bei sich führt.
016 AT1FM2  (3.5) aber die wissen ja (.) zweite o=ge (-) weiß
017         ich nich.
018         [denke xxx-]
019 AT1FM1  [ja gut    ] (denk) ma hier wär schon-
020 AT1FM2  (---) wär (wohl) übertrieben oder?
```

[283] Man könnte die gelbe *LANDMARKE* hier somit auch als Type statt Token charakterisieren. Siehe Unterkapitel 2.1 in Anlehnung an Domke (2010a).

[284] Die Medienmaterialität wird hier noch nicht thematisiert. Das erfolgt in anderen Einsätzen, in denen die Akteure z.B. das Verschieben der *LANDMARKEN* mit ihrem Schlauch wahrnehmen (siehe TA40).

[285] Die Analyse dieses Transkriptausschnitts ergänzt die bereits in Habscheid/Gerwinski (2012, S. 285–289) vorgelegte Analyse um ausgewählte Aspekte und zusätzliche Informationen.

[286] Zu ‚embodiment‘ siehe Unterkapitel 3.3.

```
021         (2.0) kriegen wa (kein) wAsser?
022 AT1FM1 (3.0) einsatzleitung von angriffstrupp kommen?
023 ZF      (1.5) zugführer hört.
024 AT1FM1 ja: geb ma wAsser auf das ce-rohr;
```

Zu Beginn dieses Ausschnitts erreichen AT1FM1 und AT1FM2 die erste Etage. Im Treppenhaus dieser ersten Etage informiert AT1FM1 den Einsatzleiter via Funkgerät über ihre Position innerhalb des Gebäudes (‚*wir befinden uns in der (.) ersten etage*‘, Z. 1) und über die besonderen situationalen Umstände (‚*vor rauchgrenze*‘, Z. 1–2). Der Einsatzleiter bestätigt per Funkgerät daraufhin, dass er diese Mitteilung erhalten hat (‚*zugführer mitgehört.*‘, Z. 3). Ab Zeile 16[287] werden erstmals LANDMARKEN sprachlich thematisiert, indem AT1FM1 AT1FM2 nach dem Informieren des Einsatzleiters, dass sie sich nun ‚*vor rauchgrenze*‘ (Z. 1–2) befinden, fragt ‚*solln wa hier die erste landmArke ma setzen?*‘ (Z. 6). AT1FM2 drückt diesbezüglich Unsicherheit aus (‚*joa weiß ich net.*‘, Z. 7) und verweist auf ihre spezifische Position im Gebäude (‚*treppen(raum)*‘, Z. 8). Aus dieser Zweifel markierenden Formulierung, ergänzt um den räumlichen Situierungshinweis, generiert AT1FM1 den neuen Vorschlag, die erste LANDMARKE vor die Wohnungstür in der zweiten Etage zu platzieren (siehe Z. 9).

Entgegen seines gerade dargelegten Vorschlages, schlägt AT1FM1 beim Erreichen des unteren Endes der zweiten Treppe, die in die zweite Etage führt, erneut das Auslegen einer ersten Weg markierenden ‚*blaue[n]*‘ (Z. 10) LANDMARKE vor. Noch vor einer Erwiderung seines Kollegen, die trotz kurzer Pause und damit möglichen Slots ausbleibt, korrigiert er sich selbst: ‚*ne blau-gelbe oder?*‘ (Z. 11). Diese Selbstkorrektur ergibt sich aus den spezifischen Rahmenbedingungen des Entwicklungsszenarios, denn auch wenn sich alle Workshopteilnehmer im vorangegangenen Workshop[288] auf blaue LANDMARKEN zur Wegmarkierung als eine von fünf Farbmarkierungen geeinigt haben, so haben die Entwickler diese Farbkodierung aus praktischen Erwägungen für diesen Workshop modifiziert. Da für diesen Workshop keine orangefarbenen LEDs zur Verfügung standen, haben die Entwickler entschieden, weiße LEDs als Ersatz für orangefarbene zu verwenden. Auf Grund der Tatsache, dass sich die weißen kaum von den blauen LEDs unterscheiden, haben sie in diesem Setting zudem blaue durch blau-gelbe LEDs ersetzt.[289] Insofern erfolgt diese Selbstkorrektur (möglicherweise initiiert, aber zumindest ermöglicht durch das unmittelbare Fehlen eines Handlungsschrittes seitens des Kollegen) aufgrund des organisationalen Hintergrundwissens (bezüglich des Entwicklungssettings) des Feuerwehrmanns. AT1FM2 bestätigt das von AT1FM1 vorgeschlagene Vorgehen als möglich (‚*ja könnten wa auch machen.*‘, Z. 12).

Daraufhin wendet sich AT1FM1 noch dem Entwickler hinter ihm zu, der die LANDMARKEN trägt und nur diese Funktion erfüllen soll. Er fragt auch diesen, ob sie an dieser Position die erste LANDMARKE setzen sollen (Z. 13). Dieser ant-

---

[287] Die Gesprächssequenz ‚*alle bEIde? – jA;*‘ (Z. 4–5) lässt sich aus dem Datenmaterial leider nicht erläutern und muss an dieser Stelle in der Analyse übergangen werden.

[288] Siehe Unterkapitel 1.2.

[289] Die LANDMARKEN wurden dann mit zwei LEDs bestückt: mit einer blauen und zusätzlich mit einer gelben LED (vgl. Abb. 1).

wortet jedoch nicht unmittelbar und so reagiert AT1FM2 nach einer Pause,[290] das selbst vorgeschlagene Vorgehen anzweifelnd, indem er sich an der Perspektive nachfolgender Trupps orientiert und aus deren organisationalem Vorwissen heraus das Nicht-Setzen einer LANDMARKE als „Inferenzangebot" (Kindt/Rittgeroth 2009, S. 113f.) bzw. als prospektiven „problemidentifizierende[n] Situationsabgleich[…]" (ebd., S. 127) argumentativ legitimiert (‚*aber die wissen ja (.) zweite o=ge (-) weiß ich nich.*', Z. 16–17). Die fallende Intonation nutzt AT1FM1 zur Bestätigung des Einwandes von AT1FM2 (‚*ja gut denk ma hier wär schon-*', Z. 19) und nach einem Äußerungsabbruch, den AT1FM1 als „transition relevance place" (Sacks/Schegloff/Jefferson 1974, S. 704) identifiziert, führt AT1FM1 AT1FM2s vermeintlichen Satz mittels einer „C-Reparatur (completion)" (Kindt/ Rittgeroth 2009, S. 153ff.) nach der kurzen Pause von AT1FM2 mit Konstituentenfortsetzung inkl. Verbwiederholung zu Ende (‚*wär wohl übertrieben oder?*', Z. 20). Damit haben sich AT1FM1 und AT1FM2 in einer kurzen Aushandlungssequenz sowohl inhaltlich-argumentativ als auch (sprachlich) strukturell in einer Form von ‚paralleler Turnverschränkung' bzw. einer „[i]nteraktiv durchgeführte[n] C-Reparatur" (ebd., S. 158) gemeinsam darüber geeinigt, an dieser Stelle keine erste LANDMARKE zu setzen, um damit den zurückgelegten Weg zu kennzeichnen.

Die Aushandlungssequenz offenbart zudem, dass das perspektivische Argument aus Sicht nachfolgender Trupps und deren Hintergrundinformation, dass das Feuer und die gefährdete Person im zweiten Stock zu finden sind, letztlich zu dieser Übereinkunft führt. Dies kann man nach Kindt und Rittgeroth als „Initiale Vorgreifende Verdeutlichung" (ebd., S. 80f.) bezeichnen, welche sie bereits „insbesondere in den Fällen mit blockierter Sicht [als] zweckmäßig" (ebd., S. 81) für Verständigungssicherung charakterisieren. Nach einer kurzen Pause (Z. 21) wechselt AT1FM2 das Thema und signalisiert damit indirekt, dass die vorherige Aushandlungssequenz abgeschlossen ist. Er erinnert AT1FM1 daran, dass sie noch immer kein Wasser im Schlauch haben (‚*kriegen wa (kein) wAsser?*', Z. 21), was AT1FM1 als Aufforderung annimmt, erneut mit dem Einsatzleiter Kontakt aufzunehmen (‚*einsatzleitung (von) angriffstrupp kommen?*', Z.22) und – diesmal umgangssprachlich statt fachterminologisch (wie mit *Wasser Marsch!*) – Wasser anzufordern (‚*ja: geb ma wAsser auf das ce-rohr;*', Z. 24). Da es sich hierbei um die Wiederholung einer Aufforderung handelt, welche zudem empraktisch in die anderweitige[291] Handlungspraxis der Feuerwehrleute eingebunden ist (mit gering zu haltender Kommunikationsarbeit), erscheint die – in der Funkkommunikation eher unübliche – umgangssprachliche Kommunikation hier plausibel.

In dieser Aushandlungssequenz bezüglich der LANDMARKEN-Platzierung betreiben die Beteiligten relativ aufwändige Artikulationsarbeit hinsichtlich des

---

[290] An dieser Stelle wird aufgrund der eingeschränkten Sichtverhältnisse nicht deutlich, ob AT1FM2 die nonverbale Adressierung des Entwicklers mittels Kopfdrehung und/oder die dadurch ggf. parasprachlich perzipierbare Änderung der Schallausbreitung von AT1FM1 wahrgenommen hat.

[291] Da die Priorisierung der Wasseranforderung bereits in einer Handlungssequenz zuvor erfolgte, sind die Feuerwehrleute hier bereits mit anderen nachfolgenden Arbeitsschritten beschäftigt.

Auslegens einer spezifischen (blauen bzw. blau-gelben Weg-)*LANDMARKE* an einer relevanten Stelle zu einem bestimmten Zeitpunkt, um damit nachfolgenden Trupps eine semantische Hilfestellung zu geben, anhand derer diese zum primären Einsatzort finden können. Sie entscheiden sich letztlich gegen das Auslegen, weil sie die *LANDMARKEN* nicht als redundanten Informationsträger nutzen möchten (Z. 16–20).

In den Zeilen 6–20 lässt sich eine Interaktion beobachten, in der sich die Beteiligten als Handelnde definieren, die ein digitales Medium für die Nutzung in spezifischen Situationen rekonfigurieren. Diese Artikulationsarbeit ist notwendig, weil die – v. a. referenzielle – Bedeutung, die mittels der *LANDMARKE* enkodiert wird, abhängig vom Ort ist, an dem die *LANDMARKE* deponiert wird. In solchen Fällen kann man mit Bühler sagen, dass im Rahmen dieses derart hergerichteten „Darstellungsfeldes" „die Anheftung zum physischen, sinnlich manifesten Kriterium der Zuordnung" wird (Bühler (1999 [1934]), S. 162). Dabei fällt auf, dass solche Probleme der Medien(re)konfigurierung stets mit einem Wahrnehmungswechsel verbunden sind. So wechseln die Beteiligten nach Jäger (in Anlehnung an Bolter/Grusin 2000, S. 41) hinsichtlich der Medien von einem Modus des „looking through" zu einem „looking at" (Jäger 2004b, S. 60). Die Nutzer müssen im oben angegebenen Beispiel die Relation von Form und Funktion – und damit die Farbe der *LANDMARKE* sowie ihre situierte Bedeutung – „transkribieren" (ebd., S. 60). Sie machen die Bedeutung mit Hilfe eines anderen Mediums lesbar und zwar mittels verbaler Interaktion (ebd.). Solche Wechsel, seien es intra- oder intermediale, sind vielfach verbunden mit möglichen Formen kommunikativer Störungen und Mediennutzung. Dieser mediale Wechsel lässt sich in konversationsanalytischer Terminologie als Reparaturmechanismus bezeichnen, der dazu dient, Verständnisstörungen zu beseitigen oder (antizipierte Störungen) zu verhindern. (Siehe Habscheid/Gerwinski 2012, S. 288f.)

Bezüglich der Kategorisierung der *LANDMARKEN* aus Sicht der Beteiligten lässt sich – in Anlehnung an die obige Diskussion – eine (mindestens) zweiwertige Verwendungsweise konstatieren: Zum einen betrachten die Beteiligten sich selbst als Nutzer eines symbolischen Hilfsmittels, mit dem sie Orte mit spezifischen Bedeutungen im Rahmen von Feuerwehreinsätzen verknüpfen können – Bedeutungen, die den Orten originär nicht ‚eingeschrieben' sind.[292] So transformieren sie einfache (Einsatz-)Orte in bedeutsame, mit speziellen Ereignissen verbundene Schauplätze, die für den weiteren Feuerwehreinsatz auf diese Weise les- und nutzbar gemacht werden.[293] Zum anderen antizipieren sie die Perspektiven weiterer Beteiligter, die diese ausgelegten Zeichen im Nachhinein (unabhängig von den Auslegenden, aber abhängig von den Orten) verstehen müssen. Für diese nachfolgenden Einsatzkräfte fungieren die ausgelegten *LANDMARKEN*

---

[292] Zur Erinnerung: „Inscription is to the non-human material world what embodiment is to the human world of discourse" (Scollon/Scollon 2003, S. 22; siehe auch Unterkapitel 2.1).

[293] Dies unterstreicht Hägerstrands 8. Prinzip, „by which human action could be related to the place of humans in time and space [...,] the fact that every situation is inevitably rooted in past situations" (Hägerstrand 1978, S. 123f.; nach Scollon/Scollon 2003, S. 13f.) in doppelter Hinsicht: So werden hier nicht nur eigene Erfahrungen berücksichtigt, sondern auch noch in die *LANDMARKEN* eingeschriebene Ereignisse, an denen zuvor andere Personen teilgenommen haben und die sie weiterzugeben entschieden haben.

als bereits existierende Elemente der organisationalen Infrastruktur. Eine LAND-MARKE wird also aus dieser Perspektive als eine Erweiterung der physikalischen Welt wahrgenommen, mit der vorausgegangene Ereignisse der Operation mit eindeutigen räumlichen Situierungsangaben verbunden werden. So wird sichtbar, dass die LANDMARKEN in den Handlungsverlauf integriert werden und andere Medien unterstützen bzw. Teilfunktionen von diesen übernehmen. Aber sie ersetzen die herkömmlichen Hilfsmittel nicht vollständig. (Siehe Habscheid/Gerwinski 2012, S. 289.)

Eine weitere wichtige Beobachtung betrifft das organisationale Wissen. Denn es ist nicht nur das Symbol und dessen Wahrnehmung durch die Akteure, das zur situativen Bedeutung der LANDMARKE führt, sondern auch das organisationale (Hintergrund-)Wissen der Beteiligten in der Einsatzübung. Denn nachfolgenden Trupps, die entweder die Funkkommunikation mitgehört haben (jeder Truppführer besitzt ein Funkgerät) und/oder die Instruktionen des Einsatzleiters vernommen haben (dies ist nachweislich erfolgt: siehe Abb. 10), ist bekannt, dass der Einsatz im zweiten Obergeschoss stattfindet (siehe TA01). Es sollte noch einmal darauf hingewiesen werden, dass es für Feuerwehrleute – anders als für Alltagssprecher – eine eindeutige Klassifikation vom n-ten[294] über das erste *Obergeschoss*, das *Erdgeschoss*, das erste *Unterschoss* (bzw. bei nur einem: *Kellergeschoss*) bis zum n-ten *Untergeschoss* gibt. Dadurch sind die ehedem gemeinsprachlichen Ausdrücke, die in der Regel erst durch den jeweiligen Kontext (bei Präzisionsbedarf) monosemiert werden, und ansonsten nur eine ambige Klassifikation der Stockwerke erlauben, was zu Verwechslungen des Erdgeschosses mit dem ersten Obergeschoss führen kann und darauf gründend auch zu der nachfolgenden Obergeschoss-Klassifizierung führt, in Feuerwehreinsätzen beseitigt und somit eindeutig denotiert, vergleichbar mit anderen fachsprachlichen Termini (siehe Wüster 1991). Aufgrund dieser für die Feuerwehrleute objektiven Referenz, wäre es für die nachfolgenden Feuerwehrleute in der Tat ,*übertrieben*' bzw. redundant, eine Weginformation hin zum zweiten Obergeschoss mit einer situierten (blaugelben) LANDMARKE bereitzustellen (,*aber die wissen ja (.) zweite o=ge (-)*', Z. 16).

Damit ist das Verstehen der LANDMARKEN – wie das Verstehen verbaler Interaktionen sowie von Text im Allgemeinen (siehe Hausendorf/Kesselheim 2008, S. 139ff.) – nicht nur von den einzelnen Symbolen und ihrer Wahrnehmung abhängig, sondern auch von dem organisationalen Wissen um den Status des Einsatzes und damit verbunden mit dem entsprechenden Handlungssegment im bisherigen Gesprächsverlauf (vgl. Habscheid/Gerwinski 2012, S. 289). Sowohl die situierte Wahrnehmung als auch das organisationale Wissen verändern sich mit der Perspektive des jeweiligen Nutzers und im fortschreitenden Verlauf der Einsatzübung und bedürfen der stetigen Aushandlung zwischen den Interakteuren. Damit haben LANDMARKEN für sich weder eindeutigen Objekt- noch Infrastruktur-Status (vgl. ebd.). Stattdessen werden sie je nach Nutzungssituation von den Akteuren als Objekte oder als Infrastruktur verwendet, deren Bedeutung aber jeweils abhängig vom Ort und dem damit verknüpften Ereignis ist und die als räumliche ,Benutzbarkeitshinweise' für ,Auslesende' bzw. ,Raumbegeher' hinsichtlich ihrer Notwendigkeit von den ,Auslegenden' beurteilt werden (so wird

---

[294] Das oberste Geschoss wird auch als *Dachgeschoss* bezeichnet. Siehe auch Fußnote 267.

sich hier aus Gründen der Redundanz gegen die Auslegung von LANDMARKEN entschieden).

5.3.3 Erkenntnisse aus Phase II: Rauchgrenze, Interaktionskreise und Aushandlungssequenzen

Spätestens von Phase II an trennt sich die Einsatzkommunikation in mehrere Interaktionskreise[295] auf: Insbesondere in räumlich nicht distanzierte Gesprächspartner (wie die Mitglieder des Trupps, der auf dem Weg zum Einsatzort ist) und dislozierte Gesprächspartner wie den oder die Truppführer des oder der vorgehenden Trupps zuzüglich dem Einsatzleiter und dem Maschinisten.[296] Die Kommunikation im *inneren* (und ggf. *innersten*) Interaktionskreis dieser Einsatzphase ist dabei gekennzeichnet durch folgende Charakteristika: Es wird Gebrauch gemacht von umgangssprachlichen (z. B. Verschleifungen und Verkürzungen wie bei ‚*kommste rAn*‘, ‚*auge*‘, TA10; Abtönungspartikel wie bei ‚*müssten ma eigentlich*‘, TA10; lexikalische Elemente wie bei ‚*tu hier durchs auge*‘, TA10) und dialektalen Elementen (‚*oben machen wa dat*‘ und ‚*sach ma bescheid*‘, TA10). Thematisch fokussiert werden mit der Konstruktion der Rauchgrenze am Eingang des Einsatzortes die räumlich situierte Hauptreferenz in allen Einsatzphasen (‚*hier am EIngang an der rAUchgrenze*‘, TA12), den damit in Verbindung stehenden Anschluss der Pressluftatmungsgeräte[297] (siehe W8Ü1) sowie der ebenfalls mit der Festlegung der Rauchgrenze einhergehenden Wasseranforderung (siehe TA10) und schließlich die Orts- und Wegmarkierung durch mitgeführte LANDMARKEN (ebenfalls abhängig von der primär anvisierten Rauchgrenze, siehe TA10). Dabei übernimmt die Kommunikation über die Rauchgrenze auch zugleich eine Schauplatzbenennungs- und -etablierungsfunktion (siehe TA13 und auch TA03 in Phase I). Im Rahmen der Orientierungs- und Navigationskommunikation wird explizit Bezug genommen auf unmittelbare physisch-materielle ortsfeste Objekte und Umgebungen, also der ‚*place semiotics*‘[298] wie *Treppenraum* (TA14), *Treppenauge* (TA10) und *Tür* (TA13), womit sowohl Lösungen für Standort- als auch für Richtungsprobleme kommunikativ bereitgestellt werden.[299] Auslegepraktiken hinsichtlich der mitgeführten LANDMARKEN – als ‚*signs in place*‘ – werden gemeinsam abgesprochen und immer auch begründet (eine Ausnahme findet sich in TA30[300]), wodurch eine explizite Raum- und Sinnkonstitution seitens der Akteure erfolgt. Unsicherheiten bezüglich der Ortsmarkierung lassen sich hier v. a. durch technisch bedingte Farbwechsel in der Codierungssystematik des neuen Zeichensystems konstatieren (siehe ‚*die orangenen sind weiß*‘, W1Ü2), die „Störungen zweiter Ordnung"[301] verursachen (‚*is das hier orAnge?*‘, W1Ü2). Sie sind

---

[295] Siehe Unterkapitel 5.1.
[296] Siehe Unterkapitel 5.2.1.
[297] Der Anschluss der Atmungsgeräte erfolgt spätestens an dieser Einsatzposition. In W1Ü1 und W1Ü2 erfolgt der Anschluss vor dem Eintritt ins Gebäude.
[298] Siehe Unterkapitel 2.1.
[299] Siehe Unterkapitel 2.1.
[300] Hier bestimmt der Truppführer überwiegend alleine den Farbcode der auszulegenden LANDMARKE, aber stets so, dass die Kollegen die Wahl mit verfolgen können.
[301] Siehe Unterkapitel 2.3.

v. a. an umfangreichen Aushandlungssequenzen hinsichtlich der Bedeutung von spezifischen Zeichen zu erkennen (siehe z. B. TA13). Diese Störungen, die insbesondere auf die Farbwechsel zurückgehen, nehmen im Verlauf der Einsatzübungen ab (sie sind insbesondere in der zweiten sowie zu Beginn der dritten Phase zu beobachten), was darauf schließen lässt, dass die Akteure – nach anfänglichen Vergewisserungs- und Wissensangleichungsdiskursen – zunehmend Sicherheit im Umgang mit dem jeweiligen Codesystem erlangen, was wiederum die Aushandlungssequenzen im Nachhinein verkürzt (siehe z. B. TA46).[302] Insbesondere zu Beginn der Einsatzübungen ‚bremsen‘ diese Aushandlungssequenzen die Fortbewegung der Truppmitglieder.

Die Kommunikation im *äußeren* Interaktionskreis dieser Einsatzphase weist v. a. für (analoge) Funkkommunikation typische sprachstilistische Charakteristika auf: Es erfolgt seitens des Gesprächsinitiators zunächst eine Fremd- und Selbstidentifizierung, wobei die Fremdidentifizierung als direkte Adressierungshandlung zu verstehen ist (‚*zugführer fü:r ersten angriffstrupp kommen*‘, TA11). In der Regel wird der adressierte Gesprächspartner mittels infinitivischem Imperativ (‚*kommen*‘) direkt zu einer kommunikativen Handlung aufgefordert (vergleichbar mit dem Klingeln eines Mobiltelefons, das den Anschlussinhaber – im Rahmen eines typischen Adjazenzpaares – zur Aufnahme des initiierten Gesprächs ‚auffordert‘ und durch die eindeutige Nummer als vermeintlich adressierten Gesprächspartner charakterisiert). Der Adressierte identifiziert sich daraufhin im Allgemeinen selbst und bekundet seine Gesprächsbereitschaft (‚*zugführer hört*‘, TA11). Die Interaktionen der Funkkommunikation sind dabei grundsätzlich gekennzeichnet durch Bestätigungsturns, die über Hörersignale (wie z. B. in der Telefonkommunikation üblich) hinausgehen. Einsatztaktisch als wichtig erachtete Anweisungen und Informationen werden in der Regel wiederholt (siehe z. B. TA02) bzw. (leicht) paraphrasiert (siehe z. B. TA03), verkürzt (siehe z. B. TA08), ergänzt (siehe TA06 und TA11), ggf. spezifiziert (TA11) oder nur bestätigt (‚*zugführer mitgehört*‘, TA10). Die Funkkommunikation (im äußeren Interaktionskreis) ist des Weiteren gekennzeichnet durch die Verwendung von Fachtermini (‚*rEchtsregel*‘, TA12, ‚*rauchgrenze*‘, TA11) und durch institutionellformelle (TA11) sowie – allerdings nur in Ausnahmefällen – umgangssprachliche Formulierungen (‚*geb ma wAsser auf das ce-rohr*‘, TA14, Z. 24)[303].

Dass die Farbbezeichnungen vielfach metonymisch für die auszubringenden Objekte gebraucht werden (‚*klAUs wErner?*‘ – ‚*jA?*‘ – ‚*wEIß.*‘ beim Betreten der Tür und ‚*klAUs wErner?*‘ – ‚*jA?*‘ – ‚*grÜn-*‘ nach der Rückkehr durch dieselbe Tür in W2Ü1), gibt einen Hinweis darauf, dass die Landmarken kommunikativ

---

[302] Da es von Workshop zu Workshop wenigstens minimale Modifikationen der Landmarken gab, können diese verkürzten Aushandlungssequenzen nur innerhalb von Einsatzübungen (noch nicht einmal innerhalb von Workshops, da an den Einsatzübungen je andere Akteure beteiligt sind) und nicht über alle Workshops/Einsatzübungen hinaus beobachtet werden.

[303] In diesem Fall wird konkret das Ausbleiben der Wasserversorgung moniert, obwohl sie einige Zeit zuvor in einem institutionell-formellen Turn Wasser angefordert hatten und ihnen dies bereits zugesichert wurde (siehe TA10). In einem anderen Fall moniert der Zugführer, dass das Feuer noch immer nicht gefunden worden ist (‚*in einem der räume brEnnt es. habt ihr das feuer gefunden?*‘, W1Ü2). Eine andere Ausnahme für einen informellen Übungsbeginn findet sich in W1Ü1.

bereits zum Teil in die typisch verkürzte sprachstilistische Gestaltung der Feuerwehrleute im Einsatz integriert werden und die Farbcodes bereits teilweise synonym für spezifische Orts-, Situations- und Ereignisangaben
• als Symbolsystem (wenn über die Symbole gesprochen wird) und gleichsam
• als neue Kommunikationsform (wenn sie – wie hier auch – „als ‚medial bedingte kulturelle Praktiken'" (Holly 2011, S. 155) in das Handeln der Akteure
  einbezogen werden)
beschrieben werden können (im oben aufgeführten Fall *weiß* für *Tür betreten*
und *grün* für *Raum vollständig durchsucht*).

5.4 Phase III: Personen- bzw. Feuersuche

5.4.1 Die kommunikative Konstitution des Einsatzortes in Phase III
ohne LANDMARKEN

In den nachfolgenden Ausschnitten der Einsatzübungen des sechsten Workshops
nehmen die Akteure unter Nutzung ihres herkömmlichen Equipments die Wahrnehmung architektonischer Objekte zum Anlass für raumkonstitutive Kommunikation. In den beiden Übungen dieses Workshops (W6Ü1 und W6Ü2) gehen
die Feuerwehrleute ohne LANDMARKEN vor. Insofern liefern die nachfolgenden
Ausschnitte Datenmaterial für herkömmliche Raumreferenzierungen und -kon-
stitutionen in der dritten Einsatzphase.

TA15 hier is ne toilette (W6Ü1-090626-OG2)

```
001 AT1FM1 hier-
002 AT1FM2 (1.0) ham wa ne wAnd?
003 AT1FM1 hier is ne toilette.
004 sit    FM1 ertastet den Raum nach links auf ca. 80cm Höhe.
005 AT1FM1 hier is nen waschbecken-
006        hier is ne toilette.
007 AT1FM2 aha.
008        (2.0) ich (stocher) mit der axt noch en bisschen
009        hinterher ne,
010 AT1FM1 wat sachst dU?
011 AT1FM2 (1.0) ich (fühl) dir mit der axt noch hinterhEr.
012 AT1FM1 ja-
013        (2.0) ich glaub hier is ne badewanne;
014 AT1FM2 jA::;
```

In diesem Gesprächssegment fällt das Fehlen einer Raumbenennungshandlung
auf, wie es die identifizierten und kommunikativ bearbeiteten raumarchitektonischen Objekte m. E. erwartbar machen (wie *hier ist das Badezimmer*). Zunächst
beginnt AT1FM1 die Sequenz mit dem deiktischen ‚hier-' (Z. 1). Dieses auf-
merksamkeitserregende sprachliche Sequenzeröffnungsmittel impliziert[304], dass

---

[304] Grice' „konversationelle Implikationen" werden durch offensichtliche Verstöße gegen Konversationsmaxime (siehe Grice 1975) ausgelöst: Das heißt, ein Hörer nimmt einen Verstoß

der Sprecher etwas entdeckt hat und dies mitteilen möchte. Folgerichtig stellt AT1FM2 die Frage nach einer Entdeckung, wobei er von einer ‚wAnd‘ (Z. 2) ausgeht (was die Bedeutsamkeit von entdeckten Wänden im Rahmen der Ortserkundung durch die Akteure unterstreicht). Mittels der je umgangssprachlich formulierten lokaldeiktisch eingeleiteten Formel ‚hier is [ne/nen] …‘ (Z. 3, 5, 6) berichtet AT1FM1 von der Entdeckung einer ‚toilette‘ (Z. 3 und Z. 6) und einem ‚waschbecken‘ (Z. 5) sowie einer ‚badewanne‘ (Z. 13). Da es sich bei all diesen identifizierten räumlich situierten Objekten um solche Objekte handelt, die typisch für ganz bestimmte Raumkonzepte sind, wäre m. E. zu erwarten gewesen, dass mit einer Sprechhandlung, wie *dann sind wir im bad* dieser spezifische Wohnraum auch benannt werden würde, was allerdings in der gesamten Einsatzübung nicht erfolgt (auch nicht im äußeren Interaktionskreis, was den Schluss nahelegt, dass es sich um keine elementare einsatztaktisch relevante Information handelt). Dass dies – zumindest im inneren Interaktionskreis – nicht nötig ist, lässt sich auch daraus ableiten, dass AT1FM2 mit seiner unmittelbar folgenden Antwort (‚aha.‘, Z. 7) impliziert, dass er mit der Benennung der Objekte über alle notwendigen Informationen zur Raumcharakterisierung verfügt und eine Raumbenennung nicht (mehr) erforderlich ist. Weitere Objektbenennungen, wie ‚badewanne‘[305] stehen m. E. nicht im Gegensatz zu dieser Interpretation, weil abstrakte Raumkonzepte (Bad) und konkrete Raumobjekte (‚toilette‘ etc.) unterschiedlichen Status für die Akteure im Rahmen der Erkundung aufweisen: In W9Ü3 folgert ein Akteur z. B. aus der Wahrnehmung eines höheren Podests das Absuchen nach Personen auf diesem, in TA32 generieren die Akteure aus der Wahrnehmung eines Gaszählers einen ‚Gefahrenraum‘, hier führt die Ansammlung bestimmter Raumobjekte zu einer Standort- und Übersichtsbestimmung hinsichtlich der inspizierten Wohnung.

Es kann festgehalten werden, dass für Raumkonstitutionen keine Raumbenennungshandlungen erforderlich sind, wenn Raumobjekte kommuniziert werden, die eindeutig bestimmten Raumkonzepten zugeordnet werden können, und dass der Austausch über diese Raumobjekte eine bedeutsame Handlung im Rahmen der Ortskommunikation darstellt.

Des Weiteren fällt auch in diesem TA wieder die hochfrequente Verwendung des Lokaldeiktikums *hier* auf, das also nicht nur bedeutsam für Raumkonstitutions- und damit zugleich für Navigationshandlungen ist. Das routiniert verwen-

---

wahr und „impliziert" (Glück 2004, S. 4090) – dem Sprecher prinzipiell Rationalität (siehe Keller 1995) bzw. Kooperationsbereitschaft (siehe Grice 1975) unterstellend – dass es sich um einen sinnvollen Beitrag mit Informationsgehalt handelt. Aus dieser Grundannahme schlussfolgert er eine im Turn des Sprechers implizierte Informationseinheit. Im Gegensatz zu ‚konventionellen Implikaturen‘ (das sind stillschweigende Mitbehauptungen als Teilmenge impliziter Folgerungen), die auf der „konventionellen Bedeutung der gebrauchten Wörter beruhen" (Grice 1975; zitiert nach Glück 2004, S. 4090), handelt es sich bei konversationellen Implikaturen also nicht um logisch eindeutig zu erschließende ‚implizierte‘ Sachverhalte (bzw. diesen zu Grunde liegende Axiome), sondern um interpretativ zu erschließende mögliche Grundannahmen. Deshalb grenzt sich Grice mit dem Terminus *implizieren* auch von konventionellen Implikaturen ab.

[305] Das ‚jA::;‘ (Z. 14) von AT1FM1 auf die vorangegangene Identifizierung der ‚badewanne‘ lässt sich als Marker für eine erwartete Beobachtung beschreiben.

dete Lokaldeiktikum ‚hier‘ ist in einer spezifischen Hinsicht mit den von Streeck beschriebenen „explorativen Gesten“ (Streeck 2009) vergleichbar, auch bzw. gerade weil die untersuchten Settings neben jeder gestischen auch mindestens eine sprachlich artikulierte Handlung erforderlich machen, um gemeinsames Situationswissen zu erzeugen. Meyer führt dazu aus:

> Dadurch, dass sie sich auf Erfahrungswissen beziehen, dienen explorative Gesten auch dazu, ein noch nicht mit Bedeutung ausgestattetes Umfeld in ein gemeinsam verstandenes situationsbezogenes Verweisungssetting zu verwandeln. (Meyer 2010, S. 220; in Anlehnung an Streeck 2009)

Im nächsten Ausschnitt vollziehen dieselben Akteure zunächst eine (gemeinsame respektive gegenseitige) räumliche Situierung durch Origo-Bestimmung und daran anschließender nicht-deiktischer räumlicher Situierung mit einer Person als Referenzpunkt.

TA16 bist du hinter mir (W6Ü1-100518-OG1)

```
001 AT1FM2 (2.0) <<all>wo bist du?>
002 sit     Sie gehen weiter vor.
003 AT1FM1 hermann?
004 AT1FM2 jA?
005 AT1FM1 bist du hinter mir?
006 AT1FM2 ich bin hinter dir.
007 sit     Sie gehen weiter vor.
008 AT1FM2 ich hab die tür-
009 AT1FM1 jetzt simma wieder an der tÜre:;
010 AT1FM2 ja:-
011         is da hinter de türe:?
012 AT1FM1 (2.5) nEgativ.
013 AT1FM2 okay.
014         (1.5) dann nächsten raum.
015 AT1FM1 (xxx xxx) wieder rein.
016 AT1FM2 ja.
017 sit     Sie verlassen den Raum.
```

Um die räumliche Situierungsfrage ‚*bist du hinter mir?*‘ (Z. 5) verifizieren zu können, benötigt AT1FM2 Wissen über die Bewegungsrichtung von AT1FM1 relativ zu AT1FM2. Dies wird in den Einsätzen häufig begünstigt durch das Hintereinander-Kriechen der Truppmitglieder. So auch in diesem Fall. Erst vom Erreichen einer Ecke innerhalb einer Räumlichkeit an (oder ab einem unerwarteten Richtungswechsel bzw. vergleichbaren Handlungen und Ereignissen), ist diese Form der räumlichen Situierung missverständlich. Ansonsten bewegen sich die Truppmitglieder hintereinander am Schlauch entlang, wobei der vorderste ‚Strahlrohr-Träger‘ (zunächst) die Richtung vorgibt. Mit diesen Hintergrundinformationen lassen sich auch die (mindestens zwei) verschiedenen Funktionen differenzieren, die die Positionsbestimmung ‚*hinter mir*‘ – ‚*hinter dir*‘ (Z. 5–6) in solchen Situationen erfüllen. Erstens erfolgt eine allgemeine Absicherung, dass die andere Person sich noch in unmittelbarer Nähe befindet, und zweitens wird geklärt, wo in Relation zum Fragenden sich die nachfolgende Person befindet.

Obwohl das Hintereinanderkriechen gewissermaßen als der ‚Default-Fall' betrachtet werden kann, kann es nämlich aus einsatztaktischen Gründen auch sinnvoll sein, das verrauchte Gelände nebeneinander abzusuchen, um nicht nur den Bereich nah an der Wand, sondern auch den inneren räumlich situierten Bereich abzusuchen (siehe z. B. Übung W2Ü1).

Die nächste ortsreferenzielle Bezugnahme betrifft ein wesentliches Raumkonstitutivum, und zwar die ‚tür'. Dass es sich dabei nicht um irgendeine, sondern um eine bestimmte Tür handelt,[306] macht AT1FM1 deutlich, indem er ausführt *jetz simma wieder an der tÜre'* (Z. 9). Sie befinden sich also ‚wieder' an der Stelle, an der sie die aktuelle Räumlichkeit ehemals betreten haben. Nach der Abklärung, ob sich auch nichts bzw. niemand hinter der Tür befindet, erklärt AT1FM2 mit *‚okay. (1,5) dann nächsten raum.'* (Z. 13–14) erstens implizit den durchsuchten Bereich zu einem ‚raum' und gibt zweitens das weitere Vorgehen vor, nämlich das Verlassen der Räumlichkeit und das anvisierte Durchsuchen der nächsten Räumlichkeit – eingeleitet mittels der temporal sowie konditional nutz- und interpretierbaren ((chrono-)logischen) Subjunktion ‚dann'. Es handelt sich somit wieder (siehe TA07) um zeitlich und/oder einsatztaktisch logisch folgende Handlungsphasen, die kommunikativ vorbereitet werden.

Abschließend kann man also festhalten, dass die Kommunikation über die (eine) Tür (‚wieder', ‚die') zur Konstitution des Raumes (Ortserkundung abgeschlossen: es handelt sich um eine abgeschlossene prototypische Räumlichkeit mit einer Ein- und Ausgangstür) sowie zur Lösung der Standort- und Überblicksprobleme (sie sind ‚wieder' zurück am Eingang der Räumlichkeit) beiträgt und damit wesentlich die Folgehandlungen bestimmt (*‚dann nächsten raum.'*). Ohne eine gemeinsame Verständigung darüber, dass sie sich zurück an der Eingangstür der Räumlichkeit befinden, wäre nicht sicherzustellen, dass beide Akteure ein etwa gleiches Raumkonzept haben.

Im nachfolgenden Ausschnitt derselben Übung kommunizieren der Zugführer und der Sicherheitstrupp via Funk. Dabei werden weitere Orientierungsressourcen genutzt, die in den untersuchten Übungen vielfach Verwendung finden und damit in diesen als typisch für Übungseinsätze ohne LANDMARKEN (siehe die Einsätze W6Ü1 und W6Ü2) gelten können.

TA17 am schlauch orientie:ren (W6Ü1-100518-OG1)

```
001 ZF      sicherheitstrupp mitgehört?
002         (6.0) sicherheitstrupp für zugführer.
003 STFM2   wArte: ronald.
004         sicherheitstrupp hört.
005 ZF      der angriffstrupp macht sich durch klopfzeichen
006         bemerkbar.
007         er sitzt Im dritten raum.
008 STFM2   das is verstanden.
```

---

[306] Eine Räumlichkeit muss normalerweise mindestens eine, kann aber auch keine oder mehrere Türen aufweisen.

```
009          wir gehn jetzt hoch.
010 ZF       ja verstanden.
011 STFM2    ronald wir können weiter.
012 AT1FM2   wir ham das strahlrohr aber hier vorne ja?
013          die können auch am schlauch längs gehen?
014 AT1FM1   ja.
015          (4.0) sicherheitstrupp von angriffstrupp kommen,
016 ZF       (5.0) wEr hat gerufen?
017 AT1FM1   ja der angriffstrupp hat gerufen.
018          der sicherheitstrupp kann sich am (-) schlauch
019          orientieren.
020          wir sin im unbese=unmittelbarer nähe vom strahlrohr.
021 ZF       zugführer verstanden-
022          sicherheitstrupp mitgehört?
023 STFM2    sicherheitstrupp hat gerade nIcht mitgehört.
024          worum gings?
025 ZF       ihr könnt euch am schlauch orientie:ren.
026          der angriffstrupp befindet sich am ende der
027          schlauchleitung.
028 STFM2    das is verstAnden.
```

Zunächst spezifiziert der Zugführer gegenüber dem Sicherheitstrupp mittels eines Zahlworts den Ort, an dem sie sich befinden (,*Im dritten raum*', Z. 7) und gibt einen Hinweis auf die akustische Ortung, die der Angriffstrupp dem Sicherheitstrupp ermöglicht, indem sie sich ,*durch klopfzeichen bemerkbar*' (Z. 5–6) machen. Der Sicherheitstrupp bestätigt, dies ,*verstanden*' (Z. 8) zu haben und gibt an, ,*jetzt hoch*' (Z. 9) zu gehen. Neben der deiktischen Direktionalisierung ,*gehn*[…] *hoch*' (Z. 9), mit der zugleich implizit eine Angabe über den Standort des Sicherheitstrupps gemacht wird (sie befinden sich also noch im Erdgeschoss), wird mittels des temporaldeiktischen Adverbs ,*jetzt*' (Z. 9) Auskunft über das folgende Vorgehen erteilt (siehe TA27).

Im Rahmen einer kurzen Diskussion zwischen AT1FM1 und AT1FM2 klären sie untereinander, dass der Sicherheitstrupp ,*am schlauch längs gehen*' (Z. 13) und damit den von ihnen ausgelegten Schlauch als Navigationsressource verwenden kann. Dies schließen sie daraus, dass sie sich am Ende des Schlauchs befinden (,*wir ham das strahlrohr aber hier vorne*', Z. 12) und dass damit eine eindeutige Wegmarkierung und räumliche Situierung vorliegt. AT1FM1 wendet sich daraufhin über Funk direkt an den Sicherheitstrupp (Z. 15). Nach einer längeren Pause meldet sich dann der Zugführer, der mit der Frage ,*wEr hat gerufen?*' (Z. 16) zu erkennen gibt, dass es sich beim vorherigen Turn nicht um das übliche Anrufen des Zugführers durch einen spezifischen Trupp gehandelt hat. AT1FM1 markiert sich daraufhin als Sprecher des vorherigen Turns (Z. 17) und gibt seine Botschaft an den Sicherheitstrupp dem Zugführer durch. Diese besteht aus zwei ortsrelevanten Teilen: erstens aus der Wegorientierung bzw. aus dem Vorschlag zur Einsatztaktik bzw. aus der Direktionalisierungsangabe (,*am (-) schlauch orientieren*', Z. 18–19) und zweitens aus der absoluten Positionsbestimmung mittels allgemeiner Landmarke[307] (,*wir sin im* […] *unmittelbarer nähe vom strahlrohr*',

---

[307] Durch die Einschränkung, dass diese Landmarke nur durch eine empfohlene Wegorientierung leicht aufzufinden ist, kann man nur begrenzt von einer allgemeinen Landmarke

Z. 20), was zugleich die Legitimation des Einsatztatik-Vorschlags bildet. Nach der Bestätigung, dies ‚*verstanden*‘ (Z. 21) zu haben, versichert sich der Zugführer (ebenfalls via Funk) beim Sicherheitstrupp, dass sie die Durchsage, die primär an sie adressiert war (siehe Z. 22), ‚*mitgehört*‘ haben. Nachdem STFM2 durchgibt, ‚*gerade nIcht mitgehört*‘ (Z. 23) zu haben, wiederholt der Zugführer diese beiden Ortsangaben noch mal (Z. 25–27), was dann schließlich von STFM2 als ‚*verstanden*‘ (Z. 28) bestätigt wird. Die einzige verbale Modifikation, die der Zugführer durchführt, ist die (in semantischer Hinsicht als synonym zu klassifizierende) Paraphrasierung von ‚*nähe vom strahlrohr*‘ als ‚*am ende der schlauchleitung*‘, um die Position des Angriffstrupps durchzugeben. Damit legt der Zugführer den sprachlichen Fokus auf den Weg (‚*schlauchleitung*‘) und nicht auf den Ort (‚*strahlrohr*‘). Dies erscheint insofern sinnvoll, als dass dies den Inferenzierungsaufwand der Adressierten reduziert, und zwar vom reinen nicht wahrnehmbaren *Wohin* zum haptisch wahrnehmbaren *Woher/Wo entlang* und impliziten *Wohin* und zugleich kann es (mindestens) als Handlungsempfehlung (oder gar als Handlungsanweisung) gelesen werden.

In diesem TA17 sind es also vornehmlich selbst ausgelegte Positions- und Wegmarker, auf die zur Orts- und Weglokalisierung (resp. Direktionalisierung) zurückgegriffen wird, und die somit die Infrastruktur zur räumlich situierten Orientierung für den nachfolgenden Trupp bilden. Der Raum erhält damit für die „Betrachter“ und „Begeher“ (Kesselheim/Hausendorf 2007, S. 346) durch die neuen zusätzlichen Zeichensysteme – in dem Falle durch den Schlauch als Navigations- und sein Ende als Ortsmarkierungsmittel – eine neue „Kommunikationsstruktur“ (siehe ebd., S. 344), die die Beteiligten (mehrfach) aufgreifen. Diese infrastrukturelle ‚Kommunikationsstruktur‘ erweitert und modifiziert den physisch-materiellen ursprünglichen Ort und kann vom suchenden Trupp im Anschluss als „Benutzbarkeitshinweis“ (Hausendorf 2012) für den für einen Rettungseinsatz rekonstituierten Raum ‚gelesen‘ werden.

Der nächste TA18 weist vielfach ortsbezogene Kommunikation auf, wobei hier nicht auf selbst ausgebrachte Objekte (die dann zugleich infrastrukturelle Orientierungsfunktionen übernehmen), sondern auf originär ortsinhärente Elemente Bezug genommen wird.

TA18 unten in der tiefgarage (W6Ü2-100518-TG)

```
001 AT1FM2  <<f>hier rechts rum;
002         rOnald?>
003 sit     AT1FM2 begibt sich weiter zur rechten Wand.
004 AT1FM1  ja;
005 sit     AT1FM2 erreicht die Wand. AT1FM1 zieht Schlauch
006         nach.
007 AT1FM1  also ich bin hier an der wAnd-
008         (...) wEIter.
```

sprechen (siehe Unterkapitel 2.1), aber m. E. trifft dieses Konzept den hier beschriebenen Fall besser.

```
009 sit     Sie gehen weiter vor.
010 AT1FM1  (...)
011 AT1FM2  (...) podEst.
012 AT1FM1  (...) wAnd.
013         (10.0) (hab hie:r ...)
014         (5.0) pass auf wir gehn hier durch ne Engstelle
015         durch.
016         (20.0) (wo biste xxx xxx,)
017 AT1FM2  bin hInter dIr.
018 AT1FM1  biste da du:rch?
019 AT1FM2  pAsse durch ja-
020         [bIn    ] durch;
021 AT1FM1  [(xxx)-]
022         (1.0) (...) unserm zUgführer sa:gen-
023         dass wir hier jetzt-
024         rEIngegangen sind (...),
025         rechts an der wand entlang-
026         gehen nach der rEchtsregel.
027 AT1FM2  ja.
028         (5.0) zUgführer für angriffstrupp-
029 ZF      kOmmen.
030 AT1FM2  ja sind unten in der tiefgarage-
031         und gehen nach der rEchtsregel vo:r.
032 ZF      das is verstanden.
```

In Zeile 1 bestimmt AT1FM2 mit dem hic-deiktischen[308] Adverb ‚hier‘ akustisch die Position, an der sie einen Richtungswechsel (aber keinen Wechsel der Einsatztaktik) vornehmen (werden). Dass es vornehmlich um die räumliche Situierung dieses Punktes geht und weniger prominent um die Besprechung des weiteren Vorgehens, spiegelt sich im Gebrauch des Lokaldeiktikums statt eines ebenso möglichen temporaldeiktischen Adverbs, wie ‚jetzt‘ (siehe TA27). Zudem verweist das daran anschließende akzentuierte Anrufen des Kollegen (‚rOnald‘, Z. 2) auf die räumliche Situierungsfunktion (der Personen und der spezifischen Position für den Richtungswechsel). Diese Annahme wird dadurch bestätigt, dass AT1FM1 seine Ortsbestimmung nachliefert: ‚ich bin hier an der wAnd‘ (Z. 7). Darin greift er sowohl (ebenfalls zur akustischen Positionsbestimmung) auf das temporaldeiktische Adverb ‚hier‘, als auch auf die ortsbezogene nicht-deiktische Präpositionalphrase ‚an der wAnd‘ zurück.

Im folgenden Verlauf werden weitere Ortsspezifika pronunziert geäußert (‚podEst‘, ‚wAnd‘, ‚Engstelle‘) und damit der Raum als solcher konstituiert und für die Begehung nutzbar gemacht, weil erstens Hinweise auf die Raumstruktur geboten werden, zweitens eine Anleitung zum Durchschreiten erfolgt, drittens auf Hindernisse hingewiesen wird, viertens implizit der Weg gekennzeichnet wird und fünftens Selbst-Situierungen im konstituierten Raum vorgenommen und weiterhin ermöglicht werden, da mit den Benennungen der Ortsspezifika zugleich implizit eine räumliche Situierung erfolgt (siehe z.B. ‚gehn hier durch ne Engstelle durch‘, Z. 14–15). Die ‚Engstelle‘ bietet eine ideale Ortsreferenz (vergleichbar mit einer allgemeinen Landmarke), die zur Positionsbestimmung auch

---

[308] Siehe Unterkapitel 2.2.

entsprechend genutzt wird (siehe Z. 18–20), nachdem die relational zu AT1FM1 erfolgte Positionsbestimmung (‚bin hInter dIr‘, Z. 17) AT1FM2 als solche nicht genügt. Deshalb stellt er die Folgefrage ‚biste da du:rch?‘ (Z. 18) und AT1FM2 reagiert entsprechend mit dem Aufgreifen dieser an dieser allgemeinen Landmarke ausgerichteten Positionsbestimmung ‚bIn durch‘ (Z. 20), ohne dabei auf die Benennung zurückzugreifen. Dies ist auch nicht unbedingt notwendig, da sich die Präposition ‚durch‘ kollokativ mit Formen von *sein* hinsichtlich räumlich situierender sprachlicher Funktionen nur auf die Durchquerung von Engstellen beziehen kann (abgesehen von der vermeidbaren Redundanz dadurch, dass die ‚Engstelle‘[309] im unmittelbar vorangehenden Turn thematisiert wurde, auf welchen dieser als adjazenter Antwort-Turn folgt).

Die Feuerwehrleute nutzen diese markante Position als Durchsage-relevanten Ort (im äußeren Interaktionskreis), aber AT1FM2 gibt den Ortsbezug nicht in der Kommunikation weiter, sondern beschränkt sich auf die drei räumlichen Situierungselemente ‚unten‘, ‚in der tiefgarage‘ und ‚nach der rEchtsregel‘ (Z. 30–31). Es wird deutlich, dass AT1FM2 die Perspektive des Zugführers einnimmt, um ihre räumliche Situierung vorzunehmen, denn er greift auf das dimensional-deiktische Adverb ‚unten‘ zurück, das vornehmlich aus der Perspektive oberhalb der Position des Angriffstrupps (im Falle des Zugführers auf Höhe des Erdgeschosses vor dem Gebäude) zu interpretieren ist. Mit der Präpositionalphrase ‚in der tiefgarage‘ wird der Ort des Weiteren benannt und näher spezifiziert. Und mit der Angabe ‚nach der rEchtsregel‘ wird schließlich die Direktionalisierung sowie die Einsatztaktik wiedergegeben.

Besonders deutlich sticht also in diesem Ausschnitt hervor, dass die räumliche Situierung zwischen Akteuren im gemeinsamen Nichtzeichenraum mittels allgemeiner Landmarken wie ‚Engstelle[n]‘ (hinsichtlich der Eindeutigkeit) von den Akteuren vorgezogen wird. Engstellen sind dabei in visuell beschränkten Settings ein vor allem haptisch erfahrbares physisch-materielles Umgebungselement, das den Akteuren für die ‚Kommunikationsstruktur‘ im für Feuerwehreinsätze rekonstituierten Raum dient. Die Ortsbestimmung für dislozierte Personen erfolgt hingegen vornehmlich aus deren Perspektive und weist neben relationalen Bestimmungselementen im Allgemeinen auch nicht-relationale (v. a. nicht-deiktische) sprachliche Elemente auf (siehe z. B. ‚in der tiefgarage‘ in TA06), denn in dem Interaktionskreis wird ein Überblick über den Einsatzort von den Interaktanten als wesentlicher behandelt als ‚Benutzbarkeitshinweise‘ für den Raum.

Der nachfolgende, unmittelbar an den vorangehenden anschließende TA verdeutlicht, welche Irritationen wahrgenommene Abweichungen vom Weltwissen verursachen und wie diese kommunikativ bearbeitet werden (können).

---

[309] Natürlich sind statt einer solchen Engstelle auch andere Räumlichkeiten verbindende Durchgangsbereiche wie Türen etc. möglich.

TA19 fehlt aber en reifen (W6Ü2-100518-TG)

```
001 sit     Sie erreichen, ertasten und umgehen teilweise ein
002         Auto.
003 AT1FM1  (...) fast ne AUtosilhouette sEIn;
004 AT1FM2  ja (...)
005 AT1FM1  Is en AUto.
006         (2.0) hat en kOtflügel;
007 AT1FM2  fehlt aber en rEIfen;
008 AT1FM1  ja aber (das hier is en) AUto;
009 AT1FM2  (12.0) dat heißt wir gehn jetzt um dat AUto herum
010         oder?
011 AT1FM1  ja ja;
012 AT1FM2  wo ham ma denn de rÄder?
013 AT1FM1  ja;
```

Hier geht es innerhalb der Ortskommunikation um ein Objekt, das im Verlauf der Diskussion zu einem Auto erklärt wird. Nachdem AT1FM1 seine haptische Wahrnehmung erläutert, dass er *‚fast ne AUtosilhouette'* (Z. 3) ertastet hat, verifiziert er im weiteren Verlauf diese Vermutung (*‚Is en AUto'*, Z. 5) mit der Begründung, dass das Objekt *‚en kOtflügel'* (Z. 6) hat. Daraufhin stellt AT1FM2 mit der Einschränkung *‚fehlt aber en rEIfen'* (Z. 7) diese Behauptung implizit in Frage. AT1FM1 legt daraufhin fest, dass *‚(das hier […] en) AUto'* (Z. 8) ist. Dass diese Festlegung von AT1FM2 akzeptiert wird, wird daran ersichtlich, dass er im späteren Verlauf das *‚AUto'* als solches nicht mehr in Frage stellt und als infrastrukturelles Objekt (als allgemeine Landmarke) akzeptiert (Z. 9). Dass AT1FM2 dennoch irritiert ist von der Oberfläche, die von der normen Oberflächenstruktur idealtypischer Autos (Weltwissen)[310] abweicht, zeigt er erneut in Zeile 12, indem er nach den *‚rÄder[n]'* fragt. AT1FM1 versteht dies nicht als (erneutes implizites) Infragestellen des Objektes *‚AUto'* (möglicherweise, weil er die Fragepartikel oder die steigende Intonation am Turnende akustisch nicht verstanden hat) und beantwortet die Ergänzungsfrage mit der (dazu unpassenden) Antwortpartikel *‚ja;'* (Z. 13), mit der im Allgemeinen auf Entscheidungsfragen repliziert wird. Die Interpretation dieser Antwort ist in diesem Falle kaum möglich, aber es wird zumindest deutlich, dass AT1FM1 zu diesem Zeitpunkt kein Infragestellen des Objektes *‚AUto'* wahrnimmt. Dass das Auto als Ortsbezug eine kommunikativ und (damit zugleich) einsatztaktisch relevante Größe ist, ergibt sich aus der daraus resultierenden Handlung, die auch explizit geäußert wird: *‚dat* [dies ein Auto ist]

---

[310] Hinsichtlich der Objekterkennung ließe sich merkmalssemantisch bzw. prototypentheoretisch (siehe Schwarz-Friesel/Chur 2004) spekulieren, dass die haptische Wahrnehmung eines Kotflügels plus Autosilhouette das Fehlen eines Reifens zur Bestimmung als Auto kompensiert (jedenfalls hinreichend für AT1FM1 und notwendig für AT1FM2). Diskurstheoretisch ließe sich erwägen, dass die hierarchische Stellung des Truppführers AT1FM1 ihn zur abschließenden Festlegung von Objekten legitimiert. Aber da die Datenlage zur Stützung der ersten Hypothese zu dürftig und zur Stützung der zweiten Hypothese zu widersprüchlich ist (siehe TA10), werden beide Fragestellungen bzw. Annahmen nicht weiter verfolgt, sondern nur der Vollständigkeit der Reflexion wegen aufgeführt. Schließlich lässt sich aus der Interaktionsanalyse nur das *Wie* dieser kommunikativen Handlung(en) bestimmen und die Auswirkungen (jeweils) nachverfolgen.

heißt wir gehn jetzt um dat AUto herum oder?' (Z. 9–10). Die kausale adverbiale Bestimmung, die mit ,*dat heißt*' eingeleitet wird, verweist darauf, dass bestimmte (ortsfeste) Objekte spezifische Einsatztaktiken und Wegstrecken (und damit daran anschließende Direktionaliserungshandlungen) bedingen.

Es lässt sich somit resümieren, dass die Identifizierung von räumlich situierten Objekten und ihre anschließende kommunikative Bearbeitung eine bedeutsame Rolle im Rahmen der Ortserkundung spielen (siehe z. B. TA15), was erstens mit der Raumkonstitution und zweitens mit sich daraus ableitenden, nicht-sprachlichen Anschlusshandlungen zusammenhängt (Absuchen um das Auto herum und ggf. im und unter dem Auto, siehe auch TA20).

In TA20 schließen die Akteure (des vorangegangenen TA19) aufgrund der sinnlich erkundeten und kommunikativ verhandelten räumlichen Infrastruktur auf spezifische Raumkonzepte und benennen diese explizit.

TA20 vermutlich in ne pArknIsche (W6Ü2-100518-TG)

```
001 AT1FM1  hIEr wieder an der wAnd-
002         wir gehn jetzt wieder wEIter-
003         (1.5) (an der wand) entlang.
004 AT1FM2  (häh?)
005         (15.0) dat is ne Absperrung;
006 AT1FM1  (1.0) ja die absperrungen stehen aber vor einer wAnd
007         ne,
008         (1.5) jetz hIEr-
009         hier (stehn ma an ner ecke);
010         (...)
011 AT1FM2  (13.0) (...) schon wieder;
012 AT1FM1  (7.0) rOnald?
013 AT1FM2  <<f>ja:?>
014 AT1FM1  (...) jetzt gerade ma die pArknische hier ab;
015         absuchen;
016 AT1FM2  ja:;
017 AT1FM1  (innerhalb) der tiefgarage.
018 AT1FM2  zUgführer für angriffstrupp.
019 ZF      kOmmen für zugführer;
020 AT1FM2  ja wir gehn jetz vermutlich in ne pArknIsche vor;
021 ZF      wiederholn,
022 AT1FM2  wir gehn jetz vermUtlich in eine parknische vor.
023 AT1FM1  jA: [äh wir ham       ] noch kEIne person gefUnden.
024 ZF          [das is verstAnden.]
025 AT1FM2  (2.0) haben bis jEtzt noch nIchts gefunden.
026 ZF      <<all>auch verstanden.>
```

Hier wird – wie bereits zum vorangehenden TA19 gezeigt werden konnte – aus den Informationen, dass es sich bei dem ertasteten Objekt in der Tiefgarage um ein Auto handelt und dass sie in unmittelbarer Nähe eine ,*wAnd*' (Z. 1) bzw. sogar zwei aneinander angrenzende Wände in Form einer ,*ecke*' (Z. 9) und ,*ne Absperrung*' (Z. 5) bzw. ,*absperrungen*' (Z. 6) haben, geschlussfolgert, dass sie sich in einer ,*pArknische*' (Z. 14) befinden. Aus diesem Raumkonzept inferieren sie des Weiteren die sich daraus einsatztaktisch ergebende, nicht-sprachliche Anschlusshandlung, das ‚*absuchen*‘ (Z. 15) der ‚*pArknische*‘. Dass es sich bei dem gemeinsam entwickelten Raumkonzept um eine vorübergehende und nur vermutete Konzeptualisierung handelt, lässt sich an der Kommunikation im äußeren Interaktionskreis erkennen, in der AT1FM2 äußert, dass sie ‚*jetz vermUtlich in ne pArknIsche vor*[*gehn*]‘ (Z. 22). Dennoch stellt die – auch wieder u. a. auf Weltwissen über Parknischen basierende – Identifizierung einer Parknische offensichtlich einen wichtigen Bestandteil der Ortskommunikation dar, so dass dies weder im inneren noch im äußeren Interaktionskreis ausgelassen wird (im äußeren wird sie sogar bei der Wiederholungsanforderung (siehe Z. 21) erneut aufgeführt (siehe Z. 22)). Um im Rahmen der Bearbeitung der Überblicks- und des Standortprobleme mit der ‚*pArknische*‘ keine Irritationen zu erzeugen, situiert AT1FM1 diese im inneren Interaktionskreis noch zusätzlich ‚*(innerhalb) der tiefgarage*‘ (Z. 17).

TA21 zeigt zum einen die hochfrequente Verwendung von ‚*hier*‘ und zum anderen eine ganze Reihe weiterer – größtenteils bereits in vorangegangenen Ausschnitten thematisierte – sprachlicher Elemente und untermauert dadurch einige der bislang dargestellten Funktionsanalysen. Außerdem gibt es im Ausschnitt eine unkonventionelle Verwendung des lokaldeiktischen ‚*dA*‘, mit dem Zifonun/ Hoffmann/Strecker (1997), in Anlehnung an Heinz Vater, einem *Nahbereich* (bzw. *Nahraum*) im Allgemeinen dichotomatisch den *Fernbereich* (bzw. *Fernraum*) gegenüberstellen (siehe z. B. ebd., S. 328 f. und Unterkapitel 2.2).

TA21 hier vor dir (W6Ü2-100518-TG)

```
001 AT1FM1 jetzt hier-
002        (...)
003 AT1FM2 (...) (8.0) (...)?
004 AT1FM1 (...) (9.0) hIE:r steht wieder en AUto.
005 AT1FM2 (...)
006 AT1FM1 (9.0) (...);
007        hIEr steht wieder en AUto.
008        (--) Ähhh-
009        ich würde vorschlagen wir gehn Um das AUto erst
010        herUm-
011        sonst ziehn ma uns den (.) schlauch hier vors auto-
012        und kriegen den nachher gar nich mehr weg;
013 AT1FM2 äh wo-
014        wo steht der wAgen denn?
015 AT1FM1 ä hIEr direkt hier vor dir.
016        (...) so hIEr hIEr dA.
017 sit    AT1FM2 klopft auf das Auto.
018 AT1FM1 [(hier steht)] wieder so en AUto.
019 AT1FM2 [achso:     ]
020 AT1FM1 <<f>da gehn wa ums AUto rum-
021 ja?>
022 AT1FM2 ja;
023 AT1FM1 (3.0) (anscheinend is) hier äh-
```

```
024        (7.0)
025 sit    AT1FM1 sucht mit seiner Axt unter lautem Krach den
026        Raum unterhalb des Autos ab.
027 AT1FM1 wo biste jetzt?
028 AT1FM2 da.
029 sit    AT1FM2 berührt AT1FM1.
030 AT1FM1 (1.0) (hier vor dir) ist jetz en pfEIler.
031 AT1FM2 ja-
032 AT1FM1 (...) links dran vorbEI-
```

Die zweifache Konstatierung ‚hIE:r steht wieder en AUto‘ (Z. 4 und Z. 7) weist dieselben räumlich situierenden Funktionen wie in TA19 beschrieben auf. Neben der akustischen Situierungshandlung mittels des einleitenden lokal(-hic-) deiktischen[311] Adverbs ‚hier‘ wird erneut ein Objekt (diesmal unzweifelhaft) als ‚AUto‘ deklariert und in den weiteren Verlauf der Kommunikation eingebettet (Z. 8 ff.). Erneut wird ersichtlich, dass die Identifikation von einem ‚AUto‘ einsatztaktische Konsequenzen impliziert, und zwar ein Absuchen ‚Um das AUto [...] herUm‘ (Z. 9–10; vgl. TA19).

In diesem TA gibt es eine weitere einsatztaktische Besonderheit, die explizit kommuniziert wird: und zwar, dass die Feuerwehrleute ‚Um das AUto erst herum‘ absuchen, bevor sie mit dem Schlauch weiter vorgehen, damit sie sich den Schlauch nicht am Auto (genauer: an den Autoreifen) verkeilen (siehe Z. 11–12). Ob AT1FM1 mit der nicht-deiktischen räumlichen Situierung ‚vors auto‘ darauf verweist, dass er anhand der haptisch wahrgenommenen Autosilhouette die intrinsische Perspektive des Objekts bestimmen konnte (ein Auto weist die intrinsische Transversale vorne vs. hinten auf),[312] oder ob es sich um eine räumliche Situierung relativ zur eigenen Origo (mit der Bedeutung *bei mir* vs *von mir entfernt*) handelt, lässt sich anhand des Ausschnitts nicht sicher bestimmen. Mir erscheint aber aufgrund der vielfachen Bestimmungsschwierigkeiten und Objektdiskussionen (in diesen nicht nur visuell, sondern auch – aufgrund der Schutzkleidung – haptisch limitierten Settings) die zweite Hypothese plausibler.

Auf die explizit ortsbestimmende Frage mit einem Synonym für *Auto* in ‚wo steht der wAgen‘ (Z. 14) antwortet AT1FM1 kommunikativ aufwändig mit ‚hIEr direkt hier vor dir (...) hIEr hIEr dA‘ (Z. 16). Nach der Bestätigung (‚achso:‘, Z. 19) durch AT1FM2 folgt dann eine erneute Objektbestimmungs- und Beschreibungssequenz der daraus resultierenden Folgehandlung mit einer kurzen Paraphrase der Sprachhandlung aus Z. 7 und Z. 9–10 (siehe Z. 18 und Z. 20) und das wird von AT1FM2 mit ‚ja;‘ bestätigt (Z. 22).

Besondere Beachtung sollte die kommunikativ aufwändige Selbstverortung erfahren: zunächst fällt die Häufung des Lokaldeiktikums ‚hier‘ auf, das dreimal laut geäußert wird und damit einen Hinweis auf die Funktion als akustische Positionsbestimmung (Hic-Deixis) gibt. Einen Hinweis darauf, dass das verwendete Wort selbst nur eine nebengeordnete Rolle spielt, aber die Verwendung eines Lokaldeiktikums zweckdienlich erscheint, gibt die Verwendung des ‚da‘ im Anschluss an die vier zuvor geäußerten ‚hIEr‘. Die Rahmensituation zeigt

---

[311] Siehe Unterkapitel 2.2.
[312] Siehe Unterkapitel 2.2.

deutlich, dass keine Unterscheidung von Nah- und Fernraum vorgenommen wird (AT1FM1 hat seine Position nicht verändert, was an seinem Klopfen auf das Auto ablesbar ist, und AT1FM2 hat sich nicht von diesem Ort weg- sondern eher hinbewegt). ‚[H]*IEr*‘ und ‚*dA*‘ haben also keine Entfernungen differenzierende Funktion, sondern können bezüglich der Entfernung als ‚synonym verwendbare‘ akustische Positionsmarker bestimmt werden. Das zeigt sich zudem in Zeile 28, wo ‚*da*‘ parallel zur räumlichen Selbstsituierung mittels gegenseitiger Berührung verwendet wird. Ohne visuelle Unterstützung erscheint also eine Entfernungs-differenzierung (nur) durch *hier* vs. *da* als ungeeignet (siehe auch TA60 ‚*da hin-ten*‘ und TA22 ‚*wEIter vorne*‘ als Marker für die Differenzierung zwischen Fern- und Nahraum).

Es lässt sich allerdings anahnd des Datenmaterials eine Differenzierung, wie sie Rauh skizziert, beobachten. So unterscheidet Rauh systematisch zwischen drei Regionen: Kodierort („coding place"), „in Verbindung mit dem Kodierort" und „nicht in Verbindung mit dem Kodierort" (Rauh 1983, S. 18). „Der Kodier-ort wird in der Ortsdeixis durch *hier* bezeichnet; *da* ist für den mittleren (mit dem Kodierort verbundenen) Bereich zuständig, *dort* für den äußeren, nicht mit dem Kodierort verbunden Bereich" (Vater 2005, S. 119).

Nach dieser Einteilung verweist *hier* auf den nicht näher spezifizierten ge-samten räumlich situierten Bereich der Formulierung, wohingegen mit *da* auf einen spezifischen, unmittelbar durch den Sprecher erreichbaren lokalen Bezugs-punkt referiert wird, was eine plausible Erklärung für das überdurchschnittlich häufige Auftreten des Lokaldeiktikums *da* mit Selbst- und Fremdberührungen darstellt (siehe auch TA23). Zudem zeigt Vater in Anlehnung an Ehrich (1992) auf, warum und in welchen Kontexten *hier* und *da* gleichermaßen (im Gegen-satz zu *dort*) verwendet werden können:[313] und zwar, wenn der Verweisraum im Zugriffsbereich des Sprechers liegt. *Hier* ist nach Ehrich und Vater nur dann als einziges der drei Lokaldeiktika möglich, wenn der Verweisraum den Sprecherort einschließt (siehe Vater 2005, S. 120). Des Weiteren deuten der aufwändige kom-munikative Turn und die zusätzliche rein akustische (nicht verbale) Symbolik (Klopfzeichen) auf die hohe Bedeutung, die AT1FM1 der räumlichen Situierung an dieser Position beimisst.

Das ‚*direkt hier vor dir*‘ (Z. 15) verweist implizit darauf, dass AT1FM1 eine relativ genaue Vorstellung von der Position und der direktionalen Ausrichtung von AT1FM2 hat, denn er nimmt dessen Perspektive ein und schätzt die Entfer-nung (mit ‚*direkt hier vor dir*‘ als sehr kurz ein). In Zeile 30 ist diese Positionsvor-stellung durch die Berührung auch verifiziert, weshalb ‚*(hier vor dir)*‘ an dieser Stelle auch (weitgehend) unmissverständlich ist. Dass AT1FM1 vollständig die Perspektive von AT1FM2 einnimmt, zeigt sich besonders deutlich am temporal-

---

[313] *Hier* und *da* „stehen [als] zwei Elemente eines semantischen Feldes in schwachem Kontrast" (Vater 2005, S. 121; in Anlehnung an Ehrich 1992, S. 21), da *hier* in positional-deiktischer Hinsicht eindeutig die egozentrische proximale Umgebung und nicht die Fern-Umgebung bezeichnet, und *da* sowohl hinsichtlich proximaler Umgebung als auch Fern-Umgebung un-terspezifiziert ist (siehe Vater 2005, S. 119f.). Aus dieser merkmalssemantischen Beschrei-bung wird ersichtlich, dass die beiden Lokaldeiktika unter Umständen synonym verwendet werden können.

deitkischen ‚*jetz*‘, mit dem er auf den ‚*(vor)*‘ AT1FM2 liegenden ‚*pfEIler*‘ (Z. 30) hinweist, und damit nicht nur die positionale Ausrichtung einkalkuliert, sondern sogar mittels Bewegungsrichtung zeitlich folgende Begegnungen mit spezifischen ortsfesten Objekten antizipiert. Orts- und Zeitbezug werden also miteinander verwoben und perspektivisch aufgelöst.

Im folgenden Ausschnitt werden noch einmal viele den Akteuren in den Settings ohne LANDMARKEN zur Verfügung stehende Ortsreferenzierungen verwendet und Raumbegrenzungen mittels bestimmter Schlauch- und Ortscharakteristika erschlossen.

TA 22 ich bin an deinem fUß (W6Ü2-100518-TG)

```
001 AT2FM1  <<f>Otto?>
002 AT2FM2  <<f>jA:,
003         (3.0) ich bin an deinem fUß.>
004 AT2FM1  jA.
005         (3.0) <<all>ah da beginnt->
006         (...) der schlauch (xxx) gerOllt;
007 sit     AT2FM2 erreicht die Schlauchschlaufe von AT1.
008 AT2FM2  dann ham-
009         se ham (die) hier gedreht ne?
010 AT2FM1  (1.0) der schlAUch geht hier vorbei;
011 AT2FM2  ah-
012         ja sin ja zurückgegangen;
013         dann müssen wir jetz auf der rechten seite wEIter;
014 AT2FM1  okay.
...
016 AT2FM1  (9.0) so hIEr sin ma an der wAnd dran;
017 AT2FM2  (1.0) ja-
018         (2.0) und jetz wEIter vorne dUrch ne?
019 AT2FM1  Oke;
020         (23.0) Otto?
021 AT2FM2  ja ich bin hInter di:r.
022 AT2FM1  hier (...) irgend wat-
023 sit     AT2FM2 erfühlt das Auto, an dem er vorbeigeht
024         (zwischen Auto und Wand).
025 AT2FM1  ich weiß net wat dat is;
026 AT2FM2  (1.0) vOr dir,
027 AT2FM1  jaja;
028 AT2FM2  (23.0) ich (hab) hInter dir;
029 sit     AT2FM2 greift hinter sich zum Strahlrohr, das ihm
030 AT2FM1  reicht.
031 AT2FM2  (4.0) tIm?
032 AT2FM1  ja: ich bin hier.
033 AT2FM2  mOment.
034 sit     AT2FM2 versucht, Schlauch nachzuziehen.
035 AT2FM2  (2.0) (vOrsicht;)
036 AT2FM1  ja: ich beweg deinen schlAUch.
037         (2.5) da is wieder ne wAnd Otto;
038 AT2FM2  sind wir am E:nde oder wie?
039 AT2FM1  jaja wir sind am Ende.
```

```
040 AT2FM2 jA.
041        (1.5) dann müsste bAld das tOr kommen ne?
```

Zu Beginn dieses Transkriptausschnitts gibt AT2FM2 auf die implizite Positionsfrage[314] von AT2FM1 (‚*Otto?*‘, Z. 1) ein Körperteil des Fragenden als Referenzpunkt an (‚*ich bin an deinem fUß*‘, Z. 3). Daran wird ersichtlich, dass diese Form der räumlichen Situierung hinreichend präzise ist, um den Beteiligten weitere kommunikative Bearbeitungen der Positionsbestimmungen zu ersparen.

Der zweite Referenzpunkt, der eine kommunikative Rolle spielt, ist der Schlauch vom ersten Angriffstrupp (‚*da beginnt- (...) der schlauch*‘, Z. 5–6). Dieser Referenzpunkt wird als Objekt der ersten Reflexionsstufe als Interpretationshilfe für die ortsspezifische Ereignisrekonstruktion des ersten Angriffstrupps genutzt: ‚*dann ham- se ham (die) hier gedreht ne?*‘ (Z. 9). Dass die Feuerwehrleute für die interpretative Rekonstruktion auch auf Vorwissen zurückgreifen, wird an der nächsten Sequenz erkennbar: nach der Feststellung ‚*der schlAUch geht hier vorbei;*‘ (Z. 10) folgt die Schlussfolgerung ‚*ah- ja sin ja zurückgegangen;*‘ (Z. 11–12). Diese Schlussfolgerung führt AT2FM2 zur konditional eingeleiteten einsatztechnischen Konsequenz ‚*dann müssen wir jetz auf der rechten seite wEIter;*‘ (Z. 13), was AT2FM1 bestätigt.

Diese Sequenz muss kurz erläutert werden: Der zweite Angriffstrupp hatte die Anweisung, so schnell wie möglich zum letzten durch den ersten Angriffstrupp abgesuchten Punkt zu gelangen, nachdem dieser wieder – mit dem Ende seines Schlauchs – aus dem Gebäude zurückgekehrt ist. Dafür hat sich der zweite Angriffstrupp – gemäß der Absprache mit dem Trupp sowie dem Zugführer (siehe TA63) – nicht an der rechten Wand, sondern am Schlauch des ersten Trupps orientiert. Und da sie nun die Schlauchwindung (‚*der schlauch (xxx) gerollt*‘, Z. 6) erreicht haben,[315] steht ihnen der Schlauch als Navigationsinstrument nicht weiter zur Verfügung. Sie wechseln somit die Strategie hin zur Orientierung an der rechten Wand und damit zur ‚Rechtsregel‘. Von dieser Position an nutzen sie also originäre örtliche Umgebungselemente (Reflexionsstufe 0)[316] zuzüglich der organisationellen Navigationsregel (‚Rechtsregel‘), und nicht mehr die artifizielle des vorangegangenen Trupps (Reflexionsstufe 1, da der Schlauch als Zeichen nicht primär zur Orientierung des Nachfolgetrupps ausgelegt, sondern lediglich teilweise zurückgelassen wurde).

Es folgt eine lange Sequenz, bis die Feuerwehrleute die Wand an der rechten Seite erreicht haben (Z. 14–16). Mit (dem auch in diesem Abschnitt wieder hochfrequenten) ‚*hIEr*‘ wird diese Positionierung akustisch akzentuiert und mit ‚*an der wAnd dran*‘ (Z. 16) eindeutig spezifiziert. AT2FM2 markiert – nach der konditional verwendeten Konjunktion ‚*und*‘ – mittels des temporaldeiktischen ‚*jetz*‘

---

[314] Jedenfalls lässt sich an der Antwort von AT2FM2 ablesen, dass dieser die fragend intonierte Nennung seines Namens als Positionsabfrage versteht. Und da diese Interpretation im weiteren Verlauf der Interaktion von AT2FM1 nicht verworfen wird, kann dieser ‚account‘ damit indirekt als belegt gelten.

[315] Das vordere Schlauchstück des vorangegangenen Trupps befindet sich wieder im Eingangsbereich, aber da sie nicht den gesamten Schlauch nachgezogen haben, befindet sich ein Teil (bis zu dieser Schlauchwindung) im Bereich des eigentlichen Einsatzortes.

[316] Siehe zu den Reflexionsstufen Unterkapitel 2.1.

das (chrono-)logisch darauf folgende weitere Vorgehen ‚wEIter vorne dUrch‘ (Z. 18). Dabei wird ‚vorne‘ in diesem Turn nicht streng dimensional-deiktisch verwendet, sondern als modifizierte Verstärkung des ‚wEIter‘.[317]

Die nächste Positionsbestimmung erfolgt wieder relational zum Anfragenden und aus dessen Perspektive (Z. 21 und Z. 28), ebenso wie die darauf folgende Objektbestimmung (‚vOr dir‘, Z. 26). Das zeigt, dass die Perspektivenübernahme des Angesprochenen als übliche Vorgehensweise charakterisiert werden kann.

Durch das Erreichen der nächsten ‚wAnd‘ schließen die Feuerwehrleute, das ‚E:nde‘ des (nicht zuletzt damit konstituierten) Raumes ‚bAld‘ erreicht zu haben (Z. 37, 38, 41) und antizipieren damit ein wesentliches Raummerkmal, von dem ihnen der vorangegangene Trupp berichtet hat (siehe TA63), und zwar ‚das tOr‘ (Z. 41). Dieses dient ihnen als wichtige allgemeine Landmarke, zumal es die letzte Suchposition des ersten Angriffstrupps war, und damit den Startpunkt für die Suchfortsetzung durch AT2 darstellt. Man kann also resümieren, dass sie auf eine Mischung von Wissensformen (organisationelles Regelwissen, vergangenes Handlungswissen, berichtetes Ortswissen) und materiellen herkömmlichen Navigationsmitteln (Wände, Schlauchwindungen) zurückgreifen, um ihren primären Einsatzort als Bewegungs- und Handlungsraum im Rahmen des Einsatzes begehbar zu machen.

Im nachfolgenden TA23 werden mögliche Orientierungsprobleme deutlich, die in nicht-festen und/oder uneindeutigen Referenzierungspunkten begründet liegen, und es ist erkennbar, wie diese Probleme von den Akteuren gelöst werden. STFM2 schließt zu STFM1 auf und bittet explizit um Orientierungshilfe. Dabei spielen v. a. der selbst mitgeführte Schlauch und der Schlauch des vorangegangenen Trupps eine bedeutende Rolle, da sie Letzteren bislang als haptische Weg- bzw. Direktionalisierungsmarkierung benutzt haben.

TA23 welcher isses (W6Ü2-100518-TG)

```
001 STFM1   (2.0) Oke:?
002 STFM2   (2.0) <<all>welcher isses->
003         der Untere hier?
004 STFM1   (2.5) hier is des Ende hier-
005         (3.5) wir müssen hIEr weiter;
006 STFM2   warte ma stefan.
007         (1.5) ich brauch erstma wieder ne orientierung.
008 STFM1   (1.0) wovOn?
009 STFM2   is dat da det strahlrohr?
010 STFM1   (2.0) ne: das bin ich.
011 STFM2   (1.0) das bist dU:-
012         ((lachen)) (klaro;)
```

---

[317] Von der Mitte der Räumlichkeit aus kommend und (mehr oder weniger) senkrecht auf die rechte Wand treffend, bedeutet dies, sich nun zur linken Seite hin weiter zu bewegen, denn der Weg zur rechten Seite hin würde zurück zum Eingang führen (das käme dem Befolgen der ‚Linksregel‘ gleich). Insofern wäre eine Anweisung wie *dann jetzt rechts weiter* aufgrund des Erreichens einer Wand irreführend.

```
013            (wat macht dein [schlauch?)]
014 STFM1      [xxx-]
015            ja das is unser schlau:ch-
016            (-) der hier rumgeht-
017            aber hier wieder en AUto-
018            geht der-
019            vom trUpp her.
020 STFM2      okay dEn hab ich hier.
021            (1.0) jetz brauch ich nur noch Unsern schlauch;
022 STFM1      (2.5) ja sonst hAlt dich an meinem fuß fest;
023 STFM2      okay,
024 STFM1      (7.0) bist du noch dA?
025 STFM2      ich bin hinter dir.
```

Zunächst fragt STFM2 seinen Kollegen, zu dem er aufschließt, danach, welcher der beiden (offensichtlich vorgefundenen) Schläuche ihr mitgeführter Schlauch ist (Z. 2). Dass er ihren und nicht den Schlauch des vorangegangen Trupps sucht, wird erst im Anschlussturn (Z. 3) und einer späteren Sequenz (Z. 21) sichtbar. Dass ihm zwei mögliche Referenzierungsobjekte zur Verfügung stehen macht er erstens mit der Fragepartikel ‚welcher‘ (Z. 2; diese Fragepartikel impliziert bereits eine Mehrfachauswahl) und zweitens mit der konkreten Auswahl des vermuteten Referenzierungsobjektes ‚der Untere‘ (Z. 3) deutlich. Diese positional-dimensionale (und damit auch deiktische) Formulierung impliziert ihrerseits eine Relationalisierung, die man auf der Basis seiner Sprachkompetenz aufgrund der zuvor verwendeten Fragepartikel – und der damit implizierten Mehrfachauswahl – als relationale Angabe der haptisch identischen Objekte inter pares interpretieren kann. Das zusätzlich angefügte Deiktikum ‚hier‘ (Z. 3) erfüllt trotz der Sichtbeschränkung in dieser Situation eine tendenziell dér-deiktische Funktion (siehe unten). Es erscheint nicht sinnvoll, dieses *hier* als Hic-Deiktikum zu interpretieren, wenn es der Aussage nachgeschoben wird (zumal es auch nicht auffällig intoniert wird, indem es z. B. lauter ausgeprochen würde). Zudem erscheint es im Gegensatz zu prototypischen Hic-Deiktika nicht sinnvoll austauschbar, da weniger die Stimmmaterialität als die Semantik selbst bedeutsam ist. Es impliziert nämlich die Information, dass STFM2 den Schlauch zum Zeitpunkt der Aussage berührt und damit lenkt er – wenn auch nicht visuell – den Fokus auf ein (haptisch) fixiertes Objekt bzw. eine solche Position, womit es als Dér-Deiktikum beschrieben werden kann.[318] Diese Funktion von ‚hier‘ greift STFM1 innerhalb der Sequenz im nächsten Turn zweimal auf. Er umschließt seine Aussage damit (Z. 4). Im darauf folgenden Turn von STFM1 verwendet er ‚hIEr‘ (Z. 5) hic-deiktisch, die Direktionalisierung anzeigend (‚*wir müssen hIEr weiter*‘, Z. 5). Woraufhin STFM2 erklärt, dass er ‚*erstma wieder ne orientierung*‘ (Z. 7) braucht.

In der folgenden Sequenz wird deutlich, wie eingeschränkt die Perzeption der Akteure ist, die nicht nur nichts sehen können, sondern zudem auch stark haptisch eingeschränkt sind, da STFM2 das Schlauchende nicht vom Fuß des Feuerwehrkollegen unterscheiden kann (Z. 9–11). Für die Referenzierung verwendet er dabei ‚da‘ als Dér-Deiktikum synonym zu *hier* (siehe auch TA21).

---

[318] Siehe zur Differenzierung von Hic- und Dér-Deiktika Unterkapitel 2.2.

In Zeile 13 wird endgültig ersichtlich, dass STFM2 darum bemüht ist, den mit-gebrachten Schlauch zu ertasten. Dass er dabei auch nonverbal (haptisch) auf den richtigen Schlauch verweist, bestätigt STFM1 mit ‚ja das is unser schlau:ch‘ (Z. 15). Aufgrund der vorangegangenen Darstellung lässt sich die Verifizierung seitens STFM1 nur dadurch erklären (ohne auf visuelle Daten zurückgreifen zu können), dass sie sich zum Zeitpunkt der Aussage entweder berühren oder die Bewegung des Referenzobjektes wahrnehmen. Wie in TA21 wird auch hier das Lokaldeiktikum *da* im Nahbereich eingesetzt zur Vorbereitung bzw. zur sprach-lichen Begleitung von Berührungshandlungen. Dies widerspricht der üblichen Deixis-Konzeption, die besagt, dass Nah- und Fernbereich in der Regel durch *hier* und *da* differenziert werden.[319] Diese Funktion von *da* lässt sich auch auf das besondere Setting der visuellen Limitation plus die hochfrequente Verwendung von *hier* zurückführen. Auch in Zeile 24 wird *da* hic-deiktisch für den Nahbe-reich verwendet (‚bist du noch dA?‘).

In der Sequenz ab Zeile 15 verständigen sich die beiden Feuerwehrleute, dass STFM2 den Schlauch des vorangegangenen Trupps zur Hand hat (Z. 20–21) und STFM2 äußert erneut den Wunsch, ihren mitgeführten Schlauch zur Orientie-rung nutzen zu wollen (‚jetz brauch ich nur noch Unsern schlauch‘, Z. 21), wo-raufhin STFM1 als Alternative (‚sonst‘) vorschlägt, seinen Fuß zur Orientierung zu nutzen, was STFM2 akzeptiert (‚okay‘) und im Anschluss STFM1 als rela-tionalen Orientierungspunkt nutzt (‚ich bin hinter dir‘, Z. 25). In diesem Aus-schnitt wird somit die Bedeutsamkeit des Schlauchs als Orientierungsmedium mehrfach unterstrichen und dessen Problematik betont, wenn räumlich situierte Bezugsobjekte nicht einmalig vorkommen. Des Weiteren wird gezeigt, dass es den Akteuren unter Umständen auch ausreichen kann, wenn nur der vorausge-hende Feuerwehrmann über eine angemessene Orientierung verfügt, das heißt, dass die visuelle „Ko-Orientierung“ (siehe Hausendorf 2010 und Kapitel 1) ein-geschränkt ist. Sie können sich dann ggf. über haptische Körperwahrnehmung (Berühren am Fußgelenk) bezüglich des gemeinsamen Bewegungsraumes „ko-ordinieren“ (siehe ebd.).

Der nächste Ausschnitt aus derselben Übung offenbart u. a. eine Praxis mittels derer Akteure verwechselbare Objekte vor Ort und das Erreichen des vermeint-lichen Zielpunktes (kommunikativ) markieren. Die Feuerwehrleute des Sicher-heitstrupps erreichen das Ende des Schlauchs vom vorangegangenen Angriffs-trupp, der vermisst wird und den sie als Sicherheitstrupp bergen sollen.

TA24 auf der anderen sitz ich (W6Ü2-100518-TG)

```
001 STFM1    verstanden.
002 STFM2    (...) stEfan?
003 STFM1    bittE?
004 STFM2    ich stoße zu dIr.
005 STFM1    gut;
006          das is unsere angriffsleitung-
```

---

[319] Siehe Unterkapitel 2.2 und TA21.

```
007              auf der anderen sitz ich;
008              [und  ] das vom angriffstrupp;
009 STFM2        [okay-]
010              okay-
011              dAnn (vorwärts).
012              (18.0) stEfan?
013 STFM1        ja?
014 STFM2        (1.0) ah okAY.
015 STFM1        bist du dA?
016 STFM2        ja ich bin hInter dir.
017 STFM1        gut.
018              (3.5) warte es geht en bOgen.
019 STFM2        (8.0) stEfan?
020 STFM1        ich hab hier ne kUpplung-
021 STFM2        (2.0) warte ma:;
022 STFM1        (1.0) ich glaub wir sind dA;
023              ich hab jetzt hier das strAhlrohr-
024              (2.0) ich es <<f>strahlrohr.>
025 STFM2        okay.
026 STFM1        (2.0) der sicherungstrupp ist am strahlrohr des
027              angriffstrupps.
028 STFM2        strahlrohr,
029 ZF           ja zugführer hat verstanden-
030              dann von da aus kreisförmig au-
031              ähh (-) nach pErsonen suchen;
032 STFM1        sO ausschwÄ:rmen-
```

Zunächst fällt auf, dass es für die Akteure eine einfache haptisch-orientierte Methode gibt, zwei Feuerwehrschläuche kurzzeitig voneinander zu unterscheiden, und zwar sich auf einen der beiden zu setzen (siehe Z. 6–8). Allerdings funktioniert dies nur für einen (statischen) Augenblick und die Differenzierung muss zumindest dem Kennzeichnenden zuvor bekannt gewesen sein. Nichtsdestoweniger ist diese schlichte Methode der Kennzeichnung eines Objektes durch Körperberührung in spezifischen Situationen geeignet, Fehlschlüsse zu vermeiden. Sprachlich fällt auf, dass die Feuerwehrleute die Differenzierung auch mittels einer Schlauchbezeichnung vornehmen (‚*unsere angriffsleitung*‘ vs. ‚*der anderen* [...] *vom angriffstrupp*‘, Z. 6–8).

Im weiteren Verlauf lässt sich aus dem TA herauslesen, wie die Akteure bei der Suche nach dem vermissten vorangegangenen Trupp vorgehen: Sie gehen den Schlauch des Trupps entlang, entdecken erst ‚*en bOgen*‘ (Z. 18), dann ‚*ne kUpplung*‘ (Z. 20) und schließlich ‚*das strAhlrohr*‘ (Z. 23), welches als Endpunkt des Feuerwehrschlauches auch zugleich ihren Zielpunkt markiert (‚*ich glaub wir sind dA*‘, Z. 22) und als Zielpunkt auch mehrfach wiederholend im inneren und äußeren Interaktionskreis kommuniziert wird (siehe Z. 24 und Z. 26–27). Mit dem Erreichen des Zielpunktes ändert sich die Einsatztaktik des Sicherheitstrupps. Sie werden vom Zugführer angewiesen, ‚*von da aus kreisförmig* [...] *nach pErsonen* [zu] *suchen*‘ (Z. 30–31), was STFM1 im inneren Interaktionskreis als ‚*ausschwÄ:rmen*‘ (Z. 32) paraphrasiert. Sie konstituieren demnach mit Hilfe des Schlauchendes (‚*strahlrohr*‘) und mit ‚*kreisförmig*[em]‘ Absuchen einen Einsatzraum, der nicht durch Wände oder vergleichbare architektonische Raumkonstitutive begrenzt ist und somit auch nicht als *Raum* bezeichnet wird, sondern dessen Grenzen des Einsatzbereichs durch ihr Equipment festgelegt werden (durch den Suchradius, der von der zur Verfügung stehenden Schlauchlänge und dem Fixpunkt aus bestimmt ist). Ohne weitere allgemeine Landmarken ist eine solche Raumkonstitution recht vage und kommunikativ schwierig zu bearbeiten, zum Beispiel im Rahmen von Anschlusskommunikation über den Raum hinsichtlich Orientierungs- und Navigationshandlungen.

5.4.2 Die kommunikative Konstitution des Einsatzortes in Phase III mit LANDMARKEN

In Abgrenzung zu den vorangegangenen Ausschnitten werden in den folgenden Ausschnitten dieses Unterkapitels explizit LANDMARKEN zur Ortsmarkierung verwendet. Weil zudem viele der bereits aufgeführten sprachlichen Praktiken zum Einsatz kommen, eignet sich diese Gegenüberstellung (in Verbindung mit den vorangegangenen Darstellungen), um die Bedeutung bzw. den Gebrauch der LANDMARKEN im Rahmen der Ortskommunikation – v. a. hinsichtlich Situierungs- und Raumkonstitutionsprozessen – zu illustrieren.

In diesem TA25 erreichen die Feuerwehrleute des Angriffstrupps eine Tür im Kellerbereich. Sie geben den Stand ihrer Mission an den Zugführer durch und diskutieren zudem die angemessene Ortsmarkierung. Es handelt sich um einen Auszug aus der zeitlich in der Regel umfangreichsten Einsatzphase, der Personen- bzw. Feuersuche. Hier fällt u. a. die Verwendungsweise von Hic-Deiktika auf.[320]

TA25 im zwEIten kellerraum (W1Ü1-090113-KG)

```
001 AT1FM1 (4.0) hIEr ist ne (.) tÜr;
002 sit    Das Abklopfen mittels eines Stocks ist zu hören.
003 AT1FM1 (4.5) (auch) Offen?
004 AT1FM2 okAY,
005 AT1FM1 (2.0) ähm:-
006        (solln wir hier) dIrekt wieder rEIn gehen?
007 AT1FM2 (1.5) ja hier gehn wir rein;
008 AT1FM1 ja;
009        hier is dIrekt-
010        (... gehn ma) weiter;
011 AT1FM2 bittE?
012 AT1FM1 (1.0) Angriffstrupp fü:r (.) zugführer kommen?
013 ZF     [ja zugführer hört.]
014 AT1FM2 [eine gElbe landmarke,]
015 LMT    ja:,
016 AT1FM1 haben dirEkt (.) hinter der ecke: (.) die erste tür
017        gefunden-
018        und gehen dort in den raum vOr.
019 ZF     ihr habt jetzt den Ersten raum verlassen-
020        rIchtig?
021 AT1FM1 ja genau-
```

---

[320] Siehe Unterkapitel 2.2.

```
022          den flurbereich und direkt die erste tü:r (.)
023          rechts.
024 ZF       so dass ihr jetzt im zwEIten [kellerraum] seid;
025 AT1FM2                              [okay      ]
026          landmarke hab [ich in  ]
027 ZF                     [rIchtig?]
028 AT1FM2 [der hAnd;   ]
029 AT1FM1 [ja: rIchtig.]
030          okAY,
031 AT1FM2 (...)  wo ich die hInsetze-
032          setz ich die hier ins Eck,
033 AT1FM1 (--) ja:,
034          (2.0) kann man die se:hn?
035 AT1FM2 (1.0) ja die hat en kleinen wAckelko(h)ntakt,
036 sit    AT1FM2 lachend.
037 AT1FM2 (1.0) aber die geht;
038 AT1FM1 (okay,)
```

Mit dem (hic-)deiktischen[321] Ausdruck ‚hIEr‘ (Z. 1) und der entsprechenden Bezeichnung ‚tÜr‘ (Z. 1) situiert AT1FM1 sich und eine Tür räumlich. Nach einer kurzen Aushandlungssequenz entscheiden sich dann beide Feuerwehrleute ‚rEIn [zu] gehen‘ (Z. 6). Daran erkennt man die Handlungs- und deshalb auch Kommunikationsrelevanz, die das Auffinden einer Tür in Feuerwehreinsätzen verursacht hat: Eine Entscheidung bezüglich des Eintretens oder Vorbeigehens wird notwendig.

Die Feuerwehrleute setzen dann vor dem Betreten der Räumlichkeit noch eine gelbe LANDMARKE, um zu signalisieren, dass die Räumlichkeit betreten, aber noch nicht verlassen worden ist. Sie projizieren den Bedeutungsgehalt, der sich aus der LANDMARKE und deren Position an der Tür ergibt, also in die Zukunft und antizipieren damit eine mögliche nachfolgende Interpretationssituation (also ein ‚Lesen‘ des Ortes). Im Anschluss informiert AT1FM1 den Zugführer über den Stand ihrer Mission inklusive Ortsangabe (‚dirEkt (.) hinter der ecke: (.) die erste tür (…) in den raum vOr.‘, Z. 16–18). Auch wenn der folgende Turn des Zugführers aus dem Datenmaterial heraus akustisch nicht verstanden werden kann, so gibt der anschließende Turn des Feuerwehrmanns dennoch eindeutige Hinweise auf Teile des Gesagten: Mit ‚ja genau- den flurbereich‘ (Z. 21–22) übernimmt AT1FM1 offensichtlich den Vorschlag des Zugführers, den Bereich vor der Tür (bzw. außerhalb der im Anschluss zu durchsuchenden Räumlichkeit) als Flurbereich zu benennen und damit (wenigstens vorläufig) auch als solchen zu etablieren.[322] Die Kennzeichnung der Räume erfolgt durch eine Nummerierung und ein dimensionales Adverbial[323] (‚und direkt die erste tü:r (.) rechts.‘, Z. 22–23). So beschreibt AT1FM1 dem Zugführer die bisherige Erkundung als virtuelle Route,[324] die der Zugführer im Zeichenraum nachgehen und von der

---

[321] Als hic-deiktisch kann der Ausdruck *hier* aufgrund der Funktion, die Aufmerksamkeit auf die lokale Position des Sprechers zu lenken (siehe Unterkapitel 2.2), bezeichnet werden.

[322] Mit den sich aus dem Flurkonzept ergebenden Implikationen, dass es z.B. kein primärer Wohnbereich ist und dass von dort aus mehrere Türen abgehen, der Flur somit als Zugangsbereich zu anderen Räumlichkeiten dient.

[323] Siehe Klein (1990, S. 23f.).

[324] Diese Routenskizzierung kann verglichen werden mit einer durchschnittlichen Wohnungsbeschreibung und damit als ‚Wegstrecke‘ bzw. ‚tour‘ (siehe z.B. de Certeau 1988, S. 220ff.).

er sich ggf. eine entsprechende kognitive Landkarte bilden kann.[325] Dieses Vorgehen kann man mit de Certeau folgendermaßen umschreiben: „Die Kette von raumschaffenden Handlungen scheint also mit Bezugspunkten markiert zu sein, die auf das hinweisen, was sie produziert (eine Vorstellung von Orten) oder was sie beinhaltet (eine lokale Ordnung)" (de Certeau 1988, S. 222).

Nach dem Gespräch mit dem Zugführer diskutieren die beiden Feuerwehrleute des Trupps über den idealen Ort, um die LANDMARKE zu positionieren. Die Position wird hinsichtlich ihres Bedeutungsgehalts dabei vornehmlich von drei Bedingungen bestimmt: 1. von der Lage in unmittelbarer Nähe einer Tür oder eines Durchgangs; 2. von der Sichtbarkeit (‚kann man die se:hn?', Z. 34) und 3. von der Resistenz gegen unbeabsichtigte Positionsänderungen. Die Aussage ‚setz ich die hier ins Eck' (Z. 32) kann zwar auch im Sinne der ersten beiden Bedingungen interpretiert werden, aber dass sie (mindestens) ebenfalls als Beleg für den Schutz gegen eine mögliche Verschiebung angeführt werden kann, lässt sich in Transkript W1Ü2 ablesen, wo die Positionierung der LANDMARKE in der Ecke der Räumlichkeit diese v. a. gegen unbeabsichtigtes Verschieben schützen soll. Erst nach der Erfüllung der drei Bedingungen wird die Auslegehandlung durch AT1FM1 als (wenigstens vorläufig) abgeschlossen markiert (‚(okay,)', Z. 38) und damit ist dieser Einsatzraum mittels des visuellen Symbols in Abhängigkeit von der Umgebung hergestellt und sprachlich verfügbar gemacht.

Im nächsten Ausschnitt erfolgt die Raumkonstitution zwischen AT2FM1 und dem Zugführer v. a. durch die Raumbezeichnungen ‚raum' vs. ‚flUr'.

TA26 nEIn wir sind wieder im flUr (W1Ü2-090113-OG2)

```
001 AT2FM1 wittenbach von berg,
002 ZF     ja der zugführer hört,
003 AT2FM1 wir ham hier (nen) zwEIten raum kontrolliert-
004        grÜn.
005        wir gehn weiter (.) nach der rechtsregel;
006 ZF     das heißt ihr betretet jetzt den drItten raum;
007 AT2FM1 nEIn wir sind wieder im flUr;
008 ZF     ja verstanden.
```

Was als erstes auffällt, ist die referenzielle Differenzierung der Orte, die für das Orientierungswissen (in dem Falle v. a. des dislozierten Zugführers, der sich mit AT2FM1 nur in einem gemeinsamen Zeichenraum befindet) offensichtlich eine wichtige Rolle spielt, denn die derzeitige Position in einem ‚drItten raum;' (Z. 6) erzeugt eine andere kognitive Karte, als die Situierung ‚wieder [zurück] im flUr;' (Z. 7). Dies hängt insbesondere mit den unterschiedlichen prototypischen Vor-

---

[325] Damit würden die Akteure in de Certeaus Worten versuchen, mittels der Beschreibungen von „raumbildende[n] Handlungen" („gehen") zum „Erkennen einer Ordnung der Orte" („sehen") zu gelangen (de Certeau 1988, S. 221). Auch wenn de Certeau diese beiden Formen als dichotomische Beschreibungsalternativen charakterisiert, so sind sie – als Prozesse und nicht als Beschreibungshandlungen – m. E. in dem der Beschreibung folgenden kognitiven Erschließungsprozess nicht mehr voneinander zu trennen.

stellungen der alltagsweltlichen Konzepte *Raum* und *Flur* (siehe auch TA30), mit dem Orientierungswissen zum Standort, zur Struktur der Umgebung (Überblick) und auch indirekt zur (weiteren) Richtung zusammen.

Eine zweite Besonderheit in diesem Ausschnitt betrifft die Meldung der via LANDMARKE markierten Räumlichkeit (siehe Z. 3–4). Erstmals im gesamten Entwicklungsprojekt wird der mittels LANDMARKE gekennzeichnete und charakterisierte Raum explizit in der Funkkommunikation thematisiert. Bislang wurden weder in W1Ü1 noch vom ersten Angriffstrupp dieser Einsatzübung LANDMARKEN im äußeren Funk-vermittelten Interaktionskreis erwähnt. Hier hingegen wird nicht nur explizit die Farbe der positionierten LANDMARKE genannt, sondern die Farbbezeichnung ‚grÜn‘ (Z. 4) dient dem Akteur (AT2FM1) zugleich als Synonym für ‚sauber‘ (siehe TA32, d.h. *Raum ist vollständig durchsucht*). *Grün* ist somit erstens quasi-tautologisch zum vorangegangenen ‚raum kontrolliert‘ (Z. 3), aber erfüllt darüber hinaus auch die Funktion der Charakterisierung des Raumes als ungefährlich, ohne Funde und ohne weitere einsatztaktische Relevanz. Dass der Zugführer keine Erklärung resp. Paraphrase einfordert, ist m. E. ein Beleg dafür, dass die Darstellung mittels ‚grÜn‘ für alle Beteiligten hinreichend eindeutig ist. Somit werden die LANDMARKEN in diesem Ausschnitt im Sinne eines sprachlichen Zeichensystems verwendet, das zum Verständnis keiner metakommunikativen Bearbeitung bedarf. Es wird hier nicht über sie, sondern mit ihren auf die Farbbezeichnung verkürzten sprachlichen Referenzierungsformen kommuniziert. Dieses Interaktionssegment gibt demnach bereits einen ersten Hinweis auf die mögliche Funktionalität der Farbbezeichnungen für die LANDMARKEN. So können diese gemäß den kommunikativen Anforderungen im Einsatz (Kürze, Prägnanz, Biunikalität, leichte Verständlichkeit, Nähe zu alltagsweltlichem Vorwissen) gut in die bestehenden Kommunikationsprozesse eingepasst werden. Auch wenn es aufgrund nicht möglicher Vergleichbarkeit nicht überprüft werden kann, so kann hier vermutet werden, dass eine abstrakte neu entwickelte Bezeichnung der Objekte (z.B. mittels reiner Ziffern- und/oder Buchstabenkodierung) den Akteuren (zumindest in der Phase der Medienaneignung) mehr Probleme in der Kommunikation bereitet hätte, was sich dann daran hätte ablesen lassen, dass grundsätzlich Erklärungen und Paraphrasen mitgeliefert worden wären und mehr Verständigungskommunikation über das Zeichensystem stattgefunden hätte. Die im ersten Entwicklungsworkshop nicht willkürlich festgelegten Farben zur Kennzeichnung spezifischer räumlich situiert beschränkter Situationen erinnern dabei größtenteils an allen involvierten Akteuren zugängliche alltagsweltliche Farberfahrungen. Das gilt zumindest für *grün* und *rot*, relativ leicht erschließbar auch *orange* und *gelb*, nur *blau* muss als neu definiertes Symbol erlernt werden (siehe z. B. die roten, grünen und gelben Farbsymbole der Ampeln im deutschen Straßenverkehr).

Im nachfolgenden Textausschnitt wird der temporale Handlungsaspekt mit ‚jEtzt‘ betont, obwohl auch eine räumlich situierte Beschreibung mittels *ab hier* oder ähnliche Formulierungen möglich wären. Des Weiteren werden die vom vorangegangenen Trupp ausgelegten LANDMARKEN explizit in die Einsatztaktik mit einbezogen.

TA27 jEtzt nach der linksregel (W1Ü2-090113-OG2)

```
001 AT2FM1 hinter dir;
002         (4.0) Otto,
003         (--) ottO:?
004 AT2FM2 hier is Ende;
005 AT2FM1 otto,
006 AT2FM2 ja,
007 AT2FM1 dann gehn wir jEtzt nach der lInksregel vor.
008 AT2FM2 ja;
009 AT2FM1 (1.0) wIttenbach von berg (xxx);
010 AT2FM2 (5.0) (kann ich) wEIter,
011 AT2FM1 zUgführer von berg kommen;
012 ZF      ja zugführer hört,
013 AT2FM1 ja wir haben die beiden rAÜme-
014         nOchmals kontrolliert-
015         wir haben aber keine feststellung-
016         wir sind wieder in dem raum-
017         in dem wir unsre suche gestArtet haben-
018         wir gehn jEtzt nach der lInksregel vor (.) kommen,
019 ZF      ja ward ihr in (.) <<f/len>allen räumen des zweiten
020         o ge:s drin?
021         ich fra:ge habt ihr auch die räume kontrolliert die
022         der Erste trupp als> ä:hm grÜn markiert hat?
023 AT2FM1 nei:n;
024         wir waren nUr nach (.) der (.) rechtsregel
025         vorgegangen-
026         bis zum treppenrAUm-
027         und haben dAnn-
028         (--) im rÜckgang nOchmals die beiden <<all>räume die
029         wir schon abgesucht haben nochmals kontrolliert->
030         wir gehn jEtzt nach der linksregel vor-
031         (und hoffen dann) dass wir auf die landmarke:n-
032         vom ersten angriffstrupp kommen;
033 ZF      ja: oke-
```

Eine erste Frage betrifft die kommunikative Aufgabe, die dem an dieser räumlich situierten Position (im Anschluss an das ‚hier' in Z. 4) geäußerten Temporaldeiktikum ‚jEtzt' zukommt. Dafür sollte ein Blick auf die situationale Einbettung geworfen werden. Erst konstatiert AT2FM2 mit ‚hier ist Ende' (Z. 4) eine räumlich situierte Beschreibung und damit eine Verortung. AT2FM1 leitet von dieser Information die darauf (zeitlich und konditional) folgende Einsatztaktik ab, nämlich den Navigationswechsel von der ‚rechtsregel' zur ‚lInksregel' (Z. 24 und Z. 7), was nur mittels organisationalem Vorwissen sinnvoll interpretierbar ist. Den Navigationswechsel unterstreicht er in temporaler Hinsicht doppelt: Erstens verweist er mit dem temporalen (und zugleich konditionalen) Adverb ‚dann' (Z. 7) zunächst indirekt auf das beschriebene Ereignis (das Erreichen vom Ende der Räumlichkeit). Zweitens hebt er mit mit dem phorisch-deiktischen Temporaladverb ‚jEtzt' (Z. 7) hervor, welches weitere Verhalten daraus (chrono)logisch folgt. Es wird also der „Übergang von einer Handlungsphase zu einer anderen markier[t]" (Zifonun/Hoffmann/Strecker 1997, S. 326; zur Deixis *so*), und zwar mittels des Temporaldeiktikums ‚jEtzt', womit der zeitliche dem räumlichen Aspekt für Beschreibungen dieser Art der Vorzug gegeben wird.

Eine zweite Beobachtung innerhalb des Transkriptausschnitts bezieht sich auf die Ortsreferenzierung im Rahmen der Durchsage an den Zugführer. Mit der ausführlichen Umschreibung ‚*wir sind wieder in dem raum- in dem wir unsre suche gestArtet haben*' (Z. 16–17) gibt AT2FM1 explizit und kommunikativ aufwändig ihren Standort mittels absoluter Positionierung an den außen stehenden Zugführer durch. Dies erscheint für die Etablierung eines gemeinsamen Zeichenraumes unter den Umständen auch angemessen. Daran schließt der Bericht über das nun folgende Vorgehen und damit die daran anschließende Handlungsphase an, was AT1FM1 erneut via das deiktische Temporaladverb ‚*jEtzt*' (Z. 18) einleitet bzw. unterstreicht.

In diesem Ausschnitt werden also sowohl genuin räumlich situierte Ortsbezüge hergestellt (‚*hier is Ende*', ‚*wir sind wieder ...*') als auch mittels Temporaldeiktika (‚*jEtzt*') zukünftiges Handeln in Aussicht gestellt bzw. sprachlich vorbereitet. Die Verknüpfung von räumlich situierten Informationen und zukünftigen Handlungsaspekten verdeutlicht eine wichtige „Funktion von Verstehensleistungen im Alltag" (sowie in durch Institutionsvertreter bearbeiteten Notfallsituationen), nämlich dass diese möglichst umfassenden Verstehensleistungen (hier insbesondere räumlich situierte Informationen) „den Akteuren rasch verläßliche Möglichkeiten für Anschlusshandlungen auf[...]zeigen" (Bergmann 1993, S. 286).

Eine weitere Besonderheit des Ausschnitts betrifft die explizite kommunikative Bearbeitung der LANDMARKEN. Der Zugführer geht offenbar davon aus, dass alle Räumlichkeiten des zweiten Obergeschosses einmal von einem der beiden Trupps abgesucht worden sind und weist die beiden Feuerwehrleute des zweiten Trupps deshalb (indirekt in intonierter Frageform) an, nun ‚*auch die räume [zu] kontrollier[...en] die der Erste trupp als> ä:hm grÜn markiert hat?*' (Z. 21–22). Das heißt, aus der Tatsache, dass ein Feuer gemeldet und noch nicht gefunden ist, obwohl nach der Annahme des Zugführers alle Räumlichkeiten durchsucht sind, schließt dieser auf eine fehlerhafte Ortsmarkierung und damit Einsatzraum-Konstituierung seitens des ersten Trupps. Der zweite Trupp erklärt daraufhin sein bisheriges Vorgehen (Z. 24–29) und bestätigt, nun eine andere Einsatztaktik und räumlich situierte Navigation (‚*wir gehn jEtzt nach der linksregel vor-*', Z. 30) zu wählen und gezielt die vom ersten Trupp markierten Räumlichkeiten anzuvisieren (‚*dass wir auf die landmarke:n- vom ersten angriffstrupp kommen*', Z. 31–32; Siehe zur Erläuterung der LANDMARKEN in diesem Ausschnitt auch TA36).

Im folgenden TA28 begegnen sich zwei Feuerwehrtrupps in einer Tiefgarage, die beide Trupps von gegenüberliegenden Seiten betreten und bereits unter Zuhilfenahme von LANDMARKEN je teilweise nach verunfallten Personen abgesucht haben. Dabei ist der erste Trupp vom Einstiegsort rechts herum bis zum markierten Einstiegsort des zweiten Teams vor- und dann auf gleichem Weg zurückgegangen. Der zweite Trupp ist ebenfalls rechts herum von seinem Einstiegsort aus vorgegangen und nun haben sich die beiden Trupps im Bereich des Einstiegsortes von AT1 getroffen. Sie besprechen dort das weitere Vorgehen, wobei sie auf der Suche nach einer effektiven Einsatztaktik sind, mit der sie nicht abgesuchte Orte auf- und absuchen können.

TA28 diagonalmäßig (W2Ü1-090626-TG)

```
001 AT1FM1 ja verstanden.
002        rOnald?
003 AT2FM1 ja?
004        [(xxx) ]
005 AT1FM1 [ronald] wir müssen jetzt gucken ob wir irgendwie
006        die mitte abgesucht kriegen;
007 AT2FM1 ja.
008        wie: (.) pass ma auf.
009        da ham wa jetzt ungefähr fünfzehn bis zwanzig meter
010        in die richtung-
011        da hört die garage auf.
012        wie weit ham wa denn da jetzt?
013 AT1FM1 wir sind einma rechts komplett rum.
014        wir müssen nur noch die mitte absuchen.
015 AT2FM1 ja;
016 AT1FM1 dat heißt (.) ihr geht jetzt (-) weiß ich nich zehn
017        meter zurück und dann einfach rechtsrum [geradeaus]
018 AT2FM1                                         [ja. ä äh ]
019 AT1FM1 damit wir ma gucken.
020 AT2FM1 dann würd ich vorschlagen.
021        dann geht ihr (.) ä eine ein team sollte die
022        komplett-
023        die garage in die richtung durchqueren
024        [bis zur wand.]
025 AT1FM1 [ja machen wa.]
026        ja.
027 AT2FM1 wir gehn ganz zurück.
028 AT1FM1 ja,
029 AT2FM1 dann bleib ich an der wand hier-
030        circa zwei meter und der andre sucht zur mitte hin
031        ab und ihr macht dat synchron auf der anderen seite.
032 AT1FM1 ja.
033        wir ham-
034        wir ham das an der anderen seite schon gemacht.
035        wir gehn jetzt hier einma durch die mitte zum
036        ausgang.
037 AT2FM1 ja dann macht dat so.
038        oke aber wir bleiben dann hier wir gehn zurück-
039 AT1FM1 ja;
040        [stEfan?]
041 AT2FM1 [(...)  ]
042 sit    AT2FM1 spricht parallel zu AT2FM2.
043 AT1FM2 ja:?
044 AT1FM1 wir gehn jetzt hier einma durch die mitte zum
045        ausgang.
046 AT1FM2 [(...)] so diagonalmäßig oder wat?
047 AT2FM1 [(...)]
048 AT1FM1 ja.
049        diagonal.
050        (2.0) das heißt wir legen hier noch ne landmarke-
051 AT1FM2 ˆja:
052 AT2FM1 ronald?
053 T1FM1  für (.) äh weiß dat wir hier (.) langgegangen sind.
```

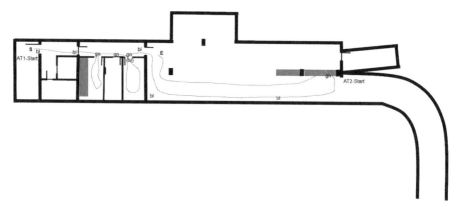

Abb. 17: Position der Feuerwehrleute beider Trupps (‚E') während der gesamten Interaktion in TA28 inkl. der Startposition (‚AT1-Start'), der ausgelegten LANDMARKEN und dem zurückgelegten Weg von AT1 sowie der Startposition von AT2 (‚AT2-Start')[326]

In diesem Ausschnitt wird zwar auch mehrfach das originär temporaldeiktische *,jetzt'* verwendet, allerdings nicht immer mit temporaldeiktischer auf zukünftige Handlungen projizierender Funktion, wie in TA27. So wird es in Zeile 9 und Zeile 12 genutzt, um auf den aktuellen Zeitpunkt zu referieren, der den finalen Punkt einer vorangegangenen Handlung darstellt. In den anderen Verwendungsweisen hingegen (Z. 5, 16, 35, 44) wird es – wie im gesamten Datenmaterial überwiegend zu beobachten – temporaldeiktisch im Hinblick auf anvisierte zukünftige Handlungen verwendet.

Interessanter als die Verwendung dieses Deiktikums erscheinen in diesem Ausschnitt allerdings die Ortsreferenzierungen, die die Akteure der unterschiedlichen Trupps vornehmen, um gemeinsam verständliche Ortskommunikation durchführen zu können. Die durchzuführende ortsbezogene Handlung spricht AT1FM1 gleich zu Beginn dieses Ausschnitts an: *,ob wir irgendwie die mitte abgesucht kriegen;'* (Z. 5–6). Daraufhin erläutert AT2FM1 ihr bisheriges ortsbezogenes Vorgehen, indem er den Einsatzort via metrischer Längenangabe (*,ungefähr fünfzehn bis zwanzig meter'*, Z. 9) sowie verbale (*,in die richtung'*, Z. 10) und nonverbale Richtungsangaben (mittels Zeigegeste) beschreibt und mit deiktischem Verweis auf den zuvor skizzierten Zielpunkt (*,da hört die garage auf.'*, Z. 11) eine Raumbegrenzung vornimmt. Um aus dieser eindimensionalen zu einer zweidimensionalen Ortsübersicht (Lösung des Übersichtsproblems) zu gelangen, befragt er AT1FM1 komplementär zu der selbst abgesuchten zur gegenüberliegenden Raumseite (*,wie weit ham wa denn da jetzt?'*, Z. 12). AT1FM1 gestaltet die ortsreferenzielle Beschreibung daraufhin anders als AT2FM1 (metrische Entfernung plus Richtung), indem er angibt *,wir sind einma rechts kom-*

---

[326] In dieser und den folgenden Skizzen werden u.a. die folgenden Symbole verwendet: ‚S' (= Startpunkt des jeweiligen Trupps); ‚E' (= Endpunkt des jeweiligen Trupps); ‚gn' (= grüne LANDMARKE); ‚rt' (= rote LANDMARKE), ‚ge' (= gelbe LANDMARKE), ‚bl' (= blaue LANDMARKE), ‚ws' (= weiße LANDMARKE), ‚or' (= orangefarbene LANDMARKE), ‚bl-ge' (= blau-gelbe LANDMARKE); ‚gn (bl)' (= zunächst blaue und anschließend durch eine grüne ersetzte LANDMARKE). Die Skizzen bilden jeweils die Situation des zugeordneten Zeitpunktes ab.

plett rum.' (Z. 13) und auf den noch abzusuchenden räumlich situierten Bereich verweist (*„wir müssen nur noch die mitte absuchen.'*, Z. 14). Er verweist also indirekt darauf, dass sie nun gemeinsam den gesamten Randbereich der Räumlichkeit abgesucht haben.

Dass die räumlich situierte Eingrenzung auf *„die mitte'* dabei etwas zu unspezifisch ist, wird im weiteren Verlauf des Gesprächs sichtbar, in welchem sie nach einer idealen Lösung suchen, diesen (vagen) Bereich möglichst umfassend zu erkunden. Zunächst unterbreitet AT1FM1 einen Vorschlag zum weiteren Vorgehen beider Trupps (Z. 13–19), der zwar nicht explizit abgelehnt wird, aber im Verlauf der Aushandlung in der Form nicht mehr aufgegriffen wird, was sich m. E. auf dessen Impraktikabilität aufgrund der vagen Darstellung zurückführen lässt: *„ihr geht jetzt (-) weiß ich nich zehn meter zurück und dann einfach rechtsrum geradeaus'* (Z. 16–17). AT2FM1 macht ab Zeile 20 einen Gegenvorschlag (für beide Trupps), indem er den Einsatzort skizziert anhand eindeutiger (lokaladverbialer) Ortsreferenzierungen mit infrastrukturellen Ortsspezifika (*„bis zur wand'*, Z. 24), erfahrungsbezogenen Ortsspezifika (*„ganz zurück'*, Z. 27) und darauf bezogenen metrischen (*„dann bleib ich an der wand hier- circa zwei meter'*, Z. 29–30) sowie perspektivischen (auf die Wand als Lokalisator bezogen) Angaben (*„und der andere sucht zur mitte hin ab und ihr macht dat synchron auf der anderen seite.'*, Z. 30–31). AT1FM1 begegnet diesem Vorschlag mit dem Einwand, dass sie *„das an der anderen seite schon gemacht'* (Z. 34) haben und schlägt seinerseits vor *„jetzt hier einma durch die mitte zum ausgang'* (Z. 35–36) zu gehen, wodurch ein eindeutiger – aber nur eindimensionaler – Weg vorgezeichnet wird, der nach der Akzeptanz durch AT2FM1 (Z. 37) in der Aushandlung mit seinem Truppkollegen AT1FM2 (ab Z. 40) zu einem flächigen (und damit zweidimensionalen) Bereich erweitert wird: *„so diagonalmäßig oder wat?'* – *„ja. diagonal.'* (Z. 46 und Z. 48–49).

Die letzte Gesprächssequenz in diesem TA behandelt die Kennzeichnung der derzeitigen Position des ersten Angriffstrupps mittels einer LANDMARKE. Sie entscheiden sich dazu, *„hier noch ne landmarke'* (Z. 50) zu setzen und AT1FM1 begründet auch die Farbauswahl und die räumlich situierte Bedeutung: *„weiß dat wir hier (.) langgegangen sind.'* (Z. 53). Das heißt, sie schreiben dem derzeitigen Aufenthaltsort, von dem aus sie eine neue Einsatz- bzw. Navigationstaktik wählen, mit Hilfe eines ortsmarkierenden neuen Mediums (ein Zeichen der Reflexionsstufe 2) eine (neue) Bedeutung ein. Zugleich sind sie durch diese Modifikation des Raumes im Anschluss in der Lage, auf diese Position kommunikativ eindeutig zu referieren (vergleichbar mit einer allgemeinen Landmarke). Für die weitere Arealbegrenzung des zu durchsuchenden räumlich situierten Bereichs greifen sie allerdings nicht auf durch LANDMARKEN markierte Orte zurück.[327] Sie referieren lediglich auf den *„ausgang'* (Z. 36 und Z. 45), ohne diesen mittels LANDMARKEN als Navigationszielpunkt zu definieren – im Gegensatz zu dem diesem Ausschnitt vorangehend beschriebenen Vorgehen von AT1. Das heißt, die Akteure in dieser Übung greifen nur dann auf LANDMARKEN als Navigations- und

---

[327] Denkbar wäre hier z. B. die Spezifizierung des vermeintlichen Endpunktes der *„mitte'* durch im Vorfeld ausgelegte Objekte auf der gegenüberliegenden Seite, also dem *„einstiegsort'* des zweiten Trupps.

Orientierungsmittel zurück, wenn alle Beteiligten auch an der Auslegung beteiligt waren und damit prinzipiell über dasselbe Vorwissen verfügen. Dieses Vorwissen kann man dabei noch spezifizieren als ortsbezogenes und in den zeitlichen Verlauf eingebettetes Handlungs- und Situationswissen.

Im nun folgenden und für dieses Unterkapitel letzten Ausschnitt, der der ersten Einsatzübung des achten Workshops zuzuordnen ist, gelangen die drei Feuerwehrleute des ersten Angriffstrupps zu einer Position, die sie mit einer LANDMARKE markieren und dabei mehrfach auf infrastrukturelle Ortsmerkmale Bezug nehmen.

TA29 kontakt zur ursprünglichen kellerwand (W8Ü1-101207-TG)

```
001 AT1FM1 ah hier is en jittEr↑
002 AT1FM2 (1.5) ja.
003 AT1FM1 also müssen wa hier weiter vor;
004 AT1FM2 ja.
005        (6.0) tImmi gehört?
006 AT1FM3 was denn?
007 AT1FM2 hier is en absperrraum;
008        wir gehn jetzt weiter links rüber.
009 AT1FM3 oke-
010 AT1FM1 (10.0) oke?
011 AT1FM2 oke vorsicht hier kommt en absatz;
012 AT1FM1 hier is ne stufe-
013 AT1FM2 (1.0) timmi hier kommt nen absatz;
014 AT1FM3 jaja is gut;
015        ich hab mitjehört;
016 AT1FM2 ja,
017 AT1FM1 das is wie en durchgang-
018 AT1FM2 (1.5) oke hast du ne öffnung hier?
019 AT1FM1 ja:-
020 AT1FM2 (1.0) oke.
021        (8.5) dann gehn wir w wieder rechtsrum en bisschen
022        zurück,
023 AT1FM1 Ähm-
024 AT1FM2 bis wir wieder an die wand kommen,
025 AT1FM1 hier is aber ne wand;
026        (2.0) hier is en ä pfeiler oder was?
027 AT1FM2 (5.5) timmi?
028 AT1FM3 ja bin hier;
029 AT1FM2 wi=am markiern wir am besten hier die ecke ja?
030        (2.5) mit ner landmarke;
031 AT1FM3 oke,
032 AT1FM2 warte ma stEfan,
033 AT1FM1 ja:
034 AT1FM2 (4.0) einsatzleiter für angriffstrupp.
035 sit    AT1FM2 via Funk.
036 AT1FM1 [oke?]
037 ZF     [der ] zugführer hört.
038 AT1FM1 ist [das hier (.) in der nähe unseres-          ]
039 AT1FM2     [ja sind jetzt im keller circa drei meter]
```

```
040        kam ne absperrung;
041        sind wir jetzt umgangen-
042        ham das ganze markiert.
043        kommen.
044 AT1FM1 das jetzt-
045 ZF     ja verstanden;
046        ihr seid an der absperrung-
047        habt die (-) [(mit) entsprechend markiert oke.]
048 AT1FM1            [das ist hier unser durchgang ne?]
049 AT1FM2 ja.
050        (2.5) nehmen jetzt wieder kontakt zur ursprünglichen
051        kellerwand auf;
052 AT1FM1 (6.0) hier bin ich hinten an der ^wand,
053 AT1FM2 oke.
054 AT1FM1 hier is wieder die wand.
055 AT1FM2 ja.
056        (5.0) zugführer für angriffstrupp.
057 ZF     zugführer hört.
058 AT1FM2 konnten sie die letzte meldung auch wahrnehmen?
059 ZF     sie ham eine: absperrung (.) umgangen und eine
060        entsprechende landmarke gesetzt;
061 AT1FM2 (4.0) wart ma stefan.
062        ja is verstanden;
063        wir gehn jetzt wieder an der kellerwand entlang.
064 ZF     ne fra:ge-
065        wie ist die sicht im keller?
066 AT1FM2 die sicht ist gleich null.
067 ZF     [ja ver]standen.
068 AT1FM1 [(oke?)]
```

Zu Beginn dieser Interaktion kommuniziert AT1FM1 die Wahrnehmung eines ‚*jittEr*[*s*]‘ (Z. 1), woraus er – nur vage formulierend – eine Änderung der Bewegungsrichtung schlussfolgert (‚*also müssen wa hier weiter vor;*‘ am Gitter entlang, Z. 3). Während der Weitergabe dieser Informationen an den dritten Feuerwehrmann benennt und konstituiert AT1FM2 auf Grundlage des wahrgenommenen Gitters einen ‚*absperraum*‘ (Z. 7) und präzisiert die Änderung der Bewegungsrichtung als Lösung für Richtungsprobleme (‚*wir gehn jetzt weiter links rüber.*‘, Z. 8), was AT1FM3 bestätigt (‚*oke-*‘, Z. 9). Im nächsten Turn warnt AT1FM2 vor einem ‚*absatz*‘ (Z. 11), der als raumarchitektonische Barriere bzw. Gefahrenstelle (siehe Hinweise auf Barrieren in Schmauks Zeichentypologie, Unterkapitel 2.2) durch einen ‚Warnungsmarker‘ (‚*vorsicht*‘, Z. 11) eingeleitet und deiktisch beschrieben wird (‚*... hier kommt en ...*‘, Z. 11). Diesmal präzisiert AT1FM1 die Objektbenennung (‚*hier is ne stufe*‘, Z. 12) und versucht damit zugleich, die Raumvorstellung der Akteure (zumindest minimal und nicht weiter konkretisiert) zu modifizieren. Bei der erneuten Wiederholung durch AT1FM2 (siehe Z. 13) – nachdem von AT1FM3 noch immer kein Bestätigungssignal erfolgt ist – greift AT1FM2 diesen Korrekturvorschlag allerdings nicht auf und bleibt bei seiner Benennung bzw. Charakterisierung (möglicherweise um keinen ‚Treppen-Frame‘[328] aufzurufen, denn es handelt sich lediglich um eine Erhebung aus

---

[328] Zu einem Überblick über Frame-Theorien siehe u. a. Konerding (1993) und Ziem (2008).

Beton). Um sicherzustellen, dass AT1FM3 erkennt, dass er der primäre Adressat ist und das mögliche eingeleitete Adjazenzpaar (Warnung – Bestätigung) abschließt, stellt er dieser warnenden Aussage noch die namentliche Anrede voran (‚*timmi hier kommt nen absatz;*‘, Z. 13). Mit seiner Bestätigung gibt AT1FM3 daraufhin (implikierend) zu erkennen, dass er die Bestätigung in dieser Situation für überflüssig hält, folgt aber dennoch der impliziten Aufforderung (‚*jaja is gut; ich hab mitjehört;*‘, Z. 14–15). Im Rahmen der Raumkonstitution stellt AT1FM1 daraufhin einen Vergleich an (‚*das is wie en durchgang*‘, Z. 17), welche AT1FM2 daraufhin aufgreift, indem er ein Konstitutivum dieses Raumkonzepts erfragt und zugleich seine räumliche Nähe zum primär Adressierten mittels Lokaldeiktikum zum Ausdruck bringt (‚*oke hast du ne Öffnung hier?*‘, Z. 18). Nach der Bestätigung (‚*ja:*-‘, Z. 19) inferiert AT1FM2 aus dieser Raumcharakterisierung eine sich daraus einsatztaktisch ergebende Modifikation des weiteren Weges (‚*dann gehn wir w wieder rechtsrum en bisschen zurück*‘, Z. 21–22) inklusive räumlich situiertem Zielpunkt (‚*bis wir wieder an die wand kommen*‘, Z. 24). Daraufhin markiert AT1FM1 seine Irritation über diese Schlussfolgerung mittels der adversativen Konjunktion ‚*aber*‘ und erläutert seine Irritation (‚*hier is aber ne wand;*‘, Z. 25). Nach einer fehlenden Erwiderung bittet er mit einer Frage um eine gemeinsame Abklärung über die räumlich situierten Beschaffenheiten (‚*(2.0) hier in en ä pfeiler oder was?*‘, Z. 26). Darauf geht AT1FM2 allerdings nicht ein. Stattdessen fragt er den dritten Feuerwehrmann (‚*timmi? …*‘, Z. 27) ‚*markiern wir am besten hier die ecke ja? (2.5) mit ner landmarke*‘ (Z. 29–30). Nach der Bestätigung seitens AT1FM3 (‚*oke*‘, Z. 31) hält AT1FM2 die Ortserkundung an (‚*warte ma stefan*‘, Z. 32), um ihren Stand der Mission im äußeren Interaktionskreis an den Zugführer via Funk durchzugeben (siehe Z. 34 ff.).

In dieser Interaktion nutzt AT1FM2 eine Vielzahl von Ressourcen, um den dislozierten Zugführer[329] im Rahmen der Ortskommunikation über ihren Standort zu informieren und einen allgemeinen räumlich situierten Überblick zu geben. Zunächst gibt er ihre grobe Position in vertikaler (aber nicht deiktischer) Hinsicht und in Abgrenzung zum eigentlichen Einsatzort, der Tiefgarage, an (‚*sind jetzt im keller*‘, Z. 39) und erläutert ihren bisherigen Weg nicht-deiktisch mit genauen Abstandsangaben (‚*… circa drei meter …*‘, Z. 39) bis hin zum mittels einer raumarchitektonischen Besonderheit narrativ eingeführten skizzierten räumlich situierten Referenzpunkt (‚*… kam ne absperrung*‘, Z. 40) und der sich daraus ergebenden, noch anhaltenden Einsatztaktik und Ortshandlung (‚*sind wir jetzt umgangen*‘, Z. 41). Schließlich gibt er noch an, dass sie ‚*das ganze markiert [ham]*‘ (Z. 42), wobei er die LANDMARKEN nicht explizit erwähnt. Markierungen in diesem Einsatz werden grundsätzlich mit LANDMARKEN vorgenommen und dieses Vorgehen manifestiert sich auch sprachlich in Form einer Auslassung. Nach der Bestätigungsanforderung (‚*kommen.*‘, Z. 43) wiederholt der Zugführer die Angaben zur ‚*absperrung*‘ (Z. 46) und zur Markierung (Z. 47), wobei er den Trupp zugleich in unmittelbarer Nähe der Absperrung situiert (‚*ihr seid an der absperrung*‘, Z. 46). Diese Bestätigung wird wiederum von AT1FM2 bestätigt (‚*ja.*‘, Z. 49), der ihr weiteres Vorgehen (als erster Angriffstrupp) anfügt

---

[329] In dieser Einsatzübung besteht der Zugführer auf seiner Rolle als ‚Zugführer‘ im Gegensatz zum ‚Einsatzleiter‘ (siehe dessen implizite Korrektur in Z. 34 und Z. 37).

und dabei sowohl ihren Wahrnehmungsmodus als auch die Spezifizierung des anvisierten Ortes vornimmt (*nehmen jetzt wieder kontakt zur ursprünglichen kellerwand auf'*, Z. 50–51).

AT1FM1 gibt daraufhin bekannt, *,hinten an der ^wand'* (Z. 52) angekommen zu sein und wiederholt dies nochmals, um die Bedeutung zu betonen sowie zu verdeutlichen, dass es sich bei *,der ^wand'* um die gesuchte, *,ursprüngliche[...] kellerwand'* handelt, indem er *,wieder'* (Z. 54) ergänzt und bei der Verwendung des bestimmten Artikels bleibt. Dies bestätigt AT1FM2 jeweils (siehe Z. 53 und Z. 55) und schließt eine Interaktionsanfrage im äußeren Kreis an, indem er die Bestätigung der zuletzt durchgegebenen Angaben, welche zuvor ausgeblieben sind, erfragt (*,konnten sie die letzte meldung auch wahrnehmen?'*, Z. 58). Dieser Anfrage kommt ZF nach, indem er die *,absperrung'* (Z. 59) als *,umgangen'* (Z. 59) beschreibt und explizit aufführt, dass sie *,eine entsprechende landmarke gesetzt'* (Z. 59–60) haben. Dabei ist auffällig, dass er sowohl in diesem als auch im vorangegangenen Turn auf die Spezifizierung der LANDMARKE durch eine Farbangabe verzichtet und diese Information auch nicht einfordert. Dieser Verzicht indexikalisiert m.E., dass diese Angabe dem Akteur nicht notwendig erscheint bei der Rekonstruktion des Missionsstandes hinsichtlich der Konstitution des Einsatzortes. Schließlich ergänzt AT1FM2 die neueste Angabe zur bevorstehenden (*,jetzt'*) nicht-sprachlichen Handlung, dass sie *,jetzt wieder an der kellerwand entlang [gehn]'* (Z. 63), wobei er *,die wand'* von AT1FM1 nun wieder mit seiner ursprünglichen Benennung paraphrasiert bzw. aufgreift. Im letzten Teil dieses Interaktionssegments wird dann noch mal ersichtlich, wie eingeschränkt die visuelle Wahrnehmung der Einsatzkräfte vor Ort ist: *,die sicht ist gleich null'* (Z. 66).

Was in diesem Ausschnitt auffällt, sind die vielfachen und unterschiedlichen räumlich situierten vorgefundenen und artifiziell ausgebrachten Referenzierungsobjekte im Rahmen der Ortskommunikation sowie die narrativen Erzählstrukturen, die verwendet werden, wenn vergangene und bevorstehende nicht-sprachliche Handlungen aufgeführt werden, und die etwas eingeschränkte Verwendung der neuen Hilfsmittel im Rahmen der Navigation und Koordination (siehe dazu auch das folgende Unterkapitel 5.4.3). Sowohl im äußeren als auch im inneren Interaktionskreis erscheinen den Akteuren aufgrund der Limitierung der visuellen Wahrnehmung (bzw. des eingeschränkten gemeinsamen Zeichen- und Nichtzeichenraums) gegenseitige Bestätigungsformeln als unabdingbares Mittel der Verständnisabsicherung und zur Konstitution bzw. zur Konzeptbildung eines möglichst ähnlichen Raums in der Vorstellung aller beteiligten Akteure.

5.4.3 Status und Funktionen von LANDMARKEN der Entwicklungsstufe 1 bei Auslegehandlungen in Phase III

In den folgenden vier Unterkapiteln sollen die je differenzierten Status und Funktionen von sowie die Praktiken mit LANDMARKEN in der quantitativ überwiegenden Phase der Feuer- und Personensuche dargestellt und untersucht werden. Im Fokus steht die durch die LANDMARKEN beeinflusste sprachlich-semiotische Notfallbewältigungskommunikation im Rahmen von Orientierungs- und Navigationshandlungen. Die folgenden Unterkapitel sind noch einmal nach Ent-

wicklungsstufen und im Falle der ersten Entwicklungsstufe zusätzlich nach Aus-
lege- und Auslesehandlungen differenziert.

Im nachfolgenden TA30, in dem die beiden Akteure als einziger Trupp zur
Brandbekämpfung in ein Kellergeschoss vorgehen (und dabei zunächst – nach
dem Betreten des Kellerbereichs durch dessen Haupttür – den Flur durchque-
ren), werden erstens der Raumstatus und zweitens die Auslege- bzw. Markierungspraxis via LANDMARKEN diskutiert.

TA30 immer noch der erste raum (W1Ü1-090113-KG)

```
001 AT1FM1  (3.0) hier ist ne wAndecke:,
002 AT1FM2  ja-
003 AT1FM1  (1.0) jetzt geh ich rEchts rUm.
004 AT1FM2  (6.0) oke;
005         dann setzen wir hIE:r-
006 AT1FM1  zUgführer für angriffstrupp kommen,
007 AT1FM2  (1.0) [einmal ne blAU=gElbe wEgmarkierung,]
008 ZF      [hier zugführer kOmmen,]
009 LMT     oke,
010 AT1FM1  sind jetzt circa: drei meter in den raum vOrge
011 AT1FM2  [das ist meine hand (.) können sie die sEhen?]
012 AT1FM1  [gangen; (-) jetzt kommt ne wandecke- wir gehn] nach
013         der rechtsregel vor.
014 LMT     (ja.)
015 AT1FM2  [ah ich seh (...)]₁
016 ZF      [<<p>ja> ihr seid im zwEIten rAUm-]₁
017         [geht nach der rechtsregel]₂ vor;
018 LMT     [ja ich hab hier EIne.]₂
019 ZF      verstanden.
020 AT1FM1  nEIn das ist immer noch der Erste raum.
021 AT1FM2  okE danke.
022 ZF      ihr seid noch im Ersten raum und geht nach der
023         rEchtsregel vor-
024         verstanden.
025 AT1FM1  noch circa drEI meter flUr.
026 ZF      ja verstAnden.
027 AT1FM1  okay Andre;
028 AT1FM2  (die ist jetzt net leicht) zu sEtzen stEfan;
029 AT1FM1  hÄh?
030 AT1FM2  wenn ich die hIEr an die Ecke setze-
031         ziehn wir die mim schlAUch wEg,
032 AT1FM1  (2.0) ^ja:,
033 AT1FM2  (1.0) ich setz die hier an die Andere sEIte-
034 AT1FM1  ja oke;
035 AT1FM2  (1.0) ich hOffe dass die so stehen bleibt;
036         (8.0) okay.
037 T1FM1   okay,
```

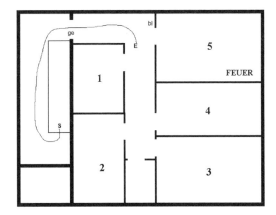

Abb. 18: Position von AT1FM1 und AT1FM2 in Zeile 35 (,E')

In diesem Ausschnitt muss m. E. auch die offenkundig explizite Raumkonstitution thematisiert werden (auch wenn dies für Phase III prinzipiell den beiden
Unterkapiteln 5.4.1 und 5.4.2 vorbehalten ist), aber v. a. soll die allgemeine Verwendung von LANDMARKEN im Fokus stehen.

Zunächst nehmen die Akteure das Erreichen einer ,wAndecke' (Z. 1), um
die sie ,rEchts rUm' (Z. 3) weitergehen, zum Anlass, dort eine LANDMARKE zu
positionieren (,*dann setzen wir hIE:r-* [...] *einmal ne blAU=gElbe wEgmarkierung*' (Z. 5 und Z. 7). Daran wird zunächst ersichtlich, dass ,Außenecken'[330] einsatztaktisch und hinsichtlich Orientierungs- und Navigationshandlungen einen
anderen Stellenwert besitzen als ,Innenecken', welche in den untersuchten Einsatzszenarien nicht mit ortsabhängigen Zeichen markiert werden, denn Innen-
ecken würden ein *links weiter* zur Folge haben (siehe eingeschränkt z. B. TA29).
Außerdem werden sie mit Richtungswechseln, aber nicht mit dem Wechsel von
Räumlichkeiten in Zusammenhang gebracht. Dies lässt sich an der Wahl der
Markierung ablesen (,*blAU=gElbe wEgmarkierung*'), denn es handelt sich um
ein originär Weg markierendes Symbol[331] und kein Symbol, mittels dessen eine

---

[330] Unter ,Innen- und Außenecken' werden folgende Konzepte verstanden: Wenn man ein Gebäude mit der rechten Hand an der Wand vorwärts abläuft (Rechtsregel), weist ein *links
weiter* an einer Ecke auf eine ,Innenecke', da man den bisherigen Weg damit im Allgemeinen um 90° nach links verändert (der Linksregel wäre es genau umgekehrt). Die beiden
Wände, die an diese Ecke angrenzen, bilden dann einen 90°-Winkel. Das ,rEchts rUm' an
einer ,wAndecke' verweist hingegen auf zwei Wände, die an dieser ,Außenecke' einen 270°
Winkel bilden (diese Definition ist unabhängig von der Richtung bzw. Orientierung). Über-
raschenderweise gibt das gesamte Datenmaterial keinen Hinweis darauf, dass die Akteure
für diese zwei unterschiedlichen Typen von Wandecken auch separate Termini im Fach-
wortschatz bereithalten, obwohl sie unterschiedliche Bedeutungen hinsichtlich Orientierung, Navigation und Raumkonstitution aufweisen. Prototypische rechteckige Zimmer sind
beispielsweise durch vier ,Innenecken' charakterisiert.

[331] Siehe die vereinbarte Grundsemantik: blau-gelb (technisch bedingte Umsetzung im 1.
Workshop) = blau (Festlegung im Vorfeld vor den ersten Einsatzübungen) = ,Wegmarkie-
rung' (siehe Unterkapitel 1.2).

Räumlichkeit bezüglich seiner Einsatzrelevanz vornehmlich charakterisiert und ggf. hinsichtlich seines Gebrauchs spezifiziert wird.

Im Gespräch mit dem Zugführer bezeichnet AT1FM1 den Kellerbereich als *‚ersten'* (siehe TA13) *‚raum'*, in den sie *‚jetzt circa: drei meter [...] vOrgegangen'* sind (Z. 10 und Z. 12) und er fährt fort, dass sie nun von der *‚wandecke'* an *‚nach der rechtsregel vor[gehn]'* (Z. 12–13). Aus dieser Meldung schlussfolgert der Zugführer, dass sie nun *‚im zwEIten rAUm'* (Z. 16) sind,[332] was AT1FM1 negiert: *‚nEIn das ist immer noch der Erste raum.'* (Z. 20). Und erst nach der Repetition seitens des Zugführers (Z. 22–24) spezifiziert AT1FM1 ihren derzeitigen Aufenthaltsort terminologisch mit *‚noch circa drEI meter flUr.'* (Z. 25), wodurch eine Lösung für das Überblicksproblem[333] des Zugführers außerhalb des Gebäudes angeboten wird: die Außenecke, die hier die Auslegung einer Wegmarke beeinflusst, kennzeichnet also eine – in topologischer (nicht einsatztaktischer) Hinsicht – Wegänderungsentscheidung innerhalb derselben Räumlichkeit und statt zwei Räumlichkeiten haben es die Akteure vor Ort mit einem *‚flUr'* und einem *‚raum'* zu tun.

Im Anschluss an diese Gesprächssequenz unterhalten sich wieder die beiden Akteure des inneren Interaktionskreises über den richtigen Ort für ihre auszulegende LANDMARKE. Dabei wird ein wichtiges Kriterium ortsfester Zeichen reflektiert und problematisiert,[334] und zwar deren Unverrückbarkeit vom einmal ausgewählten Platzierungsort. Obwohl die Feuerwehrleute die Ecke, die sie passieren, markieren möchten, entscheiden sie sich dazu, die LANDMARKE auf die gegenüberliegende Seite des Flurs zu legen (siehe Abb. 18),[335] nur um sicherzustellen, dass sie die Markierung nicht im Verlauf des Einsatzes ungewollt verschieben (*‚wenn ich die hIEr an die Ecke setze- ziehn wir die mim schlAUch wEg [...] ich setz die hier an die Andere sEIte-'*; Z. 30–31 und Z. 33). Da diese LANDMARKEN als ortsmarkierende Symbole unabdingbar mit ihrem spezifischen Auslegeort verknüpft sind, würde ein unbeabsichtigtes nachträgliches Verschieben dazu führen, dass sie nicht mehr sinnvoll – ggf. sogar falsch – interpretiert werden, was in einer Notfallbewältigungssituation, wie einem solchen Feuerwehreinsatz, sehr gefährlich wäre. Dass dies (selbst bei den Auslegenden)[336] im späteren Verlauf des Einsatzes zu Schwierigkeiten hinsichtlich der Raumkonstitution führt, zeigt TA33.

---

[332] Meines Erachtens lässt sich dies als Hinweis darauf interpretieren, dass eine terminologische Präzisierung von ‚Innen- und Außenecken' helfen könnte, solchen Missverständnissen vorzubeugen.

[333] Damit erhält der Zugführer, der sich außerhalb des Gebäudes befindet, einen umfassenderen Überblick über die Position und Lage der Feuerwehrleute innerhalb des Gebäudes.

[334] Diese und weitere vergleichbare Erfahrungen haben dazu geführt, dass die Form der sicheren Befestigung der LANDMARKEN an einem gewählten Auslegeort im Anschluss eine hohe Bedeutung im Entwicklungsprozess eingenommen hat (siehe Unterkapitel 1.2).

[335] An dieser Stelle sei darauf verwiesen, dass die LANDMARKEN dieser Entwicklungsstufe 1 noch durchsichtige Plastikkugeln ohne Befestigungsmöglichkeit sind.

[336] Dass solche Verstehensprobleme selbst die Auslegenden betreffen, kann zudem als mögliches antizipierbares weitergehendes Problem für andere ‚Auslesende' gedeutet werden, da diese nicht auf alle Vorinformationen zum Zeitpunkt der LANDMARKEN-Auslegung zurückgreifen können und dadurch ggf. keine Lesbarkeitsstörung wahrnehmen und die LANDMARKE(N) somit falsch interpretieren könnten.

In dieser Einsatzübung (TA30) dienen die LANDMARKEN noch nicht als primäres Relevantsetzungsmittel für Anschlusskommunikation, denn die einsetzende Kommunikation über sie reflektiert nicht in erster Linie ihren Einsatz bzw. die Charakteristika und Gebrauchsweisen des Raumes (keine Aushandlung und keine Begründung der Auswahl), nicht einmal die Richtungsweisung (Positionierung an der gegenüberliegenden Seite), sondern die praktische Störungsanfälligkeit des Zeichensystems im Gebrauch (Verschiebung ‚mim schlAUch'). Es wird also eine genuin metakommunikative Gesprächssequenz aufgrund einer antizipierten Störung zweiter Ordnung eingeleitet. Diese Sequenz zeichnet sich vornehmlich nicht durch eine Ortsbezogenheit, sondern durch eine Zeichenbezogenheit aus. Die Zeichenbezogenheit wird in Zeile 35 weitergeführt: ‚ich hOffe dass die so stehen bleibt;'. Wie gering die einsatztaktische (und damit zugleich ortsreferenzielle) Bedeutung der ausgelegten LANDMARKE für die Akteure ist, lässt sich auch daran ablesen, dass die Auslegung dieser LANDMARKE in der Gesprächssequenz mit dem Zugführer keine Erwähnung findet (und auch seitens des Zugführers nicht erfragt wird).

Hier sind wieder mehrere Interaktionsordnungen zu differenzieren: erstens die Kommunikation im innersten Kreis (die beiden Akteure im gemeinsamen Nichtzeichenraum mit gleicher empraktischer Einbindung), zweitens eine Kommunikation im äußeren Kreis (die Funkkommunikation zwischen AT1FM1 und ZF) und drittens eine parallel zur Kommunikation im äußeren erfolgende Interaktion im erweiterten Kreis zwischen AT1FM2 und dem LANDMARKEN-Träger. Die Kommunikation zwischen AT1FM2 und dem LANDMARKEN-Träger gibt einen Hinweis auf die Wahrnehmungsmöglichkeiten im gemeinsamen Nichtzeichenraum. In den Zeilen 11-15 lässt sich am Gespräch der Interaktanten erkennen, dass ihnen am Einsatzort neben dem auditorischen auch noch – zumindest in Grenzen – der visuelle Sinneskanal zur Verfügung steht. Sie können also in persönlicher Distanz auf visuelle Zeichen zurückgreifen, auch wenn sie nicht – wie die LANDMARKEN – farbig leuchten.

Die Rolle der LANDMARKEN als ein Beispiel von ‚place semiotics' ist – wie oben bereits angeführt – in diesem Ausschnitt eher nachgeordnet. Es spielen v. a. infrastrukturelle Ortsspezifika der ersten Reflexionsstufe (‚wandecke') und spezifizierende Ortsbezeichnungen (‚flUr' vs. ‚raum') eine bedeutsame Rolle im Rahmen der Orientierung und Navigation sowie der Raumkonstitution. In der Gesprächssequenz mit dem Zugführer geht es dabei insbesondere um eine Überblicksdarstellung. Es ist dabei erkennbar, dass ‚wandecke' plus Richtungsangabe (‚rEchts rUm') für sich genommen nicht geeignet sind, einen angemessenen räumlich situierten Überblick zu generieren (‚zwEIten rAUm' vs. ‚flUr'), sondern dafür in dieser Situation noch eine spezifizierende Ortsbezeichnung notwendig ist.

Dass sich diese Form der Kommunikation über LANDMARKEN stark von den Formen unterscheidet, die sich in den folgenden Einsatzübungen beobachten lassen, in welchen erstens ortsreferenziell und raumkonstituierend über sie und zweitens auch entsprechend mit ihnen (gewissermaßen als transparente Medien) kommuniziert wird, konnte bereits in vorangegangenen Kapiteln gezeigt werden und wird auch noch in nachfolgenden Ausschnitten und Kapiteln deutlich werden. Dies hängt zum einen mit mehr Einsatzpraxis (und damit verbundenem routinierterem Umgang) als auch mit neuen Funktionen und Möglichkeiten zusammen, die spätere Entwicklungsstufen bieten.

Im nächsten TA31 setzen die beiden Akteure eine *LANDMARKE*, die sie in der Durchsage (der Statusmeldung) an den Zugführer nicht thematisieren.

TA31 die orAngene gegen ne grÜne (W1Ü1-090113-KG)

```
001 AT1FM1 [zugführer für] angriffstrupp-
002 AT1FM2 [dann EInmal- ]
003 sit    AT1FM2 zu LMT.
004 AT1FM1 [ähh angriffstrupp für zugführer]₁ kommen;
005 AT1FM2 [die orAngene gegen ne grÜne,   ]₁
006 ZF     [ja: zugführer hört;]₂
007 LMT    [is ne grÜne;       ]₂
008 AT1FM1 [erste rAUm is be:- äh begAngen- rAUch frei;]₃
009 LMT    [okay: ich hab die orAngene- (-) hier is die
010        grÜne;]₃
011 AT1FM1 wir schließen die tür wieder.
012 ZF     zwEIter raum komplett begangen-
013        ist rau:chfrEI-
014        ihr seid wieder im flUr.
015 AT1FM2 dEn raum brauchen wir jetzt nicht mehr durchsuchen-
016        den haben wir gut gesehn.
```

In diesem Ausschnitt gibt es zwei parallele Gesprächssequenzen: In der ersten Sequenz weist AT1FM2 den *LANDMARKEN*-Träger – im erweiterten Interaktionskreis – an, die zuvor ausgelegte *LANDMARKE* auszutauschen (,*orAngene gegen ne grÜne*‘, Z. 5), womit zugleich und v. a. eine Rekonstitution der derart gekennzeichneten Räumlichkeit erfolgt. Der Raum wechselt damit von einem ,begangenen‘ und damit noch einsatztaktisch relevanten zu einem ,*durchsuch[t]en*‘ und damit einsatztaktisch nicht mehr weiter relevanten Raum (siehe Z. 15–16), was mit der Erläuterung ,*den haben wir gut gesehn*‘ (Z. 16) belegt wird. Auffällig ist dabei der Verzicht auf die (nominale) Objektbezeichnung *Landmarke*, die deshalb unnötig (bzw. redundant) erscheint, weil durch die Farbbenennungen (*orange* und *grün*) bereits hinreichend klar ist, dass es sich nur um die verwendeten *LANDMARKEN* handeln kann (erstens ist es das einzig sichtbare orangefarbene Objekt und zweitens ist der Farbwechsel nur hinsichtlich der neuen technischen Medien sinnvoll zu interpretieren).

In der zweiten Gesprächssequenz informiert AT1FM1 im äußeren Interaktionskreis den Zugführer über den Stand der Mission (,*erste rAUm is [...] begAngen- rAUch frei*‘, Z. 8) und ihre (AT1) unmittelbar folgende Anschlusshandlung inkl. der damit implizierten Angabe zu ihrer Position im Gebäude (,*wir schließen die tür wieder*‘, Z. 11). Besonders der Anschlussturn des Zugführers ist in dieser Gesprächssequenz interessant. Dieser wiederholt nicht einfach (wie im Allgemeinen üblich) die Angaben von AT1FM1, sondern korrigiert und ergänzt diese. So akzeptiert er nicht die von AT1FM1 vorgebrachte Raumnummerierung (,*erste rAUm*‘, Z. 8), sondern korrigiert zu ,*zwEIter raum*‘ (Z. 12). Dass es sich dabei um eine Reparatursequenz handelt, deutet die Betonung der Nummerierung an. Der Grund für diese Umdeutung liegt darin, dass AT1FM1 bereits zuvor einen *ersten Raum* genannt hat. Dass die Raumnummerierung eine wichtige Rolle im Einsatz spielt, zeigen diverse Ausschnitte in Unterkapitel 5.2 bis 5.7. Das ist auch leicht nachvollziehbar, da eine Orientierung der Akteure vor Ort durch eine fehlerhafte Nummerierung (z. B. bei der Rück-Navigation) erheblich behindert werden kann und die dislozierten Akteure (wie der Zugführer vor dem Gebäude) keine angemessene kognitive Karte des Gebäudeinneren aufbauen können, wenn die Raumnummerierung unsystematisch (v. a. uneindeutig) erfolgt. Eine erste Ergänzung seitens des Zugführers betrifft den Durchsuchungszustand der Räumlichkeit, den er attributiv mit ‚*komplett*‘ (Z. 12) beschreibt und damit sprachlich sicherstellt, dass dieser Raum keine weitere Einsatzrelevanz aufweist (vgl. AT1FM2 in der ersten Gesprächssequenz oben). Zudem expliziert ZF (intonatorisch hervorgehoben) die aktuelle räumlich situierte Position der Akteure im Gebäudeinneren, die AT1FM1 nur implizit benannt hat, mit ‚*ihr seid wieder im flUr*‘ (Z. 14). Damit nimmt er eine weitere Raumkonstitution vor, nämlich die Zuschreibung des aktuellen Aufenthaltsortes des Trupps als *Flur*.

Auffällig an diesem TA ist der Verzicht des meldenden Feuerwehrmanns auf Angaben zur LANDMARKEN-Auslegung vor Ort. Dass dies eine Ausnahme darstellt, zeigt sich im Vergleich mit einigen der folgenden Transkripte. Es lässt sich vermuten, dass der Verzicht darauf zurückzuführen ist, dass es sich um die erste Übung mit den LANDMARKEN handelt und der (sprachliche) Umgang noch nicht in die Einsatzpraxis der Akteure integriert ist. Zumindest betrifft dies ‚unproblematische‘ Situationen wie diese, in der eine Räumlichkeit vollständig visuell erkundet werden kann und keine besonderen Orte (z. B. aufgrund von Gefahren oder Personen) markiert, bearbeitet und gemeldet werden müssen. So wird diesbezüglich sowohl seitens AT1FM1 als auch ZF keine Diskussion zur LANDMARKEN-Verwendung initiiert.

Auch im nächsten Ausschnitt, der an den vorherigen anknüpft, wird die *Raum-Flur*-Differenzierung im Gespräch aufgegriffen und damit als konstitutiv für die Verräumlichung markiert. Die Akteure haben mittlerweile die ersten vom Flur des Kellerbereichs abzweigenden Räumlichkeiten durchsucht und erkunden nun die nächsten beiden Räumlichkeiten, die sie kennzeichnen und besprechen.

TA32 sEparat markiern (W1Ü1-090113-KG)

```
001 AT1FM1 (8.0) angriffstrupp vor der zwEIten tür rEchts.
002 ZF     der angriffstrupp ist vor der zweiten türe rechts,
003 sit    ZF diskutiert draußen über die Raumangabe.
004 AT1FM2 (6.0) (bist du) da stEfan,
005 AT1FM1 3.0) (...) hier ne wAnd;
006 AT1FM2 (2.5) mOment.
007 AT1FM1 (5.0) (... rAUchfrei;)
008 AT1FM2 (1.0) sAUber?
009 AT1FM1 ja-
010        (ich komm raus.)
011 AT1FM2 (2.0) alles klar;
012        (-) eine grÜne landmarke bitte,
...
```

```
014 AT1FM1 de:r Angriffstrupp hat den zwEIten raum-
015        durchsucht;
016        rAUchfrei:;
017 ZF     ihr steht jEtzt im flU:r-
018        und wollt in den dritten raum-
019        rIchtig?
020 AT1FM2 okay (gehn ma) weiter,
021 AT1FM1 wenn wir den flu:r mitzählen ist es der dritte raum
022        gewesen.
023 AT1FM2 (2.0) bittE?
024 sit    ZF wundert sich draußen über „wenn man den flur
025        mitzählt".
026 AT1FM1 (2.5) das wa:r der-
027        eigentlich zweite raum vom flur aus gesehen.
028 ZF     angriffstrupp für zugfü:hrer-
029        <<p/len>zehn minuten sind um.>
030 AT1FM1 ja: verstanden-
031        wir stehen vor der drItten tür im flurbereich.
032 ZF     ja verstanden-
033        ihr betretet den drItten raum.
034 AT1FM1 (10.0) AUch rAUchfrei:;
035        (10.0) hier handelt sichs um den hAUsanschlussraum
036 sit    AT1FM1 via Funk.
037 AT1FM1 mit gAszähler-
038        (-) AUch rAUchfrei:;
039        ich markier das mal-
040        (1.0) separA:t;
041        dass (.) hier der hausanschlussraum ist.
042 AT1FM2 [willste ne rO:te haben?]₁
043 ZF     [ja hier zUgführer,    ]₁
044 AT1FM1 [ˆjA.            ]₂
045 ZF     [<<len>ihr]₂ habt den drItten> raum-
046        [wenn ich dat richtig verstanden]₃ habe-
047 AT1FM2 [also ne rOte rand=lAndmarke,   ]₃
048 ZF     [komplett]₄ erkundet-
049 AT1FM2 [[ja:?    ]₄
050 ZF     war en heizungsraum-
051        [und steht] jetzt wieder im flUr?
052 AT1FM2 [stEfan?  ]
053 AT1FM1 bitte nochma kOmmen;
054 ZF     <<f>ihr habt den drItten raum komplett abgesucht-
055        und seid jetzt wieder draußen im flU:r?>
056 AT1FM1 wir sind im flurberEIch:-
057        der hAUsanschlussraum mit gaszähler ist rauchfrei.
058 ZF     ja verstA:nden.
059 AT1FM1 wolln ma den-
060        würde ich h:(.) <<len>sEparat markieren-
061        was hier (.) gas ist.>
062 AT1FM2 (3.5) ja,
063 AT1FM1 so [jetz is-]
064 AT1FM2    [okay.  ]
065 sit    sit Sie legen eine rote Landmarke aus.
066 AT1FM1 (2.0) hamma hie:r,
067        (4.0) gehn ma hie:r-
068        (2.0) nä:chsten rAUm;
```

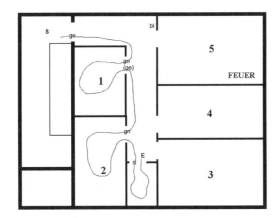

Abb. 19: Position von AT1FM1 und AT1FM2 („E') in Zeile 63

Hier gibt AT1FM1 zunächst zur Übersichtsdarstellung die Position des Trupps an den Zugführer durch, indem er mit ‚tür' (Z. 1) auf ein prototypisches architektonisches Wohnungscharakteristikum als Lokalisationsobjekt (‚vor der ...', Z. 1) positional nicht-deiktisch referiert, das er alphanumerisch (‚... zwElten', Z. 1) und transversal (‚... rEchts', Z. 1) spezifiziert. ZF bestätigt dies mittels Wiederholung (Z. 2). Anschließend kontrolliert AT1FM1 eine ‚rAUchfrei[e]' (Z. 7) Räumlichkeit, in dem er weder eine Person noch Feuer auffindet (‚sauber?' – ‚ja- (ich komm raus.)', Z. 8–10), was AT1FM2 zum Anlass nimmt, an der Tür zu dieser Räumlichkeit ‚eine grÜne landmarke' zu setzen (die er beim LAND-MARKEN-Träger erbittet; siehe Z. 12).

Daraufhin gibt AT1FM1 den Stand ihrer Mission an den Zugführer durch, indem er aus der Perspektive einer dritten Person eine – für Funkkommunikation charakteristische – Selbstidentifizierung vornimmt (‚de:r Angriffstrupp ...'), den durchsuchten Ort benennt, charakterisiert und ihre vorangegangene Handlung (bzw. Einsatzpraxis) beschreibt (‚...hat den zwElten raum- durchsucht; ...') sowie Angaben zum sinnlich erfahrbaren Wahrnehmungsraum macht (‚... rauchfrei;', siehe Z. 14–16).[337]

Der Zugführer wiederholt die Informationen daraufhin nicht, sondern beginnt eine originär orientierungs- und navigationsbezogene Gesprächssequenz im Rahmen einer allgemeinen Verräumlichung: Erstens schlussfolgert er hinsichtlich der Orientierung und ihres Standorts, ‚ihr steht jEtzt im flU:r-' (Z. 17). Zweitens erfolgt die navigationsbezogene antizipatorische Inferenz hinsichtlich des weiteren geplanten Vorgehens (‚und wollt in den dritten raum-', Z. 18), wobei er diesen Turn mit der Fragepartikel ‚rIchtig?' (Z. 19) abschließt und damit eine Bestätigung (oder Widerlegung) seiner Inferenzen einfordert. Im anschließenden adjazenten (Antwort-)Turn präzisiert AT1FM1 ‚wenn wir den flu:r mitzählen ist es der dritte raum gewesen.' (Z. 21–22). Damit legt AT1FM1 die Kriterien für die alphanumerische Raumkategorisierung offen, was darauf hindeutet, dass er

---

[337] Damit wird u. a. zugleich eine Aussage hinsichtlich der Gefährlichkeit des Einsatzortes mitgeliefert.

den Turn des Zugführers nicht richtig verstanden hat. Er hatte offensichtlich die Kategorisierung ,*dritten raum*', mit der der Zugführer die nächste – noch aufzusuchende – Räumlichkeit charakterisiert, auf den letzten durchsuchten Raum bezogen (siehe Z. 14–27). Das Problem könnte m. E. dadurch evoziert worden sein, dass der außen stehende Zugführer einen neuen Raum ins Gespräch einführt, der von den Akteuren vor Ort noch nicht kommunikativ eingeführt worden ist (siehe den Turn von AT1FM1). AT1FM2 erbittet eine Wiederholung resp. Erläuterung (,*bittE?*', Z. 23), woraufhin AT1FM1 seinen vorangegangenen Turn ihm gegenüber noch einmal paraphrasiert (,*das wa:r der- eigentlich zweite raum vom flur aus gesehen.*', Z. 26–27).

Auf die letzte Durchsage hin erklärt ZF diese Sequenz indirekt für beendet, indem er ein neues Thema mit einer erneuten Selbstidentifizierungssequenz plus Anruf einleitet (,*angriffstrupp für zugfü:hrer-*', Z. 28). Er gibt die Zeit an, die seit dem Anschluss der Atmungsgeräte durch den ersten Angriffstrupp vergangen ist (Z. 29). Dies nimmt AT1FM1 bestätigend zur Kenntnis (,*ja: verstanden-*', Z. 30) und ergänzt erneut eine räumlich situierte Angabe zur Selbstpositionierung (,*wir stehen vor der drItten tür im flurbereich.*', Z. 31), die aufgrund der Betonung der alphanumerischen Spezifizierung auch als Weiterführung der vorangegangenen Sequenz gelesen werden kann. AT1FM1 stellt somit noch einmal sicher, dass der Zugführer seine Ortsreferenzierung übernimmt und akzeptiert. Diese Ortsreferenzierung greift der Zugführer auch explizit auf, indem er sie bestätigt und ebenfalls hervorgehoben intoniert wiederholt (,*ja verstanden- ihr betretet den drItten raum.*', Z. 32–33).

Nach einer Durchsuchung der Räumlichkeit charakterisiert AT1FM1 die Räumlichkeit für ZF über Funk (,*hier handelt sichs um den hAUsanschlussraum mit gAszähler- (-) AUch rAUchfrei:;*', Z. 35–38) und bekundet sein zukünftiges Markierungshandeln. Dies erläutert er unspezifisch, d. h. ohne Angabe der Markierungsart, aber inklusive Begründung (,*ich markier das mal- (1.0) separAt; dass (.) hier der anschlussraum ist.*', Z. 39–41). Daraufhin wiederholt ZF das Gehörte (abzüglich der Information hinsichtlich der Markierung; siehe Z. 43, 45–46, 48, 50–51) mit fragetypischer Intonation, was darauf schließen lässt, dass er eine Bestätigung seiner Darstellung erwartet.

Parallel zu diesem Turn verhandeln AT1FM2 und AT1FM1 im inneren Interaktionskreis die Markierung des Ortes mit einer *LANDMARKE* (,*willste ne rO:te haben?*' – ,*^jA.*', Z. 42 und Z. 44). Aufgrund dieser Überlappung (die ZF nicht wahrnehmen kann aufgrund der für Funkgeräte üblichen ,Halbduplex-Technik')[338] bittet AT1FM1 den Zugführer um Wiederholung des zuvor Gesagten (,*bitte nochma kOmmen;*', Z. 53). Dem kommt der Zugführer nach, wobei er

---

[338] Ein unterscheidendes Kriterium für Nachrichtentechnik betrifft die Möglichkeit der gleichzeitigen Datenübertragung in zwei entgegengesetzte Richtungen. ,Vollduplex' bezeichnet die technisch realisierte Möglichkeit, Daten zur gleichen Zeit in zwei (bei zwei miteinander kommunizierenden Datenquellen entgegengesetzte) Richtungen zu übertragen. Im Falle menschlicher Akteure, die miteinander sprechen, können dann z. B. beide gleichzeitig sprechen, ohne dass das technische Medium einen Kanal begrenzt. ,Halbduplex' bezeichnet dem gegenüber Nachrichtentechnik (wie beispielsweise übliche analoge Funktechnik und ältere Funktelefone), bei der Daten nur jeweils in eine Richtung übertragen werden können. Wenn also jemand bei Halbduplex-Funkgeräten den ,Sprechen'-Knopf drückt, ist der Kanal

allerdings die Information noch weiter reduziert, indem er neben dem Markierungshinweis auch noch die – zuvor wiederholte – Raumcharakterisierung (‚war en heizungsraum‘, Z. 50) weglässt (‚<<f>ihr habt den drItten raum komplett abgesucht- und seid jetzt wieder draußen im flU:r?‘, Z. 54–55). Dass er seinen Turn lauter intoniert, kann als ‚account‘ dafür gelesen werden, dass er die Wiederholungsbitte seitens AT1FM1 darauf zurückführt, dass dieser jene aufgrund der Lautstärke nicht verstanden hat (und nicht aufgrund der parallelen Aushandlungssequenz im inneren Kreis). AT1FM1 bestätigt daraufhin ‚wir sind im flurberEIch:- der hAUsanschlussraum mit gaszähler ist rauchfrei.‘ (Z. 56–57).

Am doppelten Wiederholungsturn von ZF sowie dem Bestätigungsturn seitens AT1FM1 lässt sich eindeutig ablesen, welche Informationspräferenzen die beiden Akteure hinsichtlich des Schauplatzes haben. Für den Zugführer sind die Raumnummerierung, der Durchsuchungsstatus und die derzeitige Position des Trupps relevant (siehe auch W8Ü2). Für AT1FM1 sind die derzeitige Position, die Raumcharakterisierung und die Wahrnehmungsbeschränkung (die zugleich als Index für unmittelbare Bedrohung und für räumliche Nähe zum Feuer gelesen werden kann) kommunikativ relevant. Nach dieser Sequenz, die der Zugführer mit einem Bestätigungsturn abschließt (‚ja verstA:nden.‘, Z. 58) plädiert AT1FM1 gegenüber AT1FM2 dafür, den Ort, an dem ‚gas ist.‘ (Z. 61) ‚sEparat [zu] markieren‘ (Z. 60), was AT1FM2 befürwortet (Z. 62). Anschließend legen sie eine rote LANDMARKE vor die Tür (ohne dies noch mal kommunikativ zu bearbeiten; siehe Z. 63 ff. und Abb. 19) und gehen weiter vor bis zum ‚nä:chsten rAUm;‘ (Z. 68).

In diesem Ausschnitt dienen die LANDMARKEN weder als Mittel der Relevantsetzung für kommunikative Anschlusshandlungen noch als (zeichensystemische) Handlungsressource. In der ersten Aushandlungssequenz (Z. 39–47) dient die räumlich situierte Besonderheit (‚hAUsanschlussraum mit gAszähler‘, Z. 35 und Z. 37) als Relevantsetzungsmittel für die (verbale plus nicht-verbale) Anschlusshandlung, so dass eine Aushandlungssequenz hinsichtlich der Ortsmarkierung erforderlich wird. Diese Sequenz ist allerdings sehr kurz und die Art der räumlich situierten Markierung damit offensichtlich unstrittig. Dass die Aushandlungssequenz allerdings in den Zeilen 59–62 noch einmal wiederholt wird, lässt sich darauf zurückführen, dass die erste Sequenz parallel zu einer Funkkommunikationssequenz zwischen AT1FM1 und ZF erfolgte. Das konkrete Zeichen wird aber nicht erneut ausgehandelt. Mit der Auslegung einer roten LANDMARKE machen die Feuerwehrleute Gebrauch von der farblichen Grundbedeutung, da rot allgemein für Gefahr steht und sie den ‚hAUsanschlussraum mit gAszähler‘ somit als ‚Gefahrenraum‘ charakterisieren und damit zugleich ggf. nachfolgende Trupps zur Vorsicht ermahnen. Sie verwenden die LANDMARKEN aus analytischer Perspektive in diesem Ausschnitt bei der Auslegung also (nur) als Markierungszeichen, nicht aber als semiotisches Kommunikationssystem – und sie besprechen auch keine zeichensystemische Funktion.

Was die Geosemiotik in den Aushandlungssequenzen rund um die LANDMARKEN-Verwendung betrifft, lassen sich folgende Beobachtungen konstatieren: Die

damit für die Datenübertragung von diesem Gerät aus reserviert und niemand kann zur gleichen Zeit mit seinem Funkgerät im ausgewählten Kanal senden.

Interaktionsordnung ist jeweils gekennzeichnet durch die Anwesenheit der beiden Feuerwehrleute im gleichen Nichtzeichenraum (innerer Interaktionskreis), wobei die erste Sequenz ‚gestört' wird durch eine parallele Kommunikation im äußeren Kreis (ZF und AT1FM1). Die wichtigste geosemiotische Rolle spielt die (eindeutige)[339] Identifizierung des Ortes als ‚*hAUsanschlussraum mit gAszähler*' aufgrund der vor Ort aufgefundenen Gasrohre inkl. Zähler. Insbesondere der ‚*gAszähler*' dient somit als ein Beispiel für ‚place semiotics'. Der Gaszähler regt die Akteure zu einer ortsmarkierenden Anschlusshandlung an, die offensichtlich als unstrittig zu charakterisieren ist (siehe Z. 35 ff.). Daraufhin bringen sie selbst ein ‚sign in place' aus (die ‚*rOte* […] *lAndmarke*,', Z. 47), um (zumindest abstrakt bzw. unspezifisch) auf das – im Rahmen des Feuerwehreinsatzes – räumlich situierte Risikopotenzial des solcherart als ‚Gefahrenraum' gekennzeichneten Ortes warnend aufmerksam zu machen. Die rote LANDMARKE übernimmt an dieser Position somit die Rolle eines akuten Warnschildes (vergleichbar mit entsprechenden digitalen Verkehrsschildern wie bei elektronischen Stauwarnungen auf Autobahnen), mit handlungsleitender Funktion für nachfolgende Rezipienten.[340]

Dass die Markierung besonderer Einsatzorte mit mehreren LANDMARKEN eine mögliche und sogar sich entwickelnde (siehe TA33 und TA52) Handlungspraxis darstellt, ist eine wichtige Beobachtung in diesem Ausschnitt. Wie sich diese kommunikative Handlung vollzieht, soll hier nochmals erläutert werden. Da es für dieses und vergleichbare Szenarien noch keine festgelegte oder einstudierte bzw. erprobte Handlungspraxis gibt, erfolgt seitens der beteiligten Akteure eine Aushandlungssequenz darüber, die auch zugleich als Beispiel für eine entsprechende Aneignungskommunikation dient. Zunächst wird nur unspezifisch (vom Truppführer AT1FM1 zuerst im äußeren statt im inneren Interaktionskreis) angeführt, dass der Ort ‚*separA:t*' markiert wird, ohne auf die genaue Form einzugehen. Der zweite Feuerwehrmann vor Ort greift dies sofort im Anschluss an diesen Turn des Kollegen im inneren Interaktionskreis auf und erfragt das Markierungszeichen, indem er ein konkretes vorschlägt (‚*willste ne rO:te haben*'), was AT1FM1 bestätigt und das AT1FM2 anschließend (selbst noch immer eine gewisse Unsicherheit mittels leichter Frageintonation signalisierend) an den LANDMARKEN-Träger weitergibt, so dass das entsprechende Zeichenobjekt ausgelegt werden kann. Was hier noch auffällt – und m. E. auf das Stadium des Entwicklungs- und Übungsprojektes zurückzuführen ist – ist das kommunikative Auslassen der Markierungsspezifizierung mit der LANDMARKE im äußeren Interaktionskreis. Auf diese Weise muss im späteren Verlauf der Kommunikation – jedenfalls im äußeren Interaktionskreis – stets auf den ‚*hAUsanschlussraum*' oder die Räumlichkeit mit dem ‚*gAszähler*' referiert werden, statt die LANDMARKEN-Markierung sprachlich aufgreifen zu können (z. B. als *rot-grüner Raum*). Im Verlauf der Workshops lässt sich beobachten, dass genau dies zunimmt: Die LANDMARKEN nehmen nicht nur als Objekte, sondern auch als sprachliche Referenzierungsmittel (zum Teil sogar als Zeichensystem im engeren Sinne; siehe z. B. TA26) einen größeren Raum ein, und zwar v. a. im äußeren Interaktionskreis, in dem davon in den ersten Workshops noch sehr spärlich Gebrauch ge-

---

[339] Die Identifizierung ist eindeutig, weil der Raum ‚*rAUchfrei*' ist.

[340] Die Rezipienten können natürlich auch die Auslegenden selbst auf dem Rückweg sein.

macht wird. Somit lässt sich zwischenresümieren, dass erst eine umfangreichere Übungspraxis mit diesen neuen Objekten bzw. diesem möglichen Zeichensystem dazu führt, dass dieses System für die Akteure unterstützend und hilfreich von diesen verwendet werden kann, und zwar sowohl nicht-sprachlich (was aufgrund der Fokussierung auf den Farbcode nicht sehr überrascht), als auch sprachlich.

In TA33 thematisieren die Akteure eine (in dieser ersten Entwicklungsstufe) medieneigentümliche Problematik bzw. medial verursachte Störung (siehe auch die LANDMARKEN-Auslegung in TA40).

TA33 noch zusätzlich gelb (W1Ü1-090113-KG)

```
001 sit     Das Schließen einer Tür ist zu hören.
002 AT1FM2  so können ma tAUschen gegen grÜn,
003 AT1FM1  (5.0) sO: (7.0) ist das jetzt hier blAU gElb?
004 AT1FM2  (2.0) das ist unsre-
005         (2.5) mArkierung.
006         (3.0) unsre wEgmarkierung.
007 AT1FM1  (1.0) wo hatten wir die denn:-
008         (--) ä ange[legt?]
009 AT1FM2  [die] hatt ich an die Andere seite
010         gesEtzt,
011 AT1FM1  ˆja:;
012 AT1FM2  (--) wArte mal,
013         (2.0) die is verrUtscht.
014 AT1FM1  (5.0) wir kAmen von geradeau:s-
015         oder wie?
016 AT1FM2  (xxx;)
017 AT1FM1  da ist der rAUm;
018         (-) wir müssen noch weiter zurÜck.
019 AT1FM2  (1.5) ja die ist (.) komplett verrutscht.
020 AT1FM1  (5.5) ah die hattste auf die andere seite gepAckt?
021 AT1FM2  ja:;
022 AT1FM1  (3.0) hIEr-
023         (1.0) hier (xxx) wieder ne tÜ:r,
024 AT1FM2  (--) ja-
025 AT1FM1  (3.0) also brauchen wir hIEr auch noch zusätzlich
026         gElb oder was-
027 AT1FM2  (1.0) was brauchen wA?
028 AT1FM1  (1.0) äh hIEr ist die nächste tÜ:r;
029 AT1FM2  (--) ja;
030 AT1FM1  (4.0) also brAUchst [du nochmal gElb,]
031 AT1FM2  [(...) erstmal] wegpacken,
032 LMT     ˇhmh,
033 AT1FM1  (6.0) kAnn ich?
034 AT1FM2  (1.5) kAnnst;
035 AT1FM1  (5.5) der angriffstrupp be: -
036         betritt die nächste tÜr;
037 ZF      ja hier zUgführer-
038         ich wiederhole (.) der angriffstrupp be:trItt den
039         nächsten raum;
040 AT1FM1  ja richtig.
```

Besonders auffällig ist in diesem Ausschnitt die Störung zweiter Ordnung, die durch das Symbolsystem selbst (genauer: durch die räumlich situierte Position der Symbole) verursacht wird: Die Akteure nehmen eine bereits von ihnen ausgelegte LANDMARKE wahr (Z. 3 ff.), und zwar eine ‚wEgmarkierung‘ (Z. 6). Sie erinnern sich offensichtlich an die Auslegung dieser Markierung (‚die hatt ich an die Andere seite gesEtzt,‘, Z. 9–10; siehe TA30) und stellen fest: ‚die is verrUtscht.‘ (Z. 13). Das heißt, ein wesentliches Charakteristikum dieser Markierungszeichen, die Ortsabhängigkeit, ist außer Kraft gesetzt. Dadurch wird ein ausführlicher Erschließungsprozess notwendig (insbesondere Z. 14–21), um das „geschichtliche Zeichen" (Auer 2010, S. 278) sinnvoll für navigatorische (‚wir kAmen von geradeau:s- oder wie?‘, Z. 14–15) und Orientierungszwecke (‚da ist der rAUm; (-) wir müssen noch weiter zurÜck.‘, Z. 17–18) interpretieren zu können (‚ah die hattste auf die andere seite gepAckt?‘ – ‚ja:;‘, Z. 20).

Erst dann fahren die Feuerwehrleute mit ihrer Feuersuche fort und inspizieren eine weitere somit als bislang nicht durchsucht identifizierte Räumlichkeit, nachdem sie die ‚nächste tÜ:r‘ (Z. 28) entdecken. Aufgrund der zuvor ausführlich diskutierten Störung – verursacht durch die ‚verrUtscht[e]‘ Markierung – weichen sie an dieser Tür von ihrer im Verlauf der Übung eingeschliffenen Arbeitspraxis ab,[341] die Räumlichkeit beim Betreten mit einer gelben LANDMARKE zu markieren. Offensichtlich befürchtet AT1FM2, der auf die Frage, ob er ‚nochmal gElb‘ (Z. 30) braucht, mit ‚erstmal wegpacken‘ (Z. 31) antwortet, dass diese Markierung in Zusammenhang mit dem bereits ausgelegten Zeichen weitere räumlich situierte Interpretationsschwierigkeiten nach sich ziehen könnte. Somit bringt die aufgefundene LANDMARKE die weitere Markierungspraxis durcheinander (keine Auslegung vor der zu durchquerenden neu aufgefundenen Tür) und veranlasst die Akteure, ihre Orientierung und Navigation neu zu überdenken (‚wir kAmen von geradeau:s oder wie?‘, Z. 14) und auszuhandeln (siehe Z. 14 ff.).

Es ist somit offensichtlich, welche Probleme ortsfeste Zeichen bewirken, die nicht genau am zu markierenden Ort platziert sind, selbst wenn dies bewusst praktiziert wird, und den Akteuren auch im Anschluss bei der Rezeption der Zeichen einfällt. Dieses spezifische Platzierungsproblem der Markierungsobjekte vor allem an Außenecken wird mehrfach kommunikativ problematisiert (siehe z. B. TA25) und wurde auch in der Entwicklung berücksichtigt, indem die Objekte mit diversen Befestigungsmechanismen ausgestattet und erprobt wurden.

Der folgende Ausschnitt ist ebenfalls dem ersten Workshop (allerdings der zweiten Übung) entnommen. Auch in diesem wird die Raum-Flur-Differenzierung thematisiert. Zudem wird hier erneut dieselbe Markierungspraxis wie in TA30 dieses Unterkapitels angewandt (siehe die Architektur des Einsatzortes in Abb. 20). Die beiden Feuerwehrleute des ersten Angriffstrupps befinden sich im Wohnungsbereich im zweiten Obergeschoss, in den sie über das Treppenhaus vorgegangen sind.

---

[341] Bei der ersten Tür haben die Feuerwehrleute noch diskutiert, ob diese orangefarben oder gelb gekennzeichnet werden sollte, und von dort an haben sie jede weitere Tür beim Betreten zunächst gelb markiert und anschließend modifiziert.

TA34 das is en flUr (W1Ü2-090113-OG2)

```
001 AT1FM1 (3.0) (...) rEchtsrum (.) rEchtsrum,
002 AT1FM2 jaja (<<all>rechtsrum.>)
003        (5.0) (ab hier jetz wieder an der wand lang;)
004        (11.0) hier is ne wAnd (.) tIm,
005 AT1FM1 (1.0) (xxx xxx xxx) tÜ:r oder wat?
006 AT1FM2 <<f>nEIn keine tür;>
007        (6.0) hier gehts-
008 AT1FM1 bItte?
009 AT1FM2 hier gehts rechts rUm weiter,
010        (2.0) weißte ob dat ein raum is,
011 AT1FM1 das is en flU:r;
012 IV1    (xxx xxx) für mÜller kommen.
013 AT1FM2 da is en flUr-
014        noch en weiterer flur.
015        mach ma hier ne blAUe hin (auch;)
016 AT1FM1 mathIas?
017 EW1    <<f>ja?>
018 AT1FM1 (xxx-)
019        ne blAUe,
020        (--) blau gElbe-=
021 EW2    =ne blau gelbe (.) ja;
022        (-) hier-
```

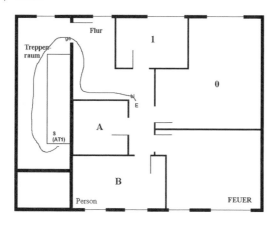

Abb. 20: Position von AT1FM1 und AT1FM2 in Zeile 21 (‚E')

In diesem Ausschnitt wird zunächst die Einsatztaktik resp. Richtungsnavigation der Akteure im inneren Interaktionskreis thematisiert (‚Rechtsregel': *rechts-rum*, *wieder an der wand lang*', Z. 2–3) und im Anschluss die Wahrnehmung einer Außenecke kommuniziert. Dies wird allerdings wieder nicht mit der Bezeichnung, sondern mittels einer Umschreibung vollzogen, und zwar, nachdem ‚*ne wAnd*' (Z. 4) gefunden wurde, von der aus (‚*hier*', Z. 4, 7, 9) es *rechts rUm weiter* [*geht*]' (Z. 9). Dieses kommunizierte Ortsmerkmal veranlasst AT1FM2 zu der Frage ‚*ob dat ein raum is*' (Z. 10), d.h. er erwartet von einem solchen Ortsmerkmal (prototypisch) einen Wechsel der Räumlichkeit (unabhängig von einer möglichen Tür am selben Ort). Aufgrund einer fehlenden Tür (‚*nEIn keine tür*', Z. 6) inferiert der vorangehende AT1FM1 allerdings ,*das is en flUr- noch ein weiterer flur.*' (Z. 13–14), d. h. er erklärt den Bereich, den sie nun betreten, unmissverständlich zu einem spezifischen Raum (im übergeordneten Sinne), und zwar zu einem verschiedene Wohnungszimmer verbindenden *Flur*. Dass er diesen dabei als ,*ein*[*en*] *weitere*[*n*] *flur*' und somit zu einer zweiten von einer ersten abgehenden Räumlichkeit kennzeichnet, macht er im Anschluss auch durch eine symbolische Markierung deutlich. Er nutzt eine ,*blAUe*' bzw. ,*blau gElbe*'[342] (Z. 19–20) Wegmarkierung zur Kennzeichnung dieses Orts- und Richtungswechsels. Dafür weist er im erweiterten Interaktionskreis EW1 zur Ausgabe eines entsprechenden Objekts an (,*mach ma hier ne blAUe hin*', Z. 15). Es handelt sich erneut um eine Außenecke und deren Aushandlung, die die Akteure zu einer Markierungshandlung veranlasst.

Die LANDMARKE dient somit als symbolisches Markierungszeichen, die den Akteuren notwendig erscheint, weil der vermeintliche Richtungswechsel (in absoluter Hinsicht, denn hinsichtlich der organisationalen ,Rechtsregel' gibt es keinen Richtungswechsel) an dieser Außenecke als einsatztaktisch bedeutsam diskutiert wird. Dass die Route und keine Räumlichkeit markiert werden soll, wird mit der Wahl des Symbols unterstrichen, denn es wird kein Räumlichkeiten markierendes Symbol gewählt, sondern eine Wegmarke.

5.4.4 Status und Funktionen von LANDMARKEN der Entwicklungsstufe 1 bei Auslesehandlungen in Phase III

Der nachfolgende ist ein (späterer) Ausschnitt[343] aus demselben Gesamteinsatz, aus dem TA34 stammt. Der erste Feuerwehrtrupp hatte nach dem Zutritt über das Treppenhaus (siehe Abb. 20 sowie TA01 und TA14) die Wohnung im zweiten Obergeschoss nach der ,Rechtsregel' über Räumlichkeit ,A' bis zu Räumlichkeit ,B' abgesucht (siehe Abb. 20). In Letzterer hatten sie die verletzte Person gefunden und sich mit ihr (und ohne ihren Schlauch) über den Treppenraum (also ihren Hinweg) auf den Rückweg begeben. Der zweite Angriffstrupp hat die Räumlichkeit ,0' über eine Feuerleiter durch das Fenster betreten mit dem Auftrag, das Feuer zu löschen. AT2FM1 und AT2FM2 gehen dabei ebenfalls nach der ,Rechtsregel' vor und haben zunächst die Räumlichkeiten ,0' und ,1' durchsucht. Nach dem Durchsuchen von Räumlichkeit ,1' finden sie den Schlauch des vorangegangenen ersten Angriffstrupps im Flur (siehe TA14) und kriechen weiter bis zum Treppenhaus, das sie aufgrund der eingeschränkten Sichtverhältnisse nicht als solches erkennen und wo sie eine gelbe LANDMARKE des ersten Trupps neben der Tür finden (siehe ,E (AT2)' in Abb. 20) und eine Auslese- und Bedeutungsaushandlungssequenz initiieren. Doch bevor AT2FM1 das Treppenhaus betritt, ruft er noch den Zugführer via Funk an.

---

[342] Die scheinbar durch die Fragepartikel ,*ja?*' von EW1 fremdinitiierte Korrektur veranlasst AT1FM1 offenbar zur Korrektur der Farbbezeichnung. Zur Erinnerung: In diesem Szenario sind blaue durch blau-gelbe LANDMARKEN als Wegmarkierung ersetzt worden.

[343] Die hier präsentierte Analyse dieses Transkriptausschnitts stellt eine Modifizierung und Ergänzung der bereits in Habscheid/Gerwinski (2012, S. 290–296) vorgelegten Analyse dar.

TA35 da liegt so ne lAndmarke (W1Ü2-0901-OG2)

```
001 AT2FM1  (4.5) zugführer von (a em) zwo;
002 ZF      berg kommen;
003 AT2FM2  [werner?]
004 AT2FM1  [ja wir] gehn jetzt in den nächsten raum nach der
005         rechtsregel vor (.) raum ZWO is das;
006 ZF      ja verstanden;
007 AT2FM1  ja;
008 AT2FM2  werner (.) wi (.) wir gehn die ganze zeit dem
009         schlauch nach (.) weißte das?
010 AT2FM1  ja:-
011 AT2FM2  also (.) dem vorherigen schlauch-
012 AT2FM1  (--) ja wir ham ja keine landmarke;
013         (3.0) otto,
014         (1.5) (hier rüber;)
015         (3.5) wo bist du jetzt otto?
016 AT2FM2  ich bin hier (an de) fenster-
017         (3.0) da liegen so (.) da liegt so ne lAndmarke-
018 AT2FM1  ja: das heißt die sind hier rEIn gekommen;
019 AT2FM2  ^ja:;
020 AT2FM1  (4.0) wIttenbach von berg.
021 ZF      ja kommen,
022 AT2FM1  <<all> ja wir sind nach der rechtsregel vorgegangen-
023         wir sind jetzt wieder im treppenraum-
024         das heißt also ab dem einstiegsOrt sind wir alle (.)
025         vorhandenen räume nach der rechtsregel abgegangen;>
026 ZF      (--) ja verstanden;
027 AT2FM1  (1.0) ja <<all>frage eins is das korrekt?>
028 ZF      ja:: (.) einen moment;
```

In Zeile 2 reagiert der Zugführer auf das Anrufen durch AT2FM1 (Z. 1) mit Aufforderung ‚*kommen-*‘, woraufhin AT2FM1 ihm den aktuellen Status der Operation inkl. taktischem Vorgehen und Orientierungshinweis mitteilt (‚*ja wir gehn jetzt in den nächsten raum nach der rechtsregel vor (.) raum ZWO is das;*‘, Z. 4–5). Dabei dient der Orientierungshinweis der Lösung des Überblicksproblems, vergleichbar mit der Generierung einer kognitiven Karte beim Zugführer, die im Idealfall deckungsgleich ist mit der kognitiven Karte der anderen beteiligten Feuerwehrleute, damit sie weiterhin möglichst effektiv kommunizieren können. Der Zugführer bestätigt daraufhin kurz, dass er die Meldung verstanden hat (Z. 6) und beendet damit diese Gesprächssequenz im äußeren Interaktionskreis.

In den Zeilen 8–9 führt AT2FM2 nach einer kurzen ersten direkten Fremdadressierung (‚*werner (.)*‘) mit AT2FM1 einen Informationsabgleich bezüglich ihres Vorgehens, genauer ihrer taktischen Navigation, durch, und zwar, dass sie ‚*die ganze zeit dem schlauch nach[gehen]*‘. Nachdem AT2FM1 diese Information kurz bestätigt, präzisiert AT2FM2 die Navigation bezüglich des Referenzobjekts (‚*also (.) dem vorherigen schlauch-*‘, Z. 11). Damit markiert er diese Information als nicht selbstverständlich und einsatztaktisch relevant. In dieser Weise nutzt AT2FM2 den zurückgelassenen Schlauch des vorangegangenen Trupps (der damit ein Zeichen der ersten Reflexionsstufe darstellt)[344] als – für sie zu diesem Zeitpunkt des Einsatzes konventionelles – infrastrukturelles Navigationsmedium am nunmehr für den Einsatz bereits teilweise ‚begehbar' vorbereiteten Einsatzort. AT2FM1 bestätigt ihr bisheriges navigatorisches Vorgehen dadurch, dass sie keine LANDMARKEN des vorherigen Trupps zur Orientierung nutzen können (Z. 12). Auf diese Weise äußert AT2FM1 indirekt, dass sie Ausschau halten nach LANDMARKEN als Orientierungspunkte.[345] Außerdem wird deutlich, dass sie beim Fehlen neuer technischer Bezugspunkte wie den LANDMARKEN auf herkömmliche Bezugspunkte als navigatorische Hilfsmittel zurückgreifen. In diesem Fall handelt es sich dabei um den Schlauch als Zeichen der ersten Reflexionsstufe in Verbindung mit organisationalen navigatorischen Grundlagen wie der ‚Rechtsregel'.

Nach einer kurzen Kriechphase ruft AT2FM1 mehrmals AT2FM2 (Z. 13–15) und macht Gebrauch von einer deiktischen ‚Dreifach-Konstruktion' (unter Berücksichtigung aller drei Origo-Aspekte), um dessen derzeitigen Aufenthaltsort zu erfahren (‚*wo bist du jetzt otto?*', Z. 15). Die angeforderte Information gibt AT2FM2 in umgangssprachlichem Stil (Z. 16) inklusive dem deiktischen Ausdruck ‚*hier*'[346] und der räumlichen Spezifikation ‚*fenster*'. Kurz nach der Durchgabe seines Aufenthaltsortes entdeckt AT2FM2 eine LANDMARKE neben der Tür und referiert darauf ebenfalls umgangssprachlich (‚*(3.0) da liegen so (.) da liegt so ne landmarke*', Z. 17). Der Truppführer AT2FM1 bestätigt dies und gibt sogleich eine Interpretation. Er interpretiert die Tür in Verbindung mit der LANDMARKE und dem Schlauch als den Ort, an dem der erste Angriffstrupp die Wohnung betreten hat (‚*ja: das heißt die sind hier rEIn gekommen;*', Z. 18). In Analogie zu Kesselheims und Hausendorfs Befund, dass Sprache in Form von Objekttexten (wie Vitrinenbeschriftungen) „den oft unbestimmten Zeichencharakter der Exponate erst aus[deutet]" (Kesselheim/Hausendorf 2007, S. 343), wird auch im hier dargestellten Fall die Rekonstruktion seitens der Akteure durch das intermediale „Bedeutungsaggregat" (ebd., S. 360) im Rahmen eines „gegenseitige[n] Ausdeutungsverhältnis[ses]" (ebd., S. 361) Modus- sowie Reflexionsstufen-übergreifend durch das Zusammenspiel von traditionellen und neuen technischen Medien (konkret: den LANDMARKEN) vorgenommen.

Die Aushandlungssequenz in den Zeilen 18–19 zeigt den Versuch, die LANDMARKE als eine Erweiterung der physischen Umgebung zu ‚lesen', in der der vorangegangene Ablauf der Operation im Hinblick auf diesen spezifischen Ort festgehalten ist, wodurch der Ort zum Raum wird. Im Gegensatz zum ersten Trupp müssen die Feuerwehrleute des zweiten Trupps diesen Ort nicht erst für den Notfalleinsatz präparieren. Sie können auf die bereits durch den ersten Trupp vorgegebene organisationale Infrastruktur inklusive Schlauch und LANDMARKEN zurückgreifen. Zudem lässt sich beobachten, dass die Beteiligten in Organisationen wie der hier untersuchten nicht einfach passiv durch vorbereitete Infra-

---

[344] Zu den Reflexionsstufen siehe Unterkapitel 2.12.1.

[345] Dieses Vorgehen könnte selbstverständlich auch auf das Entwicklungsszenario zurückzuführen sein, welches originär zum Testen der LANDMARKEN eingerichtet wurde.

[346] Die Verwendung eines umgangssprachlichen Stils und des Lokaldeiktikums *hier* zur Selbstpositionierung können aus sprachökonomischen Gründen als Indikatoren für empraktisches Sprechen gewertet werden.

strukturen geführt werden. Sie müssen die liegengelassenen (1. Reflexionsstufe) und positionierten (2. Reflexionsstufe) Zeichen interpretieren (als gleichsam ‚nicht-fokussierte Kommunikation')[347], und zwar aus der situierten Perspektive der Auslegenden, und daraus Handlungskonsequenzen für sie als Auffindende (als ‚Raum lesende') ziehen. Damit (re)konstruieren sie den organisationalen Arbeitsprozess aus zwei möglicherweise sehr divergenten Perspektiven. Was hier für eine (aus der Sicht der Nutzer) erfolgreiche Operation außerordentlich wichtig ist, ist die Bedeutungen aushandelnde Anschlusskommunikation, welche ermöglicht wird durch die Wahrnehmung der digitalen Zeichen.[348] Außerdem ist der zweite Trupp prinzipiell in der Lage, räumlich situierte Bedeutungen zu verändern, z. B. indem er andere und/oder weitere LANDMARKEN vor Ort platziert und damit Räume neu konstruiert.[349]

Der Ausschnitt zeigt zudem den Aneignungsprozess technologischer Innovationen: Neue digitale Medien werden mit herkömmlichen verknüpft (zumindest für eine gewisse Zeit) und ergänzen diese um spezifische Bedeutungsaspekte und Funktionen. Es verweist darüber hinaus hinsichtlich der Navigation noch auf ein Phänomen, das Sharrock/Anderson als „embedded activity of reading signs" (Sharrock/Anderson 1979, S. 90) bezeichnet haben. Diese Aktivität „involves a highly particularized and localized kind of work, such that [they] read *this* sign in *this* way because it is *here* and because it is next to *this other* thing" (ebd.; Hervorhebungen im Original). Somit wird ein Schauplatz etabliert durch die Verknüpfung von klassischen infrastrukturellen Objekten (wie Türen, Fenstern und Wänden), traditionell-organisationalen Objekten (wie dem Schlauch), organisationalem Hintergrundwissen (der erste Angriffstrupp hat die Wohnung über den Treppenraum betreten, sich an der ‚Rechtsregel' orientiert, das Bergen Verletzter dem Nachziehen des Schlauches vorangestellt etc.) und neuen technischen Orientierungsmedien wie den LANDMARKEN. (Siehe Habscheid/Gerwinski 2012, S. 294.)

Der mit leicht steigender Intonation am Ende des Turns vorgetragene Vorschlag von AT2FM1, dass der vorherige Trupp ‚*hier rEIn gekommen;*' (Z. 18) ist, fordert den zweiten Feuerwehrmann AT2FM2 auf, diese Interpretation zu bestätigen. Bestätigt wird diese These dadurch, dass die Sequenz auch erst als abgeschlossen behandelt wird, nachdem AT2FM2 dieser impliziten Aufforderung nachgekommen ist. Denn erst danach berichtet AT2FM1 dem Zugführer über Funk von ihrem aktuellen Operationsstatus. Wie man in Zeile 27 beobachten kann, ist allerdings auch dieser vermeintliche Bericht keine bloße monodirektionale Mitteilung, sondern wiederum der erste Teil einer weiteren

---

[347] Siehe Domke (2010a) und Kapitel 2.1.

[348] Zur Bedeutung von Anschlusskommunikation bezüglich der Orientierung durch Texte an öffentlichen Plätzen siehe Domke (2010b). Für die Bedeutung von Anschlusskommunikation für das Verstehen von Medieninhalten siehe Charlton/Klemm (1998) in Anlehnung an Krotz (1997). Für einen allgemeinen Zugang zu Anschlusskommunikation siehe u. a. Luhmann (2001b).

[349] Diese – zumindest eingeschränkte Möglichkeit – steht den Feuerwehrleuten bereits in diesem Entwicklungsstadium der Technik zur Verfügung. Im weiteren Entwicklungsverlauf (ab Entwicklungsstufe 2) wurden die LANDMARKEN um Funktionen ergänzt, die ihre direkte Umprogrammierung – auch durch andere als die auslegenden Beteiligten – erlaubten.

Aushandlungssequenz. Dieses organisationale Interaktionsmuster ist auch erst abgeschlossen mit der Bestätigung (oder Widerlegung) der Schauplatz-Interpretation durch den Zugführer. In Zeile 19 bestätigt AT2FM2 die Interpretation von AT2FM1 („^ja:;'). Nach einer kurzen Pause ruft AT2FM1 den Zugführer durch die Nennung von dessen Nachnamen (und seinem eigenen zur Selbstidentifikation) an (Z. 20). Dies unterstreicht den offiziellen Charakter der nachfolgenden Meldung im äußeren Interaktionskreis, welche – nach der Rückmeldung inkl. Meldungsanforderung seitens des Zugführers („ja kommen,', Z. 21) – die Darstellung des aktuellen Status der Operation inklusive Zusammenfassung der einsatztaktisch relevanten bisherigen Handlungen (Z. 22–25) beinhaltet, wie es zwischen AT2FM1 und AT2FM2 ausgehandelt worden ist (Z. 18–19). Der Zugführer bestätigt daraufhin den Empfang dieser Meldung (Z. 26). Dies genügt dem Feuerwehrmann allerdings nicht als Rückmeldung. Er möchte den Status der Operation durch den Zugführer bestätigt haben („ja <<frage eins is das korrekt?>', Z. 27). Dadurch markiert AT2FM1 seine Unsicherheit bezüglich des Einsatzstatus. Dies resultiert aus der Tatsache, dass die Feuerwehrleute zur Brandbekämpfung in die Wohnung vorgegangen sind und nun den Einstiegsort des vorangegangenen Trupps erreicht, aber noch kein Feuer gefunden haben. Der Zugführer signalisiert daraufhin, dass er die Situation überprüft („ja:: (.) einen moment;', Z. 28).[350]

Um mit einer ausgelegten LANDMARKE Sinn zu erschließen, müssen die Nutzer – wie gezeigt – institutionelles bzw. organisationales mit Wissen aus vorangehender Funkkommunikation der farblich kodierten Semantik der Objekte sowie mit dem spezifischen Auslegungs- bzw. Auffindungsort kombinieren. Damit ist der nachfolgende Trupp in der Lage, den vom vorangegangenen Trupp konstruierten Raum zu erschließen. Dabei erfolgt die Rekonstruktion, wie gezeigt werden konnte, stets kollaborativ. Dies unterstreicht den notwendigen interaktiven Rekonstruktionscharakter des Schauplatzes sowohl zwischen den handelnden Feuerwehrleuten im inneren Interaktionskreis als auch zwischen diesen und dem Zugführer via Funk im äußeren Interaktionskreis. Außerdem veranschaulicht dies die hohe Bedeutung (durch kommunikative Anschluss- und Aushandlungshandlungen ermöglichter) übereinstimmender repräsentationaler Konzepte für die Orientierung und Navigation unter erschwerten perzeptuellen Bedingungen und in Gefahrensituationen. (Siehe Habscheid/Gerwinski 2012, S. 295.)

Im folgenden TA36 (siehe auch TA27) derselben Einsatzübung suchen die Akteure des zweiten Trupps den Brandherd im zweiten Obergeschoss, nachdem der erste Trupp zuvor eine Person aus dem Gebäude geborgen und bei seiner Suche den Einsatzort bereits teilweise mit LANDMARKEN markiert hat. Auf diese Markierungen des vorangegangenen Trupps referieren die Feuerwehrleute in diesem Abschnitt, nachdem sie den Einstiegsort des ersten Trupps erreicht haben.

---

[350] Dies könnte sowohl durch das Befragen des ersten Angriffstrupps, der mittlerweile das Gebäude verlassen hat, als auch durch Nachdenken erfolgen.

TA36 auf die landmarke:n vom ersten angriffstrupp (W1Ü2-090113-OG2)

```
001 ZF       ja ward ihr in (.) <<f/len>allen räumen des zweiten
002          o ge:s drin?
003          ich fra:ge habt ihr auch die räume kontrolliert die
004          der Erste trupp als> ä:hm grÜn markiert hat?
005 AT2FM1   nei:n;
006          wir waren nUr nach (.) der (.) rechtsregel
007          vorgegangen-
008          bis zum treppenrAUm-
009          und haben dAnn-
010          (--) im rÜckgang nOchmals die beiden <<all>räume die
011          wir schon abgesucht haben nochmals kontrolliert->
012          wir gehn jEtzt nach der linksregel vor-
013          (und hoffen dann) dass wir auf die landmarke:n-
014          vom ersten angriffstrupp kommen;
015 ZF       ja: oke-
016 AT2FM1   otto?
017 AT2FM2   ja?
018 T2FM1    jetzt nach der linksregel bitte;
```

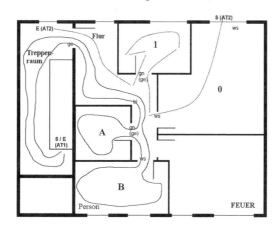

Abb. 21: Position (‚E (AT2)' ab Z. 1 ff.), Weg (gestrichelte Linie) und ausgelegte LANDMARKEN (auf der gestrichelten Linie) von AT2FM2 sowie Weg (durchgezogene Linie) und ausgelegte LANDMARKEN des ersten Angriffstrupps

Hier kommt es – nach einer ersten vergeblichen Suche des Brandherdes – zu einem Wechsel der Einsatztaktik bzw. der Navigation (‚*wir gehn jEtzt nach der linksregel vor-*', Z. 12), die kommunikativ durch ‚*jEtzt*' vorbereitet wird, sowie zu einer Explikation eines vagen anvisierten Orientierungs-Zielpunktes (‚*dass wir auf die landmarke:n- vom ersten angriffstrupp kommen;*', Z. 13–14), der definiert wird mittels zuvor durch den vorangegangenen Trupp ausgelegter LANDMARKEN.

Was sich hier erneut beobachten lässt, ist die Kombination von bisheriger Taktik mit neuen Orientierungs- und Navigationsmitteln. Zunächst sind die Feuerwehrleute gemäß der traditionellen Einsatztaktik ‚*nach (.) der (.) rechts-regel vorgegangen*' (Z. 6–7), bis sie schließlich auf eine LANDMARKE des voran-gegangenen Trupps gestoßen sind und aus dieser Markierung plus spezifischer

Raumcharakteristika (‚*treppenrAUm*‘, Z. 8) auf den Einstiegsort des ersten Trupps geschlossen haben (siehe TA35). Aus dem Vorwissen, dass dieser vorangegangene Trupp (AT1) ebenfalls der ‚Rechtsregel‘ gefolgt ist und dass die bisher von ihnen (AT2) durchsuchten Räumlichkeiten noch nicht markiert waren, leiten sie die Taktik ab, ‚*im rÜckgang nOchmals die beiden <<all>räume die [...] [sie] schon abgesucht haben nochmals [zu] kontrollier[en]*‘ (Z. 10–11)[351] bis sie schließlich zur ersten Tür gelangen, die sie selbst markiert haben (siehe Abb. 21). Auch wenn es sich bei dieser Suchsequenz für Außenstehende um eine linksorientierte Suche handelt, so ist dies für die Akteure doch offensichtlich nur eine erneute Kontrolle und keine navigationsbasierte Einsatztaktik. Erst von dieser Position aus beschließen sie – auch im äußeren Interaktionskreis und damit *offiziell* expliziert – ‚*jEtzt nach der linksregel vor[zugehn]*‘ (Z. 12) und zwar mit dem Ziel, zu den ‚*landmarke:n- vom ersten angriffstrupp [zu] kommen*‘ (Z. 13–14).

Herkömmliche Taktik bzw. Orientierung und neue Markierungen ergänzen sich damit und beeinflussen sich gegenseitig, hier v. a. hinsichtlich der Lösung von Richtungsproblemen. Beim Erreichen des „*treppenrAUm[s]*‘ dienten die LANDMARKEN noch im Zusammenspiel mit der Raumarchitektonik als Relevantsetzungsmittel von Anschlusskommunikation (siehe TA35). Hier hingegen dient zwar ihre Abwesenheit als solches, aber v. a. dienen sie als allgemeine Landmarken (Markierungsobjekte) und in der Kommunikation als Referenzierungsmittel. Damit rückt ihre Funktion als Symbolsystem in den Fokus statt ihre Funktion als Kommunikationsform.

5.4.5 Status und Funktionen von LANDMARKEN der Entwicklungsstufe 2 in Phase III

Im folgenden TA37 stoßen die Akteure, die mit LANDMARKEN der zweiten Entwicklungsstufe[352] ausgerüstet sind, während ihrer Personensuche auf eine verschlossene Tür,[353] die zuvor über Funk vom Institutsleiter als ‚*bitte nicht auf[zu]brechen[de]*‘ Tür explizit aus dem Übungsszenario ausgeklammert wird, und AT1FM1 erklärt dem LANDMARKEN-Träger gegenüber seine Markierungsentscheidung.

TA37 weil hier abgeschlossen ist (W2Ü1-090626-TG)

```
001 AT1FM1  zUgführer für angriffstrupp eins kommen.
002 ZF      der zugführer hört.
003 AT1FM1  wir sInd gerade an der verschlossenen türe-
004         (..) und äh-
005         machen die tür (...) zu.
006 AT1FM2  (...).
007 AT1FM1  klAUs-wErner?
```

---

[351] Sie gehen von einem möglicherweise kaum sichtbaren simulierten Feuer aus, das sie möglicherweise übersehen haben könnten.

[352] Siehe Unterkapitel 1.2.

[353] Da es sich um eine Einsatzübung in einer Einsatzhalle handelt, wird diese Tür – im Gegensatz zum allgemeinen Vorgehen in einem realen Einsatz – nicht aufgebrochen.

```
008 LMT     höre.
009 AT1FM1  grÜn.
010 LMT     <<f>grü:n?>
011 AT1FM1  ja: weil hier abgeschlossen ist-
012         wir würden hier [(...)]
013 LMT     [<<f>grü:n.> wenn] du sachst grÜn-
014         grün.
```

AT1FM1 nimmt mittels eines bestimmten Artikels Bezug auf die im Vorfeld erfolgte Ortsreferenz seitens des Institutsleiters (,*wir sInd gerade an der verschlossenen türe*‘, Z. 3). Er akzeptiert die Ausklammerung dieser Räumlichkeit aus dem Übungsszenario (,*machen die tür (...) zu*.‘, Z. 5), fordert ein Symbol für vollständig durchsuchte Räumlichkeiten (,*grÜn*.‘, Z. 9) und begründet dem LAND-MARKEN-Träger gegenüber auf dessen (Verwunderung signalisierende) Nachfrage hin (,*<<f>grü:n?>*‘, Z. 10) seine Entscheidung (,*ja: weil hier abgeschlossen ist- wir würden hier (...)*‘, Z. 11–12). Der LANDMARKEN-Träger (LMT) gibt zu verstehen, dass er keine Begründung benötigt und sich nur an die Anweisungen hält (,*wenn du sachst grÜn- grün*.‘, Z. 13–14), auch wenn die mittels parasprachlicher Mittel – wie schnelle Sprechweise plus Dehnung und Frageintonation – Verwunderung implizierende Äußerung zuvor die Begründungshandlung evoziert hat.

Hier wird in jedem Fall das Erreichen eines zuvor im äußeren Interaktionskreis thematisierten Einsatzortes (die ,*verschlossene*[...] *türe*‘, Z. 3) für eine Anschlusskommunikation genutzt und die LANDMARKEN lassen sich augenscheinlich sowohl als Symbolsystem (Markierungsobjekt) als auch als Kommunikationsform, mittels dessen der Ort und die Situation kommuniziert werden (,*grÜn*.‘, Z. 9) perspektivieren. Das heißt, nur durch die Verwendung des Farbwortes, mit dem selbst wiederum auf den entsprechenden LANDMARKEN-Typ referiert wird, wird dem Einsatzort in der Kommunikation Bedeutung eingeschrieben. Die folgenden paraphrasierten Bedeutungen lassen sich damit inkludieren: *wir waren hier, keine Gefahr, der Raum muss nicht mehr durchsucht werden*. Die parasprachlich markierte Irritation des LANDMARKEN-Trägers – als primär adressiertem Hörer im erweiterten Interaktionskreis – verweist auf den Umstand, dass eine verschlossene Tür respektive eine nicht durchsuchte Räumlichkeit für denjenigen nicht intuitiv mit dem Konzept einhergeht, das über eine grüne Markierung aufgerufen wird (wie *Raum durchsucht*). Dass er den ersten Teil der Begründungshandlung von AT1FM1 (,*ja: weil hier abgeschlossen ist*‘, Z. 11) erst anhört, bevor er die detailliertere Begründung abbricht, kann als Beleg gedeutet werden, dass er zumindest eine Versehenshandlung von AT1FM1 bzgl. der Markierungsauswahl ausschließen möchte: AT1FM1 hat sich offensichtlich nicht versprochen, sondern bewusst für diese Markierung entschieden. Ein solcher verbaler und nonverbaler Gebrauch der LANDMARKEN lässt sich zunehmend im Verlauf der Workshops konstatieren (siehe v. a. die letzten drei Einsatzübungen W9Ü1–3).

Im nächsten Ausschnitt derselben Einsatzübung befinden sich die Feuerwehrleute des ersten Angriffstrupps auf der Suche nach Personen in der Tiefgarage, und sie entscheiden sich, eine Ecken-induzierte Richtungsänderung mit einer LANDMARKE zu markieren.

TA38 dat wir hier lang gegangen sind (W2Ü1-090626-TG)

```
001 AT1FM2 äh hier is ecke-
002        (.) <<f>ecke:>
003 AT1FM1 oke (-) pass auf da würd ich sA:gen (1.5) äh: legen
004        wir hier nochmal (.) so ne klebelandmarke hin-
005 ZF     (1.5) (xxx)e?
006 AT1FM1 ja ich hol eine raus (...)
007 AT1FM2 (2.0) wo was willste markiern?
008 AT1FM1 ja hier dat wir hier lang gegangen sind;
009 AT1FM2 (1.0) ja:,
```

Hier macht AT1FM2 mehrfach auf das Erreichen einer *,ecke'* (Z. 1 und Z. 2) aufmerksam, bis eine Erwiderung von AT1FM1 erfolgt (*,oke'*, Z. 3). Dieser schlussfolgert (*,pass auf da würd ich sA:gen'*, Z. 3) aus dieser räumlich situierten Position, *,hier nochmal (.) so ne klebelandmarke hin[zulegen]'* (Z. 4). Daraufhin fragt AT1FM2 seinen Kollegen *,wo was willste markiern?'* (Z. 7) und expliziert damit die Verwendungsweise der LANDMARKEN als Symbolsystem. Aus den beiden Fragewörtern lässt sich zudem extrahieren, dass die LANDMARKEN (wie im letzten TA37) als Sprachmittel für die Beteiligten dienen und Informationen zum damit spezifizierten Ort (*,wo'*) und dem damit dort eingeschriebenen Ereignis (*,was'*) beinhalten. AT1FM1 beantwortet die Frage mit *,ja hier dat wir hier lang gegangen sind;'* (Z. 8), was AT1FM2 offenbar als Begründung genügt (*,ja:,'*, Z. 9).

Das heißt, der Ort – wenn auch vage mittels lokal-deiktischem *,hier'* – und das Ereignis (*,lang gegangen'*) sind hinreichend erläutert, was die originäre Funktion der LANDMARKEN anschaulich illustriert. Die Farbe wird hier nicht thematisiert, aber mit der Funktionsbeschreibung als reine Wegmarkierung ist sie offensichtlich für die Akteure im inneren Interaktionskreis bereits eindeutig und unstrittig impliziert (siehe den weiteren Verlauf der Einsatzübung). Dennoch ist diese Anschlusskommunikation, die eine Begründungshandlung für die Auslegung einer Markierung an diesem Einsatzort enthält, offenbar für die Akteure notwendig.

Im folgenden Ausschnitt kommuniziert der zweite Angriffstrupp sein weiteres Vorgehen – v. a. hinsichtlich der LANDMARKEN – im äußeren Interaktionskreis. Im vollständigen Transkript ist dabei anschaulich zu beobachten, dass auch der erste Trupp seine Handlungen unterbricht, um dieser Meldung zu folgen, und dessen Truppführer daraufhin vorschlägt, seine Einsatztaktik ebenfalls anzupassen.[354]

TA39 nochmal (zur...) landmarke zurück (W2Ü1-090626-TG)

```
001 AT2FM1 einsatzleiter für angriffstrupp zwo kommen,
002 ZF     ja der zugführer hört;
003 AT2FM1 wir ham jetzt äh den ersten raum rechts abgesucht.
```

[354] Um den Ausschnitt kurz zu halten und weil es hier vornehmlich um den (kommunikativen) Gebrauch der LANDMARKEN geht, ist dieser Teil an dieser Stelle allerdings ausgespart. Auch ein Teil der Kommunikation (siehe Z. 4 und Z. 8f.) zwischen AT2FM1 und ZF kann leider nicht aufgeführt werden, weil die Audiodaten keine Auswertung zulassen.

```
004          ähm (-) wir kehren jetzt nochmal (zur xxx xxx xxx)
005          landmarke zurück um die auf grün zu stellen.
006 ZF       ja wo seid ihr jetzt genau?
007 AT2FM1   wir sind in die tiefgarage reingegangen nach der
008          rechtsregel (...)
...
010 ZF       ja zugführer verstanden.
```

Hier nutzen die Akteure eine ihrer ausgelegten *LANDMARKEN* als anvisierten Orientierungspunkt (ab Z. 4). Mit dieser zu modifizierenden Markierung möchten sie zugleich eine neue Rauminformation übermitteln: dass der Bereich, den sie abgesucht haben und als ‚*ersten raum*' (Z. 3) bezeichnen (es handelt sich genaugenommen um eine Parkbucht), nun vollständig durchsucht ist (‚*zurück um die auf grün zu stellen*', Z. 5). Trotz des zusätzlichen Aufwands (der Rückkehr zur letzten *LANDMARKE*) entscheiden sie sich für diese Modifikation der Markierung, womit sie deutlich machen, dass ihnen eine im Rahmen ihrer Konventionen korrekte Charakterisierung und Markierung der Orte und Wege wichtiger als ein schnelles Vorankommen ist (ohne, dass sie dazu explizit angehalten worden wären). Damit und mit dem Kommunizieren dieser geplanten Handlung im äußeren Interaktionskreis attestieren sie ihren Markierungshandlungen und der damit verbundenen Raumrekonstitution mittels dieser Kommunikationsform (für nachfolgende ‚Raum-Begeher' und ‚Raum Lesende') einen hohen Stellenwert, was zumindest die Rolle der *LANDMARKEN* als akzeptierte neue digitale Medien (für die Auslegenden) und als Symbolsystem illustriert.

Der folgende TA40 schließt unmittelbar an den vorangegangenen an. In der Einsatzübung gehen die Feuerwehrleute des ersten Trupps zu einer bestimmten zuvor ausgelegten *LANDMARKE* zurück (zu der, die sie beim Eingang in die Tiefgarage ausgelegt haben), um diese umzustellen, wobei sie indirekt eine mögliche medieninduzierte Störung zweiter Ordnung prognostizieren.

TA40 grün machen dann sin wa wieder dran vorbeigegangen (W2Ü1-090626-TG)

```
001 AT1FM1   ja wat machen wa jetzt?
002          wenn ma grün machen dann sin wa wieder dran
003          vorbeigegangen ne?
004 AT1FM2   ja.
005 sit      Eine Landmarke wird auf grün gesetzt.
006 AT1FM2   (6.0) oke;
...
008 AT1FM2   kann es sein dass wir die jetzt verschieben oder?
009 AT1FM1   wat?
010 AT1FM2   verschieben wir jetzt die landmarke?
011 AT1FM1   ja natürlich verschieben wir die-
012 AT1FM2   mit dem schlauch;
013 sit      U.a. Scherzkommunikation mit LMT.
014 AT1FM2   so hier is die wand.
```

Hier wird seitens der Akteure eine dem neuen technischen Medium inhärente Problematik thematisiert: die prinzipielle Verrückbarkeit der LANDMARKEN während des Einsatzes (siehe z. B. TA30), obwohl sie ihre Bedeutung speziell aus genau dem Ort beziehen und vice versa in diesen einschreiben, an dem sie ausgelegt werden. Diese Erkenntnis haben die Entwickler auch sehr schnell technisch aufgegriffen, indem sie einen neuen Schwerpunkt auf die Befestigungsarten der Auslegeobjekte gelegt und die Lösung dieses übergeordneten Problems (materiell) zu einem primären Entwicklungsfokus erhoben haben (siehe Unterkapitel 1.2).

Zunächst diskutieren die Feuerwehrleute ihr prinzipielles Vorgehen hinsichtlich der LANDMARKE (‚ja wat machen wa jetzt?‘, Z. 1). Dabei schlägt AT1FM1 vor, diese ‚grün [zu] machen‘ (Z. 2) und sichert sich hinsichtlich der damit eingeschriebenen Bedeutung bei seinem Kollegen ab (‚wenn ma grün machen dann sin wa wieder dran vorbeigegangen ne?‘, Z. 2–3), was dieser bestätigt (‚ja.‘, Z. 4). Daraufhin programmieren sie die LANDMARKE um und charakterisieren die Räumlichkeit sowie ihre Handlungen in dieser damit neu.

Schließlich stellen beide Akteure fest, dass sie ‚die landmarke‘ ‚jetzt‘ ‚verschieben‘ (Z. 10), und zwar ‚mit dem schlauch‘ (Z. 12). An anderer Stelle kommentiert ein Feuerwehrmann dieselbe Situation mit ‚das is schlecht‘. In jedem dieser Fälle ist es die prognostizierte Situation des Auslesens der LANDMARKEN (durch die Auslegenden selbst oder durch andere später Auslesende), die diese Problematisierung betrifft. Das lässt sich darauf zurückführen, dass ein sinnvolles ‚Lesen‘ eines Raums nur möglich ist, wenn die technischen Objekte an genau dem Ort platziert bleiben, an dem sie zuvor ausgelegt wurden. Was dieser Ausschnitt illustriert, ist für die technische Entwicklung das unabdingbare Sicherstellen einer Unverrückbarkeit der einmal ausgelegten Markierungen. Das Gleiche gilt für die sinnvolle Interpretation der Schauplätze sowie für die Kommunikation über diese. Solange eine solche sichere räumlich situierte Positionierung nicht gewährleistet werden kann, ist auch kein sicheres Handeln mit den LANDMARKEN als Orientierungs- und Navigationsressource möglich, was sich an diesem und an vergleichbaren Transkriptausschnitten schon am zusätzlichen verbalen (Besprechungen etc.) und nonverbalen Aufwand (zurückgehen, neu positionieren etc.) beobachten lässt.

Dass die LANDMARKEN der zweiten Entwicklungsstufe bereits die Möglichkeit der Umprogrammierung mitbringen, scheint die Feuerwehrleute zudem bei der Entscheidung der Rückkehr zur letzten ausgelegten Markierung zu unterstützen, da dies bei den Einsatzübungen mit LANDMARKEN der ersten Entwicklungsstufe noch nicht zu beobachten war, obwohl sie die Umprogrammierung mittels Markierungsaustausch jederzeit hätten simulieren können. Die reale Nutzung ist somit an die inhärenten Funktionen und Möglichkeiten der technischen Medien gebunden. Dies lässt sich auch an den untersuchten Einsatzübungen im folgenden Unterkapitel beobachten, denn die LANDMARKEN der vierten Entwicklungsstufe weisen diese Funktionalität ebenfalls auf. Sie lassen sich sogar aus der Ferne auslesen (zur Beantwortung der Frage, welche Farbe welche ausgelegte LANDMARKE hat), akustisch auslösen (so dass sie Warntöne abgeben) und umprogrammieren (siehe Unterkapitel 1.2).

5.4.6 Status und Funktionen von *LANDMARKEN* der Entwicklungsstufe 4 in Phase III

Im folgenden Ausschnitt erreichen die Feuerwehrleute einen Bereich, der durch Absperrgitter begrenzt ist, und sie diskutieren sowohl die Raumkonstitution als auch die sich daran anlehnende Markierungspraxis. Fragen der Orientierung und Navigation – v.a. mittels der *LANDMARKEN* in der vierten Entwicklungsstufe – werden hier eindrücklich illustriert.

TA41 so nen innenteil (W8Ü1-101207-TG)

```
001 AT1FM1 andre?
002 AT1FM2 ja?
003 AT1FM1 das scheint hier so nen innenteil zu sein;
004 AT1FM2 bittE:?
005 AT1FM1 das scheint hier so nen innenteil zu sein-
006        hier is wieder ne absperrung.
007 AT1FM2 ja.
008 AT1FM1 aber hier können wa reingehn.
009 AT1FM2 (6.0) oke.
010 AT1FM1 (3.0) raum is durchsucht.
011        also dieser innenraum.
012 AT1FM2 ja.
013 AT1FM1 (1.5) da sin ma (-) am (abkastung) hier.
014 AT1FM2 okE.
015 AT1FM3 hier (.) hier [is nix]
016 AT1FM1 [der is] quasi durchsucht hier.
017 AT1FM2 ja.
018 AT1FM1 (1.5) wollste jetzt-
019 AT1FM3 (5.0) wie groß is der denn der raum hier?
020 AT1FM1 da kannste dich einmal drin drehn mehr is das nich.
021 AT1FM3 oke-
022        (3.5) wolln ma jetzt hier drauf (anders) markieren?
023        andre oder wat machen wa?
024 AT1FM2 ja: bin gerad am überlegen-
025        dann müssen wa irgendwie markieren (.) nur da drüben
026        sitzt die andere blAUe landmarke.
027 AT1FM3 ja-
028 AT1FM2 das wir da nicht durcheinander kommen.
029 AT1FM3 die hier;
030 AT1FM2 genau.
031        [dann ] wärs am besten wir setzen hier ne grüne hin.
032 AT1FM1 [(...)]
033        oder wir setzen die [zwei-    ]
034 AT1FM2                     [hier hier] an die ecke.
035 AT1FM1 oder wir setzen die zwei auf grün setzen.
036        genau.
037 AT1FM2 ja dann is aber (.) dann is aber undurchsichtig weil
038        das ja [ne weg]markierung für uns ist.
039 AT1FM1        [ja;   ]
040        ja oke machen ma ne neue;
041 AT1FM2 das heißt wir setzen hier ne grüne,
042 AT1FM1 ja;
```

```
043 AT1FM2 (1.5) zugführer für angriffstrupp?
044 AT1FM3 soll i soll ich eine setzen?
045 AT1FM1 ja.
046 ZF     zugführer [hört.]
047 AT1FM2        [jA.  ]
048        (1.5) wir sind jetzt um die absperrung rumgegangen.
049 sit    Das Piepsen einer aktivierten Landmarke zu hören.
050 AT1FM2 (-) sind dann en kleines stückchen wieder zurück (.)
051        dem gitter entlang-
052        dort befindet sich eine kleine nische;
053        die ist abgesucht (.) und wird mit grüner landmarke
054        markiert.
055        (---) wir gehn jetzt rechts rum weiter in den in die
056        tiefgarage vor.
057        kommen,
058 ZF     (habt) mit grüner landmarke markiert,
059 AT1FM2 das is korrekt.
060        (2.0) okEI.
```

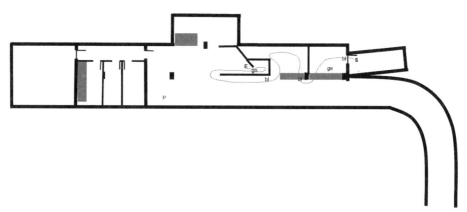

Abb. 22: AT1 nach der Erkundung des *‚innenteil*[s]‘ und nach Auslegung der grünen *LANDMARKE* (Z. 50 ff.; siehe ‚E‘)

Zunächst beschreibt AT1FM1 *‚hier so nen innenteil‘* (Z. 3), das er aus der Wahrnehmung der spezifischen Anordnung mehrerer Absperrgitter schlussfolgert (*‚hier is wieder ne absperrung‘*, Z. 6; siehe Abb. 22). In dieses ‚innenteil‘ kann er ‚reingehn‘ (Z. 8) und meldet anschließend, den ‚raum [...] durchsucht‘ (Z. 10) zu haben, wobei er sich umgehend selbst korrigiert, indem er den ‚raum‘ als ‚innenraum‘ (Z. 11) spezifiziert. Offenbar wählt er aufgrund der Charakterisierung als vom prototypischen ‚raum‘ abweichenden ‚innenraum‘ auch noch mal nachträglich die Relativierung seiner vorhergehenden Aussage ‚der is quasi durchsucht hier‘ (Z. 16). Nach einer kurzen Abklärungssequenz über die Größe der Räumlichkeit (siehe Z. 19–21) beginnt AT1FM3 eine Aushandlungssequenz zur Markierung dieses Orts mit *LANDMARKEN* (*‚wolln ma jetzt hier drauf (anders) markieren?‘*, Z. 22). Dass dies aus Sicht der Akteure erfolgen muss, bestätigt AT1FM2 (*‚dann müssen wa irgendwie markieren‘*, Z. 25), allerdings bringt er sofort ein Problem in die Aushandlungssequenz ein, das sich nach seiner Auffassung aus der in die Zukunft projizierten Auslesehandlung von mehreren

LANDMARKEN in geringem Abstand zueinander ergibt (*„da drüben sitzt die ande-re blAUe landmarke.* [...] *das wir da nicht durcheinander kommen.'*, Z. 25–28). Sie besprechen anschließend, den Abstand der LANDMARKEN etwas zu vergrö-ßern (*„die hier;'* – *„genau. dann wärs am besten wir setzen hier ne grüne hin'*, Z. 29–31), bevor AT1FM1 den alternativen Vorschlag unterbreitet, nicht nur diese jetzt auszulegende Markierung grün zu kodieren, sondern auch die zuvor ausgelegte auf grün umzuprogrammieren (*„oder wir setzen die zwei auf grün'*, Z. 35). Dies lehnt AT1FM2 allerdings ab, indem er ein später erwünschtes Auslesen dieser bereits ausliegenden LANDMARKE für *„undurchsichtig'* (Z. 37) erklärt, *„weil das ja ne wegmarkierung für* [...] *[sie] ist'* (Z. 37–38). Diese Be-gründung der Ablehnung des Alternativvorschlags akzeptiert AT1FM1 (*„ja oke machen wa ne neue;'*, Z. 40)[355] und AT1FM2 schließt die Aushandlungssequenz mit einem Kurzfazit, das er allerdings, leicht fragend intoniert, erneut zur Dis-position stellt (*„das heißt wir setzen hier ne grüne,'*, Z. 41). Erst nach dieser er-neuten Bestätigung durch AT1FM1 initiiert AT1FM2 eine Gesprächssequenz im äußeren Interaktionskreis (siehe Z. 43), während AT1FM3 die Markierung platziert (Z. 49).

Im äußeren Interaktionskreis macht AT1FM2 Angaben zu ihrem bisheri-gen Weg inkl. raumarchitektonischen allgemeinen Landmarken (die im äu-ßeren Kreis zuvor bereits thematisiert wurden) zur Übersichtsdarstellung (*„wir sind jetzt um die absperrung rumgegangen'*, Z. 48). Zudem erläutert er Beson-derheiten hinsichtlich des Wegs und der Orientierung (*„sind dann en kleines stückchen wieder zurück (.) dem gitter entlang'*, Z. 50–51) bis zu ihrem der-zeitigen räumlich situierten Aufenthaltsort, den er narrativ einführt, spezifisch benennt (*„dort befindet sich eine kleine nische'*, Z. 52), dessen Einsatzstatus er anführt (*„die ist abgesucht'*, Z. 53) und die Markierungshandlung vor Ort an-gibt (*„wird mit grüner landmarke markiert'*, Z. 53–54). Schließlich gibt er noch an, welcher nächste Handlungsschritt geplant ist (*„wir gehn jetzt rechts rum weiter in den in die tiefgarage vor.'*, Z. 55–56) und fordert eine Bestätigung an (*„kommen'*, Z. 57).

An der Bestätigung ist besonders auffällig, dass der Zugführer von all den durchgegebenen Informationen lediglich die Angabe zur Markierung wieder-holt (*„(habt) mit grüner landmarke markiert,'*, Z. 58) und AT1FM2 auch keine weiteren Bestätigungen einfordert (*„das ist korrekt'* (Z. 59) und im inneren Inter-aktionskreis *„okEI'* (Z. 60) als Signal zur Initiierung des nächsten Handlungs-schrittes). Dies lässt sich als ein weiterer Beleg für die mittlerweile im Verlauf der fortschreitenden Einsatzübungen wichtige Rolle der LANDMARKEN als Orien-tierungsressource auch für den dislozierten Zugführer vor dem Gebäude werten, der für die Lösung der Überblicksprobleme offensichtlich in besonderem Maße auf die ausgelegten neuen Orientierungspunkte zurückgreift. Auch die Tatsache, dass die schlichte Wiederholung von *„mit grüner landmarke markiert'* zur Wie-

---

[355] Obwohl er zuvor vorgeschlagen hat, *„zwei auf grün [zu] setzen'* (Z. 35), impliziert diese Be-stätigung (*„ja oke machen wa ne neue'*, Z. 40), dass sein vorheriger Vorschlag den Verzicht einer weiteren LANDMARKE-Auslegung und damit nur die Umprogrammierung der letzten beinhaltet hat, was sich allerdings aus seinem erstem Turn nicht erschließen ließ (es handelt sich bei der zuvor ausgelegten Markierung auch nicht um die zweite ausgelegte).

derholung der Situationsbeschreibung beiden Kommunikationspartnern genügt, ist ein klares Indiz dafür, dass das derart kommunizierte Konzept auf diese Weise ausreichend erfasst und beschrieben ist. Damit rückt die Funktion der LAND-MARKEN als Kommunikationsform (siehe z. B. TA37) neben ihrer Funktion als bloßes auf symbolischen Zeichen basierendes Markierungssystem für räumliche Situierungen in den Fokus.

In diesem Ausschnitt derselben Übung erreichen die Akteure eine verschlossene Tür und verhandeln deren Kennzeichnung mit LANDMARKEN.

TA42 wieso mit gelb (W8Ü1-101207-TG)

```
001 AT1FM2 (1.0) dann öffne ich den raum-
002        m ((räuspern)) klick klick klick klick,
003        oke?
004 AT1FM1 ja;
005 AT1FM2 oke verschlossen.
006 AT1FM1 verschlOssen.
007 AT1FM2 ja.
008 AT1FM3 ^ja: geh dann weiter.
009 AT1FM1 müssen ma die markiern?
010 AT1FM3 komm jib ma gas hier;
011        wir sind hier zur mEnschenrettung;
012        freunde;
013 AT1FM2 ja.
014 AT1FM1 was willste haben?
015 AT1FM2 markier mit gelb.
016 AT1FM1 (4.0) ja-
017 AT1FM3 wieso mit gelb?
018 AT1FM2 <<f>weil der raum nicht durchsucht ist.>
019 AT1FM3 hä?
020        der is doch verschlossen.
021 AT1FM2 ja-
022        ä anders geht der nicht zu markiern;
023 AT1FM3 dat is jetzt gelb?
024 AT1FM2 scheint so.
025        rot sieht anders aus.
026 AT1FM1 (1.0) kommt ihr mit?
027 AT1FM2 zugführer für angriffstrupp,
028 ZF     zugführer hört.
029 AT1FM2 ja die tür war verschlossen-
030        ist jetzt mit gElber landmarke markiert.
031 AT1FM1 ich hab ne [person gefunden.       ]
032 ZF              [die person die vermisst] ist soll sich
033        noch [im ga]ragenbereich befinden.
034 AT1FM2      [oke. ]
```

Auch in diesem TA stellt die Ortsmarkierung eine von zwei wesentlichen Gegenständen der Kommunikation im äußeren Interaktionskreis dar (,*ja die tür war verschlossen- ist jetzt mit gElber landmarke markiert.*', Z. 29–30), worauf der Zugführer im weiteren Verlauf nicht mehr eingeht und eine neue

Sequenz einleitet, in der er auf die noch immer vermisste Person hinweist (siehe Z. 32–33).[356] Was in diesem TA insgesamt auffällt, ist die Hierarchie unterschiedlicher Handlungspraktiken im Einsatz. Und zwar wird sowohl im äußeren (siehe oben) als auch im inneren Interaktionskreis hervorgehoben, dass die Markierungshandlungen nur Hilfshandlungen sind, die dem primären Einsatzziel untergeordnet sind (in diesem Fall der Menschenrettung). So bekundet AT1FM3 auf die Initiierung einer Markierungsaushandlungssequenz (,*müssen ma die markiern?*', Z. 9) mit ,*komm jib ma gas hier; wir sind hier zur mEnschenrettung; freunde;*' (Z. 10–12) Unmut über die Suchgeschwindigkeit und die Markierungshandlungen und fordert eine beschleunigte Suche ein. Dies wird zwar akzeptiert (,*ja.*', Z. 13), aber nicht auf ein mögliches Auslassen der Markierung angewandt, denn die Aushandlungssequenz wird (sogar ausführlich) fortgeführt (,*was willste haben?*' – ,*markier mit gelb.*', Z. 14–15). Die Wahl der Farbe durch AT1FM2 und damit die Bedeutungseinschreibung in den Ort führt jedoch zu Irritationen seitens AT1FM3, der eine Begründung einfordert (,*wieso mit gelb?*', Z. 17). Auch die Begründung ,*weil der raum nicht durchsucht ist.*' (Z. 18) irritiert AT1FM3 und so macht er indirekt darauf aufmerksam, dass die Farbwahl nicht der Grundsemantik entspricht (,*hä? der is doch verschlossen.*', Z. 19–20). Nun setzt der Truppführer eine andere, einwandsimmune, Begründung ein (,*jaä anders geht der nicht zu markiern*', Z. 21), die nicht mehr in Frage gestellt wird (obwohl die Alternativlosigkeit faktisch nicht korrekt ist, siehe unten). Schließlich wird nach einer kurzen Diskussion über die Farbwahrnehmung (,*dat is jetzt gelb?*' – ,*scheint so. rot sieht anders aus.*', Z. 23–25), die verdeutlicht, dass die Farbidentifizierungen nicht immer eindeutig und unproblematisch für die Akteure sind (hier gehen sie über ein negatives Ausschlussverfahren der visuell scheinbar einander ähnlichsten Markierungsobjekte statt einer positiven Bestätigung vor), die Aushandlungssequenz beendet, indem AT1FM2 im äußeren Interaktionskreis meldet ,*die tür war verschlossen- ist jetzt mit gElber landmarke markiert*' (Z. 29–30).

Hier führt also bereits die Auslegung (genauer deren Aushandlungskommunikation) zu einer Irritation und damit zu einer Störung zweiter Ordnung, die zunächst bearbeitet werden muss und die sich aus einer nur basalen Grundsemantik der Farbkennzeichnung ergibt. Auch diese visuelle Kennzeichnung mit ,*gElber landmarke*' muss möglichst für alle Beteiligten eindeutig sein, sonst entstehen weitere Irritationen. Hinsichtlich der als alternativlos dargestellten Entscheidung von AT1FM2 zeigen die Einsatzübungen W9Ü1–3, dass die Kennzeichnung verschlossener Türen mit gelben LANDMARKEN keinesfalls die einzige Markierungsmöglichkeit darstellt. AT1FM2 schreibt dem Ort hier eine ganz spezifische Bedeutung ein (*Raum ist noch nicht durchsucht*) und gibt nachfolgenden Trupps damit andere räumlich situierte Handlungsanweisungen (*Raum muss noch durchsucht werden*) als die Akteure, die verschlossene Türen mit grünen (siehe TA37; *Raum muss nicht mehr durchsucht werden*) oder roten (siehe TA50;

---

[356] AT1FM1 berichtet von der aufgefundenen Person im inneren Interaktionskreis (siehe Z. 31). Er verfügt nicht über ein Funkgerät. In diesem Kreis äußert AT1FM2 auch die Bestätigungsformel ,*oke.*' (Z. 34).

Gefahrenstelle und/oder Ausgang) oder keinen (siehe TA44; *einsatztaktisch nicht bedeutsam*) LANDMARKEN markieren.[357]

Im folgenden TA43 wird im Rahmen der Ortskommunikation neben der LAND-MARKE und deren Farbbezeichnung auch deren Nummerierung im äußeren Interaktionskreis besprochen.

TA43 mit der fÜnften landmarke grÜn markiert (W8Ü2-101208-TG)

```
001 AT1FM2 (1.0) zugführer für angriffstrupp,
002 ZF     der zugführer hö:rt.
003 AT1FM2 ja wir haben jetzt-
004        noch ne wEItere nI:sche abgesucht-
005        dort ist ebenfalls en pekawe gefunden worden-
006        (1.0) wir haben alles abgesucht ohne person zu
007        fInden-
008        mit der fünften landmarke grün markiert.
009 ZF     ja <<cresc>verstanden->
010        <<f>weitere nische und pekawe gefunden-
011        landmarke fünf abgesetzt;>
012        sIE gehn weiter vor;
013 AT1FM2 können wir die irgendwie dranma-
014        magnetisch machen hier,
015        (2.0)
016 sit    AT1FM2 befestigt die Landmarke (via integriertem
017        Magnet) am Kotflügel des PKWs.
018 AT1FM2 hÄlt.
019        so is okay [ne?]
020 AT1FM3 [hält] er,
021        ja;
022        [wun]derbar.
023 AT1FM2 [ja.]
024        (1.0) Okay.
```

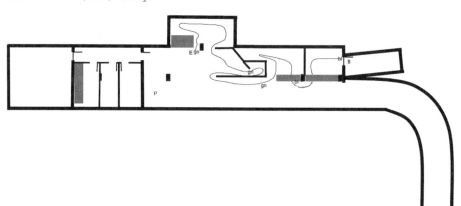

Abb. 23: Skizze des zurückgelegten Wegs sowie der ausgelegten LANDMARKEN des ersten Trupps in Zeile 9

---

[357] Dies hängt damit zusammen, dass es sich hier um Einsatzübungen handelt, in denen Türen nicht aufgebrochen werden – im Gegensatz zu echten Einsätzen, in denen verschlossene Türen im Zweifelsfalle mit der mitgeführten Axt aufgebrochen werden.

In diesem TA gibt der Truppführer dem Zugführer via Funk den Missionsstand durch.[358] Dafür greift er sprachlich zunächst auf Bezeichnungen für eine Reihe raumarchitektonischer Charakteristika und Objekte zurück (‚*nI:sche*‘, ‚*pekawe*‘, Z. 4–5) und macht deutlich, dass es sich dabei nicht um eindeutige allgemeine Landmarken handelt, sondern um ‚types‘ von Objekten (‚*ne wEItere nI:sche*‘, ‚*ebenfalls en pekawe gefunden*‘, Z. 4–5), wovon bereits vorher ‚token‘ aufgefunden worden sind. Dann gibt AT1FM2 mit ‚*wir haben alles abgesucht ohne person zu finden*‘ (Z. 6–7) Informationen zum primären Missionsziel und ergänzt schließlich Angaben zu den vorangegangenen Markierungshandlungen (‚*mit der fÜnften landmarke grÜn markiert.*‘, Z. 8). Bemerkenswert ist an dieser Stelle die explizite Nennung ‚*der fÜnften landmarke*‘, obwohl die Kennzahl der jeweils ausgelegten LANDMARKE nur selten im äußeren Interaktionskreis thematisiert wird. Meines Erachtens ist das an dieser Stelle insbesondere auf zwei Spezifika zurückzuführen: Erstens wurden schon einige LANDMARKEN ausgelegt, aber dies allein wäre noch kein hinreichender Grund, wie sich an der vorangegangenen Einsatzübung dieses Workshops zeigen lässt (siehe z. B. TA41). Zweitens gibt es keine allgemeine raumarchitektonische Landmarke, die in der Kommunikation als biunikales Referenzierungsobjekt dienen kann. Es handelt sich weder um die erste ‚*nI:sche*‘, noch – zumindest laut AT1FM2 – um den ersten ‚*pekawe*‘, der aufgefunden wurde (siehe Abb. 23). De facto handelt es sich zwar um den ersten aufgefundenen PKW, aber mit dem eine Wiederholung implizierenden ‚ebenfalls‘ gibt AT1FM2 dies nicht korrekt wieder (‚*dort ist ebenfalls en pekawe gefunden worden*‘, Z. 5). ZF bestätigt die Durchsage im Anschluss, indem er mit ‚*weitere nische und pekawe gefunden- landmarke fünf abgesetzt*‘ (Z. 10–11) alle zuvor aufgeführten Referenzierungsobjekte inkl. der LANDMARKEN-Nummerierung wiederholt und ihre nächste geplante Handlung sprachlich vorwegnimmt (‚*sIE gehn weiter vor;*‘, Z. 12).

An diese Gesprächssequenz schließt sich noch eine kurze Aushandlungssequenz im inneren Interaktionskreis an, in der die Akteure die Befestigung des Markierungszeichens diskutieren und dabei schließlich auf die (in dieser Entwicklungsstufe neue) Befestigungsfunktion der magnetischen Positionierung am Metall des ‚*pekawe*‘ zurückgreifen, was AT1FM2 (‚*so is okay ne?*‘, Z. 19) und AT1FM3 (‚*hält er, ja; wunderbar.*‘, Z. 20–22) Zufriedenheit ausdrückend kommentieren. Dieser Ausschnitt veranschaulicht damit erneut die hohe Bedeutung, die eine möglichst sichere räumlich situierte Positionierung der LANDMARKEN für die Akteure im Einsatz hat.

Insgesamt übernehmen die LANDMARKEN im Rahmen der Kommunikation (sowohl im inneren als auch im äußeren Interaktionskreis) hier die Funktion eines Markierungsobjekts neben anderen, dessen besonderer Vorteil darin besteht, durch die biunikale Objektnummerierung weniger missverständlich zu referenzieren als die raumarchitektonischen Charakteristika und Objekte, von denen es prinzipiell mehrere (und damit verwechslungsanfällige) Entitäten geben kann.

---

[358] In Zeile 3 findet sich auch eines der relativ wenigen Beispiele aus dem Datenmaterial, in welchem mit dem Temporaldeiktikum ‚*jetzt*‘ auf eine vergangene und keine zukünftige Handlung referiert wird.

Im folgenden Ausschnitt erreichen die Akteure eine verschlossene Tür und diskutieren deren Kennzeichnung vor dem Hintergrund eines nur begrenzten Vorrats an Markierungszeichen.

TA44 nur noch EIne landmarke (W8Ü2-101208-TG)

```
001 AT1FM1 (1.0) (und hier ...)
002 sit    Klopfen auf Metall ist zu hören.
003 AT1FM2 (1.0) und ne tÜ:r ne?
004        hier is eine tÜ:r;
005 AT1FM2 (2.0) okay.
006        (2.0) is nich [wA:rm?]
007 AT1FM3 [stEfan?]
008 AT1FM1 ja?
009 AT1FM2 und verschlossen.
010 AT1FM1 wat sachst du?
011 AT1FM2 okay.
012 AT1FM1 Okay tIm?
013 AT1FM3 ja is gut.
014 AT1FM2 (1.0) wArte-
015        wir ham jetzt nur noch EIne landmarke ne?
016 AT1FM3 ja.
017 AT1FM2 ahh-
018        okay.
019        (1.5) dann markiern wir die tür jetz nich-
020 AT1FM3 okay;
021        dann wei[ter.]
022 AT1FM2 [gehn] ma weiter.
023        (1.0) dann gehn ma wEIter.
024        ohne zu markiern.
025 AT1FM1 ham wa keine mehr?
026 AT1FM2 ne wir ham nur noch EIne.
027 AT1FM1 (1.0) okay,
028 AT1FM2 (2.0) zUgführer für angriffstrupp;
029 ZF     zugführer hört.
030 AT1FM2 ja wir sind-
031        weiter am-
032        wAnd entlanggegangen und haben eine verschlossene
033        tür gefunden-
034        (-) wir gehn jetzt weiter vor.
035 ZF     verstanden,
036 AT1FM2 <<f>okay dann einmal der wand entlang->
```

Dieselben Feuerwehrleute wie im letzten TA43 erreichen eine ‚*verschlossen*[e]‘ (Z. 9) Tür (siehe Abb. 23) und der Truppführer AT1FM2 entscheidet, ‚*die tür jetz nich* [zu *markiern*]‘ (Z. 19), weil sie ‚*nur noch EIne landmarke*‘ (Z. 15) zur Verfügung haben, was er sicherheitshalber in Zeile 24 noch einmal wiederholt und AT1FM1, der sich in der Sequenz bislang noch nicht zu Wort gemeldet hat, darauf reagiert und fragt ‚*ham wa keine mehr?*‘ (Z. 25), woraufhin AT1FM2 auch für den Zugführer nochmals erläutert, dass sie ‚*nur noch EIne* [*ham*]‘ (Z. 26). Das heißt, aufgrund der Begrenztheit des mitgeführten Zeichenvorrats beginnen sie von dieser Position an zu rationalisieren, als sie feststellen, dass sie erstens nur noch ein Markierungszeichen haben und zweitens damit (nur) eine verschlossene Tür markieren würden. Da sich für verschlossene Türen noch keine einheitliche Handlungspraxis etabliert hat (siehe z. B. TA42 und in den nachfolgenden Workshops W9Ü1–3), verzichtet AT1FM2 an diesem Ort auf die Platzierung einer LANDMARKE und spart sich damit die letzte für einen aus seiner Sicht relevanteren Ort auf. In der anschließenden Kommunikation im äußeren Interaktionskreis erwähnt AT1FM2 nicht einmal das bewusste Auslassen der Markierung (,*haben eine verschlossene tür gefunden- (-) wir gehn jetzt weiter vor.*', Z. 32–34) und der Zugführer fordert die Information auch nicht ein (,*verstanden*', Z. 35), was als Beleg dafür angeführt werden kann, dass die Markierung von verschlossenen Türen auch für ihn keine notwendige Handlung darstellt und dass verschlossene Räumlichkeiten (in Einsatzübungen) nur sekundär einsatzrelevante Orte sind. Zum Vergleich: Ansonsten ist die LANDMARKEN-Auslegung in dieser Einsatzübung elementarer Bestandteil der Missionsstand-Durchsagen im äußeren Interaktionskreis (siehe z. B. TA43). Also lässt sich hier konstatieren, dass nur festgelegte und/oder eingeübte Handlungspraktiken hinsichtlich der Ortsmarkierung zwingend und notwendig solche Markierungen nach sich ziehen und abweichende Handlungspraktiken nur fakultativ umgesetzt werden. Dies belegt die von den Gesprächspartnern in der jeweils kurzen Aushandlungs- und Mitteilungssequenz nicht problematisierte Markierungsauslassung.

Auch der nächste Ausschnitt entstammt derselben Übung wie TA44. Hier ist allerdings ein zweiter Trupp, der Sicherheitstrupp, auf dem Weg zu dem Ort, an dem der vorangegangene Angriffstrupp zwei Personen entdeckt hat und sich nun mit einer Person auf dem Rückweg aus dem Gebäude befindet. Der Sicherheitstrupp lässt die letzte ausgelegte LANDMARKE vom vorangegangenen Trupp akustisch wahrnehmbar ertönen.

TA45 gehn jetzt nach akustischem signa:l weiter (W8Ü2-101208-TG)

```
001 STFM1    zugführer sechs für rettungstrupp.
002 ZF       zugführer hört.
003 STFM1    wir ham die landmarke zwEI schon passiert und gehn
004          jetzt nach akustischem signa:l wEIter-
005          wir folgen nIcht dem schlauch des angriffstrupps.
006 ZF       ja das ist richtig-
007          verstanden.
```

Im äußeren Interaktionskreis expliziert hier STFM1 die primäre Navigationspraxis und -ressource des Trupps (,*gehn jetzt nach akustischem signa:l wEIter*', siehe Z. 3–4) sowie das Orientierungsmedium (,*wir ham die landmarke zwEI schon passiert*', Z. 3): die ausliegenden LANDMARKEN des vorangegangenen Trupps übernehmen hier alle Funktionen. STFM1 expliziert dabei, dass sie ,*nicht dem schlauch des angriffstrupps* [*folgen*]' (Z. 5) und macht dabei zwei Besonderheiten sichtbar: Erstens handelt es sich bei der Orientierung entlang des bereits ausliegenden Schlauchs um die übliche Handlungspraxis (ansonsten müsste die

Abweichung von dieser Handlungspraxis nicht deutlich und explizit markiert als Abweichung erwähnt werden) und zweitens haben sich die Feuerwehrleute bewusst für das Orientierungsmedium *LANDMARKEN* entschieden[359] und nutzen es auch (,*landmarke zwEI schon passiert*'). Dass sich die Orientierung an den neuen Markierungsobjekten in dieser Einsatzübung als vorteilhaft erweist, zeigt ein Blick auf Abbildung 24, in der man sehen kann, dass der Schlauch des vorangegangenen Trupps sehr verwinkelt ausgelegt ist und somit nicht auf direktem Wege hin zum anvisierten Ziel (,P') leitet.

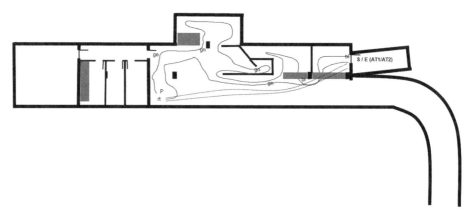

Abb. 24: Die Wege der beiden Trupps (AT1 durchgezogen und ST gestrichelt) im direkten Vergleich. In Zeile 1 ff. befindet sich der Sicherheitstrupp in der Nähe der (von rechts gezählten) zweiten blauen *LANDMARKE*

Im nächsten TA wird die Modifizierbarkeit der Zeichen verhandelt, wobei es den Akteuren hier um eine nachträgliche Änderung geht, mittels der dem Ort eine neue Bedeutung eingeschrieben wird.

TA46 die andere vorne stellen wir um auf orange (W9Ü1-110524-TG)

```
001 AT1FM2 gehn [ma ] vo:r Andre?
002 AT1FM1      [xxx]
003        ja;
004        (1.0) pass auf-
005 sit    AT1FM2 geht in den Raum vor.
006 AT1FM1 wir stElln jetzt-
007        (1.0) die EIne vOrne an der eingangstür auf orange.
008 sit    AT1FM1 berührt AT1FM2. Anschließend zeigt er mit
009        seinem linken Arm in Richtung Flureingang.
010 AT1FM1 (-) weil der raum nicht komplett durchsUcht ist.
011        (-) und setzen hIEr ne weitere mit blau.
012 sit    In der kurzen Pause berührt AT1FM wieder AT1FM2.
```

[359] Das hängt sicherlich auch mit dem Entwicklungssetting zusammen, bei dem es auch um die Erprobung der *LANDMARKEN* geht.

```
013 AT1FM2 hIEr blau?
014 AT1FM1 ja.
015 AT1FM2 okay;
016 AT1FM1 und die andere stellen wir um auf (.) orange.
017 AT1FM2 bittE?
018 AT1FM1 und die andere vorne stellen wir um auf orange.
019 sit    AT1FM2 sucht nach einer weiteren Landmarke.
```

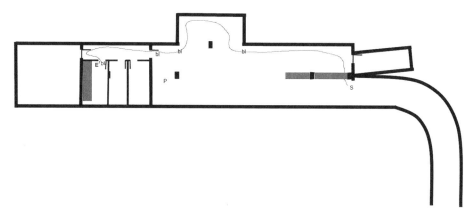

Abb. 25: Zurückgelegter Weg und ausgelegte L*ANDMARKEN* in Zeile 19

In diesem TA46 entscheiden sich die Akteure explizit (wie in TA39), eine zuvor ausgelegte L*ANDMARKE* zunächst umzuprogrammieren (Z. 6–7), um damit dem gesamten Bereich, den sie zur Kommunikationszeit untersuchen, eine abgeänderte Bedeutung einzuschreiben (,*wir stElln jetzt- (1.0) die EIne vOrne an der eingangstür auf orange. (-) weil der raum nicht komplett durchsUcht ist.*', Z. 6–10). Dies gründet auf der Markierungsunterlassung zuvor: Sie haben sich bei der letzten aufgefundenen, verschlossenen Tür (siehe die Tür am linken Ende des Flurs in Abb. 25) entschieden, keine L*ANDMARKE* auszulegen und möchten die räumlich situierte Information, dass nicht alle Räumlichkeiten vom Flur ausgehend untersucht sind, schon am Beginn des Flurs bereitstellen. Deshalb entscheiden sie sich, ihre zuvor ausgelegte Wegmarkierung[360] gegen ein Zeichen zu tauschen, mit dem sie auf eine nicht vollständig durchsuchte Räumlichkeit hinweisen (als Raumcharakterisierung und als Gebrauchsanweisung für den hergestellten Raum). Zeitgleich beginnen sie mit der Untersuchung der nächsten (vom Flur abgehenden) Räumlichkeit und setzen ihre Einsatztaktik hinsichtlich der Ortsmarkierung fort, indem sie die zu betretende Räumlichkeit zunächst mit einer Wegmarkierung (,*setzen hIEr ne weitere mit blau*', Z. 11) kennzeichnen. Dabei betont AT1FM1 (und bei der Wiederholung auch AT1FM2) mit ,*hIEr*' (Z. 11 und Z. 13) die Differenzierung des neu auszulegenden vs. des ausgelegten und umzuprogrammierenden Markierungszeichens (,*und die andere vorne stellen wir um auf orange.*').

Die Orts- und auch Ereigniskennzeichnung mittels neuer technischer Hilfsmittel nimmt also auch hier wieder eine bedeutende Rolle ein und bestimmt das

---

[360] Sie haben zunächst eine blaue Markierung ausgelegt (siehe Abb. 25).

Handeln der Akteure, weshalb sie sich schließlich auf dieses Navigationsmedium verlassen.[361] Die Handlungspraxis unterstreicht die einsatztaktische Bedeutung der LANDMARKEN im Einsatz und zeigt, dass ein zusätzlicher sprachlicher (das Sprechen über die LANDMARKEN) und nicht-sprachlicher (die Umprogrammierung derselben) Aufwand für die Akteure nützlich sein kann, da sie auf diese Weise dem Raum gemeinsam Bedeutung einschreiben und sich über dessen weitere einsatztaktische Relevanz verständigen.

Im nächsten kurzen Ausschnitt wird – wie in TA43 – auch im äußeren Interaktionskreis die Anzahl ausgelegter Zeichen besprochen.

TA47 wieviel landmarken ham sie jetzt ausgebra:cht (W9Ü1-110524-TG)

```
001 EL      wieviel landmarken ham sie jetzt ausgebra:cht?
002 AT1FM1  EIne verloren-
003         und jetzt fünf ausgebracht.
004 EL      verstanden.
```

Dieser kurze TA47 dient als weiterer Beleg dafür, dass in den fortschreitenden Workshops nicht nur die generelle Auslegung der LANDMARKEN einen immer bedeutenderen Anteil in der Kommunikation im äußeren Interaktionskreis hat, sondern dass auch die Anzahl ausgelegter Markierungszeichen im Rahmen des Überblickswissens für dislozierte Beteiligte relevant wird (der Einsatzleiter erfragt explizit die Anzahl der ausgebrachten Zeichen in Z. 1–4; siehe auch TA51).

Zudem gilt es hier, noch eine zweite Beobachtung festzuhalten. Für AT1FM1 ist es nicht alleine relevant, die Anzahl der willentlich ausgebrachten LANDMARKEN zu nennen, sondern auch ,*verloren*[e]' (Z. 2) aufzuzählen[362] und damit zugleich eine Information darüber beizusteuern, wie viele Markierungszeichen den Akteuren noch zur Verfügung stehen. Das ist – wie zu TA44 gezeigt werden konnte – bedeutsam auf der Folie eines begrenzten Markierungszeichenvorrats. Es sind hier also noch drei LANDMARKEN übrig, da sie insgesamt neun mitführen.

Im nächsten TA48 wird offensichtlich, welchen Nutzen die zuvor ausgelegten Markierungszeichen für die Lösung der Orientierungs- und Überblicksprobleme im Rahmen der Zeichenrezeption aufweisen können. Die Akteure befinden sich im von der eigentlichen Tiefgarage abgehenden Flur vor der in Abbildung 26 zu sehenden linken unteren Tür, nachdem sie zuvor auf die verschlossene Tür am Ende des Flurs gestoßen sind und diese nicht zu kennzeichnen beschlossen haben.

---

[361] Siehe die zweite Einsatzübung in TA48.
[362] AT1FM1 führt die verlorene LANDMARKE an, obwohl sie nicht aktiviert wurde und damit keine irritierende Bedeutung zu ihrem Auslegeort übermitteln kann.

TA48 nä: hIEr is kEIne lAndmarke (W9Ü2-110524-TG)

```
001 AT1FM2 hier ne,
002        [(...)       ]₁
003 AT1FM1 [ja ja ich]₁ hab hier gerade die türe geÖffnet-
004        [jetzt]₂ brauchen ma ne lAndmarke als kEIl (rauf)
005 AT1FM2 [ja:- ]₂
006 AT1FM1 hier.
007 AT1FM2 ja:;
008 AT1FM1 hier [unter die tür-  ]
009 AT1FM2      [<<all>warte ma->]
010        ist das die tür wo ma (da) rausgehen jetzt ja?
011 AT1FM1 nä: hIEr is kEIne lAndmarke-
012        die wo wa wieder raus[gehn müsste-    ]
013 AT1FM2                      [gut; dann müssen] wa-
014        die tür ist zU oder AUf?
015 AT1FM1 jetz ist se Offen-
016        die war kAlt.
017        T1FM2 dann müssen wa da rein.
```

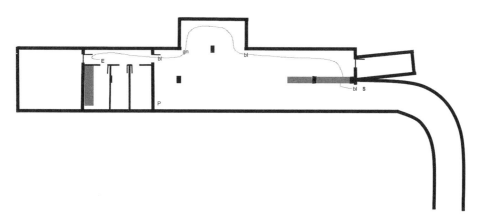

Abb. 26: Weg und ausgelegte L ANDMARKEN der Feuerwehrleute zum Zeitpunkt von TA48

In diesem TA48 hat AT1FM1 ‚*gerade die türe geÖffnet*' (Z. 3), die am Ende des zurückgelegten Weges liegt (siehe Weglinie in Abb. 26) und er schlägt vor, ein Formspezifikum der L ANDMARKEN der letzten Entwicklungsstufe zu nutzen, und zwar die ‚*kEIl*'-Form (Z. 4), mittels der die Tür aufgehalten werden soll (‚*hier unter die tür*'; Z. 8). Daraufhin stellt AT1FM2 eine Orientierungsfrage zum derzeitigen Aufenthaltsort (‚*ist das die tür wo ma (da) rausgehen jetzt ja?*', Z. 10), die AT1FM1 mit einem Verweis auf die ausgelegten Markierungszeichen beantwortet (‚*nä: hIEr is kEIne lAndmarke*', Z. 11) und eine bestimmte gesuchte L ANDMARKE mit dem erfragten Ort verknüpft (‚*die wo wa wieder rausgehn müsste-*', Z. 12). Dies akzeptiert AT1FM2 (‚*gut;*', Z. 13) und schlussfolgert, dass sie ‚*dann [...] da rein [müssen].*' (Z. 17), weil es sich um eine noch nicht durchsuchte Räumlichkeit handelt.

Was in diesem Ausschnitt auffällt, ist die (verbale und nonverbale) Verwendung der neuen Markierungszeichen bei der Lösung von Standort- und Rich-

tungsproblemen. Das heißt, die Akteure greifen explizit auf die zuvor ausgelegten *LANDMARKEN* zurück, als es darum geht, ihren Standort zu bestimmen, und
akzeptieren dies auch als primäres Orientierungsmedium (wenn auch – wie in
allen entsprechenden Ausschnitten – in Verbindung mit der Raumarchitektur,
hier also zusammen mit der Tür).

Auch im folgenden Ausschnitt geht es um die Rezeption der Markierungszeichen, die in diesem Fall zu einer für den Akteur gewünschten Situierungsverifi-
kation beiträgt.

TA49 hIEr is die landmarke die ich gesucht hab (W9Ü2-110524-TG)

```
001 AT1FM1 (7.0) <<p>wArte ma.>
002        ja hier ham ma zwei schlÄUche:-
003        <<f/all>ham wir hier.>
004        hör ma wir (jetzt wieder) in die:sen flur wo wir
005        reingegangen sind jetzt ne lAndmarke gesetzt (jens)?
006 AT1FM2 ja: beim rEIngehen ne grÜne-
007        beim rauskommen ham von-
008        äh vom rEIn ne blAUe-
009        beim rauskommen ham wa die grÜn gesetzt.
010 AT1FM1 ja nä ich mein jetzt als wir hie:r in diesen flUr
011        gegangen sind.
012        ach wir sind jetzt wieder in-
013 AT1FM2 bittE?
014 AT1FM1 (1.0) wo sim ma denn jetzt hier?
015 AT1FM2 (...) landmarke-
016 AT1FM1 achso ich weiß jetzt wo wa sind.
017 AT1FM2 Egal weiter.
018 AT1FM1 hie=hier muss doch-
019        irgendwo hier is die blAUe.
020        ja;
021 AT1FM2 ja dat is die blAUe;
022        dat heißt dat is dEr rAUm-
023        is die von dem rAUm wo wir eben rEIngegangen sind?
024 AT1FM1 jA: ich glaube dat is äh-
025 sit    AT1FM1 bewegt sich rückwärts aus dem Flur raus in
026        die Tiefgarage.
027 AT1FM1 ich guck ma gerad (.) warte ma.
028 AT1FM2 gucke ma [(xxx)]
029 AT1FM1 [ja jEtzt] sim ma wieder-
030        jEtzt (.) bin ich wieder auf sendung hier.
031        hIEr is die landmarke die ich gesucht hab.
032 AT1FM2 sO.
033        und was is dat-
034        is dAs der raum wo wir eben rEIngegangen sind?
035 AT1FM1 ja: hier dat is jetzt der grO:ße raum.
036 AT1FM2 ja [warte ma-]
037 AT1FM1 [dann] können ma den berEIch jetzt auf grÜn
038        setzen ne?
039 AT1FM2 ja warte ma.
040 sit    AT1FM1 holt sein Funkgerät hervor.
```

```
041 AT1FM2 (5.0) dÜcker für rItter kommen;
042        EL kOmmen;
043 AT1FM2 ja ergänzung zur rückmeldung von E:ben;
044        wir sind jEtzt aus dem raum raus wo wir Eben
045        reingekommen sind;
046        ganz am anfang-
047        und schalten jEtzt von grÜn=von blau auf grün.
048 EL     das heißt ihr seid jEtzt wieder in der tiefgarage?
049 AT1FM1 rIchtig [genAU.]
050 AT1FM2       [rIchtig.]
051 EL     ja das is verstanden.
```

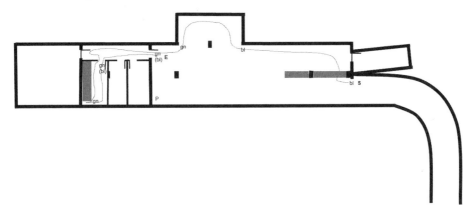

Abb. 27: Zurückgelegter Weg und ausgelegte LANDMARKEN in Zeile 49

Dieses Interaktionssegment beginnt mit der Irritation von AT1FM1 durch die Wahrnehmung von ‚*zwei schlÄUche[n]*' (Z. 2) und der anschließenden Frage, ob sie ‚*in die:sen flur wo [...] [sie] reingegangen sind jetzt ne lAndmarke gesetzt*' (Z. 4–5) haben. Dies beantwortet AT1FM2 mit Bezug auf die letzte durchsuchte Räumlichkeit (siehe links unten in Abb. 27), wo sie ‚*beim rEIngehen ne [...] blAUe*' (Z. 6–8) positioniert haben und diese anschließend ‚*beim rauskommen [...] grün gesetzt [ham]*' (Z. 9). AT1FM1 nimmt den Referenzierungsfehler wahr und präzisiert ‚*nä ich mein jetzt als wir hie:r in diesen flUr gegangen sind*' (Z. 10–11). Er betont also nochmals die Raumbenennung (‚*flUr*') und expliziert seine Orientierungslosigkeit (‚*wo sim ma denn jetzt hier?*', Z. 14). Anschließend beginnt er – auch sprachlich begleitet – mit der Lösung seines Orientierungsproblems, indem er vor Ort nach optischen Hinweisen Ausschau hält, und zwar konkret nach LANDMARKEN, wie sich in den Zeilen 18–20 offenbart (‚*hier muss doch- irgendwo hier is die blAUe. ja;*'). AT1FM2 schlussfolgert (fragend intoniert) ‚*ja dat is die blAUe; dat heißt dat is dEr rAUm- is die von dem rAUm wo wir eben rEIngegangen sind?*' (Z. 21–23).

   Während der Beantwortung und Orientierung sucht AT1FM1 den Ort weiter ab (siehe Z. 25–26), bis er schließlich mit ‚*jEtzt (.) bin ich wieder auf sendung hier. hIEr is die landmarke die ich gesucht hab.*' (Z. 30–31) zu erkennen gibt, dass er die vollständige Orientierung durch eine bestimmte gesuchte und aufgefundene Ortsmarkierung wiedererlangt hat. Und er bezeichnet die Räumlichkeit, in der sie sich nun befinden (siehe Abb. 27) als den ‚*grO:ße[n] raum*' (Z. 35). An seine (wieder)gewonnene Orientierung und Überblick schließt er den Vorschlag an, *den berEIch jetzt auf grÜn [zu] setzen'* (Z. 37–38) und damit den abgesuchten Flur inklusive angrenzender Räumlichkeiten als vollständig abgesucht zu markieren.[363] Diese Bedeutungsimplikation erläutert er allerdings nicht, sondern nutzt für die Erläuterungen lediglich die Kommunikation über die LANDMARKE, was an dieser Stelle deren Kommunikationsform-Funktion offenlegt. Ohne auf die Frage nach der Kennzeichnung zu antworten (*,jetzt auf grÜn setzen ne?'*, Z. 37–38), initiiert AT1FM2 daraufhin eine Kommunikation im äußeren Interaktionskreis, in der er den Einsatzleiter über ihre derzeitige räumlich situierte Position (*,wir sind jEtzt aus dem raum raus wo wir Eben reingekommen sind; ganz am anfang'*, Z. 44–46) sowie ihre Markierungshandlungen (*,schalten jEtzt von grÜn=von blau auf grün.'*, Z. 47) informiert.[364] Daraus leitet EL ab, dass sie sich *,jEtzt wieder in der tiefgarage'* (Z. 48) befinden, was beide bestätigen (AT1FM1 allerdings nur im inneren Kreis, siehe Z. 49). Damit ist nun auch aus dem *,grO:ße[n] raum'* für die Akteure wieder die *,tiefgarage'* geworden, auf die sie nun in beiden Interaktionskreisen Bezug nehmen können.

Für die Raumerschließungen und -herstellungen von Tiefgarage und Flur haben sie in diesem Ausschnitt auf die neuen digitalen Medien zurückgegriffen. Erst das Auffinden einer bestimmten LANDMARKE hat den Akteuren Sicherheit gebracht und auch wenn sie neben der nicht-sprachlichen Suche zusätzliche Artikulationsarbeit aufgrund der neuen digitalen Medien leisten mussten, so hat sich dieser offensichtlich gelohnt, da sie schließlich über ein umfassendes gemeinsam abgeklärtes Überblicks- und Standortwissen verfügen. In diesem Ausschnitt lassen sich die LANDMARKEN damit sowohl in ihrer Funktion als außersprachliches Symbolsystem (Markierung) als auch in ihrer Funktion als Kommunikationsform (digitales Medium mit innersprachlichen Bedeutungsimplikationen) gleichermaßen perspektivieren.

Im folgenden TA50 besprechen die Akteure, die die Markierungszeichen auslegen, unter anderem den Nutzen spezifischer Kennzeichnungsoptionen.

TA50 dann wissen ma auf jeden fall wo ma zurÜck müssen (W9Ü3-110524-TG)

```
001 AT1FM1 (5.5) hier is ne tÜ:r;
002 AT1FM2 (-) geht die AUf?
003 AT1FM1 weiß ich noch ni:ch-
004        <<all/p>guck ma:> (…) drin;
005 AT1FM2 (2.0) (solln) ma ma AUfmachen?
006 AT1FM1 <<f>ist die wArm kAlt?>
007 Ko        <<f>tÜre ist kAlt.>
008 AT1FM2 okAY türe [ist off-]
009 AT1FM1 [<<f>offen is-]
010 sit    Die Türe lässt sich öffnen.
```

[363] Dass zwei Räumlichkeiten nicht abgesucht und markiert wurden (siehe Abb. 27), ist darauf zurückzuführen, dass die Feuerwehrleute diese übersehen haben.

[364] In diesem Ausschnitt wird *,jEtzt'* sowohl für eine kürzlich vergangene (Z. 44) als auch für eine unmittelbar in der Zukunft liegende Handlung (Z. 47) gebraucht.

```
011 AT1FM1  ist die AUf?>
012 Ko       <<f>türe ist zU.>
013          die ist abgeschlOssen.
014 AT1FM2  =okAY;
015 AT1FM1  Okay;
016          <<all>müssen ma> die markIErn?
017 AT1FM2  ja:;
018 AT1FM1  (1.5) Oder willste hier-
019          en zwEIten-
020 AT1FM2  jA mach mir mal ma markierung rEIn und ich sach dem
021          EInsatzleiter bescheid.
022          (1.0) Ähhm-
023          EInsatzleiter für angriffstrupp sechs,
024 sit      AT1FM2 greift eine Landmarke.
025 EL       kOmmen.
026 Ko       [fArbe?]
027 AT1FM2  [rechts-]
028          rEchte seite eine verschlossene tÜr (.) gefunden-
029          is mit de:r landmarke mit der kennung rOt
030          gekennzeichnet.
031 EL       dAs is verstanden.
032 AT1FM1  (1.0)
033 sit      AT1FM2 befestigt die landmarke unter der Tür.
034 AT1FM1  dann wissen ma auf jeden fall wo ma zurÜck müssen;
035 AT1FM2  ja-
036          (okay.)
```

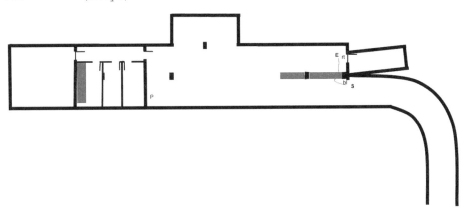

Abb. 28: Zurückgelegter Weg und ausgelegte *LANDMARKEN* zum Ende des TA50

In diesem TA50 erfolgt die Raumkonstitution über alle drei möglichen Interaktionskreise hinweg. Zunächst erfolgt eine Absicherung zur aufgefundenen
Tür hinsichtlich der Öffnungsmöglichkeit (,*geht die AUf?*", Z. 2) im inneren und
schließlich im erweiterten Interaktionskreis (,*ist die AUf?* – ,*<<f<türe ist zU.>*
die ist abgeschlossen.', Z. 11–13), nachdem die Frage hinsichtlich der Temperatur
(als Indikator für Feuer) im erweiterten Kreis durch den Koordinator geklärt
worden ist (,*<<f>tÜre ist kAlt.>*', Z. 7).
     Daran schließt sich die Markierungssequenz im inneren Interaktionskreis an
(,*<<all<müssen ma> die markIErn?*', Z. 16), was der Truppführer bestätigt und

eine Interaktionssequenz im äußeren Kreis initiiert (Z. 17 und Z. 23 ff.). In dieser Sequenz berichtet er dem Einsatzleiter über das aufgefundene einsatztaktisch relevante Objekt (‚tÜr‘) und dessen Ort (‚rEchte seite‘). Des Weiteren erfolgt eine Spezifizierung des Objektes, des Raums und des damit verbundenen Ereignisses (‚eine verschlossene tÜr (.) gefunden‘) sowie der dadurch ausgelösten Markierungsanschlusshandlung (‚is mit de:r landmarke mit der kennung rOt gekennzeichnet.‘). Dies bestätigt der Einsatzleiter (‚dAs is verstanden‘) und schließt damit die Sequenz im äußeren Kreis ab.

Bevor der Truppführer also das Markierungssymbol mit seinem Kollegen im inneren Kreis bespricht, gibt er bereits die Markierungshandlung inklusive verwendetem Symbol als ausgeführt (und damit als abgeschlossen, vollendet und nicht weiter zu diskutieren) an den Einsatzleiter weiter. Allerdings begründet AT1FM1 seine Wahl des Symbols unmittelbar nach der Sequenz im inneren Kreis (‚dann wissen ma auf jeden fall wo ma zurÜck müssen;‘, Z. 34), was AT1FM2 akzeptierend bestätigt (‚ja- (okay.)‘, Z. 35–36). Damit konstituiert AT1FM1 den Raum auch im inneren Kreis für antizipierte räumlich situierte Orientierungs- und vor allem Navigationshandlungen auf dem zukünftigen Rückweg.

Die Akteure (vornehmlich der Truppführer AT1FM1) nutzen hier zwei Besonderheiten bzgl. der visuellen Semiotik zur Wegkennzeichnung: erstens die Auffälligkeit und zweitens den im Allgemeinen selteneren Einsatz roter LAND-MARKEN. Diese Besonderheiten machen sie sich zur Kennzeichnung eines Ortes in der Nähe des räumlich situierten Startpunkts ihrer Mission zu Nutze (siehe Abb. 28), um einen eindeutigen Orientierungs- und Navigationspunkt zu haben, den sie auf ihrem Rückweg anvisieren können (‚dann wissen ma auf jeden fall wo ma zurÜck müssen;‘). AT1FM1 begründet seine Auswahl somit explizit aus einer in die Zukunft projizierten Raum-bezogenen Auslesehandlung im Rahmen der Navigation aus dem Gebäude.

Im letzten Ausschnitt dieses Unterkapitels lassen sich unterschiedliche Raumkonzepte und deren Markierung mittels LANDMARKEN konstatieren und einiges resümierend erörtern, was in den zuvor untersuchten Ausschnitten diskutiert wurde.

TA51 erstma is es en dUrchgang (W9Ü3-110524-TG)

```
001 sit     AT1FM2 öffnet eine Tür.
002 AT1FM2  (5.0) ich mAch ma <<cresc>rückmeldung,>
003         (3.0) EInsatzleiter für angriffstrupp sechs kOmmen,
004 EL      kOmmen,
005 Ko      [welche fArbe:?]₁
006 AT1FM2  [haben den      ]₁ ersten
007         [tEIl      ]₂ nach der rEchtsregel durchsu:cht-
008 AT1FM1  [blau:?]₂
009 Ko      blAU,
010 AT1FM2  sin an nem- [(kalten) rAUm] angekommen-
011 Ko                  [blAU gesetzt.]
012 AT1FM2  und gehen jetzt in diesen rein.
013 EL      das is verstanden.
014 AT1FM1  <<all/p>(oder sollen ma) se gelb?>
```

```
015         (1.0) ronni,
016 AT1FM2  ähh-
017 AT1FM1  (2.0) [<<p>tür] ge->
018 AT1FM2        [ähh-   ]
019         ne: mach erstma blAU.
020 AT1FM1  erstma is es en dUrchgang,
021 AT1FM2  ja.
022         (2.0) <<all>gut?>
023 AT1FM1  ja.
024 EL      angriffstrupp sechs für dücker kommen;
025 AT1FM2  warte ma kurz;
026         [kOmme:n,            ]
027 AT1FM1  [was hatta verstan-]
028 EL      frage wieviel landmarken habt ihr schon gesetzt?
029 AT1FM2  <<f>ähähä:::->
030         jetz die vIE[rte.    ]
031 AT1FM1              [<<p>eins-]
032 AT1FM2  äh fÜnf.
033 AT1FM1  [eins zwei     ]
034 EL      [ja verstanden.]
035 AT1FM1  drei: <<cresc>vier fünf ja.>
036 AT1FM2  ja.
037         u:nd weiter gehts.
```

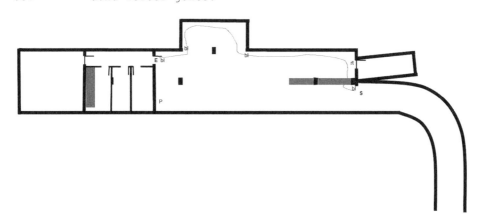

Abb. 29: Zurückgelegter Weg und ausgelegte LANDMARKEN in Zeile 36

Dieser TA51 beginnt mit einer Gesprächssequenz im äußeren Interaktionskreis. In diesem informiert AT1FM2 den Einsatzleiter über den Missionsstand, indem er den Einsatzort in mehrere Teile aufspaltet und berichtet, nach welcher Einsatztaktik respektive nach welcher Navigationsregel sie einen Teil inspiziert haben (‚*haben den ersten tEIl nach der rEchtsregel durchsu:cht*‘, Z. 6–7). Im Anschluss macht er Angaben zum derzeitigen Aufenthaltsort (‚*sin an nem- (kalten) rAUm angekommen*‘, Z. 10)[365] und zum weiteren Vorgehen (‚*gehen jetzt in diesen rein.*‘, Z. 12). Zum gleichen Zeitpunkt bespricht AT1FM1 im erweiterten Inter-

---

[365] Ein *kalter Raum* (wahrgenommen durch Ertasten der Tür) ist für die Feuerwehrleute ein Symptom für eine Räumlichkeit ohne Brandherd.

aktionskreis mit dem Koordinator die Markierungsart (,*blau:?*' – [...] *blAU ge-setzt.*', Z. 8–11).

Nach Abschluss der Kommunikation im äußeren Interaktionskreis erfragt AT1FM1 im inneren Interaktionskreis allerdings doch noch mal eine mögliche alternative Ortskennzeichnung (,*(oder sollen ma) se gelb?*', Z. 14), was AT1FM2 zurückweist und den ersten Kennzeichnungsvorschlag mit der Ergänzung akzeptiert, dass es sich dabei um eine vorläufige Ortskennzeichnung handelt (,*mach erstma blAU.*', Z. 19). Insbesondere den Aspekt der Vorläufigkeit dieser zeichenhaften Ortskennzeichnung paraphrasiert AT1FM1 mit ,*erstma is es en dUrch-gang*' (Z. 20) daraufhin nochmals im Sinne eines allgemeinen Verständnisses über den Ort und den damit verbundenen Bedeutungsinhalten, die die Akteure diesem zuschreiben. Zunächst dient die Kommunikation mittels LANDMARKEN also der Bedeutungseinschreibung und gemeinsamen Verständnisherstellung über den Raum (in ihrer Funktion als Kommunikationsform), aber AT1FM1 spricht anschließend erneut zur vollständigen Verständnisabsicherung über den Raum und nutzt die LANDMARKEN weniger in ihrer Funktion als Kommunikationsform, als in ihrer Funktion als ortsmarkierendes Symbolsystem. Diese Deutung akzeptieren die beiden Akteure in einer anschließenden gegenseitigen Verständnissicherungssequenz (,*ja. (2.0) <all>gut?>*' – ,*ja.*', Z. 21–23).

Daraufhin initiiert der Einsatzleiter eine weitere Kommunikation im äußeren Interaktionskreis (Z. 24), in der er erfragt, ,*wieviel landmarken* [sie] *schon gesetzt*' (Z. 28) haben. Dies lässt sich als Beleg dafür anführen, dass die Kommunikation im äußeren Kreis – in diesem Stadium der LANDMARKEN-Entwicklung – stets Informationen über die Markierungshandlungen mit LANDMARKEN aufweist, und der Einsatzleiter diese Informationen noch nachträglich einfordert, nachdem AT1FM2 dazu in der vorangegangenen Sequenz im äußeren Kreis keine Angaben gemacht hat. AT1FM2 kommt sowohl der expliziten (wieviele ausgelegte LANDMARKEN) als auch der impliziten Aufforderung (ausgelegte LAND-MARKEN am derzeitigen Aufenthaltsort) nach, indem er mit ,*jetz die vIErte. äh fünf.*' (Z. 30 und Z. 32) auch über die Auslegung ,*jetz*' informiert. Allerdings spart er die Farbkodierung aus, und diese wird auch vom Einsatzleiter nicht noch nachträglich eingefordert, was sich so deuten lässt, dass diese Information nachgeordnet ist für ein angemessenes Überblickswissen aus Sicht des Einsatzleiters außerhalb des Gebäudes.

5.4.7 Erkenntnisse aus Phase III: Deixisarten, ortsabhängige sowie ortsbezogene Markierungshandlungen und Problemlösungen

Hinsichtlich des Ortsbezugs und der Raumkonstitution sowie der Verwendung neuer Orientierungs- und Navigationsmedien lassen sich in der dritten Einsatzphase für die Kommunikation im inneren Interaktionskreis die nachfolgend aufgeführten Charakteristika fazitieren. Dabei hat die Ortsreferenzierung vor allem in dieser dritten Einsatzphase einen hohen Anteil innerhalb der Kommunikation und bestimmt gewissermaßen jede Handlung mit.

Die Wahrnehmung ausgewählter Ortsspezifika zieht Markierungshandlungen nach sich und diese werden in der Regel mit Aushandlungssequenzen eingeleitet (inkl. Begründungshandlungen, ,*die EIne vOrne an der eingangstür auf orange. (-) weil der raum nicht komplett durchsUcht ist.'*, TA46). Dabei stellen diese Ortsspezifika zugleich eine notwendige Bedingung für die Positionierung von ortsabhängigen Symbolen dar. Zu diesen Ortsspezifika zählen insbesondere

• Ecken (und zwar insbesondere Außenecken,[366] wie z. b. *,hier ist ne wAndecke'* ergänzt um *,jetzt geh ich rEchts rUm'*, woraus der Angesprochene eine Außen-ecke inferiert und vorschlägt *,oke; dann setzen wir hIE:r- einmal ne blAU=-gElbe wEgmarkierung'*, TA30),
• Türen (selbst verschlossene Türen, siehe z. B. TA37) und
• (vermeintliche) Nischen (siehe z. B. TA41), die ihrerseits insbesondere aus wahrgenommenen Wandecken geschlussfolgert werden (siehe z. B. TA20, wo in Verbindung mit allgemeinem Welt- und Ortswissen (Tiefgarage) plus Er-fahrungswissen (zuvor wurde ein Auto ertastet) genauer auf eine *,pArknIsche'* geschlossen wird).

Bei den Aushandlungssequenzen hinsichtlich der Markierungen wird häufig eine zukünftige Auslesehandlung antizipiert (siehe TA41) und im Nachhinein – jedenfalls in den späteren Einsatzübungen – auch zusätzlich der Einsatzleiter via Funkgerät über die zuvor ausgehandelte Folgehandlung (inkl. Ortsreferenz, Situation bzw. Ereignis und Markierung) informiert. Die Ortsreferenz im in-neren Interaktionskreis erfolgt vornehmlich deiktisch, aber bei eingeforderter Spezifizierung zusätzlich nicht-deiktisch (siehe die Verwendung von metrischen Angaben wie bei TA28), wobei hic- und dér-deiktische Handlungen unterschie-den werden müssen.[367] So dienen z. B. die dér-deiktischen Verortungshandlungen mittels *hier* als akustische „Zeighilfe[n] der hinweisenden Geste" (Fricke 2004, S. 22). Eine solche Zeighilfe funktioniert allerdings nur im gemeinsamen Nicht-zeichenraum, der idealiter visuell geteilt wird, aber – insbesondere in den Ein-satzphasen III bis V – aufgrund der visuellen Beschränkung meistens akustisch zuzüglich der gemeinsamen Perspektivierung (durch gemeinsame Bewegungs-richtung, siehe TA30) ausgestaltet ist oder taktil hergestellt wird (siehe TA21). „Die Zeighilfen der Hic-Deixis bestehen primär in der Herkunftsqualität und im Individualcharakter der menschlichen Stimme" (ebd., S. 22; in Anlehnung an Bühler 1999 [1934], S. 96; siehe auch Unterkapitel 2.2) und stellen die quantitativ häufigeren deiktischen Selbst-Verortungshandlungen mittels *hier* im Datenmate-rial dar. So geht es den Beteiligten vornehmlich darum, anzuzeigen, dass sie sich noch in Hörweite befinden (siehe z. B. *,ich bin hier.'*, TA35) und nicht darum, die Aufmerksamkeit des oder der Gesprächspartner auf einen bestimmten räumlich situierten Bezugspunkt zu lenken. Wie gezeigt werden konnte, ist dabei *hier* nur ein mögliches (aber semantisch funktionales und hochfrequentes) lexikalisches Element für diesen Zweck. Auch das Temporaldeiktikum *jetzt* übernimmt spe-zifische Funktionen in den Einsatzübungen. Ähnlich wie *dann* (und ggf. sogar kombiniert) zeigt es den Gesprächspartnern im Allgemeinen (chrono)logisch in unmittelbarer Zukunft folgende (aktuell geplante Anschluss-)Handlungen des

---

[366] Zu diesen Außenecken gibt es erstaunlicherweise im Datenmaterial keine terminologisch spezifizierte Differenzierung seitens der Akteure, trotz Funktionalitätsnachweis aufgrund der differenten Nutzung/Funktionalität (siehe TA30 und Fußnote 330).

[367] Siehe auch Unterkapitel 2.2.

Sprechers und dessen Truppmitgliedern auf (siehe z. B. ‚*dann gehn wir jEtzt nach der lInksregel vor*‘, TA27). *Jetzt* wird im Datenmaterial überwiegend auf diese Weise gebraucht, aber Ausnahmen finden sich u. a. in TA39 (Z. 3) und TA41 (Z. 48).

Am Einsatzort werden des Weiteren räumlich situierte Objekte und Beschaffenheiten (wie Ecken, Türen, Rohre, Inventare) zur entsprechenden Benennung (z. B. ‚*nische*‘, TA41, ‚*flur*‘, TA34, ‚*treppenraum*‘, TA27) und Raumbegrenzung (‚*sind wir am E:nde oder wie?*‘, TA22) genutzt. Dadurch werden Räume als solche konstituiert und (kommunikative) Anschlusshandlungen sowie neue Ortsreferenzierungen ermöglicht (siehe z. B. die *Raum-* und *Flur*-Bestimmungen in TA26). Insgesamt spielen in dieser Einsatzphase zur gemeinsamen räumlich situierten Verortung – aufgrund der visuellen Limitierung – neben akustischen auch haptische Sinnesinformationen eine wichtige Rolle (‚*ich bin an deinem fUß*‘, TA22). Eine hohe Bedeutung im Rahmen der gemeinsamen Verständigung hat zudem das allgemeine Weltwissen – neben und stets in Verbindung mit den weiteren in Fußnote 104 aufgeführten Wissensformen – der Akteure hinsichtlich z. B. idealen Raum- (siehe z. B. ‚*flUr*‘ vs. ‚*raum*‘, TA26) und Objektvorstellungen (‚*fast ne AUtosilhouette sEIn* [...] *Is en AUto.*‘, TA19) im Rahmen der Ortsreferenzierungshandlungen.

Für die Landmarken ist ihre Ortsabhängigkeit nachweislich konstitutiv und Ortsveränderungen der Zeichen führen zu aufwändigen (und ergebnisoffenen bzw. unsicheren) Interpretationsprozessen (Auslegung: ‚*wenn ich die hIEr an die Ecke setze- ziehn wir die mim schlAUch weg*‘, TA30; Auslesung: ‚*die hatt ich an die Andere seite gesEtzt ...*‘, TA33), die Störungen zweiter Ordnung offenlegen. Durch die Umkodierungsmöglichkeiten der Landmarken, die ihnen funktional ab Entwicklungsstufe 2 eingeschrieben sind, rekonstituieren die Akteure Räume neu, z. B. von zu untersuchenden Räumlichkeiten zu vollständig untersuchten und fortan einsatztaktisch nicht mehr relevanten Einsatzräumen (‚*die orAngene gegen ne grÜne*‘, TA31). Die Analysen legen folgende Perspektivierungen auf primäre Funktionen der Landmarken in der dritten Einsatzphase nahe: Landmarken als

• Mittel der Relevantsetzung für Anschlusskommunikation (‚*da liegt so ne lAndmarke*‘, siehe TA35),
• ortsmarkierendes Symbolsystem (‚*weiß dat wir hier (.) langgegangen sind*‘, TA28) und schließlich – v. a. in den späteren Einsatzübungen –,
• Kommunikationsform (z. B. ‚*wir ham hier (nen) zwEIten raum kontrolliert-grÜn.*‘, TA26) mit Ansätzen sich ausbildender quasi-syntaktischer Erweiterungen innerhalb des Symbolsystems (‚*hIEr auch noch zusätzlich gElb oder was*‘, TA33), das letztlich nicht mehr begründet werden muss, sondern selbst Teil der Begründungskommunikation ist.

Diese Begründungskommunikation wird teilweise zusätzlich sprachlich ergänzt (‚*weil hier abgeschlossen ist*‘, TA37), teilweise aber auch ohne jegliche sprachliche Ergänzung fortgeführt (siehe TA30); allerdings wird dann in der Regel eine Begründungssequenz durch den Gesprächspartner eingeleitet (‚*das heißt du hast die ecke abgesucht hier ja?*‘, W9Ü2). Ein ggf. ausliegender Schlauch eines vorangegangenen Trupps dient den Akteuren aber auch in den Einsatzübungen mit Landmarken im Allgemeinen (in Verbindung mit Ortsspezifika wie Ecken,

Türen etc.) als Leitmedium bei der Navigation (siehe z. B. TA17) und nur in einer Ausnahme wird darauf zu Gunsten der Navigation mit ausliegenden LANDMAR-KEN verzichtet.[368] Dabei wird im Rahmen der Auslesung der LANDMARKEN stets das Zeichen aus der Sicht der Auslegenden rekonstruiert („das heißt die sind hier rEIn gekommen', TA35).

Die Kommunikation im äußeren Interaktionskreis weist hinsichtlich des Ortsbezugs und der Raumkonstitution sowie der Verwendung neuer Orientierungs- und Navigationsmedien folgende Besonderheiten auf: Raumbenennungen (und -charakterisierungen) stellen für alle Beteiligten eine wichtige Grundinformation dar,[369] die ggf. aufwändig ausgehandelt wird. Spezifizierungen erfolgen dabei durch die Skizzierung virtueller Routen mit allgemeinen Landmarken („bin hier durch ne Engstelle durch', TA18), durch Richtungsangaben („rEchts rUm', TA18) sowie metrische („ungefähr fünfzehn bis zwanzig meter', TA28) und alphanumerische Angaben („ihr seid noch im Ersten raum', TA30).

In den ersten Einsatzübungen werden die LANDMARKEN im äußeren Interaktionskreis nicht erwähnt. Dies ändert sich allerdings im Verlauf des Entwicklungsprojekts: Die Auslegung der LANDMARKEN stellt schließlich einen konstitutiven Bestandteil der Funkkommunikation dar (siehe z. B. ‚kleine nische [...] wird mit grüner landmarke markiert', TA41). An jedem spezifischen einsatztaktisch relevanten Ort erfolgt eine Durchsage an den Einsatzleiter inkl. hinreichender Ortsreferenzierung („stehen vor der drItten tür im flurbereich' plus institutionellen Regelwissens um die Navigation nach der ‚Rechtsregel', TA32) und Situations- bzw. Handlungsbeschreibung („wir gehn jEtzt nach der lInksregel vor', TA36).

5.5 Phase IV: Feuerlöschen bzw. Personenauffindung

5.5.1 Status, Funktionen und Verwendung von LANDMARKEN in Phase IV

Da nur wenig Datenmaterial zur vierten Phase vorliegt und darin – jedenfalls hinsichtlich der Raumkonstitution – v. a. die Verwendung der LANDMARKEN eine Rolle spielt, werden raumkonstitutionelle Aspekte nicht in einem selbstständigen Kapitel thematisiert und somit wird in dieser vierten Phase keine analytische Trennung mittels zweier eigenständiger Analyse-Unterkapitel vorgenommen.

Im nachfolgenden TA entdecken zwei Feuerwehrleute eines Trupps ein Feuer und simulieren das Löschen des Feuers.[370] Im Anschluss diskutieren sie das weitere Vorgehen, insbesondere hinsichtlich der Ortskennzeichnung mittels LANDMARKEN, um den Raum für weitere Bearbeitungen und Referenzierungshandlungen zugänglich zu machen.

---

[368] Siehe den zweiten Trupp in W8Ü2.

[369] Im Rahmen der Raumvorstellung und im Sinne „kognitiver Landkarten" (Downs/Stea 1973) und damit verbunden der allen zugänglichen Schauplatzetablierung.

[370] Die Lösch-Simulationen erfolgen in Einsatzübungen im Allgemeinen metakommunikativ, z. B. mit ‚dat feuer is jetz AUs.' oder mit ‚ich lÖsch jetzt hier qua:si nE?'.

TA52 zwEI ro:te (W1Ü1-090113-KG)

```
001 AT1FM1  ja: den legen wir vor de türe:,
002 AT1FM2  ja;
003         achtung vOrsicht.
004 sit     AT1FM2 zu LMT.
005 AT1FM1  (6.0) willst du jetzt hier ne rO:te oder wat legen,
006         weil hier der brAnd drin wA:r?
007 AT1FM2  (2.5) ja.
008 AT1FM1  (4.0) die Axt.
009 AT1FM2  (1.0) einmal ne rO:te;
010         (3.0) okay (einmal ne landmarke:;)
011 AT1FM1  (3.0) oder zwEI: rO:te (.) ich weiß nicht wie wir
012         das ma hand-
013         haben möchte-
014         hier is <<all> (also hier)> das fEUer gewesen.
015 AT1FM2  (1.5) (xxx xxx) vOrsicht.
016 AT1FM1  (7.0) ich würde-
017         (-) ich würds nochmal kennzeichnen-
018         (-) sEpara:t;
019         (3.0) als äh:: (-) irgendwie als schAdensobjekt.
020         (1.0) sonst (.) wenn wir hier jetz zwEI ro:te
021         setzen-
022         (1.0) nicht dass das-
023         (-) zur verwEchslung führt mit dem rAUm den wir eben
024         markiert haben.
025 AT1FM2  ^hm;
026 AT1FM1  (2.0) dAnn brauchen wa zwEI: ro:te;
027         (4.0) okay?
028 AT1FM2  <<all>ja (.) okay;>
029 AT1FM1  dann gehn wIr erstma rAUs;
```

AT1FM1 beginnt in diesem Interaktionssegment die Diskussion, mittels welcher Farbmarkierung resp. welcher *LANDMARKE* die einsatztaktisch bedeutsame Position des Brandherdes gekennzeichnet werden sollte. Dafür schlägt er zunächst – eingeleitet mit Temporal- und Lokaldeiktika (,*jetzt hier*', Z. 5) – in fragender Form (steigende Tonhöhe am Ende des Turns) die Auslegung einer roten *LANDMARKE* vor (Z. 5) und begründet seine Wahl auch sofort: ,*weil hier der brAnd drin wA:r?*' (Z. 6). AT1FM2 bestätigt den Vorschlag (,*ja.*', Z. 7) und erbittet beim *LANDMARKEN*-Träger ,*ne landmarke:;*' (Z. 10). Nach einer kurzen Pause macht AT1FM1 einen betonten alternativen Vorschlag (,*oder zwEI: rO:te*', Z. 12) und stellt diesen Vorschlag zur Diskussion, indem er die Vorgehensweise an diesem Punkt zum Präzedenzfall erklärt (,*ich weiß nicht wie wir das ma hand- haben möchte-*', Z. 11–13) und deutlich macht, dass die Position des Brandherdes besonderer Markierung bedarf (,*hier is <<all> (also hier)> das fEUer gewesen.*', Z. 14). Nachdem AT1FM2 darauf nicht explizit eingeht, wiederholt AT1FM1 nach einer längeren Pause seine Erläuterung und führt sie umfassend aus (Z. 16–24). Dabei begründet er die Wahl von zwei roten *LANDMARKEN* zur Kennzeichnung des Brandherdes damit, dass das ,*schAdensobjekt*' ,*sEpara:t*' markiert werden muss, da sie zuvor bereits einmal eine Räumlichkeit mit rot markiert haben. Die Notwendigkeit ergibt sich für den Akteur also aus vorangegangenen Handlungspraktiken und einer notwendigen Abgrenzung von diesen mittels neuer (noch gemeinsam zu verhandelnder) Farbsemantik. Man kann in diesem Fall konstatieren, dass die Einzelsemantik des LANDMARKEN-Systems aufgrund der situationalen Vielschichtigkeit zur Kontextdifferenzierung nicht ausreicht, und dass deshalb eine quasi-syntaktische Modifizierung durch die Akteure vorgenommen wird, und zwar eine Kombination von zwei semantisierten Einzelobjekten zu einer neuen kontextbezogenen Bedeutung. AT1FM2 stimmt dieser begründeten alternativen Kennzeichnung zu (‚<<all>ja (.) okay;>‘, Z. 28), woraufhin AT1FM1 die (Kennzeichnungsaushandlungs-)Sequenz indirekt für beendet erklärt, indem er mit einer kausalen Konjunktion die nächste Handlung anleitet (‚dann gehn wIr erstma rAUs;‘, Z. 29).

In diesem Ausschnitt, in dem die Verwendung der LANDMARKEN explizit thematisiert und aufwändig diskutiert wird, dienen die LANDMARKEN erstens als Mittel der Relevantsetzung für die Diskussion (bzw. für die Anschlusskommunikation) bzgl. der semiotischen Raumkonstitution: Eine Räumlichkeit, in der der Brandherd war, wird in der Regel von den Feuerwehrmännern im Einsatz ohne LANDMARKEN nicht notwendigerweise speziell gekennzeichnet. Zweitens führt die Verwendung von LANDMARKEN im Zusammenhang mit der vorangegangenen Handlung (Ortskennzeichnung via roter Markierung; hier spielt Handlungswissen eine primäre Rolle) zu einer Irritation hinsichtlich des Gebrauchs, was eine umfassende Diskussion erfordert. Drittens dienen die LANDMARKEN offensichtlich als Ressource für (kommunikative) Handlungen (und nicht nur als Relevantsetzungsmittel für Anschlusskommunikation), denn mittels der LANDMARKEN-Benennung und der quasi-syntaktischen Verknüpfung ihrer Einzel(farb)semantik wird hier eine neue Bedeutung generiert. Im vorliegenden Fall wird mit der Markierung aus einem relevanten Ort sowohl für die Akteure als auch für evtl. nachfolgende Personen ein besonders relevanter Ort (siehe die ausführliche Begründung in Z. 11–24; hier ist institutionelles Wissen im Fokus). Da all diese Bedeutungen allerdings auch noch zusätzlich (meta-)sprachlich erklärt werden, steht in diesem Ausschnitt weniger die Funktion der LANDMARKEN als transparente Kommunikationsform im Fokus, sondern die als unsicheres Zeichensystem, das Erklärungen benötigt und dessen Gebrauch (noch) nicht usualisiert ist. Dies lässt sich daran ablesen, dass hier vornehmlich ein „looking at the media“ (ebd., S. 60) stattfindet, d.h. eine Anschlusskommunikation über das Zeichensystem, anstatt einer Kommunikation (nur oder zumindest teilweise) mittels der LANDMARKEN.

In TA52 liegt eine eindeutige und abgeschlossene fokussierte Interaktionsordnung vor, die im Wesentlichen nur die beiden (kommunikativ) handelnden Akteure umfasst, die sich in einem gemeinsamen Nichtzeichenraum befinden und den inneren Interaktionskreis bilden. Lediglich in den Zeilen 9–10 kommt es zu einer kommunikativen Handlung seitens AT1FM2, die sich nicht an seinen Kollegen richtet und im erweiterten Interaktionskreis stattfindet, da der LAND-MARKEN-Träger involviert ist, der AT1FM2 die gewünschte LANDMARKE anreichen soll. Der Rest der Unterhaltung deutet nicht darauf hin, dass andere Personen als der jeweilige Adressat im inneren Interaktionskreis (ratifiziert) adressiert sind.

Hinsichtlich der ‚signs in place‘ wird in diesem TA ausschließlich auf die erst noch selbst zu positionierenden Objekte referiert. Diese Räumlichkeit wird dabei als der Ort deklariert, an dem ‚*der brAnd drin wA:r*‘ (Z. 6) bzw. an dem ‚*das fEUer gewesen*‘ (Z. 14) ist, also als spezifischer ‚Brandraum‘. Da es allerdings keine ortsfesten Zeichen gibt, die auf einen Brandraum hindeuten,[371] greifen die Akteure auf die mitgebrachten Markierungsobjekte zurück und nutzen die Möglichkeit der LANDMARKEN, Orten spezifische Bedeutungen zu inskribieren und sie damit als Räume kommunikativ verfügbar zu machen. In Anlehnung an Auers Funktionstypologie ortsfester Schriftzeichen lässt sich beobachten, dass der durch das ‚Zeichenensemble‘ von zwei roten LANDMARKEN erzeugte Raum erstens als Brandraum charakterisiert wird, zweitens eine Warnung für die nachfolgende Gebrauchsweise[372] an ggf. folgende Trupps darstellt und drittens eine Erweiterung der Wegkennzeichnung erfolgt, da nun sprachlich (sowohl untereinander als auch mit dem Einsatzleiter oder ggf. nachfolgenden Trupps) auf einen eineindeutig gekennzeichneten Ort referiert werden kann. Gäbe es zwei Orte, die mit jeweils nur einer roten LANDMARKE gekennzeichnet sind, wäre eine Referenzierungshandlung auf den *rot gekennzeichneten Raum* mehrdeutig. Es ist zwar – wie in vielen anderen Transkriptausschnitten ersichtlich – möglich, eine Spezifizierung mittels Nummerierung vorzunehmen (z. B. ‚*zwElten raum kontrolliert- grÜn.*‘, wie in TA26), aber offensichtlich ist es für die Akteure (insbesondere AT1FM1) besonders bedeutsam, diesen Ort eineindeutig zu kennzeichnen, was ihn als einsatztaktisch besonders relevanten Ort erkennbar macht. Damit dient das ausgelegte Objekt zugleich als allgemeine Landmarke,[373] die sowohl eine Lösung für Standort- als auch Überblicksprobleme bereithält.[374]

Zur Verwendung der LANDMARKEN lässt sich zunächst festhalten, dass die LANDMARKEN in dieser Situation zu einer umfassenden Kommunikation beitragen. Das ist für die Akteure mit dem Nachteil verbunden, dass mehr Kommunikationsaufwand zugleich mehr Arbeit (unter den zu TA40 beschriebenen Umständen) und somit für alle Beteiligten auch zugleich mehr Zeitaufwand bedeutet. Als Vorteil ließe sich der Umstand hervorheben, dass die Kommunikation über die Verwendung der LANDMARKEN zu einer umfassenden Situations- und Ortskommunikation führt, die den gesamten Einsatzort für alle Beteiligten zu einer (mehr oder weniger) ‚disambiguierten‘ Kommunikationsressource macht. Dies ist hinsichtlich eines solchen Übungsszenarios sicher als Vorteil zu bewerten. Ob es im Rahmen eines echten Feuerwehreinsatzes ebenfalls Vorteile bietet (da ortsfeste Spuren ggf. bereits auf den Brandraum hinweisen), ist fraglich.

---

[371] In einem realen Einsatz gäbe es ggf. Spuren, als Zeichen der ersten Reflexionsstufe nach Schmauks, die darauf hindeuten, dass es sich bei dem zu kennzeichnenden um den Ort handelt, an dem der Brandherd lokalisiert worden ist.

[372] Institutionelles bzw. Erfahrungswissen der Feuerwehrleute enthält Kenntnisse darüber, dass ehemalige Brandherde sehr einfach und ggf. unvermittelt wieder auflodern und so erneut zu Brandherden werden können.

[373] Diese Markierung ist auch mit größerem Abstand erkennbar und damit lesbar, im Gegensatz zu ebenfalls möglichen Kreidemarkierungen an der Tür in herkömmlichen Einsätzen ohne LANDMARKEN.

[374] In Verbindung mit einer institutionalisierten Richtungsanweisung wie der Rechtsregel kann diese Ortsmarkierung für die Handelnden auch eine Lösung für das Richtungsproblem bieten.

Die *LANDMARKEN* stellen somit im untersuchten Ausschnitt einen Kommunikationsanlass und eine unterstützende Kommunikationsressource dar. Im weiteren Verlauf des Einsatzes können sie den Akteuren zudem als spezielle Bezugnahme und als Kommunikationsmittel dienen, indem auf die Räumlichkeit mit den *zwei roten LANDMARKEN* referiert werden kann. Da es sich hier nachweislich um ein Gesprächssegment handelt, in der die Medienaneignung im Vordergrund steht (der Präzedenzfall wird verhandelt), ist davon auszugehen, dass nachfolgende vergleichbare Situationen mit weniger kommunikativem Aufwand behandelt werden können. Erst in der Praxis bilden sich also spezifische Kommunikationsweisen mittels dieses neuen Kommunikationsmittels heraus, die von den Akteuren gemeinsam an Ort und Stelle verhandelt werden und schließlich umfassende Kommunikation mit Hilfe der *LANDMARKEN* ohne Metareflexionen über das Zeichensystem ermöglichen können. Dies bezieht sich allerdings nur auf besonders bedeutsame Einsatzorte, denn an anderen Orten wird auf eine Spezifizierung des basalen *LANDMARKEN*-Codes verzichtet. Dies gibt m. E. einen ersten Hinweis darauf, dass die Nutzung eines Mediums mit einem nur basalen Code in solchen Notfallbewältigungskommunikationen sinnvoll ist, sofern das Medium die Möglichkeit bietet, den Code zu erweitern (z. B. mit einer quasi-syntaktischen Zeichenkombination wie im hier untersuchten TA52).

Eine weitere wichtige Beobachtung ist die kommunikative Einsatzpraxis der Feuerwehrleute (speziell von AT1FM2), den Zugführer nicht über die ausgelegten oder auszulegenden *LANDMARKEN* zu informieren, bzw. aus der Perspektive des Zugführers nicht nach den Markierungen zu fragen.[375] Sie spielen also in der ersten Einsatzübung mit *LANDMARKEN* offensichtlich noch keine Rolle bei der Raumkonstitution im äußeren Interaktionskreis bzw. im gemeinsam virtuell erstellten Zeichenraum. Dies unterstreicht die Auswertung, dass für die Akteure die *LANDMARKEN* in dieser Entwicklungs- und Einübungsphase noch nicht die Funktion einer vollwertigen (Interaktionskreis-unabhängigen) Kommunikationsform im Fokus der Nutzung steht bzw. dass diese Funktion nur in Ansätzen für die Akteure im inneren Interaktionskreis bzw. im gemeinsamen Nichtzeichenraum relevant ist.

Im nachfolgenden – interaktional zunächst recht komplex wirkenden[376] – TA finden die Feuerwehrleute des ersten Trupps eine vermisste Person und diskutieren die Kennzeichnung dieses Einsatzortes. Zudem informieren sie den Zugführer über die Situation und dieser adressiert zum einen den zweiten und zum anderen den ersten Trupp.

---

[375] Das betrifft die gesamte erste Einsatzübung (W1Ü1).
[376] Im Video- resp. Audiodatum sind sogar noch weitere Parallelgespräche zu hören, die sich allerdings kaum transkribieren lassen und zwischen den – ebenfalls (noch) vor Ort befindlichen – Einsatzkoordinatoren (Vertreter des Feuerwehrinstituts) und den Feuerwehrleuten des ersten Angriffstrupps stattfinden. Darin ermitteln die Koordinatoren, ob die Feuerwehrleute den ersten oder den zweiten Trupp bilden. Die Kommunikation in diesem Interaktionskreis ist ausgeblendet, da sie für die hier untersuchten Fragestellungen irrelevant ist und keinen erkennbaren Einfluss auf die Kommunikation im inneren Kreis aufweist.

TA53 die weiße Und ne rO:te (W1Ü2-090113-OG2)

```
001 AT1FM1  ja,
002 AT1FM2  vermIsste person gefunden-
003 ZF      berg für wittenbach-
004         der zwEI[te trUpp bleibt nOch        ]
005 AT1FM2      [wir brIngen die jetzt raus.]
006 ZF      oben am einstieg und geht noch nIcht vor.
007 AT2FM1  das is verstanden.
008         (3.5) [otto. (1.0) <<f> otto:,>]
009 AT1FM2        [legst du jetzt die: hin-]
010         ähh-
011         rOt.
012         (1.0) ja genau-
013         nä nä nich rOt äh-
014 AT1FM1  (blau.)
015 AT1FM2  die äh fÜr-
016 AT1FM1  (--) besOndere markierung.
017 AT1FM2  nEIn.
018         raum: noch nich kOmplett durchsucht.
019         weil wir (...)
020 AT1FM1  oke,
021         angriffstrupp eins von:-
022         (-) zUgführer kommen;
023 ZF      zugführer hört;
024 AT1FM1  im zweiten raum wurde eine weibliche person
025         gefunden=die wird (.) rausgebracht.
026 ZF      im zweiten rAUm eine weibliche person gefunden-
027         ja verstanden.
028 AT1FM1  (der) rEttungsdienst zur einsatzstelle.
029 ZF      ja mitgehö:rt;
030         (xxx xxx,)
031 AT1FM1  [(...)]
032 AT1FM2  [(...)] äh die:-
033         für rAUm noch nich gAnz durchsucht.
034 AT1FM1  die wEIße?
035 AT1FM2  (4.0) <<p>genau;>
036 AT1FM1  Und ne rOte?
037 sit     Die Verletzte sagt AT1FM2, dass sie bleibt und AT1
038         alleine rausgehen kann.
039 AT1FM2  [wir gehn jetz allEIne raus,]
040 AT1FM1  [(und und und und) ne ro:te-]
041 sit     Die Verletzte bestätigt.
042 AT1FM1  die weiße Und ne rO:te?
043         (...)
044 AT1FM2  ne hier is doch nix besonderes.
045 AT1FM1  oke,
```

Zunächst einmal sind in diesem TA53 mehrere (teils parallel ablaufende) Sequenzen zu identifizieren, die zunächst beschrieben werden. In der ersten Sequenz sagt AT1FM2 zu seinem Kollegen, dass er die ‚*vermIsste person gefunden*' (Z. 2) hat, die aus dem Gebäude gebracht werden muss (Z. 5). Dass es sich dabei nicht um funkvermittelte und damit um Kommunikation im äußeren Kreis handelt, lässt sich an der fehlenden Selbst- und Fremdidentifizierung ablesen. In der zweiten Sequenz gibt der Zugführer dem zweiten Trupp die Einsatzanweisung, noch nicht in das Gebäude vorzugehen (Z. 4 und Z. 6), was der zweite Trupp bestätigt (Z. 7). Hier dient die Selbst- und Fremdidentifizierungsteilsequenz zu Beginn (‚*berg für wittenbach*', Z. 3) als ‚account' für die Funkkommunikation. In der dritten Sequenz diskutieren die beiden Feuerwehrleute des ersten Trupps die Kennzeichnung des Ortes, an dem sie die Person gefunden haben (Z. 9–20 und Z. 32–45). Dass es sich hier wieder um Kommunikation von Akteuren im Nicht-zeichenraum handelt, lässt sich erstens an den fehlenden Selbst- und Fremdiden-tifizierungssignalen sowie am Gebrauch von Personaldeiktika (‚*legst du …*', Z. 9) und lokaldeiktisch verwendeten Demonstrativpronomen (‚*… die: hin-*', Z. 9) ab-lesen. In der vierten Sequenz gibt der Truppführer des ersten Trupps (AT1FM1) dem Zugführer den Stand ihrer Mission durch (Z. 21–25), was der Zugführer wiederholt (Z. 26). Auch diese Sequenz wird wieder durch eine Selbst- und Fremdidentifizierungsteilsequenz eingeleitet (‚*angriffstrupp eins von:- (-) zUg-führer kommen;*', Z. 21–22) und durch ein explizites Hörersignal inkl. Selbst-identifizierung bestätigt (‚*zugführer hört;*', Z. 23). In der fünften Sequenz erteilt AT1FM1 die Einsatzanweisung an den Zugführer, einen ‚*rEttungsdienst zur ein-satzstelle*' zu ordern (Z. 28), was dieser bestätigt (Z. 29). Diese Sequenz schließt unmittelbar an die vorangegangene an und lässt sich nur analytisch anhand des thematischen Wechsels von jener abtrennen, was durch das zweite Bestätigungs-signal (Hörersignal sowie ‚account' zum Verständnis des Vorangegangenen) durch den Zugführer unterstützt wird (‚*ja mitgehö:rt;*', Z. 29).

Hinsichtlich der Ortskennzeichnung mittels LANDMARKEN (dritte Sequenz) lässt sich beobachten, dass AT1FM2 vorschlägt, die Einsatzstelle ‚*rOt*' zu mar-kieren (Z. 9–11), beginnt aber unmittelbar selbst mit einer Reparatursequenz (‚*nä nä nich rOt äh-*', Z. 13), welche AT1FM1 zu Ende führt (‚*(blau.)*', Z. 14). AT1FM2 führt seinen Reparaturturn dennoch weiter, indem er eine Begrün-dung beginnt (‚*die äh fÜr-*', Z. 15), welche von AT1FM1 beendet wird (‚*besOn-dere markierung.*', Z. 16). Auch diesen Korrekturvorschlag akzeptiert AT1FM2 nicht (‚*nEIn.*', Z. 17) und komplettiert seine Beschreibung mit der Begründung der LANDMARKEN-Auswahl (‚*raum: noch nicht kOmplett durchsucht.*', Z. 18). Dies akzeptiert AT1FM1 (‚*oke,*', Z. 20) und meldet dem Zugführer den Stand ihrer Mission (vierte und fünfte Sequenz). Im Anschluss nehmen die beiden Akteure die Aushandlungssequenz der Ortsmarkierung mittels LANDMARKEN wieder auf (ab Z. 32), indem AT1FM2 seine Situations- und Ortsbeschreibung zur Begrün-dung der LANDMARKEN-Auswahl noch einmal paraphrasiert (‚*die:- für rAUm noch nicht gAnz durchsucht.*', Z. 32–33) und AT1FM1 daraus die Auslegung einer ‚*weiße[n]?*' (Z. 34) ableitet. Dass er sich bei dieser Ableitung nicht sicher ist, ist an der steigenden Betonung zu erkennen, die den Vorschlag als Frage kenn-zeichnet. AT1FM2 ratifiziert den Vorschlag (‚*<<p>genau;>*', Z. 35). Allerdings schlägt AT1FM1 unmittelbar darauf die Ergänzung der (akzeptierten) weißen um eine zusätzliche rote LANDMARKE in Frageform vor (‚*Und ne rOte?*', Z. 36), was er anschließend noch einmal wiederholt (Z. 40) und schließlich präzisiert (‚*die weiße Und ne rO:te?*', Z. 42). Dies lehnt AT1FM2 ab und begründet das mit ‚*ne hier is doch nix besonderes.*' (Z. 44). AT1FM1 akzeptiert diese Begründung (‚*oke,*', Z. 45) und schließt damit diese Aushandlungssequenz ab. Das heißt, nach einer umfassenden (dritten) Sequenz, in der mehrere Markierungsvorschläge (unterschiedliche Zeichenverwendungen im selben Zeichensystem) und Begründungen diskutiert werden, wird dem Ort letztlich eine besondere Einsatzrelevanz abgesprochen und er wird somit auch nicht als ‚besonderer' Ort markiert.

Wie im vorangegangenen TA52 dient die Auslegung der LANDMARKEN als (ein) Relevantsetzungsmittel für die kommunikative Anschlusshandlung nach dem Auffinden der Person (zuvor: nach dem Auffinden und Löschen des Feuers). Erneut wird der Charakter der Medienaneignung offenkundig, da es noch keine eingeübten Praktiken gibt und somit die semiotische Ortskennzeichnung erst ausgehandelt werden muss. Die Begründung, hier keine neue Semantik zu entwickeln, stützt sich auf die Feststellung, dass es sich nicht um einen einsatztaktisch besonders relevanten Ort handelt (siehe Z. 44). In diesem Ausschnitt besteht somit – zumindest für einen Akteur (AT1FM2) – vornehmlich Unsicherheit, was die Kategorisierung des Einsatzorts und nicht was die Verwendung der LANDMARKEN betrifft (im Gegensatz zum vorangegangenen Ausschnitt). Damit übernehmen die LANDMARKEN als Code-System vorwiegend die Rolle einer (kommunikativen) Handlungsressource, die den Akteuren dabei hilft, den Ort im Rahmen des Einsatzes zu kategorisieren und somit als Raum verfügbar zu machen, und zwar als einen im Rahmen des Einsatzes gewöhnlichen Raum, der durch die LANDMARKEN auslegenden Akteure noch nicht vollständig durchsucht ist. Die LANDMARKEN haben allerdings (noch) nicht den Status ‚selbstständiger accounts', was sich daran ablesen lässt, dass sie stets mit zusätzlichen Begründungen diskursiv verwendet werden.

Die einzige direkte und von den LANDMARKEN unabhängige Ortsreferenzierung (‚place' und ‚visual semiotics') wird in diesem Ausschnitt in der vierten Sequenz vorgenommen. Dort referiert AT1FM1 in der Funkkommunikation mit dem Zugführer auf den aktuellen Einsatzort durch eine Nummerierung der Räumlichkeiten (,im zweiten raum', Z. 24). In der dritten Sequenz wird als ‚sign in place' (wie im vorangegangenen Ausschnitt) ausschließlich auf die selbst mitgeführten und erst noch auszulegenden LANDMARKEN als räumlich situierte Referenzierungsobjekte zurückgegriffen. Interessant ist in diesem Ausschnitt der Verzicht auf die explizite Benennung der Objekte (als Landmarken). Auf sie wird stattdessen verkürzt referiert, indem die Farbbezeichnungen zugleich als Objektbezeichnungen verwendet werden (,rOt', ,blau', ,wEIße', ,rOte'). Da es im (visuell geteilten) Nichtzeichenraum der Akteure keine anderen Objekte gibt, die diese Farben aufweisen (bzw. solche aufgrund der Sichtbeschränkung nicht visuell wahrnehmbar sind), genügt die Farbbezeichnung zur biunikalen Referenzierung auf die Objekte, zumal aus dem (sequenzierten) Handlungskontext inferiert werden kann, dass eine Ortsmarkierung verhandelt wird (Person gefunden: ,legst du jetzt die: hin- ähh rOt.'; Korrektur-Turn zur Farbe: ,nä nä nich rOt', Z. 9–13).

Die schließlich ausgelegte LANDMARKE (weiß) charakterisiert die Räumlichkeit als ,noch nich kOmplett durchsucht' und stellt so zugleich eine Gebrauchsanweisung resp. Handlungsanweisung für weitere Feuerwehrleute dar, denn damit ist diese Räumlichkeit noch zu inspizieren. Mit der Auslegung vor der Tür zu dieser Räumlichkeit dient die LANDMARKE zudem als Wegweiser (mit der Bedeutung hier hinein). Die LANDMARKEN werden hier also als symbolische Zeichen verwendet, die den Ort gemäß der Basisdefinition (auslesbar) kodieren

und die darin (implizit) enthaltene Handlungsanweisung für nachfolgende Rezipienten generell interpretierbar machen. Mit einer in der dritten (Aushandlungs-)Sequenz diskutierten ‚*besOndere*[*n*] *markierung*‘ (Z. 16), die mittels einer
Zeichenkombination (‚*weiße Und ne rO:te*‘, Z. 42) hätte erfolgen sollen, wäre
der Ort über die Basisdefinition des Code-Systems hinaus charakterisiert worden, und zwar in erster Linie um einen (unspezifizierten) Gefahrenhinweis (das
entspricht der Basissemantik der roten LANDMARKEN). Dies lehnt AT1FM2 aber
ab, indem er (implizit) die Perspektive nachfolgender Trupps einnimmt, für die
dieser Ort kein Gefahrenpotenzial birgt – im Gegensatz zum Brandherd (siehe
TA52). Für ihn unterscheidet sich dieser Ort lediglich hinsichtlich des zufälligen Fundes einer Person, dem er einsatztaktisch keine besondere Relevanz
zuordnet. Zuletzt muss die diskutierte Farb- bzw. Zeichenauswahl noch einmal hinsichtlich der Verwendungsmöglichkeiten aufgegriffen und im Rahmen
des Entwicklungsszenarios besprochen werden. Folgende Farben mit folgender
Basissemantik stehen den Akteuren in diesem Szenario zur Verfügung: grün
(Räumlichkeit vollständig durchsucht), rot (Gefahrenhinweis), gelb (Räumlichkeit betreten und noch wieder verlassen), blau-gelb = blau (Wegmarkierung),
weiß = orange (Räumlichkeit nur teildurchsucht). Mit der Markierung durch
eine weiße LANDMARKE orientieren sie sich somit an der diesem Szenario zu
Grunde liegenden Basissemantik,[377] denn ihre Begründung entspricht der vereinbarten Grundbedeutung zur Kennzeichnung von nicht vollständig durchsuchten Orten wie diesem. Auch die Ergänzung um eine rote Markierung bleibt
im – mittlerweile handlungspraktisch erweiterten – Rahmen der vereinbarten
Konvention (und wird deshalb von AT1FM2 zurückgewiesen). Unerklärbar
bleibt hingegen der Korrekturvorschlag von ‚*rOt*‘ zu ‚*blau*‘ (Z. 11–14). Da dieses
Zeichen aber auch diskursiv nicht weiter beachtet und nicht noch einmal aufgegriffen wird, bleibt die damit verbundene Begründung[378] aus und ist so auch
nicht sinnvoll interpretierbar.

Offensichtlich dient die Auslegungspraxis der LANDMARKEN als ein Relevantsetzungsmittel für kommunikative Anschlusshandlungen in Verbindung mit bestimmten Situationen und Orten. Diese Auslegepraxis führt dazu, dass die Feuerwehrleute den Ort resp. die Einsatzsituation (mehr oder weniger) umfangreich
reflektieren und dabei auch die Perspektive nachfolgender Trupps einnehmen.
Für einsatztaktisch standardisierte Situationen greifen sie auf einzelne Symbole des Kodiersystems zurück und im Falle besonders relevanter Einsatzorte
erweitern sie das basale Kodiersystem – wie in TA52 – durch quasi-syntaktische
Methoden, d. h. durch eine Kombination mehrerer Symbole. Selbstverständlich
kann man hier nicht von *syntaktisch* im eigentlichen Sinne sprechen, da es (noch)
keine einheitlichen Kombinationsregeln gibt, aber die Tatsache, dass in TA52 ein
Präzedenzfall ausgehandelt wird, deutet bereits darauf hin, dass versucht wird,
erste einfache Kombinationsregeln zu bilden, um zu einer jeweils situationsadäquaten Ortskennzeichnung zu gelangen, die von möglichst allen Beteiligten

---

[377] Siehe die technisch bedingte Farbmodifikation bezüglich der allgemein vereinbarten Konventionen in Unterkapitel 1.2.
[378] Möglicherweise hat es sich hier auch um ein Versehen gehandelt oder um ein bloßes Farbenraten im Rahmen der zur Verfügung stehenden Zeichen.

einfach verstanden werden kann.[379] Dabei dienen die LANDMARKEN nicht nur der bereits in der basalen Grundsemantik impliziten Charakterisierung von Einsatzorten (oder im Falle der blauen Markierungen der Direktionalisierungsangabe), sondern auch als Gebrauchsanweisung für den Ort bzw. als räumlich situierte Handlungsanweisung.

In TA53 wird deutlich, dass der Austausch über die Symbole des neuen Zeichensystems der gemeinsamen Verständigung und Interpretation von Einsatzorten und den damit verwobenen Einsatzsituationen dienen (können). Die Reflexionen (über Orte und Situationen) und Metareflexionen (über die Symbolisierung dieser) stellen in Notfallbewältigungssituationen eine hilfreiche Basis für (kommunikative) Handlungen dar, da sie ggf. idiosynkratische Unsicherheiten oder Interpretationen durch den Kommunikationspartnern gemeinsame Deutungsmuster (aufgrund der Aushandlungen) ersetzen. Gleichzeitig stellt – wie zu TA52 bereits konstatiert – zusätzliche Artikulationsarbeit im Einsatz immer eine weitere physische Anstrengung und zusätzlichen Zeitaufwand dar. Die zunehmende praktische Erfahrung führt zu sprachlichen Verkürzungen, die diesen Aufwand minimieren und dennoch die Vorteile gemeinsamer Deutungsmuster aufweisen.

Auch im nächsten Ausschnitt aus einer Übung des vorletzten Workshops wird eine vermisste Person aufgefunden, die Markierung ausgehandelt und der Zugführer informiert. Hier wird deutlich, dass die Vorgehensweise, die im vorangegangenen Ausschnitt nach einer umfassenden Diskussion gewählt wurde, nicht auf alle anderen vergleichbaren Situationen übertragbar ist, und es wird erkennbar, wie damit im äußeren Interaktionskreis verfahren werden kann.

TA54 machen wir es einfach mit rot (W8Ü1-101207-TG)

```
001 AT1FM1 ich hab ne [person gefunden.          ]
002 ZF                [die person die vermisst] ist soll sich
003        noch [im ga]ragenbereich befinden.
004 AT1FM2      [oke. ]
005 AT1FM1 person gefUnden.
006 AT1FM2 ja.
007        kontrollier ma auf vitalparameter.
008 AT1FM1 ja.
009        [<<f>hallo?>]₁
010 AT1FM2 [zugführer  ]₁ für angriffstrupp.
011 AT1FM1 [<<f>hallo?>]₂
012 ZF     [kommen.    ]₂
013 AT1FM2 ja.
014        person gefunden.
```

---

[379] Solche Präzedenzfälle schließen selbstverständlich nicht aus, dass v.a. in der ersten Zeit, in der die neuen Handlungs- und Symbolisierungspraktiken eingeübt werden, Personen der äußeren Interaktionskreise Zusatzinformationen mitgegeben werden. So ist z.B. zu erwarten, dass die Akteure des Trupps einem evtl. nachfolgenden zweiten Trupp explizit die Information weitergeben, den Brandherd mit zwei roten LANDMARKEN markiert zu haben.

```
015            wird gerad auf vitalparameter gesichtet.
016            benötigen zweiten angriffstrupp zur verstärkung.
017 ZF         ja verstanden.
018            zweiter angriffstrupp kommt.
019 AT1FM1     willste hier auch ne marke haben?
020 AT1FM2     ja-
021 AT1FM1     was denn (jetzt)?
022 AT1FM2     ja machen wir es einfach mit rot.
023 AT1FM3     ja.
024 AT1FM2     [oke.]
025 AT1FM3     [m] solln solln ma die person nich
026 ZF         (xxx xxx) [zugführer.]
027 AT1FM3     [rausbringen] oder wat?
028 AT1FM2     [doch (---) die ziehn wir jetzt raus.]
029 ZF         [eine person wurde im garagenbereich] gefUnden.
030            zweiter angriffstrupp-
031 sit        Das Piepsen des Funkgeräts zu hören.
032 AT1FM2     oke.
033 AT1FM1     wir haben eine verloren hier von den ä-
034 AT1FM3     ja ich auch Eben.
035            ich hab auch verlOrn.
036 AT1FM1     [ich hab se aber noch.]
037 AT1FM2     [zugführer für angriffs]trupp.
038 ZF         (2.0) angriffstrupp höre=hört.
039 AT1FM2     ja wir bringen die person jetzt raus-
040            haben die stelle mit landmarke rot markiert.
041 ZF         ja verstanden.
042            zweiter angriffstrupp ist unterwegs.
043 AT1FM2     oke.
044            wer s gehn jetzt=wir ziehn jetzt die person rAUs.
045 AT1FM1     [ja,]
046 AT1FM2     [und] versuchen uns nach den landmarken zu
047            orientieren dass wir schnellstmöglich den weg
048            finden.
```

Es gibt auch hier wieder mehrere Sequenzen, die es auseinanderzuhalten gilt, um zu einem umfassenden Verständnis gelangen zu können. Zunächst meldet der erste der drei Feuerwehrleute des ersten Angriffstrupps (AT1FM1), ‚*ne person gefunden*‘ (Z. 1) und damit den ersten Teil ihrer Primäraufgabe (Menschenrettung: 1. Mensch(en) finden, 2. Mensch(en) bergen) erfüllt zu haben. Parallel dazu gibt der Zugführer noch einmal die Rahmeninformationen zum Einsatz durch (Z. 2–3). Zwar bestätigt AT1FM2 die Meldung von AT1FM2,[380] aber entweder wertet AT1FM1 das ‚*oke*‘ (Z. 4) von AT1FM2 nicht als Bezugnahme auf seine Meldung oder ihm erscheint die Antwort als unangemessen für seine sehr bedeutende Meldung. So wiederholt er diese noch einmal (Z. 5). Daraufhin bestätigt AT1FM2 erneut mit einem kurzen ‚*ja*.‘ (Z. 6), was sich als ‚account‘ dafür interpretieren lässt, dass sein zuvor geäußertes ‚*oke*‘ tatsächlich schon eine Antwort auf die Meldung von AT1FM1 war. Er ergänzt die Bestätigung um eine Arbeitsanweisung in seiner Rolle als Truppführer (‚*kontrollier ma auf vitalparameter.*‘,

---

[380] Dass AT1FM1 nicht via Funk und damit auch nicht zum Zugführer spricht, ist daran zu erkennen, dass ZF noch parallel spricht (siehe Z. 1).

Z. 7). Dies bestätigt AT1FM1 und beginnt mit der Umsetzung dafür üblicher Handlungsmuster (Person ansprechen etc.; siehe Z. 9 und Z. 11). Parallel dazu informiert AT1FM2 den Zugführer über den Stand der Mission und fordert einen weiteren Feuerwehrtrupp zur Hilfe an (Z. 10 und Z. 13–16), was der Zugführer bestätigt (Z. 17–18). Daraufhin beginnt AT1FM1 mit der Aushandlungssequenz zur Ortsmarkierung mit einer LANDMARKE (ab Z. 19), indem er fragt ‚willste hier auch ne marke haben?‘ (Z. 19). Er erfragt also, ob dieser Ort überhaupt mittels einer LANDMARKE gekennzeichnet werden soll, was AT1FM2 mit ‚ja machen wir es einfach mit rot.‘ (Z. 22) kommentiert. Das heißt, in dieser Situation erscheint dem Truppführer die Kennzeichnung des Ortes als besonderen bzw. Gefahrenort (und damit als Raum) sinnvoll, aber er hält keine Erweiterung bzw. Spezifizierung der Grundsemantik für angebracht. Was sind also die situationalen Unterschiede zum vorangegangenen Ausschnitt? Erstens handelt es sich bei dem Auffindungsort nicht um einen eng eingegrenzten Ort innerhalb einer abgeschlossenen Räumlichkeit, sondern um einen freien Platz innerhalb einer Tiefgarage. Zweitens ist ein zweiter Feuerwehrtrupp zur Hilfe gerufen worden, der möglichst schnell zu diesem Ort gelangen soll.[381]

In der letzten Sequenz dieses Ausschnitts gibt AT1FM2 den Stand der Mission durch (Z. 39) und weist darauf hin, dass sie ‚die stelle mit landmarke rot markiert‘ (Z. 40) haben, so dass der Raum nicht nur für den anwesenden Trupp, sondern auch für den Zugführer und den zweiten Trupp (der ebenfalls ein Funkgerät mit sich führt und somit prinzipiell mithören kann) lesbar ist (also auch für die Akteure im äußeren Interaktionskreis).

In diesem Ausschnitt scheinen die LANDMARKEN zunächst eine geringere (kommunikative) Bedeutung zu haben, da die sie aufgreifende Artikulationsarbeit und der Aushandlungsprozess weniger umfangreich erscheinen, dennoch wird ihre Bedeutsamkeit für den Einsatz mit der Meldung an den Zugführer (Z. 40) unterstrichen. Die geringere Artikulationsarbeit ließe sich also auf folgende Möglichkeiten zurückführen: 1. Die Handlungspraxis im Umgang mit den LANDMARKEN ist bereits (mehr oder weniger) routiniert. 2. Durch das bestimmtere Auftreten des Truppführers AT1FM2 verkürzt sich eine mögliche Aushandlungssequenz. 3. Die aktuelle Notfallsituation (Auffinden der vermissten Person) stellt kommunikative Handlungen hinsichtlich der Ortsmarkierung zurück. Die dritte Möglichkeit erscheint mir allerdings aus zwei Gründen weniger wahrscheinlich: Erstens lag derselbe Notfall auch im zuvor analysierten TA53 vor, und zweitens handelt es sich um eine Übung (und nicht um eine echte verletzte Person), bei der die Verwendung der LANDMARKEN prinzipiell im Mittelpunkt steht. Insbesondere die erste und zweite Möglichkeit sollen im weiteren Verlauf der Untersuchung überprüft werden. Jedenfalls lässt sich für diesen Ausschnitt konstatieren, dass eine mögliche Funktion der Relevantsetzung von Anschluss-

---

[381] Ob auch eine der beiden Bedingungen für diese Handlungsweise ausreichen würde, lässt sich anhand des Datenmaterials nicht nachweisen (auch in den nachfolgenden Ausschnitten liegen beide Bedingungen vor), aber es lässt sich eindeutig nachweisen, dass diese situativen Kontexte zu einer entsprechend modifizierten Vorgehensweise führen, in der rote LANDMARKEN (Grundbedeutung: ‚Gefahr‘) zur Kennzeichnung des Ortes dienen, an dem Personen aufgefunden werden.

kommunikation und/oder Irritationsfunktion der neuen technischen Medien hier weniger prominent ist und ihr Charakter als Symbolsystem (über mehrere Interaktionskreise) in dieser Situation dominiert.

Die Interaktionsordnung in diesem Ausschnitt ist etwas umfangreicher als in vielen weiteren, denn erstens lassen sich – wie oben bereits angeführt – ein innerer Interaktionskreis (die drei Feuerwehrleute des ersten Angriffstrupps) von einem äußeren (innerer Kreis plus Zugführer und alle weiteren via Funk verbundenen Akteure) unterscheiden, zweitens gibt es eine Interaktion im äußeren Kreis, deren primäre Akteure der Zugführer sowie der zweite Angriffstrupp (genauer: dessen Truppführer mit Funkgerät) sind, und drittens besteht der innere Interaktionskreis diesmal aus drei statt zwei Interaktanten. Die Interaktionskonstellationen lassen sich im Falle der Kommunikationen im äußeren Interaktionskreis (jedenfalls im Gesprächsinitiierungs- sowie dem Antwortturn) an der expliziten Selbstbenennung der Sprecher und im Initiierungsturn an der expliziten Adressierung (z. B. ‚zugführer für angriffstrupp‘, Z. 10) erkennen.

Die LANDMARKEN stellen in diesem Ausschnitt erneut das einzige kommunikativ verhandelte ‚sign in place‘ dar. Hier steht weniger ihre Funktion als Codesystem im Vordergrund (‚einfach mit rot‘, ohne weitere Begründung und/oder Aushandlung) als ihre Markierungsfunktion, mit der der Ort zwar auch indirekt (als Raum) charakterisiert wird, aber v. a. der Ort als Endpunkt ihrer Personensuche gekennzeichnet wird, zu dem der nachfolgende Trupp möglichst schnell gelangen sollte. Obwohl die Grundsemantik der roten LANDMARKEN vornehmlich mit einer räumlich situierten (wenn auch nicht dezidierten) Gebrauchsanweisung[382] einhergeht, scheint diese Funktion ortsfester Zeichen für die auslegenden Akteure hier nicht von primärer Bedeutung zu sein. Nach Schmauks lässt sich hier insbesondere die Ortsangabe als primäre Zeichenfunktion konstatieren.

Die Verwendung der LANDMARKEN weist bislang keine einheitliche Praxis auf und es stehen nicht einmal jeweils die Funktionen im Vordergrund, die die Grundsemantik der jeweiligen LANDMARKEN nahelegen. Allerdings erklärt AT1FM2 in den Zeilen 46–48 explizit die nachfolgende Einsatztaktik, sich auf dem Rückweg ‚nach den landmarken zu orientieren dass [… sie] schnellstmöglich den weg finden.‘. Das heißt, er deklariert die Navigation via LANDMARKEN zur effizienteren Form der Rückkehr zum Ausgang – im Gegensatz zur herkömmlichen Praxis. Er unterstreicht damit nicht nur die Bedeutung der neuen technischen Medien für die Akteure in diesem Einsatz, sondern betont zudem deren Effizienz. Damit werden die Vorteile der LANDMARKEN in diesem Entwicklungsstadium und an dieser Stelle der Einsatzpraxis von den Akteuren erstmals selbst hervorgehoben.

Im folgenden TA55 wird eine zweite Person gefunden, obwohl nur eine Person als vermisst gemeldet worden ist. Da die Feuerwehrleute nur eine Person bergen können, verlassen sie mit der ersten Person den Einsatzort und markieren den Ort für einen zweiten Feuerwehrtrupp, den sie anfordern, um die zweite Person zu retten.

---

[382] Die Gebrauchsanweisung stellt Auers dritte Funktion von ortsfesten Schriftzeichen dar (siehe Unterkapitel 2.1).

TA55 eine zwEIte person gefunden (W8Ü2-101208-TG)

```
001 AT1FM2 ich hab hier noch ne zwEIte perso:n.
002 AT1FM3 wie:?
003        wie ne zwEIte perso:n?
004 AT1FM2 hier is ne zwEIte perso:n.
005 AT1FM3 ich denk is EIne person vermisst,
006        (1.5) wO denn?
007        <<f>hallo:->
008 AT1FM1 [hallo.]
009 AT1FM2 [hier. ]
010        (-) zUgführer für angriffstrupp,
011 ZF     zugführer hört;
012 AT1FM2 jA weitere rückmeldung-
013        wir haben eine zwEIte person gefunden.
014        (-) ich wiederhole-
015        wir haben eine zwEIte person gefunden.
016 AT1FM3 ist die person [ansprechbar,   ]
017 ZF                    [ja verstanden.]
018        sie haben eine zwEIte person gefunden,
019 AT1FM2 wir bringen jetzt EIne person rAUs und markieren den
020        pUnkt mit (xxx) rOten lAndmarke nummer sEchs.
```

Hier wird – wie im vorangegangenen TA54 – der Ort der Personenauffindung mittels einer roten *LANDMARKE* markiert. Allerdings hat dieser Ort eine größere Bedeutung für den Einsatz, denn es handelt sich nicht nur um den durch den ersten Trupp zuletzt durchsuchten Bereich, sondern um den Ort, an dem sich eine weitere Person befindet, die möglichst schnell gerettet werden muss. Dass dies eine hohe (einsatztaktische) Bedeutung hat, wird bereits an der vielfachen Wiederholung der Information ersichtlich (,*zwEIte person*', Z. 1, 3, 4, 13, 15), was v. a. auf den Umstand zurückzuführen ist, dass niemand der Feuerwehrleute des Trupps mit einer zweiten Person im Gefahrenbereich gerechnet hat. Es steht somit zwar auch die Ortsangabe, aber insbesondere die Charakterisierung des Ortes sowie die damit verbundene Gebrauchsanweisung im Vordergrund, denn für den nachfolgenden Trupp ist mit dem Auffinden dieser roten *LANDMARKE* die Handlungsanweisung verbunden, in unmittelbarer Nähe dieser Ortsmarkierung die zweite verletzte Person zu suchen (siehe TA56). Eine Besonderheit in diesem Ausschnitt stellt die kommunikative Spezifizierung der Markierung mittels numerischer Angabe dar (,*… markieren den pUnkt mit (xxx) rOten lAndmarke nummer sEchs.*', Z. 19–20), die AT1FM2 in der Kommunikation mit dem Zugführer im äußeren Interaktionskreis ergänzt. Dazu ist es erforderlich, zu wissen, dass die Feuerwehrleute in diesem Setting die Möglichkeit haben, einzelne *LANDMARKEN* direkt von einem mitgeführten Bedienelement aus anzusteuern, ihre Nummerierung auszulesen und die Objekte akustisch reagieren zu lassen. Somit dient die numerische Spezifizierung der Erleichterung des Auffindens und der Vereindeutigung der Ortsangabe (siehe TA56) insbesondere für den nachfolgenden Feuerwehrtrupp. Der Symbolcharakter der *LANDMARKEN* wird damit unterstrichen und das ausgelegte Ortsmarkierungszeichen dient vor allem zur Lösung des Standortproblems.

Der nachfolgende Ausschnitt gibt einen Einblick in eine TA55 nachfolgende Gesprächssequenz. Die Feuerwehrleute des Sicherheitstrupps erreichen den Ort, den der erste Angriffstrupp zuvor markiert hat.

TA56 (hier wird es) rO:t (W8Ü2-101208-TG)

```
001 STFM1 (siehste hier wird es) rO:t;
002 hier müssen-
003 wir müssen bald da sein (xxx).
004 (5.0) hier ist es hIEr.
005 (1.0) zugführer sechs für den rettungstrupp kommen.
006 ZF zugführer hört rettungstrupp kommen.
007 STFM1 ja wir ham die person gefunden-
008 wir gehn jetzt mit crashrettung unter mithilfe der
009 landmarken zurück zum AUsgang kommen,
010 ZF ja verstanden-
011 dann sind jetzt bEIde trupps mit einer zu rettenden
012 person auf dem weg zum aus-
013 STFM1 ja;
```

Hier lässt sich beobachten, wie Akteure kommunikativ das Erreichen einer zuvor als relevant markierten Stelle bearbeiten. Der zweite Feuerwehrtrupp nimmt eine diffuse rote Umgebung wahr (‚*(siehste hier wird es) rO:t;*‘, Z. 1) und schlussfolgert daraus – über den implizit inferierenden Zwischenschritt, dass sie mit dem Auffinden einer roten LANDMARKE und damit des darin eingeschriebenen ‚Zeichendiskurses‘ die gesuchte Position erreicht haben – ‚*hier müssen- wir müssen bald da sein*‘ (Z. 2–3). Schließlich findet ein Akteur die Person und macht darauf mittels des Lokaldeiktikums mehrfach und betont aufmerksam (‚*hier ist es hIEr.*‘, Z. 4). Die rote LANDMARKE dient den Akteuren also als Ortsangabe und Hinweis auf die zu erreichende Stelle im Gebäude. Anschließend geben sie dem Zugführer durch, nun so schnell wie möglich (‚*mit crashrettung*‘, Z. 8) ‚*unter mithilfe der landmarken zurück zum Ausgang*‘ (Z. 8–9) zu gehen. Das heißt, sie geben an, die ausgelegten LANDMARKEN des vorangegangenen ersten Angriffstrupps als Direktionalisierungshinweise für eine Route zu nutzen, um schnellstmöglich ‚*zurück zum AUsgang*‘ (Z. 9) zu gelangen, anstatt sich am möglicherweise verwickelten Schlauch zu orientieren. Danach bestätigt der Zugführer den aktuellen Stand der Mission beider Trupps (Z. 10–12), was ST1FM1 seinerseits bestätigt (Z. 13) und damit diese Gesprächssequenz abschließt.

Zur Verwendung der LANDMARKEN lässt sich festhalten, dass sie, wie bereits zum vorangehenden Ausschnitt erläutert, als allgemeine Landmarken und Gebrauchshinweise sowie zur Charakterisierung der Orte dienen (auch den ‚lesenden‘ Akteuren), was in dieser Eindeutigkeit nur möglich ist, weil neben der ‚Kommunikation‘ via LANDMARKEN noch Funkkommunikation stattgefunden hat, in der die Ortsmarkierungen erläutert wurden: Eine Person wurde an dem Ort gefunden, der mit einer roten LANDMARKE markiert war. Es wird also via visueller Wahrnehmung des spezifischen Zeichens der zuvor kommunizierte Zeichendiskurs aufgerufen und eine passende Schlussfolgerung gezogen, die sich in einer dezidierten neuen Handlungspraxis (gezielte Personensuche in unmittelbarer Umgebung) manifestiert.

Im folgenden Ausschnitt derselben Übung greifen die Akteure sowohl auf herkömmliche als auch auf neue Medien für Orientierungszwecke zurück. Sicherheit hinsichtlich ihrer räumlichen Situierung und zur Lösung von Richtungsproblemen erlangen sie erst aus der Kombination beider Ressourcen.

TA57 hier is der schlAUch- dA is ne grüne (W8Ü2-101208-TG)

```
001 AT1FM2 (2.0) dA is die grüne landmarke.
002 AT1FM3 (1.0) okay,
003        (2.0) (hÖrst du die) lAndmarke Andre,
004 AT1FM2 bittE?
005 AT1FM3 hörst du die zwEIte?
006 AT1FM2 (2.0) zIEmlich lEIse.
007 AT1FM3 (3.0) hier is auch der schlauch-
008 AT1FM2 bittE?
009 AT1FM3 wir sind an de schlauch-
010        hIEr is der schlauch.
011 AT1FM2 ja.
012 AT1FM3 vo:rsicht hier-
013 AT1FM2 vorsicht hier ist (xxx);
014        (xxx) wir müssen weiter nach rEchts;
015        (1.0) noch en bisschen wEIter rechts-
016        mOment-
017        (2.5) okay,
018 AT1FM3 (1.0) hier is der schlAUch-
019        dA is ne grüne landmarke.
020 AT1FM2 ja.
```

Zunächst nimmt AT1FM2 visuell *‚die grüne landmarke'* (Z. 1) wahr und kommuniziert dies. Mit dem bestimmten Artikel gibt er zudem indirekt (grammatikalisch indexikalisiert) zu verstehen, dass es sich dabei um die gesuchte LANDMARKE handelt. Da es sich bei der gesuchten um *‚die zwEIte'* (Z. 5) LANDMARKE des vorangegangenen Trupps handelt und die Akteure des zweiten Angriffstrupps diese als Markierung des anvisierten Zielortes zuvor ausgewählt und ertönen haben lassen, erfragt AT1FM3 zusätzlich zur angegebenen Farbe noch das akustische Signal (*‚(hÖrst du die) lAndmarke'*, Z. 3). Dies bestätigt AT1FM2 mit *‚zIEmlich lEIse'* (Z. 6), womit er zugleich (erneut indirekt) die durch AT1FM3 implizierte Unsicherheit hinsichtlich der eindeutigen Identifizierung der gesuchten Markierung thematisiert und ausräumt. Im Anschluss stößt AT1FM3 auf den Schlauch des vorangegangenen Trupps, was er mehrfach erwähnt und damit die Bedeutung des Schlauches als Navigationsressource (zumindest für ihn) illustriert (siehe Z. 7, 9, 10, 18). Aus der Kombination von LANDMARKE und Schlauch (*‚hier is der schlAUch- dA is ne grüne landmarke'*, Z. 18–19) folgern schließlich beide, den anvisierten Zielort erreicht zu haben.

Damit übernimmt die LANDMARKE in diesem Interaktionssegment zwei Funktionen: Erstens dient sie als Mittel zur Relevantsetzung von Anschlusskommunikation über den Ort, und zweitens dient sie als Orientierungs- und Navigationsressource (siehe Z. 18–19). Diese zweite Funktion erfüllt sie allerdings – zumindest für einen der beiden Akteure (AT1FM3) – erst im Zusammenspiel mit dem herkömmlichen und ebenfalls zur Verfügung stehenden Medium, dem zuvor ausgelegten Schlauch. Dass die LANDMARKEN als neues Navigationsmedium für beide Akteure eine unterschiedlich hohe Bedeutung haben, kann in diesem Gesprächssegment aus der primär kommunizierten Referenz geschlossen werden[383] sowie aus der Verwendung des Artikels für die Referenzierung auf die visuell wahrgenommene LANDMARKE: AT1FM2 beschreibt ‚die grüne landmarke‘ (Z. 1) und AT1FM3 erwähnt erst den Schlauch und dann ‚ne grüne landmarke‘ (Z. 19). Die Farbbezeichnung spielt v. a. insofern eine wichtige Rolle, als der vorangegangene Trupp nur eine einzige ‚grüne landmarke‘ ausgelegt hat und damit mittels Farbbenennung, also durch das ‚visual semiotic‘, eine Biunikalität hergestellt wird.

5.5.2 Erkenntnisse aus Phase IV: Kommunikation über das neue Symbolsystem

Ausgelöst durch den Fund einer verunfallten Person oder eines Feuers erfolgt in der vierten Einsatzphase die Beschäftigung mit der Person resp. dem Feuer und im Anschluss daran eine Diskussion um die angemessene Ortsmarkierung (je nach Ereignis bzw. Fund) im inneren Interaktionskreis (‚willst du jetzt hier ne rO:te oder wat legen, weil hier der brAnd drin wA:r?‘, TA52). Danach erfolgen die Auslegung und die Meldung über die Markierungshandlung über Funk an den Einsatzleiter im äußeren Interaktionskreis (‚haben die stelle mit landmarke rot markiert‘, TA54). Die LANDMARKEN dienen dabei im inneren Interaktionskreis v. a. als Mittel der Relevantsetzung für eine gemeinsame Reflexion über den Fundort und dessen einsatztaktische Bedeutung. So kann es sich bei dem Fundort z. B. um einen nicht weiter relevanten Ort handeln (‚hier is doch nix besonderes‘, TA53) oder um den Ort, zu dem ein nachfolgender Trupp möglichst schnell gelangen soll, weil sich dort eine weitere Person befindet, die gerettet werden muss (‚haben die stelle mit landmarke rot markiert‘, TA54). Außerdem offenbart die Kommunikation über das Zeichensystem zugleich die Medienaneignungskommunikation im Rahmen der Begründungshandlungen (z. B. ‚ich weiß nicht wie wir das ma hand- haben möchte‘ und ‚wenn wir hier jetz zwEI ro:te setzen- (1.0) nicht dass das- (-) zur verwEchselung führt mit dem rAUm den wir eben markiert haben.‘, TA52) und eröffnet die Möglichkeit, den basalen Code des Symbolsystems quasi-syntaktisch zu erweitern (siehe TA52) und in dem Zug Präzedenzfälle auszuhandeln (siehe TA52), die dann im weiteren Verlauf der Einsatzübung als Folie für bestimmte Handlungen dienen (können) und nicht erneut aufwändig ausgehandelt werden müssen (siehe die Kennzeichnung verschlossener Türen in den Einsatzübungen W9Ü1 bis W9Ü3). Somit gibt es zu Anfang jeder Einsatzübung vielfach noch Artikulationsarbeit bzgl. des Symbolsystems[384] und im jeweils späteren Verlauf der Einsatzübungen[385] mehrfach ‚me-

---

[383] AT1FM2 thematisiert den Schlauch nicht, wohingegen AT1FM3 diesen gleich dreifach erwähnt.

[384] Es geht um die Frage, wie das Symbolsystem verwendet und ggf. erweitert werden sollte, im Rahmen eines „looking at the media“ (Jäger 2004b, S. 60, Unterkapitel 2.3 und TA52).

[385] Das betrifft vor allem die späteren Einsatzübungen/Workshops.

dien-transparente' Kommunikation mittels der neuen Kommunikationsform[386] (siehe ,*(hier wird es) rO:t; hier müssen- wir müssen bald da sein*', TA56). Mit technologischem Fokus spricht Dourish (in Anlehnung an Heidegger) nicht von ,transparenten' Technologien, sondern von „absorbed coping", innerhalb dessen Technologie „disappears", und das damit verbundene Handeln charakterisiert er als „acting through technology" (siehe Dourish 2004, S. 109).

Je nach Interaktionskreis unterscheiden sich in dieser vierten Einsatzphase die ausgetauschten Informationen und die räumlich situierten Referenzierungshandlungen. Des Weiteren dienen die LANDMARKEN als Gebrauchsanweisungen für den Ort (z.B. konkret dort nach der zweiten Person zu suchen, wie in TA56) und weisen einen idiosynkratisch differenzierten Stellenwert als Navigationsressource auf. Das bedeutet, dass sie zur für alle Akteure verlässlichen Ressource erst durch die Kombination mit herkömmlichen Navigationsmedien werden (siehe TA57).

5.6 Phase V: Rückweg

5.6.1 Raumkonstitution auf dem Rückweg ohne LANDMARKEN

Zu Fragestellungen hinsichtlich der herkömmlichen Raumkonstitution von Feuerwehrleuten auf dem Rückweg von ihrem primären Einsatzort gibt der nachfolgende Ausschnit Hinweise. Die Feuerwehrleute besprechen nach der Aufforderung, das Gebäude aufgrund ihres verbrauchten Luftvorrates (50 Prozent) wieder zu verlassen, das weitere Vorgehen für den Rückweg. Dabei geht es ihnen insbesondere um die einzuschlagende Richtung, um möglichst schnell wieder aus dem verrauchten Gebäude zu gelangen.

TA58 auf glEIchem wege wieder zurück (W6Ü2-100518-TG)

```
001 AT1FM1 öffnen lassen.
002 AT1FM2 (3.0) (...)
003        da is (xxx) lIcht.
004        (2.0) rOnald?
005 AT1FM1 ja,
006 AT1FM2 da biste.
007        gib mir ma deine hAnd.
008 sit    AT1FM1 zeigt mit dem Arm von AT1FM2 in Richtung des
009        offenen Tores.
010 AT1FM1 ja.
011 AT1FM2 (1.0) in dIE richtung ist licht.
012 AT1FM1 ja dat sEh ich-
013        da hast du recht.
014 AT1FM2 (von da) sin ma rEIngekommen ja?
015 AT1FM1 da sind wa-
016        wir sitzen jetzt genAU
```

---

[386] Dieser Medienbezug lässt sich gewissermaßen als ein „looking through the media" (Jäger 2004b, S. 60 und Unterkapitel 2.3) charakterisieren.

```
017 ZF      [angriffstrupp von zugführer kommen.]
018 AT1FM1  [auf der gegenüberliegenden sei:te. ]
019         ja pass ma auf-
020 AT1FM2  warte ma ich muss ma gerade (xxx xxx).
021         angriffstrupp hört.
022 ZF      seid ihr auf dem rückzug?
023 AT1FM2  wir begInnen jetzt den rÜckzug.
024 ZF      vErstanden;
025 AT1FM1  (...) sin ma ma dat tor reingegangen hier-
026 sit     AT1FM1 zeigt hinter sich in Gegenrichtung zum Licht.
027 AT1FM1  dat is ja-
028         wär ja prAktisch;
029 AT1FM2  zUgführer für angriffstrupp eins.
030         (7.0) <<f>zUgführer für angriffstrupp eins.>
031 ZF      kOmmen.
032 AT1FM2  ja wir sind hier an einer stelle wo vermutlich ein
033         to:r ist über <<rall>welches wir die garage
034         verlassen könnten;>
035         besteht die möglichkeit dieses tor zu öffnen?
036 ZF      (3.0) das nicht bekannt.>
037         ist die tÜre vErschlossen,
038 sit     „ist die" ist auf der Gegenseite nicht zu hören.
039 AT1FM2  okay dann kommen wir auf glEIchem wege wieder
040         zurück.
041 ZF      ja richtig.
042 AT1FM2  okay-
043         auf gleichem wege;
```

Hier stehen Orientierung und Wegauffindung kommunikativ im Vordergrund. Dabei erfolgt die kommunikative Konstitution des Einsatzortes multikodal und multimodal sowie über unterschiedliche Interaktionskreise.

Zu Beginn greifen die Akteure im inneren Interaktionskreis erst auf sprachliche und visuelle Informationen (‚*da is (xxx) licht.*', Z. 3) und dann auf sprachliche und haptische Informationen (Berührungen und gemeinsame Zeigegesten) zurück (‚*da biste. gib mir ma deine hAnd.* [...] *in dIE richtung ist licht.*', Z. 6–11), um eine gemeinsame (Tandem-)Perspektive[387] und damit auch gemeinsame räumlich situierte Orientierung herzustellen. Sie vergegenwärtigen sich haptisch der Anwesenheit im Nichtzeichenraum (begleitet vom dafür typischen Lokaldeiktikum ‚*da*') und führen gemeinsam eine Zeigegeste durch, deren Referenzierungsobjekt schließlich auch als visuell wahrgenommen bestätigt wird (‚*ja dat sEh ich*-', Z. 12).[388] Dann nutzen sie die lokaldeiktisch eingeleitete Direktionalisierungsangabe ‚*(von da) sin ma rEIngekommen ja?*' (Z. 14) zur relativen Standortbestimmung ‚*wir sitzen jetzt genAU auf der gegenüberliegenden sei:te.*', Z. 16 und Z. 18).

---

[387] *Tandem-Perspektive* bezeichnet die gemeinsame Blick- und Rumpfausrichtung zu einem Objekt hin (siehe Unterkapitel 2.2).

[388] An dieser Gesprächssequenz lässt sich auch ablesen, wie gut resp. eingeschränkt die Sicht der Feuerwehrleute ist: Sie können (aufgrund der mit Folien verklebten Masken) lediglich schemenhaft diffuse Lichteindrücke wahrnehmen.

Die anschließende ‚*rückzug*'-Anfrage bestätigen sie mit der Angabe, dass dieser ‚*jetzt*' eingeleitet wird (Z. 23). Sie nutzen also das Temporaldeiktikum ‚*jetzt*' – wie häufig zu beobachten (siehe z. B. TA27) – zur verbalen Markierung eines Verhaltens, das bereits geplant ist und unmittelbar vor der Umsetzung steht. Die nächste Sequenz lässt sich nur unter Einbezug spezifischer Wissensressourcen auf Seiten der Akteure sinnvoll interpretieren. Dazu gehören Hintergrundinformationen, die sich nicht alleine aus der Gesprächssequenz ableiten lassen: Durch die visuelle Wahrnehmung eines diffusen Lichts in einiger Entfernung schließen sie darauf, 1. dass dort ihr Eingangsbereich liegt und 2. dass unmittelbar hinter ihnen das Zufahrtstor zur Tiefgarage liegen muss, über das sie in einem vorherigen Einsatz einmal in die Tiefgarage vorgegangen sind (‚*sin ma ma dat tor reingegangen hier*', Z. 25). AT1FM1 greift somit auf räumlich situiertes Erfahrungswissen zum Zwecke der Orientierung zurück. Er schließt aus der Erfahrung (und ohne unterstützende visuelle oder haptische Informationen), dass diese Tiefgarage einen Treppenzugang für Personen und einen diesem diametral gegenüberliegenden Rampenzugang für Autos aufweist, dass sie die Tiefgarage über den oben aufgeführten Treppenzugang betreten haben und sich nun in unmittelbarer Nähe des Rampenzugangs befinden müssten. Laut AT1FM1 ‚*wär* [dies] *ja prAktisch*' (Z. 28) für sie, weil sie dann ‚*über* [... *das Tor*] *die garage verlassen könnten*' (Z. 33–34). Die nachfolgende Skizze soll helfen, die Reaktion des Zugleiters angemessen einschätzen zu können.

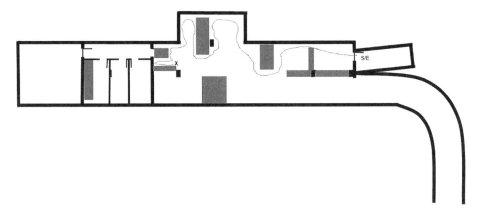

Abb. 30: Skizze zur Position des ersten Angriffstrupps (siehe ‚X') ab Zeile 1 ff.

Wie man anhand der Skizze nachverfolgen kann, haben die Feuerwehrleute nicht – wie AT1FM1 annimmt – die Tiefgarage über das der Rampe diametral gegenüberliegende Treppenhaus betreten, sondern über das Treppenhaus, das neben der Rampe liegt. Somit nehmen sie auch nicht ihren Eingangsbereich visuell wahr, sondern die Rampe neben ihrem Eingangsbereich, die AT1FM1 an der Seite der Tiefgarage verortet, an der sie sich aktuell (‚X') befinden (‚*ja wir sind hier an einer stelle wo vermutlich ein to:r ist ...*', Z. 32–33). Es lässt sich an dieser Stelle nur spekulieren, dass sie möglicherweise der Umstand irritiert hat, dass die Tür zum zweiten (diametral gegenüberliegenden und nun bei ihnen liegenden Treppenhaus) verstellt ist (siehe das graue Rechteck vor der Tür zum

Treppenhaus neben ‚X‘ in Abb. 30). Jedenfalls antwortet der Zugführer auf die Frage, ob ‚*die möglichkeit* [*besteht*] *dieses tor zu öffnen?*‘ (Z. 35) zunächst mit ‚*das nicht bekannt*‘ und ergänzt die Frage ‚*ist die tÜre vErschlossen,*‘ (Z. 37), womit er indirekt zur Korrektur der kognitiven Karte von AT1FM1 anregt. Allerdings sorgen erstens die nur leicht steigende Intonation am Turnende und zweitens die rezipientenseitig fehlende Wahrnehmung der ersten beiden Wörter der Funkkommunikation dafür, dass dieser Turn vom Zugführer nicht eindeutig als Frage erkennbar wird. So wird keine Anschlusskommunikation angeregt, in der die kognitive Karte durch die Aushandlungssequenz berichtigt wird. AT1FM2 nimmt an der Bezeichnung ‚*tÜre*‘ (Z. 37) trotz Betonung keinen Anstoß, sondern akzeptiert (‚*okay*‘, Z. 39) die vermeintliche Aussage, dass diese ‚*vErschlossen*‘ sei und schlussfolgert daraus das weitere Vorgehen (‚*dann kommen wir auf glEIchem wege wieder zurück.*‘, Z. 39–40). Da es sich bei dem vorgeschlagenen um das vom Zugführer präferierte Vorgehen handelt und er offensichtlich die Aushandlung hinsichtlich der Ortsvorstellung seitens AT1FM1 nicht als übergeordnetes Ziel betrachtet, fordert er keine weitere Kommunikation hinsichtlich der Ortsvorstellung ein, sondern bestätigt das Vorgehen (‚*ja richtig.*‘, Z. 41), womit er die Gesprächssequenz beendet. Meines Erachtens stellt diese Sequenz ein Beispiel für Cicourels Ergänzung der Schützschen Basisregeln[389] dar, und zwar für die „Indexikalitätstoleranz“ (siehe Patzelt 1987, S. 84 ff.) inkl. dem „let-it-pass“-Prinzip, dem „filling-in“-Grundsatz, der „unless“-Regel sowie der „retrospektiv-prospektiven Interpretation“, da die Interaktanten nicht auf vollständige Erläuterungen und Korrekturen bestehen, sondern nur die für sie besonders relevanten Informationen interaktiv aushandeln, wie sie für das unmittelbar bevorstehende Handeln und die damit verbundene primäre Aufgabe (den Rückweg antreten) erforderlich sind.

Nach der ‚Indexikalitätstoleranz‘ bzw. der „Et-Cetera-Regel“ (Müller 2001, S. 1201 f.) neigen Gesprächsteilnehmer zur Generierung eines vorläufigen Gesamtsinns oder bestimmter Teilbedeutungen, selbst wenn diese zum aktuellen Zeitpunkt noch nicht gerechtfertigt sind. Ohne diese Annahme müssten Gespräche einer ständigen Stockung ausgesetzt sein, weil ununterbrochen Klärungen vorgenommen werden müssten. Somit erleichtert dieses Prinzip die reibungslose Kommunikation. Zumindest bis zu einem Punkt, an dem sich eine vermutete Bedeutung als falsch erweist und keine Alternative zur Verfügung steht. Dann wäre es zur Verständnissicherung unbedingt notwendig, auf Klärung zu bestehen. Diese Regel wird noch einmal in vier Untergruppen aufgegliedert: Das „let-it-pass“-Prinzip (ebd.) (a) besagt, dass nicht eindeutige oder sinnlos erscheinende Aussagen zunächst unangefochten bleiben, um den Kommunikationsablauf nicht zu stören und darauf zu vertrauen, dass sich eine Auflösung im weiteren Gesprächs-

---

[389] Zu Schütz' Basisregeln zählen neben der „Generalthese der Reziprozität der Perspektiven […] zwei weitere Idealisierungen […] (1) jene der Vertauschbarkeit der Standpunkte […] [und] (2) jene der Kongruenz der Relevanzsysteme“ (Müller 2001, S. 1201). Diese beiden Idealisierungen, die als Unterpunkte der Generalthese gelten, führen dazu, dass erstens beide Gesprächsteilnehmer in einem Dialog davon ausgehen, dass der jeweils andere die gleichen Aspekte wahrnimmt und dieselben Typisierungen vornimmt, und zweitens, dass beide Gesprächsteilnehmer die Tatsache ausblenden, mit unterschiedlichen Erfahrungen und Biografien ausgestattet zu sein.

verlauf ergibt. Nach dem „filling-in"-Grundsatz (ebd.) (b) werden semantisch unter- oder gänzlich unbestimmte Inhalte zunächst vom Hörer selbst indexikalisiert. Der „unless"-Regel (ebd.) (c) folgend wird auf bestimmte Informationen nicht insistiert, in der Annahme, diese seien zum Gesamtverständnis nicht zwingend notwendig. Die „retrospektiv-prospektive Interpretation" (ebd.) (d) unterstellt den Interaktanten, sich sowohl bewusst zu sein, dass sich Unklarheiten im weiteren Verlauf auflösen, als auch, dass sich hypothetisch vorgenommene Sinnkonstitutionen im Nachhinein als Fehlinterpretationen erweisen können. Damit erhält das Gespräch im Ganzen einen stets vorläufigen und vagen Charakter, der aber z. B. nach Garfinkel für die Sinnkonstitution in Alltagsgesprächen als unbedingt notwendig gilt.

In TA58 fällt hinsichtlich der Raumkonstitution die Verwendung des Lokaldeiktikums ‚da' auf, das stets hic-deiktisch[390] verwendet wird, aber auf unterschiedliche topologische Regionen bezogen wird: 1. auf die Fernumgebung (‚da is (xxx) lIcht.', Z. 3 und ‚(von da) sin ma rEIngekommen ja?', Z. 14), 2. auf die proximale Umgebung (‚da biste', Z. 6) und 3. auf den Kodierort (‚da sin wa-', Z. 15). In Zeile 11 wird da direktional paraphrasiert mit ‚in dIE richtung ist licht.', was allerdings nur verständlich wird, weil die beiden Akteure eine gemeinsame Zeigegeste ausführen. Der gemeinsame Nichtzeichenraum zeichnet sich hier also v. a. durch einen gemeinsamen haptischen und einen rudimentär visuellen Wahrnehmungsraum aus. Aufgrund der gemeinsam hergestellten visuellen Orientierung in der Tandem-Perspektive lässt sich auch eine Ortsangabe wie ‚auf der gegenüberliegenden sei:te' (Z. 18) zur Charakterisierung des gemeinsamen Kodierortes sinnvoll verwenden, wobei dann der Eingangsbereich als Lokalisator dient, aus dessen Perspektive AT1FM1 ihre derzeitige Position beschreibt. Von dort aus wird auch das vermeintliche Tor in ihrer Nähe räumlich situiert, auf das im weiteren Verlauf (trotz der Fehlannahme) referiert wird (‚dat tor [...] hier-', Z. 25), auch wenn diese Annahme in der Gesprächssequenz mit dem Zugführer abgeschwächt wird (‚wo vermutlich ein to:r ist', Z. 32–33). Der Zugführer referiert auch konsequent auf ‚die tÜre' (Z. 37), womit er eine indirekte Korrektur der Raumkonstitution vornimmt. Allerdings besteht er – wie oben ausgeführt – nicht auf einer gemeinsamen eindeutigen Raumkonstitution. Die Direktionalisierungsangabe zum ‚rückweg' erfolgt jeweils explizit nicht-deiktisch mit ‚auf glEIchem wege' (Z. 39 und Z. 43), was allerdings vorangegangenes Handlungswissen zum Verständnis voraussetzt.

5.6.2 Status, Funktionen und Verwendung von LANDMARKEN in Phase V

Der folgende Ausschnitt ist hinsichtlich der Einsatzphasierung zwischen der IV. Phase (Personenrettung bzw. Feuerlöschen) und der V. Phase (Rückweg) situiert, aber da hier das weitere Vorgehen in der Rückweg-Phase besprochen wird, soll er zur Illustration dieser dienen. Was hier besonders deutlich wird, ist die Tatsache, dass die LANDMARKEN – auch wenn sie im Einsatz verwendet werden – nicht das Leitmedium für die Koordination und Navigation der Akteure bilden müssen.

---

[390] Siehe Unterkapitel 2.2.

TA59 müssen ma hier noch eine sEtzen (W1Ü2-090113-OG2)

```
001 AT1FM2 <<f>wir ham sie jetzt gefunden-
002        jetzt gehn wir rAUs;>
003 AT1FM1 ja;
004 AT1FM2 (1.0) nehmen wa strahlrohr mIt?
005 AT1FM1 (nä dat) lassen ma lie:gen;
006 AT1FM2 ja-
007 AT1FM1 lass liegen.
008 AT1FM2 wir gehn an dem schlAUch raus;
...
010 AT1FM2 sO tIm-
011        dann gehn wir ganz rAUs-
012        weil wir nehmen die ja jetzt mIt.
013 AT1FM1 (1.0) <<all>pass auf> müssen ma hier noch eine
014        sEtzen-
015 sit    Sie befinden sich am Wohnungseingang im zweiten
016        Obergeschoss.
017 AT1FM1 jetzt wieder?
018 AT1FM2 ˆne::;
019        (3.0) der rAUm is ja nich komplett durchsucht.
020 AT1FM1 ja-
021 sit    Sie gehen aufrecht die Treppe hinunter.
```

Zunächst konstatiert AT1FM2, dass sie die vermisste Person *,jetz gefunden'* (Z. 1) haben und das Gebäude nun verlassen (Z. 2). Diese Handlung bestätigt AT1FM1 (Z. 3). Daraufhin handeln die beiden Akteure aus, dass sie den Schlauch (genauer: dessen Ende mit dem Strahlrohr) auf dem Rückweg nicht mitnehmen (*,lassen ma lie:gen;'*, Z. 5) und AT1FM2 gibt das primäre Navigationsmedium vor (*,wir gehn an dem schlAUch raus;'*, Z. 8). Dann verlassen sie die Räumlichkeit (Z. 9) und am Wohnungseingang, also ihrem ehemaligen Zugangsbereich zum primären Einsatzort, expliziert AT1FM2 noch einmal, dass sie das gesamte Gebäude verlassen werden (*,dann gehn wir ganz rAUs-'*, Z. 11) und begründet das geplante Vorgehen damit, dass sie die verletzte Person bergen (*,weil wir nehmen die ja jetzt mIt.'*, Z. 12). Daraufhin fragt AT1FM1, ob sie *,hier noch eine [landmarke] setzen-'* (Z. 13–14) müssen. Dies verweigert der Truppführer, AT1FM2, (*,ˆne:;'*, Z. 18) und begründet seine Entscheidung mit: *,der rAUm is ja nich komplett durchsucht.'* (Z. 19), was AT1FM1 akzeptiert (*,ja-'*, Z. 20). Zur Erinnerung: Die beiden Feuerwehrleute sind durch die Eingangstür ins Gebäude vorgegangen, haben eine (bzw. die einzige vermisste) Person gefunden und verlassen mit dieser nun das Gebäude, während ein zweiter Trupp über die Feuerleiter in ein anderes Zimmer dieser Wohnung eingestiegen ist und auf den Befehl wartet, zur Feuerbekämpfung vorzugehen. Da sie das Feuer noch nicht entdeckt haben, können sie nicht in allen Zimmern gewesen sein. Das heißt, die Wohnung ist nachweislich noch nicht vollständig durchsucht, was die Begründung dafür darstellt, die LANDMARKE, die sie am Eingang zur Wohnung gesetzt haben (eine gelbe LANDMARKE zur Kennzeichnung, dass sie den Bereich betreten haben; siehe Abb. 31) weder gegen eine andere auszutauschen noch um eine weitere zu ergänzen.

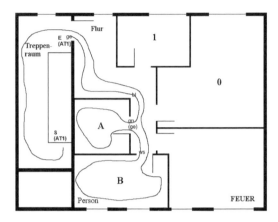

Abb. 31: AT1FM1 und AT1FM2 befinden sich in Zeile 15 an Position ‚E‘

In TA59 dienen die LANDMARKEN weder als primäres Relevantsetzungsmittel für Anschlusskommunikation noch als entsprechende Handlungsressource. Ihr Navigationsmittel, der mitgeführte und zuvor ausgelegte Schlauch, wurde nicht als primäres Zeichen der Reflexionsstufe 2 ausgelegt (im Gegensatz zu den LAND-MARKEN), sondern wird als Navigationsmedium der Reflexionsstufe 1 genutzt, d.h. der Schlauch wird entgegen seiner primären Verwendungsweise gebraucht und stellt ein Hybrid zwischen ‚visual‘ (resp. ‚haptic‘) und ‚place semiotic‘ dar.

Insgesamt besteht der Ausschnitt aus zwei Gesprächssequenzen: Erstens aus der Besprechung des Rückwegs vom Auffindungsort der Person (Z. 1–8) und zweitens aus der Besprechung der Ortskennzeichnung am Wohnungseingang (Z. 10–21). Beide Sequenzen finden im inneren Interaktionskreis statt, aber in der ersten Sequenz zeichnet sich der gemeinsame Nichtzeichenraum vornehmlich durch auditorische Perzeption und in der zweiten zudem durch visuelle Perzeption aus: Die Akteure erblicken die ausgelegte LANDMARKE, die sie zwar nicht direkt, aber indirekt thematisieren (‚*hier noch eine sEtzen- jetzt wieder*‘, Z. 13–14 und Z. 17). Auffällig ist hier der wechselnde Gebrauch der institutionell-hierarchisch bestimmten Deutungshoheit: In Zeile 2 bestimmt der Truppführer AT1FM2 das weitere Vorgehen, daraufhin erfragt er eine bevorstehende Handlungspraxis (Z. 4), im Anschluss gibt er die Navigationsressource vor (Z. 8) und erläutert das anschließende Vorgehen, bevor er auch die Ortsmarkierung begründet festlegt (Z. 19). Dieser unterschiedliche Gebrauch der hierarchischen Position der Truppmitglieder, der sich einmal in scheinbar symmetrischer und ein anderes Mal in asymmetrischer Kommunikation manifestiert, lässt sich im gesamten Datenmaterial häufig beobachten und m. E. als Hinweis darauf deuten, dass reine ‚bottom-up-Kommunikation‘ wie ausschließliche ‚top-down-Kommunikation‘ keine idealen Gesamtstrategien für Notfallbewältigungskommunikation darstellen, in der die Akteure nicht (vor-kommunikativ) davon ausgehen können, sich auf demselben Informationsstand zu befinden. Die Akteure müssen immer davon ausgehen, dass der bzw. die anderen über andere und/oder mehr resp. weniger Informationen verfügen als sie selbst. Selbstverständlich trifft dies generell auf jede Kommunikationssituation zu, aber gerade hinsichtlich Orientie-

rung und Navigation gibt der im Allgemeinen geteilte visuelle Wahrnehmungs-
raum (insbesondere inkl. Blickorientierung) häufig verlässliche Hinweise zur
Interpretation der (spezifischen) Informationen, die den Gesprächspartnern zur
Verfügung stehen.

Die Akteure entscheiden sich gegen die Möglichkeit, sich auf dem Rückweg
an den zuvor ausgelegten LANDMARKEN zu orientieren, stattdessen entscheiden
sie sich für den Schlauch als Navigationsmittel und damit für die herkömmliche und vertraute Handlungspraxis. Dies könnte darauf zurückzuführen sein,
dass es sich um den ersten Workshop mit dem neuen Medium handelt und/oder,
dass der Schlauch in diesem Szenario die ‚bessere' Zeichenressource darstellt.
Jedenfalls lässt sich resümieren, dass die LANDMARKEN in diesem TA59 keine
Wegmarkierungsfunktion übernehmen, sondern lediglich zur Raumcharakterisierung und damit auch zum Vorschlagen von räumlich situierten Gebrauchsweisen verwendet werden (hier: *Räumlichkeit noch weiter durchsuchen*), wie es die
basale Grundsemantik des Zeichensystems vorsieht.[391] Den Entwicklungsstand
darf man allerdings nicht ausblenden, denn in diesem 1. Entwicklungsstadium[392]
verfügen die neuen technischen Objekte noch nicht über eine Funktion, aus der
Ferne bedient werden zu können und z.B. akustische Signale zu senden,[393] womit
sie zwar – vergleichbar mit einer Perlenschnur – als punktuelle Zeichen für den
Rückweg gelesen werden können, aber keinen Mehrwert in der Form bieten, dass
bestimmte Ortsmarkierungen auf dem Rückweg (oder auch dem Hinweg für
nachfolgende Trupps) übersprungen werden (im Gegensatz zu TA60). Aufgrund
dieses in dieser Entwicklungsstufe noch fehlenden Mehrwerts im Vergleich zu
herkömmlichen Navigationsmedien ist die Handlungspraxis, sich eher auf diese
herkömmlichen Medien zu stützen, durchaus nachvollziehbar. Dies unterstreicht
auch Theorien sowie Beobachtungen aus dem Feld von Medienaneignungs-
praxen in unterschiedlichen Anwendungsfeldern (siehe Ayass/Gerhardt (Hg.)
2012). Auch Beobachtungen aus späteren Workshops, in denen die LANDMARKEN
multifunktional eingesetzt und mehr ihrer Kodierungsoptionen genutzt werden,
stützen diese Annahme.[394]

Im nächsten Ausschnitt lässt sich beobachten, wie die drei Feuerwehrleute des
ersten Angriffstrupps mit der verletzten Person (einer Puppe) auf ihrem Rückweg zum Ausgang sowohl auf ihre physisch-materielle Umgebung (also den Ort),
als auch auf die zuvor ausgebrachten LANDMARKEN zur Orientierung und Navigation zurückgreifen und somit den Raum ‚lesen'.

---

[391] Nur die blauen LANDMARKEN haben bereits eine Wegmarkierungsfunktion als primäre Bedeutung im Rahmen der Grundsemantik eingeschrieben.
[392] Siehe Unterkapitel 1.2.
[393] Siehe die LANDMARKEN von der 3. Entwicklungsstufe an (siehe Unterkapitel 1.2).
[394] Siehe W9Ü1–3.

TA60 links is die blaue landmarke (W8Ü1-101207-TG)

```
001 AT1FM2 (11.0) (xxx guck) ma da hinten is ne grüne
002        landmarke.
003        da können ma ja unten-
004 AT1FM3 links links [is] die blaue landmarke.
005 AT1FM1 [ja.]
006 AT1FM2 genAU.
007        [die können ma-]
008 AT1FM3 [da sin ma da sin] ma hergekommen.
009 AT1FM2 ja.
010 AT1FM1 grün blau da müssen wa hin.
011 AT1FM2 da is einma (-) an dem gitter wieder vorbei.
012 AT1FM1 warte ma,
013 AT1FM3 (1.5) oh fuck eh;
014 sit    Ziehgeräusche sind zu hören.
015 AT1FM1 ((Lachen))
016 AT1FM2 (25.0) sO hier kommt podest.
017        (5.5) warte en bisschen rechts halten.
018 AT1FM1 bittE?
019 AT1FM3 (5.0) da müssen ma von links rüber andre,
020 AT1FM2 ja.
021        (8.0) warte ma.
022        ihr müsst en bisschen rechts-
023        (.) weil ich hier noch das podest hab.
024        (-) aber is jetzt sowieso egal-
025        jetzt gehn wir sowieso drüber.
026 AT1FM3 wir müssen doch hier rüber [oder] nich?
027 AT1FM2 [ja.]
028        gib ma das bein vernünftig her.
```

Hier diskutieren alle drei Akteure über das gemeinsame Vorgehen (genauer: über die Direktionalisierung) und visuelle sowie haptische ‚Beobachtungen‘ zuzüglich aus dem Erfahrungswissen zugängliche Informationen werden kommunikativ eingebracht, um einen möglichst kurzen Rückweg nehmen zu können. Dabei spielen v. a. die auf dem Hinweg ausgebrachten LANDMARKEN hinsichtlich der Raumkonstitution und der damit verbundenen Orientierungs- und Navigationsmöglichkeiten eine wichtige Rolle. Aber dies wird nicht durch diese technischen Medien alleine erreicht, sondern nur im Zusammenspiel mit der wahrgenommenen und der erinnerten (und somit mit dem Auslegungsort verknüpften) physisch-materiellen Umgebung.

Zuerst macht AT1FM2 auf eine visuell wahrgenommene LANDMARKE aufmerksam (‚*(xxx guck) ma da hinten is ne grüne landmarke.*‘, Z. 1) und beginnt damit, daraus eine Handlungsanweisung abzuleiten (‚*da können ma ja unten-*‘, Z. 3). Dies versucht er noch ein weiteres Mal in Zeile 7, kann aber seinen Turn erneut nicht beenden, weil parallel dazu AT1FM3 das Rederecht durchsetzt. Er wird von AT1FM3 unterbrochen, der seinerseits auf eine weitere visuell wahrgenommene Markierung aufmerksam macht (‚*links links is die blaue landmarke.*‘, Z. 4). Mit dem bestimmten Artikel indiziert er dabei, dass es sich um eine ganz bestimmte LANDMARKE handelt. Dies bestätigt er auch im Anschluss, indem er das Ereignis abruft, das er mit dieser Markierung verknüpft. Diese Bedeutung ist mittels blauer *LANDMARKEN* auch im Allgemeinen kodiert: ‚*da sin ma herge-kommen.*'. Diese Inferenz bestätigt AT1FM2 (‚*ja.*', Z. 9) und AT1FM1 fasst sehr viel unspezifischer zusammen: ‚*grün blau da müssen wa hin.*' (Z. 10) Damit infe-riert er allgemein und implizit, dass sie sich auf dem richtigen Weg befinden und dass sie in die Richtung der beiden Markierungen vorgehen müssen. AT1FM2 nimmt haptisch das ‚*gitter*' wahr (Z. 11), das einen Bereich eingrenzt, den sie auf dem Hinweg mit einer grünen *LANDMARKE* gekennzeichnet haben (siehe TA41). Nach dem weiteren Vorgehen in Richtung der blauen *LANDMARKE* ertastet er ein ‚*podest*' (Z. 16), auf das er hinweist. Dieses Podest hat kommunikativ eine Doppelfunktion, denn es macht erstens auf eine Gefahrenstelle aufmerksam[395] und zweitens ist es ein Hinweis darauf, dass sie dem Ausgang sehr nah sind, da sie zu Beginn ihrer Suche auf das Podest gestoßen sind (siehe TA29). Dass ins-besondere die Charakterisierung als Gefahrenstelle bedeutsam ist, wird an der anschließenden kommunikativen Aushandlung zum weiteren Vorgehen ersicht-lich (Z. 19–28), in der sie besprechen, von wo aus und wann sie das Podest über-queren sollten. Auch der zweite Hinweis lässt sich anhand der Kommunikation analysieren, denn allen Akteuren ist bewusst, dass sie dieses Podest zum Aus-gang hin überqueren müssen (Z. 19–28).

In diesem Ausschnitt dienen die *LANDMARKEN* erneut als Mittel der Relevant-setzung von Anschlusskommunikation und als Interpretationsressource für die Raumkonstitution. So wird die grüne *LANDMARKE* in Verbindung mit der Umge-bung, also mit „nichtsprachlich-objektgebundenen Ressourcen" (Kesselheim/ Hausendorf 2007, S. 344) relevant gesetzt. Des Weiteren dienen die *LANDMAR-KEN* für Handlungsanweisungen, genauer für Richtungsentscheidungen (siehe die wegmarkierende blaue *LANDMARKE*). Allerdings bilden sie nur eine Handlungs-ressource unter mehreren. Auch die physisch-materielle Umgebung (Gitter und Podest) und das Erfahrungswissen, das mit beiden Ressourcen je in Aggregation als Interpretations- und damit als Handlungsressource dient, ist für den Prozess des ‚Raumlesens' erforderlich.

Hinsichtlich der Interaktionsordnung ist der gesamte Ausschnitt auf den in-neren Interaktionskreis beschränkt und zeichnet sich durch eine „persönliche Distanz" (Hall 1976, S. 118 ff.) und eine gemeinsame Tandem-Perspektive aus. Der gemeinsame Nichtzeichenraum weist visuelle und haptische Wahrnehmun-gen auf, die allerdings aufgrund der perzeptionellen Einschränkungen erst ge-meinsam kommunikativ abgeglichen werden.

Bezüglich der ‚place' und ‚visual semiotics' (hier: Zeichen der Reflexionsstufen 1–2)[396] lassen sich v. a. die *LANDMARKEN* mitsamt ihrer Modalität und (räumlich situierten) Komposition untersuchen. Die Grundbedeutung der grünen *LAND-MARKE* spielt in diesem Ausschnitt handlungspraktisch keine Rolle und wird auch kommunikativ nicht bearbeitet. Sie wird lediglich als wegmarkierender Hinweis gelesen. Das gilt auch für die blaue *LANDMARKE*, der diese Lesart allerdings bereits

---

[395] Trotz Schutzkleidung ist es für die Akteure schmerzhaft, gegen räumliche Unebenheiten wie Podeste zu stoßen.
[396] Siehe Unterkapitel 2.1.

im Rahmen der vereinbarten Grundbedeutung eingeschrieben ist.[397] Blaue LAND-MARKEN bieten somit primär Lösungen für Richtungsprobleme, indem sie – in Verbindung mit der Richtung, aus der die Rezipienten der LANDMARKEN kommen (Rückweg vs. Hinweg) – als Direktionalisierungsangabe gelesen werden. Dabei wird insbesondere die blaue LANDMARKE interpretiert auf der Folie, dass es sich dabei um die einzige blaue Markierung handelt, die sie ausgelegt haben (‚links is die blaue landmarke.', Z. 4), und weniger auf der Folie der Ortsspezifik. Dennoch handelt es sich nicht um ein dekontextualisertes, sondern um ein situiertes Zeichen, denn nur als solches kann es hier als Lösung für räumliche Situierungsprobleme dienen. Als aus (zumindest etwas weiterer) Entfernung wahrnehmbares Zeichen dient es dabei sowohl als Weg- als auch als allgemeine Landmarke.

Zu den (zu untersuchenden) ‚place semiotics' (hier v.a. Zeichen der Reflexionsstufe 0) zählen in diesem Ausschnitt zudem das ‚podest' und das ‚gitter'. Sowohl das Gitter als auch insbesondere das Podest werden als infrastrukturelle (Raum-)Zeichen gelesen, die Lösungen für Standort- und Richtungsprobleme darstellen, weil sie – aufgrund des Erfahrungswissens aus der vorangegangenen Suche – als Interpretationsressource für die Raumkonstitution und damit zugleich für die Standort- und Wegrichtungsbestimmung dienen.

Alle Funktionen und Status sowohl der LANDMARKEN als auch der physisch-materiellen Umgebung konnten bereits in vorangegangenen Ausschnitten aller Einsatzphasen beobachtet werden. In diesem Ausschnitt fällt die der Grund-semantik nicht eigentümliche Nutzung der blauen LANDMARKEN und der offenkundige Rückgriff auf Erfahrungswissen im Rahmen der Orientierung und Navigation auf.[398]

Es ist ostensiv, dass die LANDMARKEN in diesem TA60 eine bedeutsame Rolle für die Akteure spielen, denn sie stellen eine visuelle Orientierungs- und Navigationsressource bereit, die unter den Umständen dieses Szenarios kein weiteres räumlich situiertes Objekt alleine darstellen kann. Die Akteure haben somit die Möglichkeit, ohne auf (gemeinsame) haptische Wahrnehmungen zurückgreifen und diese kommunikativ bearbeiten zu müssen, auf visuell wahrnehmbare Referenzierungsobjekte Bezug zu nehmen und diese als Weg- sowie als (allgemeine) Landmarken zu verwenden. Zudem können sie so auf den ansonsten eher unbestimmten Einsatzbereich kommunikativ auf einfachere Weise Bezug nehmen.

Auch im folgenden TA61 kann beobachtet werden, wie die Feuerwehrleute in der Phase des Rückwegs auf die LANDMARKEN zurückgreifen (welche sie auf dem Vorstoß selbst ausgelegt haben), und welche Bedeutung sie für den Zugführer haben, der alle Trupps koordinieren muss. Die Feuerwehrleute haben zwei Personen gefunden, einen weiteren Trupp zur Bergung der zweiten Person angefordert, deren Fundort sie rot markiert haben (siehe TA55), und beginnen nun mit der Bergung der ersten Person.

---

[397] Blaue LANDMARKEN stellen unspezifische Wegmarkierungen dar. Sie haben eine wegweisende Zeichenfunktion.

[398] Dies ist im Rahmen von Trupp-Rückwegen auch eher zu erwarten als in den Einsatzphasen davor.

TA61 jetzt unsre- zwEIte landmarke (W8Ü2-101208-TG)

```
001 AT1FM1 ja hab ich.
002 AT1FM2 gut.
003        dann steuern wir jetzt-
004        <<f>landmarke zwei an.>
005        (1.5) ne land   [mark-    ]
006 ZF                     [angriffs]trupp eins für zugführer-
007 AT1FM2 [(nein-)]
008 ZF     [habt    ] ihr entspreche:nd den bereich rot markiert,
009        der sIcherheitstrupp ist zu euch unterwegs-
010        auf dem-
011        auf-
012        und folgt den landmarken;
013 AT1FM2 is landmarke nummer EIns genau.
014        (--) ja zugführer für angriffstrupp-
015        der bereich ist rot markiert-
016        (-) wir wählen jetzt unsre-
017        zwEIte landmarke aus-
018        sprich landmarke nummer eins und versuchen den
019        direkten weg;
020        okay.
021 AT1FM3 a:lso ich müsste normal die eins angezeigt haben
022        andre;
023 AT1FM2 ja,
024        okay-
025        von da drü:ben kommt das irgendwo.
026        von geradeaus.
```

Die verwendeten LANDMARKEN stehen im kommunikativen und handlungs-praktischen Fokus mehrerer zum Teil dislozierter Akteure. Zunächst schlägt der Truppführer des ersten Angriffstrupps (AT1FM2) vor, auf den nun anvisierten Rückweg ‚*landmarke zwei*' anzusteuern (Z. 4). Bevor er dies weiter erläutern (siehe Z. 5) und eine selbst initiierte Reparatursequenz ausführen kann (siehe die Einleitung in Z. 7), kommt eine Funkdurchsage vom Zugführer (Z. 6), der fragt, ob der erste Angriffstrupp ‚*entspreche:nd den bereich rot markiert*' (Z. 8) habe und diese Nachfrage auch zugleich damit begründet, dass ‚*der sIcherheits-trupp [... zu ihnen] unterwegs*' (Z. 9) sei und sich dabei an den LANDMARKEN ori-entiere (Z. 12). Bevor AT1FM2 dem Zugführer antwortet, geht er zunächst auf einen offensichtlich parallel zur Durchsage des Zugführers erfolgten, aber in den Audiodaten nicht wahrnehmbaren Turn eines Truppmitgliedes ein, der die selbst initiierte Reparatursequenz von AT1FM2 zu Ende geführt haben muss. Denn sein Turn ‚*is landmarke nummer EIns genau.*' (Z. 13) zeigt auf, dass er die al-phanumerische Korrektur von ‚*landmarke zwei*' zu ‚*landmarke nummer EIns*' akzeptiert (‚*genau.*'). Zudem greift er diese Korrektur in seinem Antwort-Turn im Gespräch mit dem Zugführer explizit auf, indem er nach einer Bestätigung, dass ‚*der bereich [...] rot markiert*' ist (Z. 15), erklärt: ‚*wir wählen jetzt unsre- zwEIte landmarke aus- sprich landmarke nummer eins*' (Z. 16–18).[399] AT1FM2 bewertet

---

[399] Um dies verstehen zu können, bedarf es einer Hintergrundinformation: Alle LANDMARKEN in diesem Einsatz weisen eine alphanumerische Ziffer auf dem Display auf, und zwar von

im Anschluss die Orientierung anhand der zu Beginn ihres Trupp-Vorstoßes ausgelegten LANDMARKEN – als ‚*direkten weg*‘ (Z. 19), und damit als kürzere Route
für ihren Rückweg. Nach der Funkkommunikation erklärt AT1FM2 diese Gesprächssequenz im Rahmen des äußeren Interaktionskreises indirekt für beendet
(‚*okay.*‘, Z. 20) und AT1FM3 erläutert, mittels seines Bedienfeldes ‚*normal die
eins angezeigt [zu] haben*‘ (Z. 21), was AT1FM2 bestätigt (Z. 23–24) und die akustische Ortung des Signals kommunikativ bearbeitet: ‚*von da drü:ben kommt das
irgendwo. von geradeaus.*‘ (Z. 25–26). Dass die lokaldeiktische Beschreibung ‚*von
da drü:ben*‘ für Orientierungs- und Navigationsleistungen ohne gemeinsamen visuellen Nichtzeichenraum zu unspezifisch ist, scheint AT1FM2 dabei selbst auf-
zufallen, weshalb er die – aufgrund der Tandem-Perspektive – genauere (ebenfalls
lokaldeiktische) Direktionalisierungsangabe ‚*von geradeaus*‘ ergänzt.

     In diesem Ausschnitt wird die (mögliche) Bedeutung der LANDMARKEN als pri-
märe (scheinbar sogar ausschließliche) Handlungsressource für einen ‚*direkten
weg*‘ im Rahmen der Rückweg-Phase ersichtlich. Die Akteure nutzen hier einzig
das akustische Signal der ausgewählten Markierung als Orientierungspunkt und
damit als allgemeine Landmarke, die ihnen den Rückweg aufzeigen soll. Dabei
wird eine Irritation erkennbar, die sich aus der uneinheitlichen Umsetzung der
internen und der externen alphanumerischen Markierungskennzeichnung ergibt
und welche entsprechend aufwändig kommunikativ bearbeitet bzw. gelöst werden muss und auch im weiteren Verlauf (siehe z. B. Z. 21–22) das Risiko von
Missverständnissen birgt. Doch nicht nur den Akteuren im inneren Interaktionskreis dienen die LANDMARKEN als primäre Orientierungs- und Navigationshilfe,
sondern auch dem Zugführer und dem Sicherheitstrupp, der ebenfalls die LAND-
MARKEN nutzt (siehe Z. 12), um zur markierten Stelle und damit der zweiten verletzten Person zu gelangen.

     Von ‚visual semiotics‘ zu sprechen, erscheint hier nur hinsichtlich der im äuße-
ren Interaktionskreis erfolgten Referenzierung auf den ‚*rot markiert[en]*‘ Bereich
sinnvoll. Dabei ist interessant, dass die – ebenfalls kommunizierbare – alphanumerische Auslegungsnummer nicht explizit kommunikativ bearbeitet wird, sondern nur die farbliche Kodierung des Einsatzortes, die das Ziel des Sicherheitstrupps kennzeichnet (und damit v. a. eine allgemeine Landmarke darstellt, aber
ggf. auch eine Lösung für Richtungsprobleme bietet). Hinsichtlich des inneren
Interaktionskreises spielen hier ‚auditory semiotics‘ eine übergeordnete Rolle.
Das akustische Signal dient als allgemeine Landmarke. Die dadurch ermöglichte
Route wird anhand möglichst eindeutiger kommunikativer räumlich situierter
Referenzierungshandlungen besprochen (siehe Z. 25–26), um eine Lösung für
Richtungsprobleme bereitzustellen. Allgemeine ‚place semiotics‘ (abgesehen von
den LANDMARKEN, die sowohl Funktionen von ‚visual‘ bzw. ‚auditory‘ als auch

---

der ersten ausgelegten LANDMARKE mit ‚1‘ bis zur letzten mit ‚9‘, aber ihre interne Pro-
grammierungsnummer, mit der sie von der Ferne aus über ein Bedienfeld aktiviert und
ausgelesen werden können (siehe Unterkapitel 1.2), entspricht der Reihenfolge von ‚0‘ bis
‚8‘. Dass diese technische Umsetzung (die zweite ausgelegte LANDMARKE mit der Display-
Nummer ‚2‘ ist also die anzuwählende LANDMARKE ‚1‘) fehleranfällig und für die Akteure
unpraktisch ist, wurde auch von den Entwicklern noch während der Übungen erkannt und
entsprechend auf die Änderungsagenda für den nächsten Entwicklungsschritt der LAND-
MARKEN gesetzt.

‚place semiotics' übernehmen) werden in diesem TA61 von den Akteuren kommunikativ nicht als relevant gekennzeichnet.

In diesem Ausschnitt wird deutlich, welche Bedeutung Ortsmarkierungen nach der Auslegung erlangen können. Sie können dann ggf. als primäre Orientierungs- und v. a. Navigationsressource genutzt werden, die den Einsatzort als neuen Raum les- und interpretierbar machen und damit auch eine neue – m. E. vereinfachte – Form der Kommunikation über den Raum ermöglichen – und zwar sowohl im inneren Interaktionskreis mit gemeinsamem Nichtzeichenraum, als auch im äußeren Interaktionskreis mit gemeinsamem Zeichenraum. Die LAND-MARKEN übernehmen dann vorwiegend Funktionen allgemeiner Landmarken auf der Objektebene und Zeichenfunktionen auf der Ebene räumlich situierter Referenzierungshandlungen, die im Stande sind, herkömmliche Handlungspraktiken (z. B. Orientierung am Schlauch; siehe z. B. TA62) zu ersetzen.

Im letzten Ausschnitt, der der zweiten Übung des letzten Workshops entnommen ist, wird erneut deutlich, welches Navigationsmittel für die Akteure im Allgemeinen das Leitmedium darstellt (siehe auch TA57 in Unterkapitel 5.5.1).

TA62 am schlAUch entlang (W9Ü2-110524-TG)

```
001 AT1FM1 wie kriegen wa die rAUs ähm-
002        am schlAUch entlang?
003 AT1FM2 ja sInd wa ja.
004 AT1FM1 ja pass ma au:f dann-
005        dann machen wa uns den schlauch erstma para:t-
006        dann zieh den erst noch ma en bisschen na:ch.
```

Trotz der Möglichkeit, sich an den ausgelegten LANDMARKEN zu orientieren, ziehen die Beteiligten dies nicht in Betracht, sondern entscheiden sich sofort, ‚am schlAUch entlang' (Z. 2) zurück zum Ausgang zu gehen. Dabei zeigt dieser kurze Ausschnitt auf, wie sie dabei konkret vorgehen. Um nicht unnötige möglicherweise verwinkelte Wege zurückzulegen (siehe Abb. 24), ziehen sie den Schlauch zunächst so gut es geht nach, um damit den Rückweg zu verkürzen und den mitgeführten Schlauch als effektives (und effizientes) Wegmarkierungszeichen (entgegen seiner originären Funktion, weshalb er der Reflexionsstufe 1 zugeordnet werden kann) nutzen zu können. Wenn dann den Weg verlängernde Schlaufen dieses Navigationsinstruments durch das Nachziehen des Schlauchs verringert sind, beginnen die Akteure mit dem Rückweg entlang dieser Wegmarkierung. Die Verwendung des Schlauchs als Navigationsressource erscheint den Akteuren offensichtlich, da sie sich gerade in dessen unmittelbarer Nähe befinden (‚ja sInd wa ja', Z. 3). Ob sie sich für ein anderes primäres Navigationsmittel für den Rückweg entschieden hätten, wenn sie sich nicht in der Nähe des Schlauches aufgehalten hätten, lässt sich an dieser Stelle nicht beurteilen. Aber die Beobachtung, dass die Feuerwehrleute sich in allen Ausschnitten zu dieser Einsatzphase zumindest auch am Schlauch orientieren bzw. diesen sofort kommunikativ einbinden, sobald sie ihn wahrnehmen, lässt den Schluss zu, dass dieser auch noch im letzten Workshop ihr primäres Navigationsmedium darstellt.

5.6.3 Erkenntnisse aus Phase V: der Schlauch als Leitmedium

Im inneren Interaktionskreis der fünften Einsatzphase offenbaren die Analysen, dass der mitgeführte Schlauch des jeweiligen Einsatztrupps das navigatorische Leitmedium darstellt (siehe TA62), selbst wenn die Akteure die LANDMARKEN als vermeintlich primäre Navigationsmedien nutzen. Das sieht man z. B. in TA57, in dem die Akteure, die etwas später im Verlauf des Rückweges mit ‚wir sind an de schlauch- hIEr is der schlauch.‘ (Z. 9–10) zu erkennen geben, dass sie trotz ihres explizierten vermeintlichen Navigationsmediums (‚wir ham die landmarke zwEI schon passiert und gehn jetzt nach akustischem signa:l wEIter- wir folgen nIcht dem schlauch des angriffstrupps.‘, TA45, Z. 3–5) den Schlauch wenigstens als wichtigste Bestätigung der vorangegangenen Navigationshandlungen betrachten. Das heißt nicht, dass die LANDMARKEN nicht genutzt würden, nur, dass sie ledig-lich unterstützend eingesetzt werden, obwohl ihre Auslegung vornehmlich für den Zweck der Orientierung und Navigation für nachfolgende Trupps und sie selbst auf dem Rückweg erfolgte. Dass sie allerdings das Potenzial besitzen, den Rückweg zu verkürzen, zeigen einzelne Ausschnitte und Einschätzungen seitens der Nutzer (‚wir wählen jetzt unsre- zwEIte landmarke aus- sprich landmarke nummer eins und versuchen den direkten weg‘, TA61, Z. 16–19).

Die Analysen des Rückwegs offenbaren einen weiteren wichtigen handlungs-praktischen Vorteil der LANDMARKEN: Sie haben aufgrund der Aushandlungs-kommunikationen während der Auslegung ein allen Beteiligten (prinzipiell) gemeinsames räumlich situiertes Wissen erzeugt (‚grün blau da müssen wa hin‘, TA60, Z. 10), auch wenn ein ggf. langsameres Vorankommen auf dem Hinweg zunächst als Nachteil anzusehen ist (wobei die Verlangsamung natürlich mit zu-nehmender Routine abnimmt).

5.7 Phase VI: Einsatznachbesprechungen

5.7.1 Raumkonstitution als Einsatznach- und -vorbereitung

Im nachfolgenden längeren TA63[400] besprechen die Feuerwehrleute des ersten und des zweiten Trupps das dem Gespräch vorausgegangene Vorgehen des ers-ten Trupps, Spezifika des Einsatzortes sowie das weitere Vorgehen des zweiten Trupps, der an dieser Stelle (räumlich situiert an der Rauchgrenze und tempo-ral zum Zeitpunkt der Rückkehr des ersten Einsatztrupps aus der durchsuch-ten Tiefgarage) den ersten Angriffstrupp ablöst und anschließend zur weiteren Durchsuchung der Tiefgarage in diese vorgeht. Der gesamte Einsatz erfolgt ohne Verwendung von LANDMARKEN.

---

[400] Dass in diesem Kapitel nur ein langer Ausschnitt analysiert wird, hat zwei Gründe: Erstens ist der Ausschnitt hinsichtlich der Hauptfragestellungen sehr ergiebig, und zweitens gibt es im gesamten Datenmaterial nur dieses eine Datum, das sich zur Untersuchung der Einsatz-nachbesprechungen eignet.

TA63 ihr seid der zwEIte trUpp (W6Ü2-100518-TG)

```
001 AT2FM1 hör ma-
002 AT1FM2 =ihr seid der zwEIte [trUpp,   ]
003 AT2FM1                      [wir sind] der zwEIte trupp.
004 ZF     genau-
005        so: die tür müssen ma zumachen.
006 sit    Die Tür zur Tiefgarage wird geschlossen.
007 AT1FM2 wir sin nen janzes stÜck reingegangen-
008        (...) der rEchts[regel-  ]
009 AT2FM1               [habt ihr] den schlAUch liegen
010        lassen?
011 AT1FM2 <<acc>hast du den->
012 sit    AT1FM2 sieht sich um.
013 AT1FM2 wo isser,
014        rOnald?
015 AT1FM1 <<f>hIEr bin ich->
016        hier bin ich.
017 ZF     also das [strahlrohr liegt jetz]
018 AT1FM2          [du hast den schlauch ] nAchgezogen?
019 AT1FM1 ich-
020        ich zieh die erstma aus;
021        tschuldigung.
022        (1.5) (...)
023 sit    AT1FM1 zieht einen Teil seiner Schutzkleidung aus.
024 ZF     [<<f>das strAhlrohr->]
025 sit    Parallel Sprechende sind nicht zu identifizieren.
026 ZF     das strahlrohr liegt direkt im EIngang ne?
027 AT1FM1 so;
028 AT1FM2 <<all>strahlrohr hamma wieder hier;>
029 AT1FM1 also-
030        <<all>ist EIgentlich ganz einfach->
031        wir ham den gesAmten-
032        nach der rEchtsregel-
033        <<f>den gesAmten rEchten bereich abgesucht.
034        bIs zum gegenüberliegenden AUsfahrtstor->
035        (-) der tiefgarage.
036        mEIn vorschlag wär jetz-
037        ihr würdet einfach lInksrum gehen;
038 AT2FM1 ja:-
039 AT1FM1 sonst müsster nämlich erst bis hinten durch und dann
040        wieder zurück (xxx xxx).
041 AT2FM2 ja;
042 AT2FM1 und ihr habt-
043        wenn ich jetzt die tiefgarAge halbiere habt ihr-
044        von der mitte bis (.) rechts komplett durch,
045 AT1FM1 nEIn-
046        dat kann ich nich sAgen-
047 sit    AT1FM1 zieht sich nun auch die Schutzmaske unterhalb
048        des Helmes aus.
049 AT1FM1 ohh.
050        dat können wa nich sagen wEI:l-
051        wir immer nur-
052 AT2FM1 (1.0) an der wAnd [lang <<all>oder,>]
053 AT1FM1                   [unsern-         ]
```

```
054 sit      AT1FM2 schwingt mit ausgestrecktem rechten Arm vor
055          dem Körper horizontal etwas unterhalb des Kinns.
056 AT1FM1   aktionsradius vOn den wÄnden aus absuchen konnten.
057          [dat heißt-]
058 AT2FM2   [wie weit- ] wie weit ist der ungefähr gewesen von
059          der wAnd aus,
060 AT1FM2   anderthalb [me-]
061 AT1FM1              [un-]
062 AT1FM2   anderthalb ce-längen schätz ich ma:l;
063 AT1FM1   (1.5) (xxx) der mit dem-
064 sit      AT1FM2 macht eine kurze Wischbewegung auf Brusthöhe.
065 AT1FM1   ja:-
066          [xxx-            ]
067 ZF       [<<all>ne: von] der wAnd->
068          er meinte von der wAnd aus jetz-
069          [der radius nach- nach- i in die tiefgarage rEIn;
070          zwEI meter. (--) zwei zweifuffzich;]₁
071 AT1FM1   [ja (.) wenn de so immer so gemAcht hast sin (ma ja)
072          schon maximale drei- drei meter- mAximum;]₁
073 ZF       (-) [<<p>oder maximal drei.>]
074 AT1FM2       [also rein-            ]
075          in in der lÄnge denke ich mal ham wa wahrscheinlich-
076 AT1FM1   (-) ja die halbe tIEfgarage-
077          <<all/f>also wenn ihr hinten am tor seid->
078          ähm äh-
079          (-) mErkt ihr-
080          dat is das ausfahrtstor-
081 AT2FM1   [okay;]
082 AT2FM2   [ja:  ]
083 AT1FM1   dann habt ihr die Andere hälfte-
084          [dann muss die]₁ mItte nochma abgesucht werden;
085 AT2FM1   [(...)         ]₁
086 AT2FM2   [a- ]₂
087 AT1FM1   [wir]₂ ham kEInen gefunden;
088 AT2FM2   also (...) jetzt hier lI:nks-
089          und dann an der wAnd entlang,
090 AT2FM1   muss hErmann entscheiden;
091 sit      AT2FM1 zeigt auf ZF.
092 AT1FM2   hErmann?
093          weiter;
094 AT2FM1   (1.5) solln ma lInks rücken oder gehn ma rEchts vor?
095 ZF       (2.0) ja versuch ma lInks rum.
096 AT2FM1   okay,
```

Folgende Fragen stehen bei der Analyse dieses TA63 im Mittelpunkt: Welche
kommunikativen Problemlösungen werden seitens der ortserfahrenen Akteure
angeboten und welche werden vom startenden zweiten Trupp im Rahmen einer
gemeinsamen Verständigung über den Einsatzort eingefordert? Und wie machen
die ortserfahrenen Akteure den Raum für die ortsunerfahrenen ohne zur Verfügung stehende Referenzierungsobjekte lesbar, so dass letztere ihre Einsatzauf-
gaben erfüllen können?

Im ausgewählten Gesprächsausschnitt, der sich durch nur einen inneren Interaktionskreis mit den beiden Feuerwehrleuten des ersten, den beiden Feuer-

wehrleuten des zweiten Feuerwehrtrupps sowie mit dem Zugführer auszeichnet, initiiert AT1FM2 eine Fremdidentifizierung[401] (*,ihr seid der zwEIte trUpp,*', Z. 2). Diese Rollenzuweisung wird von den adressierten Rezipienten akzeptiert (*,wir sind der zwEIte trupp.*', Z. 3), wobei die parallele Intonationsstruktur (abgesehen von *,trupp*') darauf hindeutet, dass für AT2FM1 die Kennzeichnung als *,zwEIte[r]*' Feuerwehrtrupp im Fokus dieser Identifizierungssequenz steht. Eine folgende Bestätigung durch den Zugführer (*,genau-*', Z. 4) und ausbleibende Umdeutungen seitens der anderen Interaktionsteilnehmer belegen diese Interpretation.

In der nächsten Sequenz[402] beginnt AT1FM2 unmittelbar mit der kommunikativen Rekonstruktion ihres Vorgehens im Einsatz. Dabei bilden die zurückgelegte Wegstrecke (*,wir sin nen janzes stÜck reingegangen-*', Z. 7) und ihre – sich aus der Einsatztaktik erschließende – Orientierung bzw. Direktionalisierung (*,der rEchtsregel-*', Z. 8) die beiden Schwerpunkte dieses Informationsturns. Dass diese Ortsinformationen AT2FM1 nicht ausreichen, zeigt dieser an, indem er in einem teilweise überlappenden Turn erfragt: *,habt ihr den schlauch liegen lassen?*' (Z. 9–10). Damit fordert er spezifischere resp. eindeutige räumlich situierte Referenzierungsobjekte ein (womit sowohl eindeutige Richtungs- als auch Zielangaben vorgenommen werden können). AT1FM2 erklärt indirekt, diese Frage nicht beantworten zu können und gibt diese Frage an seinen Truppkollegen weiter (Z. 11 f.). Parallel zu seinem Frageturn (*,du hast den schlauch nAchgezogen?*', Z. 18) paraphrasiert der Zugführer diese Frage ebenfalls, indem er einen anderen Handlungsaspekt fokussiert (*,also das strahlrohr liegt jetz*', Z. 17). Damit offenbart der Zugführer, dass ihn besonders der Schlauch als Markierungszeichen für den anvisierten Zielort (und weniger als Wegzeichen) und/oder als ein dem zweiten Feuerwehrtrupp ggf. zur Verfügung stehendes Einsatzinstrument interessiert. Während AT1FM1 seinen Schutzhelm ablegt, wiederholt der Zugführer seine Frage und gibt dabei eine Vermutung über den derzeitigen Ort des Schlauchendes an (*,das strahlrohr liegt direkt im EIngang ne?*', Z. 26), was AT1FM2 indirekt bestätigt, indem er die Verfügung über das Strahlrohr angibt (*,strahlrohr hamma wieder hier;*', Z. 28).

Daraufhin führt AT1FM1, der sich in Zeile 27 vollständig seines Schutzhelms entledigt hat (kommunikativ mit *,so;*' begleitet), ausführlich Informationen zum Ablauf ihrer Mission an, um den anderen Interaktionsteilnehmern einen Gesamtüberblick über den Einsatzort zu bieten (ab Z. 121). Diesen ausführlicheren Turn leitet er mit dem Narrationsmarker *,also-*' (Z. 29) ein und markiert mit der schnell formulierten und damit als dem eigentlichen Turn vorgelagert gekennzeichneten Präsequenz *,<<all>ist EIgentlich ganz einfach->*' (Z. 30) einen geringen Komplexitätsgrad der nachfolgenden Ortsinformatio-

---

[401] Die Fremdidentifizierung ist als Frage formuliert und bildet dadurch den ersten Teil dieser adjazenten Identifizierungssequenz.

[402] Der Turn *,so: die tür müssen ma zumachen.*' (Z. 5) lässt sich als Randbemerkung charakterisieren (bzw. als „insertion sequence"; vgl. Kallmeyer/Schütze 1976, S. 18). Darauf wird nicht näher eingegangen, weil es sich um eine Bemerkung handelt, die sich auf den Übungsrahmen dieses Einsatzes bezieht. Durch das Schließen der Tür soll gewährleistet werden, dass der zweite Trupp keine visuellen Informationen über den Einsatzort erhält (ihre Masken werden erst im Anschluss an dieses Interaktionssegment mit Folien verklebt).

nen. Schließlich beginnt er die Ausführungen mit einer Antwort auf Überblicksprobleme (,*wir ham den gesamten-*‘, Z. 31), welche er selbst unterbricht
und mit Blick auf Richtungsprobleme und der damit verbundenen Einsatztaktik noch den Turn ,*nach der rEchtsregel-*‘ (Z. 32) einschiebt, bevor er die
Ausführungen zum Ortsüberblick – lauter intoniert und damit als besonders
wichtig markiert – weiterführt (,*<<f>den gesAmten rEchten bereich abgesucht.*‘, Z. 33). So lässt sich der Einschub in der Retrospektive als vorgelagerte Begründung für den im Einsatz untersuchten Bereich interpretieren. Er
ergänzt dies dann noch um den räumlich situierten Endpunkt des Bereichs
(,*bIs zum gegenüberliegenden AUsfahrtstor- (-) der tiefgarage*‘, Z. 34–35), auf
den er mit einer absoluten Positionsangabe mit der allgemeinen Landmarke
,*AUsfahrtstor*‘ referiert. Das spezifiziert er noch durch die nominal benannte
Ergänzung der räumlich situierten Zugehörigkeit (,*der tiefgarage*‘). Damit sind
zwei von drei notwendigen Angaben (Anfangs- und Endpunkt plus Richtung)
zur Charakterisierung des zweidimensionalen Ortsbezugs (,*bereich*‘, Z. 33)
vorgebracht. Dass dies aber noch nicht ausreicht, wird im Anschlussturn von
AT2FM1 und den darauf folgenden Turns deutlich.

Nach dieser räumlich situierten Charakterisierung fügt AT1FM1 noch einen (explizit als solchen gekennzeichneten aber konjunktivisch auch zugleich
abgemilderten) Vorschlag zum weiteren Vorgehen des zweiten Trupps an
,*mEin vorschlag wär jetz- ihr würdet einfach lInksrum gehen;*‘ (Z. 36–37), was
er im Anschluss begründet (,*sonst müsster nämlich erst bis hinten durch und
dann wieder zurück*‘, Z. 39–40). Diese deiktische Skizzierung wird dadurch
ermöglicht, dass alle Gesprächsteilnehmer dieselbe Origo teilen und AT1FM1
zuvor die deiktische Positionsangabe ,*hinten*‘ mit ,*AUsfahrtstor*‘ als mögliches
(eindeutig absolutes) Referenzierungsobjekt kommunikativ vorbereitet hat.
Dieser Vorschlag wird von AT2FM2 akzeptiert (,*ja;*‘, Z. 41), bevor AT2FM1
weitere Ortsinformationen einfordert, die aus der eindimensionalen Beschreibung des Einsatzortes einen zweidimensionalen Überblick ermöglichen. Er
ergänzt nämlich noch einen dritten Punkt, genauer eine Gerade, und zwar
eine Garagenhalbierende, mit der er im gemeinsamen Zeichenraum gewissermaßen ein Rechteck ,zeichnet‘: ,*wenn ich jetzt die tiefgarAge halbiere habt ihr-
von der mitte bis (.) rechts komplett durch,*‘ (Z. 43–44). Die zweidimensionale
Skizzierung des abgesuchten Bereichs wird durch AT1FM1 nicht bestätigt
(,*nEin- dat kann ich nich sAgen-*‘, Z. 45–46) und diese Einschätzung im Anschluss explizit begründet (,*wEI:l- wir immer nur-*‘, Z. 50–51), wobei AT2FM1
für diesen Turn (leicht steigend intoniert) eine Beendigung vorschlägt (,*an der
wAnd lang <<all>oder,>*‘, Z. 52). AT1FM1 bringt also – mit kommunikativer
Hilfe von AT2FM1 – indirekt zum Ausdruck, dass er die Mitte der Räumlichkeit nicht räumlich zu situieren vermag, indem er (bzw. beide) die Eindimen-
sionalität des abgesuchten Bereichs betont. Um nun der Einforderung der
zweidimensionalen Darstellung nachzukommen, skizziert er diese anschließend nonverbal mit einer ikonischen Geste (siehe Situationsbeschreibung in
Z. 54–55 und Abb. 32) und verbalisiert die Darstellung daraufhin (,*aktionsradius vOn den wÄnden aus absuchen konnten.*‘, Z. 56).

Abb. 32: AT1FM2 erläutert mit Wischgeste den ‚*aktionsradius*' (siehe TA63, Z. 54)

AT2FM1 fordert im Anschluss daran eine Spezifizierung des ‚*aktionsradius*' (Z. 56) ein, indem er fragt ‚*wie weit ist der ungefähr gewesen von der wAnd aus,*' (Z. 58–59). AT1FM1 beantwortet die Frage mit einer quasi-metrischen[403] (und damit absoluten) Entfernungsangabe (‚*anderthalb me- anderthalb ce-längen*', Z. 60 und Z. 62). Der Zugführer erkennt darin eine unpassende bzw. falsche Antwort und stellt die Frage erneut (‚*ne: von der wAnd- er meinte von der wAnd aus jetz-*', Z. 67–68). Das heißt, der Zugführer hat inferiert, dass der ‚*aktionsradius*' ‚*von der wAnd aus*' keine ‚*anderthalb*' Schlauchlängen betragen kann, da das der Schlauchlänge entspricht, die sie insgesamt genutzt haben (Erfahrungswissen), und dass es sich somit um keine korrekte Antwort auf die gestellte Frage gehandelt hat, weshalb er diese noch einmal präzisierend paraphrasiert. In der anschließenden Antwortsequenz geben AT1FM1 erinnernd und ZF geschätzt parallel metrische Angaben zum ‚*radius*' (Z. 69): ‚*zwEI meter. (--) zwei zweifuffzich […] oder maximal drei.*' (ZF, Z. 70 und Z. 73) bzw. ‚*schon maximale drei- drei meter- mAximum;*' (AT1FM1, Z. 72), wobei in dieser Sequenz aus parallelen Turns eine gemeinsame Längenaushandlung zu beobachten ist. Diese Angabe beginnt AT1FM2 nochmals um eine Entfernungsangabe zu erweitern (‚*also rein- in in der lÄnge denke ich mal ham wa wahrscheinlich-*', Z. 74–75), was AT1FM1 nach einer kurzen Unterbrechung (die er offensichtlich als ‚*transition relevant place*' interpretiert) mit ‚*ja die halbe tIEfgarage-*' (Z. 76) zu Ende führt, wodurch er seine eigene vorangegangene quasi-metrische Angabe (siehe ‚*anderthalb ce-längen*', Z. 62) räumlich situiert und damit den Einsatzort wieder referenzierbar macht. Interessant an der begonnenen Formulierung von AT1FM1 ist, dass dieser explizit markiert, dass die folgende Angabe ein- und nicht zweidimensional einzuordnen ist (‚*rein- in der lÄnge*').

---

[403] Zunächst beginnt AT1FM1 den Turn mit dem ersten Teil einer metrischen Angabe (‚*anderthalb me-*', Z. 60), leitet aber noch im Verlauf eine selbstinitiierte Selbstkorrektur ein (Z. 62) und gibt die Entfernung mittels ‚*ce-längen*' an, was insofern als ‚quasi-metrisch' bezeichnet werden kann, als dass es eine indirekte metrische Angabe darstellt, da die Länge der ‚C-Schläuche' den Kommunikationspartnern bekannt ist.

Nach dieser räumlichen Situierung erfolgt die nächste (mit dem vorangegangenen Turn gewissermaßen vorbereitete) Ortsreferenz mit ‚*hinten am tor*‘ (Z. 77), womit er – in Weiterführung von seiner (falschen) Ortsübersicht – eine allgemeine Landmarke mit in die Ortsbeschreibung aufnimmt, welche er als Positionsmarker und Lokalisator für seine anschließende Ausführung nutzt (‚*dann habt ihr die Andere hälfte- dann muss die mItte nochma abgesucht werden;*‘, Z. 83–84). Das heißt, er nutzt diesen Lokalisator als Ausgangspunkt zur Charakterisierung der ‚*Andere[n] hälfte*‘ sowie als indirekte räumlich situierte (außer)sprachliche Referenz der ‚*mItte*‘ (womit er zugleich erneut einen Vorschlag zum Vorgehen des zweiten Trupps gibt). Er wiederholt als Abschluss seines Gesamtturns schließlich noch den Missionsstatus (‚*wir ham kEInen gefunden;*‘, Z. 87), bevor AT2FM2 ihre bevorstehende Einsatztaktik – und damit räumliche Situierung am Einsatzort – erfragt (‚*jetz hier lI:nks- und dann an der wAnd entlang,*‘, Z. 88–89). Daraufhin verweist AT2FM1 auf die Weisungsbefugnis, die sich aus der hierarchischen Ordnung der Akteure ergibt, indem er erklärt ‚*muss hErmann [der Zugführer] entscheiden;*‘ (Z. 90). Diesem stellt er dann auch noch einmal die Frage zum einsatztaktischen und räumlich situierten Vorgehen (‚*solln ma lInks rücken oder gehn ma rEchts vor?*‘, Z. 94), was dieser zunächst bestätigt (‚*ja versuch ma lInks rum.*‘, Z. 95). Aus Übungsgründen (und nicht aus einsatztaktischen praktischen Gründen) entscheidet er sich allerdings kurz darauf dagegen und weist den zweiten Trupp an, ebenfalls rechtsrum zu gehen (siehe ‚*ich denk dat macht für die übung mehr sinn.*‘ in TA07, Z. 18–19).

Was sind in diesem Ausschnitt die besonderen kommunikativen Spezifika hinsichtlich der Ortsreferenzierungen und Raumkonstitution im gemeinsamen Nichtzeichenraum, der allerdings nicht dem referenzierten Ort entspricht und wo auch keine Landmarken ausgelegt wurden? Was unterscheidet also diese Interaktion im Wesentlichen von denen, in welchen sich die Akteure des inneren Interaktionskreises im verrauchten Bereich aufhalten und untereinander bezüglich räumlich situierter Orientierung und Navigation kommunizieren?

Das auffälligste Unterscheidungsmerkmal betrifft das fokussierte Problem. Im Gegensatz zu den ansonsten primär relevanten Richtungs- und ggf. Orientierungsproblemen steht hier das Übersichtsproblem im Vordergrund. Dies äußert sich in der Kommunikation konkret erstens an der Skizzierung des Bereichs, also dem Fokus auf zweidimensionale Beschreibungsstrukturen. Das lässt sich u. a. darauf zurückführen, dass hier ein gößeres (in sich weniger unterteiltes) Gelände (Großgarage vs. Wohnung mit kleinen Räumlichkeiten) abzusuchen ist. Zweitens fallen nur aus einer Übersichtsperspektive sinnvoll interpretierbare räumliche Lokalisierungsnomina wie ‚*mItte*‘ auf. In chronologischer Hinsicht sind die längeren Beschreibungen vergleichbar mit alltagsüblichen Wegbeschreibungen, denn den Ausgangspunkt bildet die gemeinsame Origo und von dort aus wird der Weg bis zum Zielpunkt nachgezeichnet.

Des Weiteren kommen mit ‚*aktionsradius*‘ und ‚*mItte*‘ neue Termini und damit auch neue Ortsreferenzierungen zum Tragen. Die Beteiligten sprechen zwar in einem gemeinsamen Nichtzeichenraum, aber da sich dieser vom referierten Ort unterscheidet, findet die Ortskommunikation v. a. in einem gemeinsamen Zeichenraum statt. Dieser wird mittels Überblicksdaten und Richtungsdaten (mit Anfangs- und Endpunkt, die allgemeine Landmarken darstellen,) kommunikativ (als Abbildung des Einsatzortes) erzeugt.

5.7.2 Erkenntnisse aus Phase VI: Lösungen für Überblicksprobleme

Im analysierten TA63 zur sechsten Phase, der Einsatznachbesprechung,[404] bilden alle am Einsatz direkt beteiligten Feuerwehrleute, also die Mitglieder des ersten und des zweiten Trupps sowie der Zugführer,[405] den inneren Interaktionskreis, der durch keinerlei visuelle Einschränkungen gekennzeichnet ist, wodurch die Kommunikation auch im wörtlichen Sinn ,face-to-face' stattfindet. Thematisch steht die Rekonstruktion der Handlungen des vorangegangenen Trupps mit jeweiligen Ortsreferenzierungen im Fokus (siehe z.B. Z. 31 ff.). Dabei finden Orientierungs- (,*wenn ihr hinten am tor seid*', Z. 77) und Direktionalisierungshandlungen (,*nach der rEchtsregel* [...] *bIs zum gegenüberliegenden AUsfahrtstor*', Z. 32–34) statt, mit dem Ziel, dem nachfolgenden Trupp vor dessen Betreten des Einsatzorts Lösungen für das Überblicksproblem bereitzustellen (,*den gesAmten rEchten bereich*', Z. 33). Auffällig sind dabei eindeutig präzisierte nicht-deiktische Richtungs- (,*wEI:l wir immer nur- (1.0) unsern- aktionsradius vOn den wÄnden aus absuchen konnten*', Z. 50–56) und Entfernungsangaben (,*maximale drei- drei meter*', Z. 72). Dadurch handeln die Beteiligten gemeinsam einen virtuellen Raum zum Einsatzort aus, wobei die Ortsreferenzierungen seitens des vorangegangenen Trupps (aufgrund deren Ortserfahrung) vorgegeben werden.

---

[404] Diese Einsatznachbesprechung stellt zugleich und v.a. eine (wenn auch andere, als im restlichen empirischen Kapitel behandelte) Form von Einsatzvorbesprechung für den nachfolgenden Trupp dar.

[405] Wenn diese Besprechung vor dem Gebäude stattfindet, gehören indirekt beteiligte Feuerwehrleute wie der Maschinist ebenfalls zum inneren Interaktionskreis, ansonsten befindet sich dieser in der Regel am Feuerwehrfahrzeug.

6 ‚wo sim ma denn jetzt hier?‘
Raum – Kommunikation – digitale Medien

6.1 ‚*am schlauch orientie:ren*‘: Zur herkömmlichen Raumkonstitution in Feuerwehreinsatzübungen

Eingangs wurde danach gefragt, welche Objekte und Umgebungselemente sowie Wissensformen es in den herkömmlichen Einsatzübungen (ohne LANDMARKEN) sind, die in den untersuchten Interaktionen v. a. für die Orientierung und Navigation der Beteiligten eine Rolle spielen, und welche Funktionen sie im Handeln der Akteure übernehmen. Es lässt sich im Anschluss an die Analysen zusammenfassen, dass die Feuerwehrleute auf verschiedene konkrete Objekte als ortsstabile Zeichen zurückgreifen. Sie nutzen zum Beispiel den Schlauch und andere physische Merkmale des Gebäudeinneren wie Türen, Ecken (v. a. Außenecken), Treppen, Fenster, Nischen, Engstellen und Podeste als Referenzpunkte (siehe z. B. Phase III in Unterkapitel 5.4.7). Diese Ortsreferenzierungen helfen nicht nur den Truppmitgliedern, sondern sie können zugleich als „symphysische" Zeichen (Bühler 1999 [1934], S. 159) dem Einsatzleiter und nachfolgenden Trupps bei der Orientierung in dieser unbekannten und schwer bis überhaupt nicht einsehbaren Einsatzumgebung dienen, indem sie die Räume (und zum Teil die damit verknüpften Ereignisse) ‚lesbar‘ machen. Dabei ist ein Wissen über den Schauplatz des Arbeitseinsatzes nicht nur relevant für räumliche Wegentscheidungen darüber, wohin vorgegangen werden sollte und welche Orte gemieden werden sollten, sondern außerdem für das Ausführen, Modifizieren oder Vermeiden spezifischer Handlungen, so wie es Auer (2010) für Schriftzeichen im öffentlichen Raum vorgestellt hat. In den Daten werden häufig einsatztaktisch offensichtlich relevante Objekte wie Gasanschlüsse (siehe TA32), Türen (in fast allen Ausschnitten) und Sanitäreinrichtungen (siehe ‚*hier is ne badewanne*‘, TA15) taktil erkundet. Objekte wie Gasanschlüsse führen dann außerdem zur Identifizierung spezifischer Räume (siehe ‚*hAUsanschlussraum*‘, TA32).

Einen ganz besonderen räumlichen Referenzpunkt stellt für die Akteure in allen untersuchten Einsatzübungen die ‚Rauchgrenze‘ dar. Darauf wird in den Einsatzübungen anfangs sprachlich vielfach Bezug genommen, obwohl es sich nicht um eine allgemeine Landmarke mit fester und eindeutiger Lokalisierungsmöglichkeit handelt, sondern um die gemeinsam kommunikativ ausgehandelte Konstruktion der räumlichen Position, bei der die Dichte des Rauchs die Sicht der Akteure stark limitiert. Da sich Rauch diffusionsartig ausbreitet, verschiebt sich die Rauchgrenze ständig und außerdem ist es keine objektiv bestimmbare Grenze, sondern ein gradueller Übergangsbereich von weniger zu stärker verraucht (siehe TA10). Somit übernimmt die Kommunikation über die Rauchgrenze auch zugleich eine Schauplatzbenennungs- und -etablierungsfunktion (siehe Unterkapitel 5.3.3). Des Weiteren ermöglicht die offensichtlich hohe einsatztaktische Bedeutung zumindest in den ersten Erkundungsphasen auch eine analytische Phasendifferenzierung[407] aufgrund der jeweiligen Rauchgrenze. Dass sie im späteren Verlauf der Einsatzübungen für die Beteiligten eine untergeordnete taktische Rolle spielt, lässt sich am sprachlichen Datenmaterial belegen und darauf zurückführen, dass es sich gerade nicht um einen eindeutigen räumlichen Referenzpunkt handelt, denn wie beschrieben, verschiebt sich die Rauchgrenze im Allgemeinen während jedes Einsatzes und jeder Einsatzübung.

Mit Hilfe verschiedener Beschreibungen, Aushandlungen und Bestätigungen – wie der zur Rauchgrenze – generieren die Beteiligten in den jeweiligen Interaktionskreisen gemeinschaftlich eine verbale Repräsentation ihrer räumlichen Umgebung (siehe Berthele 2006). Dabei spielen für die Akteure ganz unterschiedliche Wissenskategorien eine Rolle. Sie greifen auf geteiltes institutionelles Wissen zurück, etwa hinsichtlich Feuerwehreinsätzen und organisationalen Regeln über wichtige operationale Standardsituationen (z. B. ,oben is rauchgrenze.', TA10, ,wir sind nach der rechtsregel vorgegangen', TA35 und ,wir sind der zwEIte trupp', TA63). Sie nutzen räumlich situiertes Wissen wie ortsabhängige Objektreferenzierungen (z. B. ,hIEr ist ne (.) tÜr', TA25, ,jetzt kommt ne wandecke', TA30 und ,hier durch ne Engstelle', TA40). Sie verwenden Handlungswissen zur Interaktionsordnung, zu Wahrnehmungsmöglichkeiten und -einschränkungen der Akteure und zu aktuellen Situationen und Ereignissen (z. B. ,in dIE richtung ist licht', TA58, ,zugführer für angriffstrupp', TA29 und ,gib ma das bein', TA60). Und sie greifen zur Orientierung und Navigation auf Weltwissen zurück, v. a. über natürliche und artifizielle Alltagsobjekte (z. B. ,Is en AUto. (2.0) hat en kOtflügel', TA19). Die herkömmliche Raumkonstruktion erfolgt somit stets über bestimmte Objekte und Umgebungen, auf der Basis diverser Wissenskategorien und mittels institutionell festgelegter Konzepte wie der Rauchgrenze.

Eine weitere Grundfrage der Untersuchung war, wie im Rahmen der Feuerwehreinsätze organisationale und herkömmliche mediale Rahmenbedingungen auf die Lesbar- und Nutzbarmachung von Schauplätzen einwirken und welche kommunikativen Aufgaben und Praktiken die Beteiligten dabei zu bewältigen haben. Dazu kann man zunächst erst einmal festhalten, dass sprachliche Kommunikation trotz der Umstände (Stress, Anstrengung, primäre Handlungsziele etc.) den gesamten Einsatz durchzieht und alle Handlungen begleitet. Selbst monotone, ,weniger ereignisreiche' Handlungen ohne besondere Orientierungs- und Navigationsfunktion, wie an einer geraden Wand entlang zu gehen, werden (wenn auch mit größeren Sprechpausen) sprachlich begleitet, um sich der Anwesenheit des oder der Kollegen zu versichern. Dies betrifft sowohl die Kommunikation im inneren wie auch im äußeren Interaktionskreis, wobei die Latenzzeit im äußeren Kreis viel höher ist. Im inneren Interaktionskreis werden zudem sehr viel mehr kommunikative Aushandlungen bzgl. der räumlichen Situierung, der Konstitution des Raumes und der Orientierung, Navigation sowie Anschlusshandlungen durchgeführt, als in einem stark institutionalisierten Arbeitsumfeld mit eindeutigen Hierarchien und Regeln zu erwarten wäre.

---

[407] Zu weiteren Charakteristika, die eine Phasendifferenzierung rechtfertigen, siehe Abbildung 8. Die Tabelle ist aufgrund der Beobachtungen aus den untersuchten Einsatzübungen in Kapitel 5 entwickelt worden.

Die Akteure verbinden den repräsentierten Raum dabei mit dem nicht-re-
präsentationalen, wahrnehmbaren Raum mittels materieller Objekte aus der
Umgebung, die sie als Referenzpunkte sprachlich aufgreifen.[408] So weist z. B. ein
Akteur den anderen in TA10 an, den Schlauch ‚*hier durchs auge*‘ zu führen. Dies
ist aus arbeitspraktischen Gründen sinnvoll (siehe Phase II in Unterkapitel 5.3.1).
Es bildet andererseits aber auch einen wahrnehmbaren Referenzpunkt, der durch
den Schlauch in einer Umgebung gewissermaßen fixiert wird, die visuell durch die
Rauchausbreitung zunehmend schlechter wahrgenommen werden kann. Auf diese Weise wird ein ‚Schauplatz‘ mittels semiotischer Elemente für die Feuerwehrleute etabliert. Damit referieren sie nicht nur auf Objekte, über die man sprechen
kann, sondern auch auf Objekte, die man z. B. taktil (siehe Objekte wie ‚*reifen*‘
und *kOtflügel*‘, TA19) oder visuell (siehe ‚*da is (xxx) lIcht*‘, TA58) oder akustisch
(siehe ‚*gehn jetzt nach akustischem signa:l wEIter*‘, TA45) wahrnehmen kann. Im
Datenmaterial lässt sich nachweisen, dass der Schlauch selbst in fortgeschrittenen
Einsatzübungen mit LANDMARKEN weiterhin *das* Leitmedium für Navigationsaufgaben nachfolgender Trupps sowie für den Rückweg der Feuerwehrleute am
primären Einsatzort darstellt (siehe Phase III in Unterkapitel 5.4.7 und Phase V in
Unterkapitel 5.6.3). Damit übernimmt der Schlauch weit mehr Funktionen als nur
die, Wasser abzugeben. Die Akteure geben dem Raum mittels des Schlauchs als
selbst ausgelegten Positions- und Wegmarker für die „Betrachter“ und „Begeher“
(Kesselheim/Hausendorf 2007, S. 346), also für sich und nachfolgende Trupps,
eine neue „Kommunikationsstruktur“ (ebd., S. 344). Diese ‚Kommunikationsstruktur‘ erweitert und modifiziert den physisch-materiellen ursprünglichen Ort
und kann vom suchenden Trupp im Anschluss als „Benutzbarkeitshinweis“ (Hausendorf 2012) für den durch die ersten ‚Begeher‘ des Raums für einen Rettungseinsatz rekonstituierten Raum ‚gelesen‘ werden. Auf diese Weise sorgt die Herstellung von Lesbarkeit für eine Erweiterung des Raums.

Hinsichtlich sprachstilistischer Gestaltungsmerkmale lässt sich beobachten,
dass sich die Kommunikation im inneren Interaktionskreis vielfach durch informelle Stilmerkmale und deiktische Elemente auszeichnet. Dabei ist die hochfrequente hic-deiktische[409] Verwendung von *hier* hervorzuheben, womit sich die
Interaktanten anzeigen, dass sie sich noch in Hörweite befinden (‚*ich bin hier.*‘,
TA35). Sie zielen mit einem hic- im Gegensatz zu einem dér-deiktischen *hier* also
nicht darauf ab, die Aufmerksamkeit des oder der Gesprächspartner auf einen
bestimmten räumlich situierten Bezugspunkt zu lenken (siehe Phase III in Unterkapitel 5.4.7). Die Kommunikation zwischen (hierarchisch und Status-höherem)
Einsatzleiter und Feuerwehrleuten im äußeren Interaktionskreis zeichnet sich
hingegen besonders durch institutionell formalisierte prägnante sprachstilistische
Gestaltung mit Fachtermini (‚*pe a*‘, ‚*cE: rO:hr*‘, TA01), Ellipsen, Nominalisierungen, Präpositionalphrasen (‚*zUr mEnschenrettung; (-) Unter pe a: mit erstem cE:
rO:hr, (.) Über den treppenraum vor*‘, TA01), rollenspezifischen Fremdidentifi-

---

[408] Zu Aspekten von Multimodalität siehe Mondada (2007) und zu einem multisemiotischen
    Modell siehe Krampen (1997).

[409] „Die Zeighilfen der Hic-Deixis bestehen primär in der Herkunftsqualität und im Indivi-
    dualcharakter der menschlichen Stimme“ (Fricke 2004, S. 22; in Anlehnung an Bühler 1999
    [1934], S. 96; siehe auch Unterkapitel 2.2).

zierungen (‚*angriffstrupp eins*‘, TA11) sowie Vermeidung umgangssprachlicher und dialektaler Elemente aus (siehe v. a. Phase I). Die funkvermittelte Sprache der dislozierten Interaktanten weist zusätzlich noch umfassende Bestätigungsturns sowie Selbst- und Fremdidentifizierungssequenzen auf (‚*zugführer fü:r ersten angriffstrupp kommen*‘, TA11).[410] Ortsangaben werden im äußeren Kreis vorwiegend nicht-deiktisch präzisiert gegeben (‚*zwEItes o ge*‘, TA01). In beiden Interaktionskreisen erfolgen die Orts- und Wegbeschreibungen meist aus der Perspektive des Angesprochenen und das Temporaldeiktikum *jetzt* wird mehrheitlich für (chrono)logisch in unmittelbarer Zukunft folgende (aktuell geplante Anschluss-)Handlungen des Sprechers und dessen Truppmitgliedern verwendet (‚*dann gehn wir jEtzt nach der lInksregel vor*‘, TA27).[411] In der ersten und letzten Einsatzphase fallen zudem im Allgemeinen innerer und äußerer Interaktionskreis zusammen. In diesen Fällen lassen sich jeweils ebenfalls präzisierte, nicht-deiktische Richtungs- und Entfernungsangaben beobachten,[412] die insbesondere als Lösungen für Überblicksprobleme herangezogen werden (‚*den gesAmten rEchten bereich*‘, TA63). Somit lassen sich die Interaktionskreise bzw. Interaktionsordnungen anhand der sprachstilistischen Gestaltung und (nicht-)deiktischen Sprachmittel differenzieren.

   Durch diese Ergebnisse zum Spezialfall Feuerwehreinsatzübungen in der Tradition der Studies of Work werden die bisherigen Erkenntnisse über institutionelle Kommunikation erweitert, die sich nicht auf Handlungsvollzüge in Arbeitsfeldern von Notfallbewältigung konzentrieren. Die Analyse der einzelnen Settings auf geosemiotischer Basis zeigt dabei in sprachlicher Hinsicht, dass sich der stilistische Formalitätsgrad je nach Interaktionsordnung stark ändert. Außerdem wird bzgl. raumkonstitutiver Fragestellungen offensichtlich, dass erstens jeweils nur bestimmte Objekte und Umgebungen bedeutsam für navigatorische und Orientierungshandlungen der Akteure sind, und wie zweitens Räume bei Orientierungs- und Navigationshandlungen von Personen mit limitierter (v. a. visueller) Wahrnehmung je nach Interaktionsordnung anders konstituiert werden als in Settings ohne visuelle Wahrnehmungslimitierung.

6.2 ‚*berEIch jetzt auf grÜn*‘: Handlungsvollzug mit digitalen Medien am Beispiel der LANDMARKEN

Mit den herkömmlichen Formen der Raumkonstitution ist jedoch nur ein Untersuchungsbereich aufgegriffen. Der andere Fragenkomplex drehte sich um Status, Funktionen und Nutzung neuer digitaler Medien bei der Notfallbewältigung. Wie verändert sich die kommunikative Praxis durch neue Medien und Symbolsysteme, und wandeln sich in diesem Zuge die Funktionen anderer bereits etablierter Medien? Wie werden neue Medien in und durch sprachliche Interaktionen situiert, wie umgekehrt sprachliche Interaktionen durch mediale Artefakte und Raumstrukturen und deren Lokalisierung spezifisch konfiguriert? Wie erfolgt die Etablierung

---

[410] Siehe Phase I in Unterkapitel 5.2.2 und v. a. Phase II in Unterkapitel 5.3.3.
[411] Siehe Phase III in Unterkapitel 5.4.7.
[412] Siehe Phase I in Unterkapitel 5.2 und Phase VI in Unterkapitel 5.7.2.

(inklusive Lesbar- und Nutzbarmachung) von Schauplätzen unter Einbezug der LANDMARKEN? Die Antworten sollen darüber Auskunft geben, wie tragfähig die Hypothese einer nachhaltig veränderten Kommunikationspraxis sein kann.

Zusätzlich zu den räumlichen Umgebungen und Objekten nutzen die Akteure in vielen untersuchten Einsatzübungen mit LANDMARKEN auslegbare ortsstabile Zeichen in Form neuer digitaler Medien. Sie sind zur angemessenen Lesbarkeit auf die spezifische räumliche Position der LANDMARKEN inklusive der in Unterkapitel 6.1 aufgeführten physischen Referenzpunkte angewiesen. Die Objekte erlangen dabei Bedeutung „durch ihre räumliche Kontiguität mit dem Untergrund, auf den [sie] sich bezieh[en]" (Auer 2010, S. 278). Denis und Pontille sprechen hier von der „geosemiotical nature of signage" (Denis/Pontille 2008, S. 8 in Anlehnung an Scollon/Scollon 2003). Diese Lesbarkeit wird gestört, wenn die Ortsstabilität ausgebrachter Ortskennzeichnungen nicht gewährleistet werden kann, wie bei der thematisierten Problematik des Verschiebens.[413] Wie bei öffentlichen Schildern, spielt auch bei diesen Objekten ihre Materialität eine besondere Rolle, dies nicht zuletzt deshalb, weil sie zum Teil erfühlt werden müssen und weil sich dies auf ihre räumlich situierte Fixierbarkeit auswirkt. Diese Materialitätsunterschiede lassen sich beobachten an den unterschiedlichen Praktiken aufgrund der divergenten Formen, wie Kugeln (die vornehmlich in Ecken positioniert werden), Rechtecke (die u. a. an Türrahmen angelegt werden), Keile (die unter Türen geschoben werden) und Keile mit diversen Befestigungsmöglichkeiten und -einschränkungen, wie Schlaufen (z. B. für Türgriffe), die Keilform selbst (zum ‚Festkeilen') und Magnete (z. B. zur Befestigung an metallischen Oberflächen wie Autokotflügeln und Metalltürrahmen).[414]

Während z. B. in TA10 mit herkömmlichen Hilfsmitteln (Sprache, Schlauch, Treppenauge) der aufgeführte Schauplatz etabliert wird, wird beispielsweise in TA12 der Eingangsbereich als solcher zunächst sprachlich ausgehandelt und anschließend mit LANDMARKEN markiert (‚auf eingang blAU') und dadurch schließlich – sowohl für sie selbst auf dem Rückweg als auch für ggf. nachfolgende Trupps – als Eingangsbereich konstituiert. Dass sie die Wahl der Markierung im Allgemeinen begründen[415] (siehe ‚die EIne vOrne an der eingangstür auf orange. (-) weil der raum nicht komplett durchsUcht ist', TA46) und die Interpretationen im inneren Interaktionskreis je gegenseitig aushandelnd bestätigen (siehe ebd.), belegt, dass Zeichen wie die LANDMARKEN alleine nicht zur Sinnkonstitution ausreichen:

> Produzenten und Rezipienten kombinieren nicht einfach fest vorgegebene Form-Funktions-Strukturen, sondern stellen durch einen je situierten Gebrauch sprachlich-multimodaler Zeichen im Kontext in einer flexiblen und entwicklungsoffenen Weise verstehend kommunikativen Sinn her. (Habscheid 2011, S. 12)

Dies lässt sich etwa daran zeigen, dass die Akteure sowohl beim Auslesen als auch beim Auslegen der LANDMARKEN stets zusätzlich auf Ortscharakteristika

---

[413] Siehe zur Problematik des Verschiebens die Einsatzübung W1Ü1 und ‚wir verschieben die landmarken hier vorne' – ‚das is schlEcht' (W8Ü2).

[414] Für alle aufgeführten Befestigungsarten finden sich Anwendungsbeispiele in den Einsatzphasen II bis IV (siehe Unterkapitel 5.3 bis 5.5).

[415] Zu einer Ausnahme siehe TA19.

zurückgreifen. Das heißt, die LANDMARKEN bilden als neue semiotische Elemente ‚einen' Teil eines übergeordneten (geo)semiotischen Ensembles. Auf diese Weise bieten die LANDMARKEN einen Zusatznutzen, weil sie aus größerer Entfernung visuell wahrgenommen werden können und, je einzigartiger ihr Code im jeweiligen Einsatz ist, zudem schneller passende Interpretationsprozesse hinsichtlich Orientierung und Navigation ermöglichen. Das zeigt das Beispiel des Auslegens einer roten LANDMARKE seitens der Akteure an der ersten verschlossenen Tür in der Nähe des Eingangsbereichs mit der Kommentierung ‚*dann wissen ma auf jeden fall wo ma zurÜck müssen*' (TA50). Aber vollständig (aus)gelesen werden die LANDMARKEN nur in Verbindung mit ihrer räumlich situierten Umgebung, also mit „nichtsprachlich-objektgebundenen Ressourcen" (Kesselheim/Hausendorf 2007, S. 344) wie Ortsobjekten und -spezifika. Liegt beispielsweise eine vornehmlich begrenzte Räumlichkeiten (prototypisch: Zimmer einer Wohnung) charakterisierende LANDMARKE (z. B. grün) nicht in unmittelbarer Nähe einer Tür (siehe TA49) bzw. eines Durchgangs (siehe TA29) oder an der Ecke einer Nische (siehe TA41), hilft sie nicht beim ‚Lesen' des Raumes, sondern erschwert dies, was damit belegt werden kann, dass eine umfangreiche Kommunikation über den jeweiligen Ort angestoßen, aber am Ende der Gesprächssequenz kein abgesichertes gemeinsames Wissen seitens der Gesprächspartner konstatiert wird (siehe TA33). LANDMARKEN erhalten auf diese Weise also den Charakter von vielschichtigen semiotischen Elementen, die Raumkonstitution über die Einbindung der herkömmlichen ortsspezifischen Orientierungselemente als interdependentes Kommunikationsgeschehen erzeugen.

Bezüglich der LANDMARKEN als Referenzierungssystem ist die Ortsgebundenheit ein essenzielles Charakteristikum, denn sie entwickeln ihre Bedeutung (wie Ortsschilder) grundsätzlich nur aus dem Ort, an dem sie ausgelegt sind: *dieser Raum ist durchsucht* (grün), *durch diese Tür sind wir hineingegangen, aber noch nicht wieder zurückgekommen* (gelb), *hier ist eine Gefahrenstelle* (rot), *hier sind wir entlang gegangen* (blau bzw. im ersten Workshop blau-gelb) und *dieser Raum ist nur teildurchsucht worden* (orangefarben bzw. im ersten Workshop weiß). Für nachfolgende Trupps[416] können sich dadurch je nach Einsatzauftrag und vorliegendem Wissen ganz spezifische Handlungsempfehlungen bzw. ‚Handlungsleitsysteme' ergeben. So brauchen z. B. grün markierte Räumlichkeiten in der Regel nicht noch einmal durchsucht zu werden,[417] ehemalige Gefahrenstellen, wie gelöschte Brandstellen oder Fundstellen von Personen, können noch immer schnell über eine rote Markierung identifiziert werden,[418] Wege können anhand blauer und/oder gelber LANDMARKEN verfolgt werden[419] und die weitere Suche im Anschluss an einen ersten Trupp könnte an einer orangefarbenen LANDMARKE fortgesetzt werden.[420] Daran wird deutlich, dass die Funktionen solcher Markie-

---

[416] Das gilt selbstverständlich auch für die auslegenden Trupps, z. B. auf dem Rückweg. Hier sollen allerdings exemplarisch nur ein paar ausgewählte handlungsleitende Funktionen für ggf. nachfolgende Trupps angeführt werden.

[417] Siehe ‚*die orAngene gegen ne grÜne*', TA31.

[418] Siehe ‚*hier wird es rO:t; hier müssen- wir müssen bald da sein*', TA56.

[419] Siehe ‚*die blaue landmarke hier am EIngang an der rAUchgrenze*', TA12.

[420] Siehe ‚*orange?*' – ‚*ja- weil wir gehn hier rein*', TA13.

rungen weit über Schauplatzwissen und Informationen zu Wegentscheidungen hinaus gehen, und dass mittels solcher Markierungen, die gewissermaßen Ereignisse in Verbindung mit den auslegenden Beteiligten als Inskriptionen speichern, später handlungsleitende Funktionen erfüllt werden können (siehe z.B. ‚*nä: hIEr is kEIne lAndmarke*‘ [...] – ‚*dann müssen wa da rein*‘, TA48). Dafür ist es allerdings notwendig, dass es sich um als absichtlich ausgelegt interpretierte, den Akteuren vertraute Zeichen handelt, die verlässlich an einem seit der Auslegung unveränderten Ort platziert sind.[421] Im Falle der Verwendung neuer digitaler Medien kann anhand der LANDMARKEN zudem gezeigt werden, dass dies zumindest in der Aneignungsphase auch mit kommuniziertem Handlungs- bzw. Situations- (und damit zugleich Orts-)Wissen einhergeht, um sicherzustellen, dass allen Beteiligten prinzipiell dasselbe Wissen zur Verfügung steht, um die Zeichen hinsichtlich des während der Auslegung vereinbarten Sinns später auslesen zu können. Die Bedeutungen werden also im Allgemeinen im inneren Interaktionskreis gemeinsam kommunikativ aushandelnd mittels der LANDMARKEN und markanter Elemente aus der Umgebung in den Ort eingeschrieben. Damit wird der Ort kommunikativ als Raum verfügbar gemacht und ggf. auch nachträglich rekonstruiert (siehe Phase III in Unterkapitel 5.4.7). Das lässt sich zudem daran beobachten, dass die Auslegung von LANDMARKEN als räumlich situierte Symbole stets vom Auffinden spezifischer räumlicher Umgebungen und Objekte abhängig ist (eine gewisse Ausnahme stellen die blauen Wegmarkierungen dar).[422] Damit greift auch der Handlungsvollzug mit neuen digitalen Medien herkömmliche Praktiken auf, erweitert sie aber um spezifische Möglichkeiten, die im neuen Symbolsystem angelegt sind.

Hinsichtlich der Verwendung der LANDMARKEN und damit ihrer Status sowie ihrer Funktionen lassen sich unterschiedliche Beobachtungen zusammenführen. So stehen bei den LANDMARKEN je nach Interaktionskreis bzw. Interaktionsordnung, Zeichenhandlung (Auslegung vs. Auslesung) und Erfahrung ganz unterschiedliche Funktionen im Fokus des Gebrauchs:

- Relevantsetzung von Anschlusskommunikation für eine gemeinsame Reflexion über den Auslege- bzw. Fundort und dessen einsatztaktische Bedeutung (siehe nach der Anfrage zum Setzen einer LANDMARKE die ablehnende Antwort ‚*hier is doch nix besonderes*‘, TA53),
- Markierung von Orten, Situationen und/oder Handlungen (als Referenzobjekte) (‚*weiß dat wir hier (.) langgegangen sind*‘; TA28),
- räumlich situierte Gebrauchsanweisung (siehe die Auslegung einer roten LANDMARKE zur Markierung einer zu bergenden verunfallten Person durch einen nachfolgenden Trupp in TA55),

---

[421] Die Problematik unbeabsichtigten Verschiebens der LANDMARKEN wird z.B. in TA30 von den auslegenden Feuerwehrleuten thematisiert. Möglichst sichere Anbringungsfunktionen gewannen im Verlaufe der Entwicklung auch zunehmend an Bedeutung. Diese Reduzierung der Mobilität (jedenfalls vom Auslegungszeitpunkt an) plus die Veränderlichkeit der Zeichen kontrastieren die LANDMARKEN mit den „immutable mobiles" (Latour 2006 und Latour 2008), die Latour als „medientechnische Überlegenheit des Westens" (Schüttpelz 2008) beschreibt, und worunter er alle Techniken fasst, die örtlich mobil und dennoch bezüglich der Kodierung unveränderlich sind (wie z.B. den Buchdruck).

[422] Siehe v.a. Phase III in Unterkapitel 5.4.7.

- Etablierung als Kommunikationsform (,*wir ham hier (nen) zwEIten raum kontrolliert- grÜn.*', TA26) mit Ansätzen sich ausbildender quasi-syntaktischer Erweiterungen innerhalb des Symbolsystems (,*hIEr auch noch zusätzlich gElb oder was*', TA33), das letztlich nicht mehr begründet werden muss, sondern selbst Teil der Begründungskommunikation ist (siehe Unterkapitel 5.4.7).

Im Datenmaterial wird meist über die Landmarken (als Symbolsystem) gesprochen, und zwar immer mehr im Verlauf des Entwicklungsprojekts im äußeren Interaktionskreis (siehe TA52). In den späteren Workshops wird aber auch zunehmend, gerade im inneren Interaktionskreis, mit Landmarken kommuniziert, so dass das Landmarken-System mit zunehmender Entwicklung und Handlungspraxis der Nutzer als teilweise transparente Kommunikationsform perspektiviert werden kann. So werden Farbbezeichnungen zunehmend metonymisch für die technischen Medien (z. B. ,grün' anstatt ,*da liegt so ne landmarke*') und Farbcodes synonym für spezifische Orts-, Situations- und Ereignisangaben (z. B. ,grün' anstatt einer Formulierung wie *Der Raum ist vollständig durchsucht und ich habe nichts gefunden*) gebraucht (s. o. und Unterkapitel 5.3.3). Außerdem ist an der abnehmenden Kommunikation über die Zeichen auf der einen und der kreativen Nutzung (z. B. mittels Farbcode-Erweiterungen durch Landmarken-Kombinationen wie ,*zwEI ro:te*' in TA52) auf der anderen Seite eine zunehmende Sicherheit im Umgang mit dem Symbolsystem zu beobachten (siehe z. B. Phase II in Unterkapitel 5.3.3). Damit lässt sich der dreischrittige Verlauf technischer Innovationen, wie ihn Rammert (2006, S. 21) skizziert, auch bezüglich des Handlungsvollzugs mit Landmarken zumindest teilweise nachvollziehen:

Nach Rammert (ebd.) handelt es sich um folgende drei Phasen: 1. Entstehung; 2. Stabilisierung und 3. Durchsetzung. Allerdings merkt Rammert zum Innovationsverlauf an:

> Die Technikgenese folgt nicht einer linearen Logik der Entfaltung einer technischen Idee, sondern ist als ein mehrstufiger Prozess der Entwicklung von Technisierungsprojekten anzusehen, der eher nach dem nicht-linearen Muster soziotechnischer Evolution verläuft (vgl. Rammert 1993) und mit den Modellen rekursiver Innovation (Kowol/ Krohn 1995), verteilter Innovation (Rammert 1997) oder völlig unvorhersehbarer Innovationsreisen (Van den [sic!] Ven et al. 1999) erfasst werden kann (zum Überblick vgl. Braun-Thürmann 2005). (Ebd., S. 21)

Die Entstehungsphase der neuen Technik ist v. a. in den ersten Workshops anhand des unsicheren Gebrauchs[423] des neuen Mediums nachweisbar. Die Stabilisierungsphase ist insbesondere in den späteren Workshops – und zum Teil im späteren Verlauf der ersten Workshops – zu beobachten, wenn sich bestimmte Verwendungsweisen eingeschliffen haben und kommunikativ nicht mehr problematisiert werden (Unsicherheiten hinsichtlich des Gebrauchs betreffen dort v. a. den Ort resp. ortsfeste Ereignisse und nicht das Zeichensystem). Da die Phase der Durchsetzung Rammert zu Folge auf gesamtgesellschaftlicher Ebene situiert ist und – nach meiner Auslegung Rammerts – bis hin zu einer Form der ,Natura-

---

[423] Der unsichere Gebrauch lässt sich ggf. auch teilweise zurückführen auf die vermeintlichen Experten des Zeichensystems, die v. a. in den ersten und mittleren Workshops mitgehen und Landmarken anreichern.

lisierung' der neuen Techniken führt (mit Konstitutiva wie unreflektiertem bis
unreflektierbarem Gebrauch inkl. Unhinterfragbarkeit und darin eingeschriebenen Machtstrukturen etc.), lässt sich diese Phase im Rahmen des Entwicklungsprojekts nicht beobachten.[424] Allerdings lassen sich nach der Entstehung und
Stabilisierung sogar in gewisser Hinsicht und im ausgewählten Personenkreis
zumindest Ansätze des Durchsetzens des neuen digitalen Mediums beobachten,
wenn es einen festen eingeforderten und/oder wie selbstverständlich verwendeten Bestandteil der Interaktion darstellt.

Nachteile, die LANDMARKEN im Gebrauch nachweislich mit sich bringen, betreffen in erster Linie die Auslegezeit und Störungen hinsichtlich der Materialität, wie fehlende Befestigungsmöglichkeiten, sowie Störungen zweiter Ordnung
(also durch das Zeichensystem selbst verursachte Störungen) bezüglich der Ortsstabilität und Eineindeutigkeit. Diese werden allerdings zum Teil bereits antizipiert und kommunikativ bearbeitet (‚*wenn ich die hIEr an die Ecke setze- ziehn
wir die mim schlAUch wEg* [...] *ich setz die hier an die Andere sEIte*‘, TA30).
Einen Sonderfall von Störungen zweiter Ordnung erzeugen kurzfristige Farbko-
dierungswechsel (‚*die orangenen sind weiß*‘, W1Ü2)[425] und Farbdifferenzierungs-
probleme bei der Wahrnehmung (‚*dat is jetzt gelb?*‘ – ‚*scheint so. rot sieht anders
aus.*‘, TA42). Vorteile betreffen insbesondere die durch sie angestoßene Orts-
und Reflexionskommunikation, die sich bei der gemeinsamen Raumkonstitution
als sehr nützlich erweist, sowie die mögliche Zeitersparnis auf dem Rückweg
(zumindest in Verbindung mit der Raumarchitektonik und dem Erfahrungswissen)[426] bzw. auf dem Hinweg eines nachfolgenden Trupps (siehe TA45). Des
Weiteren erweist sich ihre Multikodalität bzw. Multimodalität als hilfreich, da
die Akteure je nach Situation mehr von visueller (siehe TA56) oder mehr von
akustischer (siehe TA45) Ortung profitieren.

Was die Nützlichkeit, Nutzbarkeit und Akzeptanz der LANDMARKEN als Ori-
entierungs- und Navigationsmedium betrifft, so lässt sich konstatieren, dass diese
insbesondere von der Multikodalität bzw. Multimodalität, der nur basalen statt
streng festgelegten Grundbedeutungen[427] sowie ihrer Mehrfunktionalität abhängt. Letztere lässt sich v. a. auf ihre spezifische Form zurückführen, die es den
Nutzern erlaubt, die LANDMARKEN fernab jeglicher technischer Nutzungsmög-
lichkeiten auch als einfache Keile zu verwenden und damit als Teil ihres ohnehin
mitgeführten Equipments ohne vollständig neue Arbeitsroutinen etablieren zu
müssen. Dass die LANDMARKEN durch die Akteure mehr und mehr Akzeptanz
erfahren und als nützlich erscheinen, zeigen die zunehmende Kommunikation
mit der neuen Kommunikationsform im inneren Interaktionskreis und die ebenfalls zunehmende Kommunikation über das Symbolsystem im äußeren Interaktionskreis (siehe die Phasen II bis IV in den Unterkapiteln 5.3 bis 5.5). Die

---

[424] „In der Phase der Durchsetzung wird der Prototyp zum dominanten Design verallgemei-
nert, und das soziale Netzwerk hat sich durch Markt- und Koalitionsprozesse weltweit neu
und exklusiv konfiguriert" (Rammert 2006, S. 21).
[425] Siehe Unterkapitel 5.3.3.
[426] Siehe TA60.
[427] Siehe dazu die Aushandlungssequenzen im inneren Interaktionskreis bzgl. der Zeichen-
kombinationen wie in TA52 und TA53. Im äußeren Interaktionskreis werden diese Zei-
chenkombinationen hingegen nur mitgeteilt und nicht ausgehandelt.

LANDMARKEN bergen daher bis hinunter auf die Ebene üblicher und einfachster Arbeitshilfsmittel ein vielschichtiges Potenzial, die Referenzierung des Raums zu beeinflussen.

Auch diese Ergebnisse in der Tradition der Workplace Studies, abgeleitet aus dem Spezialanwendungsfall Feuerwehreinsatzübungen, erweitern bisherige Kenntnisse zum interaktionalen Gebrauch von neu entwickelten digitalen Medien. Entgegen den Vorstellungen klassischer Designansätze, wonach z.B. „im Software-Engineering [...] Programme im Sinne des Wasserfallmodells nach fest vorgegebenen Anforderungen ohne Rückkopplung mit den Nutzern entwickelt werden können" (Wulf 1994, S. 42), verweisen die einzelnen Settings bzgl. Technikentwicklung darauf, dass eine zunächst von den Entwicklern angedachte automatische und somit nicht von den Handelnden bewusst gesteuerte Auslegung der Objekte dysfunktional wäre. Denn gerade die interaktionale Aushandlung hinsichtlich der auszulegenden Symbole mit der ortsabhängigen Einschreibung von Orts-, Ereignis- und Situationswissen bietet den Nutzern Vorteile über die ersten anvisierten Entwicklungsziele hinaus. Dies konterkariert auch die Forderungen zu möglichst ‚transparenter Technik‘,[428] wie sie Weiser und andere im Rahmen des ‚ubiquitous computing‘ als ein Ideal entwerfen[429] und demnach Technik möglichst nicht wahrgenommen werden sollte. Das hieße bezogen auf die *LANDMARKEN* natürlich nicht, dass sie nach diesem Ideal als Objekte nicht mehr wahrgenommen werden sollten (sie bilden ja schließlich gerade visuell zu perzipierende Weg- und Landmarken), aber dass ihre Auslegung nicht mehr bewusst erfolgen sollte. Hinsichtlich der Fragestellungen zur Technikentwicklung haben die Analysen des Weiteren gezeigt, dass erstens Form und Materialität der Objekte sehr bedeutsam bzgl. damit angelegter Möglichkeiten und Mehrfunktionalitäten sind, dass zweitens sichere Befestigungsmöglichkeiten (als eine primäre und nicht nur sekundäre Anforderung an die technischen Objekte) für ortsbezogene Symbolsysteme wichtig sind, um Störungen zweiter Ordnung zu vermeiden, und dass drittens die prinzipielle Erweiterbarkeit einer Grundsymbolik im situativen Einsatz bei Notfalleinsätzen sehr sinnvoll ist.

Bezogen auf semiotische Fragestellungen legen die Analysen offen, dass Symbolsysteme im Kommunikationsvollzug Funktionen von Kommunikationsformen übernehmen und die Kommunikation in mehrfacher Hinsicht unterstützen können, wobei sich ein Mehr an Kommunikation als Vorteil für ein gemeinsames räumliches Verständnis erweist. Mit Bezug auf Fragen des Untersuchungsdesigns wird gezeigt, dass die Analyse des Gebrauchs neu entwickelter digitaler Medien nur über einen längeren Nutzungszeitraum sinnvoll ist, um Nutzungsveränderungen über die Phase einer ersten Medienaneignung hinaus eruieren und angemessen bewerten zu können.

Die Beobachtungen und gewonnenen Erkenntnisse lassen sich in einer Reihe weiterer Untersuchungen anwenden und auf weitere Fälle ausweiten. Das gilt etwa für die naheliegende Frage, wie sich die Kommunikation mit zunehmender Nutzung der *LANDMARKEN* als Teil der alltäglichen Handlungspraxis der Akteure verändert. Vergleichbare Untersuchungen könnten sich zur Nutzung anderer

---

[428] Dieser Aspekt wird in Habscheid/Gerwinski (2012) ausführlicher behandelt.
[429] Siehe Weiser (1991, 1994) und Unterkapitel 2.3.

digitaler Medien in institutioneller Kommunikation anschließen, ebenso weitere interaktionsanalytische Untersuchungen zu Notfalleinsätzen und Notfalleinsatzübungen sowohl der Feuerwehr als auch anderer Sicherheitsinstitutionen. Außerdem ließe sich das gesamte Untersuchungsfeld der Technikentwicklung anhand des vorliegenden Datenmaterials noch stärker in den Blick nehmen. Und schließlich könnten Analysen des vorliegenden Datenmaterials mit anderen Forschungsfoki und/oder auf der Basis anderer Forschungstraditionen und -paradigmen sowie anderer lebensweltlicher und theoretischer Bezugsrahmen komplementäre und interessante Ergebnisse hervorbringen, die dazu beitragen könnten, stets unvermeidbare ‚blinde Flecke' aufzudecken und zu kompensieren.

‚sind wir am E:nde oder wie?' – *‚jaja wir sind am Ende.'* (TA22).

7 Transkriptionszeicheninventar[1]

Allgemeine Transkriptionszeichen:

=	kurzer, unmittelbarer Anschluss (neuer Turns oder Einheiten); auch Verschleifungen innerhalb von Einheiten
(.)	Mikropause
(-)	kurze Pause (ca. 0,25 Sek.)
(--)	mittlere Pause (ca. 0,5–0,75 Sek.)
(---)	längere Pause (ca. 1 Sek.)
(2.0)	Pause von ca. 2 Sek.
: :: :::	Dehnung (Längung je nach Dauer)
/	Wort- oder Konstruktionsabbruch
[ ]	Überlappungen und Simultansprechen
[ ]	
bin ge'	Abbruch durch Glottalverschluss
.hhh	Einatmen (je nach Länge, Menge an h)
hhh.	Ausatmen (je nach Länge, Menge an h)
((hustet))	Nonverbale Handlungen und Ereignisse (auch: lacht, errötet, …)
(xxx xxx)	2 unverständliche Silben (in Klammern auch vermuteter Wortlaut eintragbar)
(er/der)	mögliche Alternativen aufgrund leichter Unverständlichkeit
((…))	Auslassung im Transkript
äh, öh,…	Verzögerungssignale/Füllwörter
so(h)o	Lachpartikeln beim Reden
hm	Hörersignal

Akzentierungen:

akzEnt	Silbenbezogener Akzent

Tonhöhenbewegungen:

?	Tonhöhenbewegung am Einheitenende: hoch steigend
.	Tonhöhenbewegung am Einheitenende: tief fallend
-	Tonhöhenbewegung am Einheitenende: gleichbleibend

---

[1] Dieses Transkriptionszeicheninventar ist angelehnt an das „Gesprächsanalytische Transkriptionssystem 2 (GAT2)" nach Selting et al. (2009).

;	Tonhöhenbewegung am Einheitenende: leicht fallend
,	Tonhöhenbewegung am Einheitenende: leicht steigend

Kommentierungen:

<< empört > ... >	interpretierende Kommentare (zu para- und nonverbalen Handlungen und Ereignissen) wie: empört, erstaunt, ...

Lautstärkeveränderungen:

<< t > ... >	t = tiefes Tonhöhenregister (im Gegensatz zum restlichen Normalverlauf)
<< h > ... >	h = hohes Tonhöhenregister (im Gegensatz zum restlichen Normalverlauf)
↑	auffälliger Tonhöhensprung nach oben
↓	auffälliger Tonhöhensprung nach unten

Sprechgeschwindigkeitsveränderungen:

<< f > ... >	f = forte/laut; ff = fortissimo/sehr laut
<< p > ... >	p = piano/leise; pp = pianissimo/sehr leise
<< all > ... >	allegro/schnell
<< len > ... >	lento/langsam
<< cresc > ... >	crescendo/lauter werdend
<< dim > ... >	diminuendo/leiser werdend
<< acc > ... >	accelerando/schneller werdend
<< rall > ... >	rallentanando/langsamer werdend

Akzenthöhenbewegungen:

`SO	fallende Akzenthöhenbewegung (intralineare Notation)
ʹSO	steigende Akzenthöhenbewegung (intralineare Notation)
¯SO	gleichbleibende Akzenthöhenbewegung (intralineare Notation)
^SO	steigend-fallende Akzenthöhenbewegung (intralineare Notation)
˅SO	fallend-steigende Akzenthöhenbewegung (intralineare Notation)

8 Literatur

Akrich, Madeleine (2004): Vom Objekt zur Interaktion und zurück. Eine Diskussion mit Madeleine Akrich, Antoine Hennion und Vololona Rabeharisoa, moderiert durch Lorenza Mondada. In: Zeitschrift für qualitative Bildungs-, Beratungs- und Sozialforschung (ZBBS) 5, S. 239–271.

Antos, Gerd (2002): Mythen, Metaphern, Modelle. Konzeptualisierung von Kommunikation aus dem Blickwinkel der Angewandten Diskursforschung. In: Brünner, Gisela/Fiehler, Reinhard/Kindt, Walther (Hg.): Angewandte Diskursforschung. Bd. 1: Grundlagen und Beispielanalysen. Opladen, S. 93–119.

Arbeitsgruppe Bielefelder Soziologen (1975): Alltagswissen, Interaktion und gesellschaftliche Wirklichkeit. Bd. 1: Symbolischer Interaktionismus und Ethnomethodologie. (= Rororo-Studium 54). Reinbek bei Hamburg.

Arminen, Ilkka (2001): Workplace Studies: The Practical Sociology of Technology in Action. In: Acta Sociologica 44, S. 183–189.

Auer, Peter (1989): Natürlichkeit und Stil. In: Hinnenkamp, Volker/Selting, Margret (Hg.): Stil und Stilisierung. Arbeiten zur interpretativen Soziolinguistik. (= Linguistische Arbeiten 235). Tübingen, S. 27–60.

Auer, Peter (1999): Sprachliche Interaktion. Eine Einführung anhand von 22 Klassikern. (= Konzepte der Sprach- und Literaturwissenschaft 60). Tübingen.

Auer, Peter (2010): Sprachliche Landschaften. Die Formung des Raums durch die geschriebene Sprache. In: Deppermann, Arnulf/Linke, Angelika (Hg.), S. 271–300.

Ayaß, Ruth (2004): Konversationsanalytische Medienforschung. In: Medien und Kommunikationswissenschaft 52, S. 5–29.

Ayaß, Ruth/Gerhardt, Cornelia (Hg.) (2012): The appropriation of media in everyday life. (= Pragmatics & beyond, N.S. 224). Amsterdam/Philadelphia.

Backhaus, Peter (2007): Linguistic landscapes. A comparative study of urban multilingualism in Tokyo. (= Multilingual matters 136). Clevedon/Buffalo.

Bartz, Christina et al. (2012): Einleitung – Signaturen des Medialen. In: Bartz, Christina et al. (Hg.): Handbuch der Mediologie. Signaturen des Medialen. Paderborn, S. 7–15.

Becker-Mrotzek, Michael/Brünner, Gisela (2002): Simulation authentischer Fälle (SAF). In: Brünner, Gisela/Fiehler, Reinhard/Kindt, Walther (Hg.): Angewandte Diskursforschung. Bd. 2: Methoden und Anwendungsbereiche. Opladen, S. 72–80.

Becker-Mrotzek, Michael/Brünner, Gisela (2004): Der Erwerb kommunikativer Fähigkeiten: Kategorien und systematischer Überblick. In: Becker-Mrotzek, Michael/Brünner, Gisela (Hg.), S. 29–46.

Becker-Mrotzek, Michael/Brünner, Gisela (Hg.) (2004): Analyse und Vermittlung von Gesprächskompetenz. (= Forum angewandte Linguistik 43). Frankfurt am Main.

Becker-Mrotzek, Michael/Vogt, Rüdiger (2001): Unterrichtskommunikation. Linguistische Analysemethoden und Forschungsergebnisse. (= Germanistische Arbeitshefte 38). Tübingen.

Beck, Ulrich (2007): Weltrisikogesellschaft. Auf der Suche nach der verlorenen Sicherheit. 1. Aufl. (= Edition Zweite Moderne). Frankfurt am Main.

Belliger, Andréa/Krieger, David J. (Hg.) (2006): ANThology. Ein einführendes Handbuch zur Akteur-Netzwerk-Theorie. Bielefeld.

Berger, Peter L./Luckmann, Thomas (2004): Die gesellschaftliche Konstruktion der Wirklichkeit. Eine Theorie der Wissenssoziologie. 20. Aufl. (= Fischer 6623). Frankfurt am Main.

Bergmann, Jörg (1981): Ethnomethodologische Konversationsanalyse. In: Schröder, Peter/Steger, Hugo (Hg.): Dialogforschung. (= Jahrbuch des Instituts für deutsche Sprache 1980). Berlin, S. 9–51.

Bergmann, Jörg (1985): Flüchtigkeit und methodische Fixierung sozialer Wirklichkeit. Aufzeichnungen als Daten der interpretativen Soziologie. In: Bonß, Wolfgang/Hartmann, Heinz (Hg.): Entzauberte Wissenschaft. Zur Relativität und Geltung soziologischer Forschung. (= Soziale Welt Sonderband 3). Göttingen, S. 299–320.

Bergmann, Jörg (1988a): Ethnomethodologie und Konversationsanalyse. Kurseinheit 1. Bd. 1. Hagen.

Bergmann, Jörg (1988b): Ethnomethodologie und Konversationsanalyse. Kurseinheit 2. Bd. 2. Hagen.

Bergmann, Jörg (1991): Goffmans Soziologie des Gesprächs und seine ambivalente Beziehung zur Konversationsanalyse. In: Hettlage, Robert/Lenz, Karl (Hg.): Erving Goffman. Ein soziologischer Klassiker der zweiten Generation. (= UTB 1509). Bern, S. 301–326.

Bergmann, Jörg (1993): Alarmiertes Verstehen: Kommunikation in Feuerwehrnotrufen. In: Jung, Thomas/Müller-Doohm, Stefan (Hg.): „Wirklichkeit" im Deutungsprozeß. Verstehen und Methoden in den Kultur- und Sozialwissenschaften. Frankfurt am Main, S. 283–328.

Bergmann, Jörg (2000a): Harold Garfinkel und Harvey Sacks. In: Flick, Uwe/Kardorff, Ernst von/Steinke, Ines (Hg.), S. 51–62.

Bergmann, Jörg (2000b): Konversationsanalyse. In: Flick, Uwe/Kardorff, Ernst von/Steinke, Ines (Hg.), S. 524–537.

Bergmann, Jörg (2001): Das Konzept der Konversationsanalyse. In: Brinker, Klaus et al. (Hg.), S. 919–927.

Bergmann, Jörg (2005): Studies of Work. In: Rauner, Felix (Hg.): Handbuch Berufsbildungsforschung. Bielefeld, S. 639–646.

Bergmann, Jörg/Quasthoff, Uta (2010): Interaktive Verfahren der Wissensgenerierung: Methodische Problemfelder. In: Dausendschön-Gay, Ulrich (Hg.): Wissen in (Inter-)Aktion. Verfahren der Wissensgenerierung in unterschiedlichen Praxisfeldern. (= Linguistik – Impulse & Tendenzen 39). Berlin u.a., S. 21–34.

Berthele, Raphael (2006): Ort und Weg. Die sprachliche Raumreferenz in Varietäten des Deutschen, Rätoromanischen und Französischen. (= Linguistik – Impulse & Tendenzen 16). Berlin.

Billig, Michael (1999): Whose terms? Whose ordinariness? Rhetoric and ideology in Conversation Analysis. In: Discourse and Society 10, S. 543–558.

Birdwhistell, Ray L. (1979): Kinesik. In: Scherer, Klaus R./Wallbott, Harald G. (Hg.), S. 192–201.

Blaikie, Norman (2007): Approaches to social enquiry: advancing knowledge. 2. Aufl. Cambridge.

Blumer, Herbert (1969): Symbolic interactionism. Perspective and method. Englewood Cliffs, NJ.

Blum, Joachim/Bucher, Hans-Jürgen (1998): Die Zeitung: ein Multimedium. Textdesign – ein Gestaltungskonzept für Text, Bild und Grafik. (= Edition sage & schreibe 1). Konstanz.

Böhme-Dürr, Karin (1997): Technische Medien der Semiose. In: Posner, Roland (Hg.): Semiotik. Ein Handbuch zu den zeichentheoretischen Grundlagen von Natur und Kultur. 1. Halbband. (= Handbücher zur Sprach- und Kommunikationswissenschaft 13). Berlin u.a., S. 357–384.

Bohnsack, Ralf (2003): Qualitative Methoden der Bildinterpretation. In: Zeitschrift für Erziehungswissenschaft 6, S. 239–256.

Bohnsack, Ralf (2011): Qualitative Bild- und Videointerpretation. Die dokumentarische Methode. 2. Aufl. (= UTB 8407). Stuttgart.

Bohnsack, Ralf (2012): Orientierungsschemata, Orientierungsrahmen und Habitus. Elementare Kategorien der Dokumentarischen Methode mit Beispielen aus der Bildungsmilieuforschung. In: Schittenhelm, Karin (Hg.): Qualitative Bildungs- und Arbeitsmarktforschung. Grundlagen, Perspektiven, Methoden. Wiesbaden, S. 119–154.

Bolter, Jay D./Grusin, Richard (2000): Remediation. Understanding new media. Cambridge, MA u.a.

Bourdieu, Pierre (1998): Practical reason. On the theory of action. Stanford, Calif.

Breuer, Franz (2010): Wissenschaftstheoretische Grundlagen qualitativer Methodik in der Psychologie. In: Mey, Günter/Mruck, Katja (Hg.), S. 35–49.

Brinker, Klaus/Sager, Sven F. (2006): Linguistische Gesprächsanalyse. Eine Einführung. 4., durchges. und erg. Aufl. (= Grundlagen der Germanistik 30). Berlin.

Brinker, Klaus et al. (Hg.) (2001): Text- und Gesprächslinguistik. 2. Halbband. (= Handbücher zur Sprach- und Kommunikationswissenschaft 16). Berlin u.a.

Brugmann, Karl (1904): Die Demonstrativpronomina der indogermanischen Sprachen. Eine bedeutungsgeschichtliche Untersuchung. (= Abhandlungen der Königlich Sächsischen Gesellschaft der Wissenschaften 50, Nr. 6). Leipzig.

Brünner, Gisela (1978): Kommunikation in betrieblichen Kooperationsprozessen. Theoretische Untersuchungen zur Form und Funktion kommunikativer Tätigkeiten in der Produktion. Osnabrück.

Bucher, Hans-Jürgen (2011): Multimediales Verstehen oder Rezeption als Interaktion. In: Diekmannshenke, Hans-Joachim/Klemm, Michael/Stöckl, Hartmut (Hg.): Bildlinguistik. Theorien – Methoden – Fallbeispiele. (= Philologische Studien und Quellen 228). Berlin, S. 123–156.

Bühler, Karl (1999 [1934]): Sprachtheorie. Die Darstellungsfunktion der Sprache. 3. Aufl. Stuttgart. [Ungekürzter Neudr. der Ausg. Jena 1934.]

Bührig, Kristin/Sager, Sven F. (Hg.) (2005): Nonverbale Kommunikation im Gespräch. (= Osnabrücker Beiträge zur Sprachtheorie 70). Duisburg u.a.

Burger, Harald (1990): Sprache der Massenmedien. 2., durchges. und erw. Aufl. (= Sammlung Göschen 2225). Berlin u.a.

Burger, Harald (2001): Gespräche in den Massenmedien. In: Brinker, Klaus et al. (Hg.), S. 1492–1505.

Burger, Harald (2005): Mediensprache. Eine Einführung in Sprache und Kommunikationsformen der Massenmedien. 3., völlig neu bearb. Aufl. Berlin u.a.

Büttner, Silke (2005): Kopfbewegung im Transkript. Ein System zur Analyse von Kopfbewegungen im Kontext nonverbaler Interaktion. In: Bührig, Kristin/Sager, Sven F. (Hg.), S. 71–92.

Button, Graham (Hg.) (1993): Technology in working order. Studies of work, interaction, and technology. London.

Certeau, Michel de (1988): Kunst des Handelns. (= Internationaler Merve-Diskurs 140). Berlin.

Charlton, Michael/Klemm, Michael (1998): Fernsehen und Anschlußkommunikation. In: Klingler, Walter/Roters, Gunnar/Zöllner, Oliver (Hg.): Fernsehforschung in Deutschland. Themen – Akteure – Methoden. Bd. 2. (= Schriftenreihe Südwestrundfunk: Medienforschung 1). Baden-Baden, S. 709–727.

Clausen, Lars/Greenen, Elke M./Macamo, Elisio (Hg.) (2003): Entsetzliche soziale Prozesse. Theorie und Empirie der Katastrophen. (= Konflikte, Krisen und Katastrophen, in sozialer und kultureller Sicht 1). Münster.

Corbin, Juliet M./Strauss, Anselm L. (1993): The Articulation of Work Through Interaction. In: Sociological Quarterly 34, S. 71–83.

Crabtree, Andy (2003): Designing collaborative systems. A practical guide to ethnography. London u.a.

Denis, Jerome/Pontille, David (2008): Organizing a public space. Subway signs and the shaping of rides. In: What is an organisation: Materiality, Agency and Discourse. Montreal, Canada, S. 1–18. Online: http://hal.inria.fr/docs/00/26/82/48/PDF/JDDP-Organizing.pdf [23.9.2010].

Dennerlein, Katrin (2009): Narratologie des Raumes. (= Narratologia 22). Berlin u.a.

Deppermann, Arnulf (1997): Gesprächsanalyse als explikative Konstruktion – Ein Plädoyer für eine reflexive Ethnomethodologie. (= Paper des Forschungsschwerpunkts „Familien-, Jugend- und Kommunikationssoziologie" 9). Frankfurt am Main.

Deppermann, Arnulf (2000): Ethnographische Gesprächsanalyse: Zu Nutzen und Notwendigkeit von Ethnographie für die Konversationsanalyse. In: Gesprächsforschung – Online-Zeitschrift zur verbalen Interaktion 1, S. 96–124.

Deppermann, Arnulf (2004): „Gesprächskompetenz" – Probleme und Herausforderungen eines möglichen Begriffs. In: Becker-Mrotzek, Michael/Brünner, Gisela (Hg.), S. 15–28.

Deppermann, Arnulf (2008): Gespräche analysieren. 4. Aufl. (= Qualitative Sozialforschung 3). Wiesbaden.

Deppermann, Arnulf (2010): Konversationsanalyse und diskursive Psychologie. In: Mey, Günter/Mruck, Katja (Hg.), S. 643–661.

Deppermann, Arnulf/Schmitt, Reinhold (2007): Koordination. Zur Begründung eines neuen Forschungsgegenstandes. In: Schmitt, Reinhold (Hg.), S. 15–54.

Deppermann, Arnulf/Linke, Angelika (Hg.) (2010): Sprache intermedial. Stimme und Schrift, Bild und Ton. (= Jahrbuch des Instituts für Deutsche Sprache 2009). Berlin/New York.

Derrida, Jacques (1976): Randgänge der Philosophie. (= Ullstein-Buch 3288). Frankfurt am Main.

Diaz-Bone, Rainer (2006): Zur Methodologisierung der Foucaultschen Diskursanalyse. In: Forum Qualitative Sozialforschung / Forum: Qualitative Social Research 7, 1, S. 1–29.

Dittmar, Norbert (1988): Quantitative – qualitative Methoden. In: Ammon, Ulrich/Dittmar, Norbert/Mattheier, Klaus J. (Hg.): Soziolinguistik. Ein internationales Handbuch zur Wissenschaft von Sprache und Gesellschaft. 2. Halbband. (= Handbücher zur Sprach- und Kommunikationswissenschaft 3.2). Berlin u.a., S. 879–893.

Domke, Christine (2010a): Der Ort des Textes – Überlegungen zur Relevanz der Platzierung von Kommunikaten am Beispiel von Flughäfen. In: Stöckl, Hartmut (Hg.): Mediale Transkodierungen. Metamorphosen zwischen Sprache, Bild und Ton. (= Wissenschaft und Kunst 17). Heidelberg, S. 85–104.

Domke, Christine (2010b): Texte im öffentlichen Raum: Formen medienvermittelter Kommunikation auf Bahnhöfen. In: Bucher, Hans-Jürgen/Gloning, Thomas/Lehnen, Katrin (Hg.): Neue Medien – neue Formate. Ausdifferenzierung und Konvergenz in der Medienkommunikation. (= Interaktiva 10). Frankfurt am Main u.a., S. 257–282.

Döring, Jörg/Tristan, Thielmann (2008): Was lesen wir im Raume? Der Spatial Turn und das geheime Wissen der Geographen. In: Döring, Jörg/Thielmann, Tristan (Hg.), S. 9–42.

Döring, Jörg/Thielmann, Tristan (Hg.) (2008): Spatial turn. Das Raumparadigma in den Kultur- und Sozialwissenschaften. Bielefeld.

Dourish, Paul (2004): Where the action is. The foundations of embodied interaction. Cambridge, MA.

Downs, Roger M./Stea, David (1973): Cognitive maps and spatial behavior: Process and products. In: Downs, Roger M./Stea, David (Hg.): Image and Environment: cognitive mapping and spatial behavior. Chicago, S. 8–26.

Dürscheid, Christa (2000): Syntax. Grundlagen und Theorien. (= Studienbücher zur Linguistik 3). Wiesbaden.

Dürscheid, Christa (2005): Medien, Kommunikationsformen, kommunikative Gattungen. In: Linguistik online 22, S. 3–16.

Dyrks, Tobias/Denef, Sebastian/Ramírez, Leonardo (2008): An Empirical Study of Firefighting Sensemaking Practices to Inform the Design of Ubicomp Technology. Workshop

Proceedings of the SIGCHI Conference on Human Factors in Computing Systems. Cape Town.

Eberle, Thomas S. (1984): Sinnkonstitution in Alltag und Wissenschaft. Der Beitrag der Phänomenologie an die Methodologie der Sozialwissenschaften. (= Kulturwissenschaft 5). Bern/Stuttgart.

Eberle, Thomas S. (1997): Ethnomethodologische Konversationsanalyse. In: Hitzler, Ronald/Honer, Anne (Hg.): Sozialwissenschaftliche Hermeneutik. Eine Einführung. Opladen, S. 245–280.

Ehlich, Konrad (1994): Funktion und Struktur schriftlicher Kommunikation. In: Günther, Hartmut/Ludwig, Otto (Hg.): Schrift und Schriftlichkeit. Ein interdisziplinäres Handbuch internationaler Forschung. 1. Halbband. (= Handbücher zur Sprach- und Kommunikationswissenschaft 10.1). Berlin u.a., S. 18–41.

Ehn, Pelle (1989): Work-oriented design of computer artifacts. 2. Aufl. Stockholm.

Ehrich, Veronika (1985): Zur Linguistik und Psycholinguistik der sekundären Raumdeixis. In: Schweizer, Harro (Hg.), S. 130–161.

Ehrich, Veronika (1992): Hier und jetzt. Studien zur lokalen und temporalen Deixis im Deutschen. (= Linguistische Arbeiten 283). Tübingen.

Eichinger, Ludwig M. (1989): Raum und Zeit im Verbwortschatz des Deutschen. Eine valenzgrammatische Studie. (= Linguistische Arbeiten 224). Tübingen.

Ekman, Paul/Friesen, Wallace V./Hager, Joseph C. (2002): Facial action coding system. The manual. Salt Lake City, UT.

Fairclough, Norman (1995): Critical discourse analysis. The critical study of language. (= Language in social life series). London u.a.

Faßler, Manfred (1997): Was ist Kommunikation? (= UTB 1960). München.

Fehrmann, Gisela/Linz, Erika (2008): Der hypnotische Blick. Zur kommunikativen Funktion deiktischer Zeichen. In: Wenzel, Horst/Jäger, Ludwig (Hg.): Deixis und Evidenz. (= Rombach-Wissenschaften: Reihe Scenae 8). Freiburg im Breisgau u.a., S. 261–288.

Fehrmann, Gisela/Linz, Erika (2010): Shifting gestures. Deiktische Verfahren in sprachlicher und visueller Kommunikation. In: Boehm, Gottfried/Egenhofer, Sebastian/Spies, Christian (Hg.): Zeigen. Die Rhetorik des Sichtbaren. München u.a., S. 387–408.

Feilke, Helmuth (2000): Die pragmatische Wende in der Textlinguistik. In: Brinker, Klaus et al. (Hg.): Text- und Gesprächslinguistik. 1. Halbband. (= Handbücher zur Sprach- und Kommunikationswissenschaft 16.1). Berlin u.a., S. 64–82.

Fiehler, Reinhard (1980): Kommunikation und Kooperation. Theoretische und empirische Untersuchung zur kommunikativen Organisation kooperativer Prozesse. (= Reihe Linguistik 4). Berlin.

Fiehler, Reinhard (2001): Gesprächsanalyse und Kommunikationstraining. In: Brinker, Klaus et al. (Hg.), S. 1697–1710.

Flick, Uwe/Kardorff, Ernst von/Steinke, Ines (Hg.) (2000): Qualitative Forschung. Ein Handbuch. (= Rororo 55628). Reinbek bei Hamburg.

Flick, Uwe (2010): Gütekriterien qualitativer Forschung. In: Mey, Günter/Mruck, Katja (Hg.), S. 395–407.

Fricke, Ellen (2004): Origo, Geste und Raum. Lokaldeixis im Deutschen. (= Linguistik – Impulse & Tendenzen 24). Berlin.

Fricke, Ellen (2009): Deixis, Geste und Raum: Das Bühlersche Zeigfeld als Bühne. In: Buss, Mareike et al. (Hg.): Theatralität des sprachlichen Handelns. Eine Metaphorik zwischen Linguistik und Kulturwissenschaften. Paderborn, S. 165–186.

Friederici, Angela (1989): Raumreferenz unter extremen perzeptuellen Bedingungen: Perzeption, Repräsentation und sprachliche Abbildung. In: Habel, Christopher (Hg.): Raumkonzepte in Verstehensprozessen. (= Linguistische Arbeiten 233). Tübingen, S. 17–36.

Fröhlich, Werner D. (2004): Wörterbuch Psychologie. (= Digitale Bibliothek 83). Berlin. [Elektronische Ressource].

Garfinkel, Harold (1967): Studies in Ethnomethodology. Englewood Cliffs, NJ.
Garfinkel, Harold (1974): The origins of the term „ethnomethodology". In: Turner, Roy (Hg.): Ethnomethodology. Selected readings. Harmondsworth, S. 15–18.
Garfinkel, Harold (1986): Introduction. In: Garfinkel, Harold (Hg.): Ethnomethodological studies of work. (= Studies in ethnomethodology). London, S. vii–viii.
Garfinkel, Harold/Sacks, Harvey (1976): Über formale Strukturen praktischer Handlungen. In: Weingarten, Elmar/Sack, Fritz/Schenkein, Jim (Hg.): Ethnomethodologie. Beiträge zu einer Soziologie des Alltagshandelns. (= Suhrkamp Wissenschaft 71). Frankfurt am Main, S. 130–176.
Garz, Detlef/Ackermann, Friedhelm (2006): Objektive Hermeneutik. In: Ayaß, Ruth/Bergmann, Jörg (Hg.): Qualitative Methoden der Medienforschung. (= Rororo 55665). Reinbek bei Hamburg, S. 324–349.
Geiger, Richard A. (1995): Introduction: toward a new synthesis. In: Geiger, Richard A. (Hg.): Reference in multidisciplinary perspective. Philosophical object, cognitive object, intersubjective process. Hildesheim u.a., S. 11–26.
Geppert, Alexander C. T./Jensen, Uffa/Weinhold, Jörn (2005): Verräumlichung. Kommunikative Praktiken in historischer Perspektive, 1840-1930. In: Geppert, Alexander C. T./Jensen, Uffa/Weinhold, Jörn (Hg.): Ortsgespräche. Raum und Kommunikation im 19. und 20. Jahrhundert. (= Zeit, Sinn, Kultur). Bielefeld, S. 15–49.
Gibson, James J. (1982): Wahrnehmung und Umwelt. Der ökologische Ansatz in der visuellen Wahrnehmung. München u.a.
Gibson, James J. (1986): The ecological approach to visual perception. Hillsdale, NJ.
Giddens, Anthony (1984): The constitution of society. Outline of the theory of structuration. (= Social and political theory). Cambridge.
Glück, Helmut (2004): Metzler-Lexikon Sprache. (= Digitale Bibliothek 34). Berlin. [Elektronische Ressource].
Goffman, Erving (1963): Behavior in public places. Notes on the social organization of gatherings. New York.
Goffman, Erving (1964): The neglected situation. In: American Anthropologist 66, 6.2, S. 133–136.
Goffman, Erving (1973): Interaktion. Spaß am Spiel, Rollendistanz. (= Serie Piper 62). München.
Goffman, Erving (1977): Rahmen-Analyse. Ein Versuch über die Organisation von Alltagserfahrungen. Frankfurt am Main.
Goffman, Erving (1981): Forms of talk. Oxford.
Goffman, Erving (1983): The Interaction Order: American Sociological Association, 1982 Presidential Address. In: American Sociological Review 48, S. 1–17.
Goffman, Erving (1986): Interaktionsrituale. Über Verhalten in direkter Kommunikation. (= Suhrkamp Wissenschaft 594). Frankfurt am Main.
Goffman, Erving (1994): Die Interaktionsordnung. In: Knoblauch, Hubert (Hg.): Erving Goffman: Interaktion und Geschlecht. Frankfurt am Main/New York, S. 50–104.
Goodwin, Charles (1979): The Interactive Construction of a Sentence in Natural Conversation. In: Psathas, George (Hg.): Everyday language. Studies in ethnomethodology. New York, S. 97–121.
Goodwin, Charles (2000): Action and embodiment within situated human interaction. In: Journal of Pragmatics 32, S. 1489–1522.
Goodwin, Charles/Heritage, John C. (1990): Conversational Analysis. In: Annual Review of Anthropology 19, S. 283–307.

Grice, Herbert P. (1975): Logic and conversation. Speech acts. Cambridge, MA.

Grice, Herbert P. (1989): Studies in the way of words. Cambridge, MA u.a.

Guiraud, Pierre (1973): La Sémiologie. 2. Aufl. (= Que sais-je? 1421). Paris.

Gülich, Elisabeth/Mondada, Lorenza/Furchner, Ingrid (2008): Konversationsanalyse. Eine Einführung am Beispiel des Französischen. (= Romanistische Arbeitshefte 52). Niemeyer.

Günthner, Susanne (1995): Gattungen in der sozialen Praxis. Die Analyse „kommunikativer Gattungen" als Textsorten mündlicher Kommunikation. In: Deutsche Sprache 23, S. 193–218.

Habscheid, Stephan (2000): ‚Medium' in der Pragmatik. Eine kritische Bestandsaufnahme. In: Deutsche Sprache 28, S. 126–143.

Habscheid, Stephan (2001): Empraktisches Sprechen in Computergestützten Arbeitssettings. In: Matuschek, Ingo/Henninger, Annette/Kleemann, Frank (Hg.): Neue Medien im Arbeitsalltag. Empirische Befunde, Gestaltungskonzepte, theoretische Perspektiven. Wiesbaden, S. 17–36.

Habscheid, Stephan (2005): Das Internet – ein Massenmedium?. In: Siever, Torsten/Schlobinski, Peter/Runkehl, Jens (Hg.): Websprache.net. Sprache und Kommunikation im Internet. (= Linguistik – Impulse & Tendenzen 10). Berlin u.a., S. 46–66.

Habscheid, Stephan (2009): Text und Diskurs. (= UTB 3349). Paderborn.

Habscheid, Stephan (2011): Das halbe Leben. Ordnungsprinzipien einer Linguistik der Kommunikation – Zur Einleitung in den Band. In: Habscheid, Stephan (Hg.), S. 3–29.

Habscheid, Stephan (Hg.) (2011): Textsorten, Handlungsmuster, Oberflächen: linguistische Typologien der Kommunikation. Berlin.

Habscheid, Stephan/Gerwinski, Jan (2012): Appropriating new media: The implementation of technical landmarks in emergency settings. In: Ayaß, Ruth/Gerhardt, Cornelia (Hg.), S. 271–304.

Habscheid, Stephan et al. (2010): Artikulationsarbeit und mediengestützte Ortserkundung. Multimodale und multilokale Kommunikation in Notfalleinsätzen. In: Deppermann, Arnulf/Linke, Angelika (Hg.), S. 243–270.

Hägerstrand, Torsten (1978): Survival and arena. In: Carlstein, Tommy/Parkes, Don/Thrift, Nigel J. (Hg.): Human activity and time geography. (= Timing space and spacing time 2). London, S. 122–145.

Hall, Edward T. (1959): The silent language. Garden City, NY.

Hall, Edward T. (1976): Die Sprache des Raumes. Düsseldorf.

Hanks, William F. (1990): Referential practice: language and lived space among the Maya. Chicago.

Harrison, Steve/Dourish, Paul (1996): Re-place-ing Space: The Roles of Place and Space in Collaborative Systems. In: Proceedings of the 1996 ACM Conference on Computer Supported Cooperative Work. New York, S. 67–76.

Harrison, Steve/Tatar, Deborah (2008): Places: People, Events, Loci – the Relation of Semantic Frames in the Construction of Place. In: Computer Supported Cooperative Work 17, S. 97–133.

Hartung, Martin (2004): Wie lässt sich Gesprächskompetenz wirksam und nachhaltig vermitteln? Ein Erfahrungsbericht aus der Praxis. In: Becker-Mrotzek, Michael/Brünner, Gisela (Hg.), S. 47–66.

Hausendorf, Heiko (1992): Das Gespräch als selbstreferentielles System. Ein Beitrag zum empirischen Konstruktivismus der ethnomethodologischen Konversationsanalyse. In: Zeitschrift für Soziologie 21, S. 83–95.

Hausendorf, Heiko (1997): Konstruktivistische Rekonstruktion. Theoretische und empirische Implikationen aus konversationsanalytischer Sicht. In: Sutter, Tilmann (Hg.): Beobachtung verstehen, Verstehen beobachten. Perspektiven einer konstruktivistischen Hermeneutik. Wiesbaden, S. 254–272.

Hausendorf, Heiko (2003): Deixis and speech situation revisited: The mechanism of perceived perception. In: Lenz, Friedrich (Hg.): Deictic Conceptualisation of Space, Time and Person. (= Pragmatics & beyond, N.S. 112). Amsterdam, S. 249–269.

Hausendorf, Heiko (2010): Interaktion im Raum. Interaktionstheoretische Bemerkungen zu einem vernachlässigten Aspekt von Anwesenheit. In: Deppermann, Arnulf/Linke, Angelika (Hg.), S. 163–198.

Hausendorf, Heiko (2012): Über Tische und Bänke. Eine Fallstudie zur interaktiven Aneignung mobiliarer Benutzbarkeitshinweise an der Universität. In: Hausendorf, Heiko/Mondada, Lorenza/Schmitt, Reinhold (Hg.), S. 139–186.

Hausendorf, Heiko/Kesselheim, Wolfgang (2008): Textlinguistik fürs Examen. (= Linguistik fürs Examen 5). Göttingen.

Hausendorf, Heiko/Mondada, Lorenza/Schmitt, Reinhold (2012): Raum als interaktive Ressource: Eine Explikation. In: Hausendorf, Heiko/Mondada, Lorenza/Schmitt, Reinhold (Hg.), S. 7–36.

Hausendorf, Heiko/Mondada, Lorenza/Schmitt, Reinhold (Hg.) (2012): Raum als interaktive Ressource. (= Studien zur Deutschen Sprache 62). Tübingen.

Haviland, John B. (2000): Pointing, gesture spaces, and mental maps. In: McNeill, David (Hg.): Language and gesture. (= Language, culture, and cognition 2). Cambridge, S. 13–46.

Heath, Christian/Button, Graham (2002): Editorial Introduction. In: Heath, Christian/Button, Graham (Hg.): Special issue: Workplace Studies. (= British Journal of Sociology 53.2). Oxford, S. 157–161.

Heath, Christian/Luff, Paul (2000): Technology in action. (= Learning in doing). Cambridge.

Heilmann, Christa M. (2005): Der gestische Raum. In: Bührig, Kristin/Sager, Sven F. (Hg.), S. 117–136.

Heritage, John (1984): Garfinkel and Ethnomethodology. Cambridge.

Herweg, Michael (1989): Ansätze zu einer semantischen Beschreibung topologischer Präpositionen. In: Habel, Christopher (Hg.): Raumkonzepte in Verstehensprozessen. (= Linguistische Arbeiten 233). Tübingen, S. 99–127.

Hill, Clifford (1982): Up/down, front/back, left/right. A contrastive study of Hausa and English. In: Weissenborn, Jürgen/Klein, Wolfgang (Hg.): Here and there. Cross-linguistic studies on deixis and demonstration. (= Pragmatics & beyond 3, 2/3). Amsterdam, S. 13–42.

Hoffmann, Gerhard (1978): Raum, Situation, erzählte Wirklichkeit. Poetologische und historische Studien zum englischen und amerikanischen Roman. Stuttgart.

Holly, Werner (1992): Holistische Dialoganalyse. Anmerkungen zur „Methode" pragmatischer Textanalyse. In: Stati, Sorin/Weigand, Edda (Hg.): Methodologie der Dialoganalyse. (= Beiträge zur Dialogforschung 3). Tübingen, S. 15–40.

Holly, Werner (2000): Was sind „Neue Medien"? – Was sollen „Neue Medien" sein? In: Voß, Gerd G./Holly, Werner/Boehnke, Klaus (Hg.): Neue Medien im Alltag. Begriffsbestimmungen eines interdisziplinären Forschungsfeldes. Opladen, S. 79–106.

Holly, Werner (2001): Einführung in die Pragmalinguistik. Kassel u. a.

Holly, Werner (2011): Medien, Kommunikationsformen, Textsortenfamilien. In: Habscheid, Stephan (Hg.), S. 144–165.

Holly, Werner/Habscheid, Stephan (2001): Gattungen als soziale Muster der Fernsehkommunikation. Zur Vermittlung von Massen- und Individualkommunikation. In: Sutter, Tilmann/Charlton, Michael (Hg.): Massenkommunikation, Interaktion und soziales Handeln. Wiesbaden, S. 214–233.

Holly, Werner/Kühn, Peter/Püschel, Ulrich (1984): Für einen „sinnvollen" Handlungsbegriff in der linguistischen Pragmatik. In: Zeitschrift für germanistische Linguistik 12, S. 275–312.

Holly, Werner/Püschel, Ulrich (Hg.) (1993): Medienrezeption als Aneignung. Methoden und Perspektiven qualitativer Medienforschung. Opladen.

Hörnig, Robin/Wiebrock, Sylvia (2000): Deiktisch vor und Konsorten: Projizierte Bezugsysteme oder wegbasiertes Lokalisieren? In: Habel, Christopher/Stutterheim, Christiane von (Hg.): Räumliche Konzepte und sprachliche Strukturen. (= Linguistische Arbeiten 417). Tübingen, S. 261–282.

Husserl, Edmund (1913): Ideen zu einer reinen Phänomenologie und phänomenologischen Philosophie. Halle an der Saale.

Jäger, Ludwig (2004a): Die Verfahren der Medien: Transkribieren – Adressieren – Lokalisieren. In: Fohrmann, Jürgen/Schüttpelz, Erhard (Hg.): Die Kommunikation der Medien. (= Studien und Texte zur Sozialgeschichte der Literatur 97). Tübingen, S. 69–79.

Jäger, Ludwig (2004b): Störung und Transparenz. Skizze zur performativen Logik des Medialen. In: Krämer, Sybille (Hg.): Performativität und Medialität. München, S. 35–73.

Jäger, Ludwig (2004c): Transkription. Zu einem medialen Verfahren an den Schnittstellen des kulturellen Gedächtnisses. In: TRANS – Internetzeitschrift für Kulturwissenschaften 15.

Jäger, Ludwig (2007a): Intermedialität – Intramedialität – Transkriptivität. Überlegungen zu einigen Prinzipien der kulturellen Semiosis. In: Deppermann, Arnulf/Linke, Angelika (Hg.), S. 301–324.

Jäger, Ludwig (2007b): Verstehen und Störung. Skizze zu den Voraussetzungen einer linguistischen Hermeneutik. In: Hermanns, Fritz/Holly, Werner (Hg.): Linguistische Hermeneutik. Theorie und Praxis des Verstehens und Interpretierens. (= Reihe Germanistische Linguistik 272). Tübingen, S. 25–42.

Jakob, Karlheinz (2000): Sprachliche Aneignung neuer Medien im 19. Jahrhundert. In: Kallmeyer, Werner (Hg.): Sprache und neue Medien. (= Jahrbuch des Instituts für Deutsche Sprache 1999). Berlin, S. 105–124.

Jefferson, Gail (1972): Side Sequences. In: Sudnow, David (Hg.): Studies in social interaction. New York/London, S. 294–338.

Jefferson, Gail (1979): A Technique for Inviting Laughter and its Subsequent Acceptance Declination. In: Psathas, George (Hg.): Everyday language. Studies in ethnomethodology. New York, S. 79–96.

Jefferson, Gail (1983): Another Failed Hypothesis: Pitch/Loudness as Relevant to Overlap Resolution. In: Tilburg papers in language and literature 38, S. 1–24.

Jefferson, Gail (1985): An Exercise in the Transcription and Analysis of Laughter. In: Dijk, Teun A. van (Hg.): Handbook of discourse analysis. Bd. 3: Discourse and dialogue. London, S. 25–34.

Jordan, Brigitte/Henderson, Austin (1995): Interaction Analysis: Foundations and Practice. In: The Journal of the Learning Sciences 4, S. 39–103.

Kallmeyer, Werner (1988): Konversationsanalytische Beschreibung. In: Ammon, Ulrich/Dittmar, Norbert/Mattheier, Klaus J. (Hg.): Soziolinguistik. Ein internationales Handbuch zur Wissenschaft von Sprache und Gesellschaft. 2. Halbband. (= Handbücher zur Sprach- und Kommunikationswissenschaft 3.2). Berlin u.a., S. 1095–1108.

Kallmeyer, Werner/Schütze, Fritz (1976): Konversationsanalyse. In: Wunderlich, Dieter (Hg.): Studium Linguistik 1. Meisenheim, S. 1–28.

Keller, Rudi (1994): Sprachwandel. Von der unsichtbaren Hand in der Sprache. 2., überarb. und erw. Aufl. (= UTB 1567). Tübingen.

Keller, Rudi (1995): Zeichentheorie. Zu einer Theorie semiotischen Wissens. (= UTB 1849). Stuttgart.

Keller, Rudi (2009): Die Sprache der Geschäftsberichte: Was das Kommunikationsverhalten eines Unternehmens über dessen Geist aussagt. In: Moss, Christoph (Hg.): Die Sprache der Wirtschaft. Wiesbaden, S. 19–44.

Kendon, Adam (1972): Review of the book Kinesics and Context: Essays on Body Motion Communication by Ray Birdwhistell. In: The American Journal of Psychology 85, S. 441–455.

Kendon, Adam (1979): Die Rolle sichtbaren Verhaltens in der Organisation sozialer Interaktion. In: Scherer, Klaus R./Wallbott, Harald G. (Hg.), S. 202–235.

Kendon, Adam (1990): Conducting interaction. Patterns of behavior in focused encounters. (= Studies in interactional sociolinguistics 7). Cambridge.

Kensing, Finn/Blomberg, Jeanette (1998): Participatory Design: Issues and Concerns. In: Computer Supported Cooperative Work 7, S. 167–185.

Kensing, Finn/Simonsen, Jesper/Bodker, Keld (1998): MUST: A Method for Participatory Design. In: Human-Computer Interaction 13, S. 167–198.

Kesselheim, Wolfgang (2012): Gemeinsam im Museum: Materielle Umwelt und interaktive Ordnung. In: Hausendorf, Heiko/Mondada, Lorenza/Schmitt, Reinhold (Hg.), S. 187–232.

Kesselheim, Wolfgang/Hausendorf, Heiko (2007): Die Multimodalität der Ausstellungskommunikation. In: Schmitt, Reinhold (Hg.), S. 339–375.

Keupp, Harald (2010): Vom Ringen um Identität. Eröffnungsvortrag zu den 60. Lindauer Psychotherapiewochen. In: Keupp, Harald et al.: Vom Ringen um Identität. Gedächtnis und soziale Identität. MP3-CD von Auditorium.

Kindt, Walther/Rittgeroth, Yvonne (2009): Strategien der Verständigungssicherung. Zur Lösung einer universellen Aufgabe von Kommunikation. Wiesbaden.

Klein, Wolfgang (1990): Überall und nirgendwo. Subjektive und objektive Momente in der Raumreferenz. In: Zeitschrift für Literaturwissenschaft und Linguistik 20, 78, S. 9–42.

Klemm, Michael (2000): Zuschauerkommunikation. Formen und Funktionen der alltäglichen kommunikativen Fernsehaneignung. (= Sprache im Kontext 8). Frankfurt am Main u.a.

Knoblauch, Hubert (1996): Arbeit als Interaktion. Informationsgesellschaft, Post-Fordismus und Kommunikationsarbeit. In: Soziale Welt 47, S. 344–362.

Knoblauch, Hubert (2000): Topik und Soziologie. In: Schirren, Thomas (Hg.): Topik und Rhetorik. Ein interdisziplinäres Symposium. (= Rhetorik-Forschungen 13). Tübingen, S. 651–667.

Knoblauch, Hubert (2005): Wissenssoziologie. (= UTB 2719). Konstanz.

Knoblauch, Hubert (2009): Videography. Focussed Ethnography and Video Analysis. In: Kissmann, Ulrike T. (Hg.): Video Interaction Analysis. Methods and Methodology. Frankfurt am Main u.a., S. 69–83.

Knoblauch, Hubert/Heath, Christian (1999): Technologie. Interaktion und Organisation: Die Workplace Studies. In: Schweizerische Zeitschrift für Soziologie 25, S. 163–181.

Knoblauch, Hubert/Schnettler, Bernt (2007): Videographie. Erhebung und Analyse qualitativer Videodaten. In: Buber, Renate/Holzmüller, Hartmut M. (Hg.): Qualitative Marktforschung. Konzepte – Methoden – Analysen. Lehrbuch. Wiesbaden, S. 585–599.

Knoblauch, Hubert/Schnettler, Bernt/Raab, Jürgen (2006): Video-Analysis. Methodological Aspects of Interpretive Audiovisual Analysis in Social Research. In: Knoblauch, Hubert et al. (Hg.), S. 9–28.

Knoblauch, Hubert et al. (Hg.) (2006): Video Analysis: Methodology and Methods. Qualitative Audiovisual Data Analysis in Sociology. Frankfurt am Main u.a.

Konerding, Klaus-Peter (1993): Frames und lexikalisches Bedeutungswissen. Untersuchungen zur linguistischen Grundlegung einer Frametheorie und zu ihrer Anwendung in der Lexikographie. (= Reihe Germanistische Linguistik 142). Tübingen.

Koskinen, Ilpo (2000): Workplace Studies: An Ethnomethodological Approach to CSCW. Nordic Interactive Meeting. Helsinki. Online: http://www2.uiah.fi/~ikoskine/recentpapers/wap/nordic/nordic.pdf [13.1.2014].

Kowal, Sabine/O'Connell, Daniel C. (2000): Zur Transkription von Gesprächen. In: Flick, Uwe/Kardorff, Ernst von/Steinke, Ines (Hg.), S. 437–447.

Krampen, Martin (1988): Geschichte der Straßenverkehrszeichen. Diachrone Analyse eines Zeichensystems. (= Probleme der Semiotik 2). Tübingen.

Krampen, Martin (1997): Models of semiosis. In: Posner, Roland (Hg.): Semiotik. Ein Handbuch zu den zeichentheoretischen Grundlagen von Natur und Kultur. 1. Halbband. (= Handbücher zur Sprach- und Kommunikationswissenschaft 13.1). Berlin u.a., S. 247–287.

Kress, Gunther R. (2010): Multimodality. A social semiotic approach to contemporary communication. London u.a.

Kress, Gunther R./Leeuwen, Theo van (2007): Reading images. The grammar of visual design. 2. Aufl. London u.a.

Krotz, Friedrich (1997): Das Wohnzimmer als unsicherer Ort. Zu Morleys „Aufzeichnungen aus dem Wohnzimmer". In: montage/av 6, 1, S. 97–104.

Kumaran, Dharshan/Maguire, Eleanor A. (2005): The Human Hippocampus: Cognitive Maps or Relational Memory? In: Journal of Neuroscience 25, S. 7254–7259.

Labov, William (1972): Some principles of linguistic methodology. In: Language in Society 1, S. 97–120.

Lakoff, George/Johnson, Mark (2008): Metaphors we live by. Chicago, IL.

Lang, Ewald (1990): Sprachkenntnis, Objektwissen und räumliches Schließen. In: Zeitschrift für Literaturwissenschaft und Linguistik 20, 78, S. 59–97.

Lappe, Winfried (1983): Gesprächsdynamik. Gesprächsanalytische Untersuchung zum spontanen Alltagsgespräch. (= Göppinger Arbeiten zur Germanistik 390). Göppingen.

Latour, Bruno (2002): Die Hoffnung der Pandora. Untersuchungen zur Wirklichkeit der Wissenschaft. (= Suhrkamp-Taschenbuch Wissenschaft 1595). Frankfurt am Main.

Latour, Bruno (2006): Drawing things together. Die Macht der unveränderlichen mobilen Elemente. In: Belliger, Andréa/Krieger, David J. (Hg.), S. 259–307.

Latour, Bruno (2007): Eine neue Soziologie für eine neue Gesellschaft. Einführung in die Akteur-Netzwerk-Theorie. Frankfurt am Main.

Latour, Bruno (2008): Die Logistik der immutable mobiles. In: Döring, Jörg/Thielmann, Tristan (Hg.), S. 111–144.

Levelt, Willem J. M. (1986): Zur sprachlichen Abbildung des Raumes: Deiktische und intrinsische Perspektive. In: Bosshardt, Hans-Georg (Hg.): Perspektiven auf Sprache: interdisziplinäre Beiträge zum Gedenken an Hans Hörmann. Berlin/New York, S. 187–211.

Linz, Erika (2002): Indiskrete Semantik. Kognitive Linguistik und neurowissenschaftliche Theoriebildung. München.

Löw, Martina/Steets, Silke/Stoetzer, Sergej (2007): Einführung in die Stadt- und Raumsoziologie. (= UTB 8348). Opladen.

Luckmann, Thomas (1986): Grundformen der gesellschaftlichen Vermittlung des Wissens: Kommunikative Gattungen. In: Kölner Zeitschrift für Soziologie und Sozialpsychologie 27, Sonderheft, S. 191–211.

Luckmann, Thomas (1988): Kommunikative Gattungen im kommunikativen Haushalt einer Gesellschaft. In: Smolka-Koerdt, Gisela (Hg.): Der Ursprung von Literatur. Medien, Rollen, Kommunikationssituation zwischen 1450 und 1650. (= Materialität der Zeichen 1). München, S. 279–288.

Luff, Paul/Hindmarsh, Jon/Heath, Christian (2000): Introduction. In: Luff, Paul/Hindmarsh, Jon/Heath, Christian (Hg.), S. 1–26.

Luff, Paul/Hindmarsh, Jon/Heath, Christian (Hg.) (2000): Workplace Studies: Recovering Work Practice and Informing System Design. Cambridge.

Luhmann, Niklas (2001a): Erkenntnis als Konstruktion. In: Luhmann, Niklas (Hg.): Aufsätze und Reden. (= Reclams Universal-Bibliothek 18149). Stuttgart, S. 218–242.

Luhmann, Niklas (2001b): Was ist Kommunikation. In: Luhmann, Niklas (Hg.): Aufsätze und Reden. (= Reclams Universal-Bibliothek 18149). Stuttgart, S. 94–110.

Luhmann, Niklas (2002): Einführung in die Systemtheorie. Heidelberg.

Lynch, Kevin (1960): The image of the city. (= Publication of the Joint Center for Urban Studies). Cambridge, MA.

Lyons, John (1977): Semantics. Cambridge.

McLuhan, Marshall (1968): Die magischen Kanäle. Düsseldorf u.a.

McNaughton, Bruce L. et al. (2006): Path integration and the neural basis of the ‚cognitive map'. In: Nature Reviews Neuroscience 7, S. 663–678.

Menke, Bettine (1995): Dekonstruktion. Lesen, Schrift, Figur, Performanz. In: Pechlibanos, Miltos et al. (Hg.): Einführung in die Literaturwissenschaft. Stuttgart/Weimar, S. 116–137.

Merleau-Ponty, Maurice (2008): Phänomenologie der Wahrnehmung. 6. Aufl., photomechan. Nachdr. der Ausg. München 1966. (= Phänomenologisch-psychologische Forschungen 7). Berlin.

Metzing, Dieter/Kindt, Walther (2001): Strukturbezogene Methoden. In: Brinker, Klaus et al. (Hg.), S. 1100–1110.

Metzinger, Thomas (Hg.) (2001): Bewußtsein. Beiträge aus der Gegenwartsphilosophie. 4., unveränd. Aufl. Paderborn.

Meyer, Christian (2010): Gestenforschung als Praxeologie: Zu Jürgen Streecks mikroethnographischer Theorie der Gestik. In: Gesprächsforschung – Online-Zeitschrift zur verbalen Interaktion 11, S. 208–230.

Mey, Günter/Mruck, Katja (2010): Grounded-Theory-Methodologie. In: Mey, Günter/Mruck, Katja (Hg.), S. 614–626.

Mey, Günter/Mruck, Katja (Hg.) (2010): Handbuch Qualitative Forschung in der Psychologie. Wiesbaden.

Mondada, Lorenza (2002): Describing surgical gestures: the view from researcher's and surgeon's video recordings. Proceedings of the First International Gesture Conference. Austin. Online: http://gesturestudies.com/files/isgsconferences/Contributions/Mondada/Austin-Mondada-txt_new.htm [13.1.2014].

Mondada, Lorenza (2007): Interaktionsraum und Koordinierung. In: Schmitt, Reinhold (Hg.), S. 55–94.

Müller, Cornelia (1998): Redebegleitende Gesten. Kulturgeschichte, Theorie, Sprachvergleich. (= Körper, Zeichen, Kultur 1). Berlin.

Müller, Klaus (2001): Probleme der Sinnkonstituierung in Gesprächen. In: Brinker, Klaus et al. (Hg.), S. 1196–1212.

Neuweg, Georg H. (2000): Wissen – Können – Reflexion. Ausgewählte Verhältnisbestimmungen. Innsbruck.

Nothdurft, Werner (2009): Der Gesprächsraum. In: Kolesch, Doris (Hg.): Stimm-Welten. Philosophische, medientheoretische und ästhetische Perspektiven. (= Kultur- und Medientheorie). Bielefeld, S. 33–44.

O'Keefe, John/Nadel, Lynn (1978): The hippocampus as a cognitive map. Oxford.

Pape, Helmut (2002): Indexikalität und die Anwesenheit der Welt in der Sprache. In: Kettner, Matthias/Pape, Helmut (Hg.): Indexikalität und sprachlicher Weltbezug. Paderborn, S. 91–119.

Patzelt, Werner J. (1987): Grundlagen der Ethnomethodologie. Theorie, Empirie und politikwissenschaftlicher Nutzen einer Soziologie des Alltags. München.

Peirce, Charles S. (1983): Phänomen und Logik der Zeichen. (= Suhrkamp-Taschenbuch Wissenschaft 425). Frankfurt am Main.

Polanyi, Michael (1966): The tacit dimension. Garden City, NY.

Polenz, Peter v. (1988): Deutsche Satzsemantik. Grundbegriffe des Zwischen-den-Zeilen-Lesens. 2., durchges. Aufl. (= Sammlung Göschen 2226). Berlin/New York.

Posner, Roland (1985): Nonverbale Zeichen in öffentlicher Kommunikation. Zu Geschichte und Gebrauch der Begriffe ‚verbal‘ und ‚nonverbal‘, ‚Interaktion‘ und ‚Kommunikation‘, ‚Publikum‘ und ‚Öffentlichkeit‘, ‚Medium‘ und ‚Massenmedium‘ und ‚multimedial‘. In: Zeitschrift für Semiotik 7, S. 235–271.

Posner, Roland (1986): Zur Systematik der Beschreibung verbaler und nonverbaler Komunikation. In: Bosshardt, Hans-Georg (Hg.): Perspektiven auf Sprache: interdisziplinäre Beiträge zum Gedenken an Hans Hörmann. Berlin/New York, S. 267–314.

Posner, Roland (1995): Der Ort und seine Zeichen. In: Frerichs, Klaus/Deichsel, Alexander (Hg.): Der beschilderte Ort: Die Dritten Lessing-Gespräche in Jork am 15. Oktober 1994. Jork, S. 10–23.

Precht, Richard D. (2007): Wer bin ich – und wenn ja wie viele? Eine philosophische Reise. 13. Aufl. München.

Pross, Harry (1972): Medienforschung. Film, Funk, Presse, Fernsehen. Darmstadt.

Ramírez Zúñiga, Leonardo (2012): Practice-centered support for indoor navigation. Design of ubicomp platform for firefighters. (= Fraunhofer series in information and communication technology 2012.2). Aachen/Siegen.

Ramírez, Leonardo/Dyrks, Tobias (2010): Designing for high expectations: balancing ambiguity and thorough specification in the design of a wayfinding tool for firefighters. In: Halskov, Kim/Petersen, Marianne G. (Hg.): DIS 2010. Proceedings of the 8th ACM Conference on Designing Interactive Systems, August 16-20, 2010, Aarhus, Denmark. New York, S. 390–399.

Ramírez, Leonardo et al. (2012): Landmarke: an ad hoc deployable ubicomp infrastructure to support indoor navigation of firefighters. In: Personal and Ubiquitous Computing 16, S. 1025–1038.

Rammert, Werner (2003): Technik in Aktion: Verteiltes Handeln in soziotechnischen Konstellationen. In: Christaller, Thomas (Hg.): Autonome Maschinen. Wiesbaden, S. 289–315.

Rammert, Werner (2006): Technik, Handeln und Sozialstruktur: Eine Einführung in die Soziologie der Technik. In: Technical University Technology Studies Working Papers 3, S. 1–32. Online: www.ts.tu-berlin.de/fileadmin/fg226/TUTS/TUTS_WP_3_2006.pdf [15.1.2014].

Rauh, Gisa (1983): Essays on deixis. (= Tübinger Beiträge zur Linguistik 188). Tübingen.

Reiche, Dagmar (2009): Roche Lexikon Medizin. 5., neu bearb. und erw. Aufl.. Sonderausg. d. Ausg. 2003. München u.a.

Reichertz, Jo (2000): Zur Gültigkeit von Qualitativer Sozialforschung / On the Problem of Validity of Qualitative Research. In: Forum Qualitative Sozialforschung / Forum: Qualitative Social Research 1, 2. Online Journal.

Ryle, Gilbert (1949): The concept of mind. New York.

Sacks, Harvey (1984): Notes on methodology. In: Atkinson, John M./Heritage, John C. (Hg.): Structures of social action. Studies in conversation analysis. (= Studies in emotion and social interaction). Cambridge, S. 21–27.

Sacks, Harvey (1989a): Introduction. In: Human Studies 12, S. 211–215.

Sacks, Harvey (1989b): Lecture One. Rules of Conversational Sequence. In: Human Studies 12, S. 217–227.

Sacks, Harvey/Schegloff, Emanuel/Jefferson, Gail (1974): A simplest systematics for the organization of turn-taking for conversation. In: Language 50, S. 696–735.

Sager, Sven F. (2000): Kommunikatives Areal, Distanzzonen und Displayzirkel. Zur Beschreibung räumlichen Verhaltens in Gesprächen. In: Richter, Gerd et al. (Hg.): Raum, Zeit, Medium. Sprache und ihre Determinanten. Festschrift für Hans Ramge zum 60. Geburtstag. (= Arbeiten der Hessischen Historischen Kommission; N.F. 20). Darmstadt, S. 543–570.

Sager, Sven F. (2001): Probleme der Transkription nonverbalen Verhaltens. In: Brinker, Klaus et al. (Hg.), S. 1069–1085.

Sager, Sven F. (2005): Ein System zur Beschreibung von Gestik. In: Bührig, Kristin/Sager, Sven F. (Hg.), S. 19–48.

Sager, Sven F./Bührig, Kristin (2005): Nonverbale Kommunikation im Gespräch – Editorial. In: Bührig, Kristin/Sager, Sven F. (Hg.), S. 5–18.

Sandig, Barbara (2006): Textstilistik des Deutschen. 2., völlig neu bearb. und erw. Aufl. Berlin u.a.

Sandig, Barbara (2009): Handlung (Intention, Botschat, Rezeption) als Kategorie der Stilistik. In: Fix, Ulla/Gardt, Andreas/Knape, Joachim (Hg.): Rhetorik und Stilistik. Ein internationales Handbuch historischer und systematischer Forschung. 2. Halbband. (= Handbücher zur Sprach- und Kommunikationswissenschaft 31.2). Berlin u.a., S. 1335–1347.

Schegloff, Emanuel A./Jefferson, Gail/Sacks, Harvey (1977): The Preference for Self-Correction in the Organization of Repair in Conversation. In: Language 53, S. 361–382.

Schegloff, Emanuel A. et al. (2002): Conversation Analysis and Applied Linguistics. In: Annual Review of Applied Linguistics 22, S. 3–31.

Scherer, Klaus R./Wallbott, Harald G. (Hg.) (1979): Nonverbale Kommunikation. Forschungsberichte zum Interaktionsverhalten. Weinheim.

Schlottmann, Anke (2005): Rekonstruktion von alltäglichen Raumkonstruktionen – eine Schnittstelle von Sozialgeographie und Geschichtswissenschaft. In: Geppert, Alexander C. T./Jensen, Uffa/Weinhold, Jörn (Hg.): Ortsgespräche. Raum und Kommunikation im 19. und 20. Jahrhundert. Bielefeld, S. 107–136.

Schmauks, Dagmar (1996): Orts- und Richtungsangaben in Wanderführern. Eine linguistische Analyse. (= Memo 3). Saarbrücken.

Schmauks, Dagmar (2001): Semiotische Aspekte von Gebrauchsanweisungen. (= Memo 41). Saarbrücken.

Schmauks, Dagmar (2002): Orientierung im Raum. Zeichen für die Fortbewegung. (= Probleme der Semiotik 20). Tübingen.

Schmidt, Kjeld (1991): Riding a tiger, or computer supported cooperative work. In: Bannon, Liam (Hg.): ECSCW 91. Proceedings of the Second European Conference on Computer-Supported Cooperative Work. 24-27 September, 1991, Amsterdam, The Netherlands. Dordrecht u.a., S. 1–16.

Schmidt, Siegfried J. (2003): Der Diskurs des radikalen Konstruktivismus. 9. Aufl. (= Suhrkamp-Taschenbuch Wissenschaft 636). Frankfurt am Main.

Schmitt, Reinhold (Hg.) (2007): Koordination. Analysen zur multimodalen Interaktion. (= Studien zur Deutschen Sprache 38). Tübingen.

Schneider, Jan G. (2008): Spielräume der Medialität. Linguistische Gegenstandskonstitution aus medientheoretischer und pragmatischer Perspektive. (Linguistik – Impulse & Tendenzen 29). Berlin/New York.

Schneider, Jan G./Stöckl, Hartmut (2011): Medientheorien und Multimodalität: Zur Einführung. In: Schneider, Jan G./Stöckl, Hartmut (Hg.): Medientheorien und Multimodalität. Ein TV-Werbespot – Sieben methodische Beschreibungsansätze. Köln, S. 10–38.

Schnettler, Bernt/Knoblauch, Hubert (2009): Videoanalyse. In: Kühl, Stefan/Strodtholz, Petra/Taffertshofer, Andreas (Hg.): Handbuch Methoden der Organisationsforschung. Quantitative und Qualitative Methoden. Wiesbaden, S. 272–297.

Schüttpelz, Erhard (2008): Die medientechnische Überlegenheit des Westens. Zur Geschichte und Geographie der immutable mobiles Bruno Latours. In: Döring, Jörg/Thielmann, Tristan (Hg.), S. 67–110.

Schütz, Alfred (1967): The phenomenology of the social world. Evanston.

Schütz, Alfred (1954): Concept and Theory Formation in the Social Sciences. In: The Journal of Philosophy 51, S. 257–273.

Schütz, Alfred (1963): Concept and theory formation in the social sciences. In: Natanson, Maurice A. (Hg.): Philosophy of the Social Sciences. New York, S. 231–249.

Schwarz-Friesel, Monika/Chur, Jeannette (2004): Semantik. Ein Arbeitsbuch. 4., aktual. Aufl. Tübingen.

Schweizer, Harro (Hg.) (1985): Sprache und Raum. Psychologische und linguistische Aspekte der Aneignung und Verarbeitung von Räumlichkeit. Ein Arbeitsbuch für das Lehren von Forschung. Stuttgart.

Schwitalla, Johannes (2001a): Beteiligungsrollen im Gespräch. In: Brinker, Klaus et al. (Hg.), S. 1355–1361.

Schwitalla, Johannes (2001b): Gesprochene-Sprache-Forschung und ihre Entwicklung zu einer Gesprächsanalyse. In: Brinker, Klaus et al. (Hg.), S. 896–903.

Scollon, Ronald/Scollon, Suzanne W. (2003): Discourses in place. Language in the material world. London.

Searle, John R. (2004): Freiheit und Neurobiologie. Übersetzt von Jürgen Schröder. Frankfurt am Main.

Seidler, Christoph (2011): Erforschung des Orientierungssinns. Verloren im virtuellen Labyrinth. Online: www.spiegel.de/wissenschaft/technik/erforschung-des-orientierungssinns-verloren-im-virtuellen-labyrinth-a-739416.html#ref=nldt [19.9.2012].

Selting, Margret et al. (2009): Gesprächsanalytisches Transkriptionssystem 2 (GAT 2). In: Gesprächsforschung – Online-Zeitschrift zur verbalen Interaktion 10, S. 353–402.

Selting, Margret/Hinnenkamp, Volker (1989): Stil und Stilisierung in der Interpretativen Soziolinguistik. In: Hinnenkamp, Volker/Selting, Margret (Hg.): Stil und Stilisierung. Arbeiten zur interpretativen Soziolinguistik. (= Linguistische Arbeiten 235). Tübingen, S. 1–26.

Senft, Gunter (Hg.) (2004): Deixis and demonstratives in oceanic languages. (= Pacific Linguistics 562). Canberra.

Shannon, Claude E. (1948): A mathematical theory of communication. In: The Bell System Technical Journal (BSTJ) 27, S. 379–423, 623–656. Online: http://cm.bell-labs.com/cm/ms/what/shannonday/shannon1948.pdf [11.6.12].

Shannon, Claude E./Weaver, Warren (1972): The mathematical theory of communication. 5. Aufl. (= Illini books 13). Urbana.

Sharrock, Wesley W./Anderson, Digby (1979): Directional hospital signs as sociological data. In: Information Design Journal 1, S. 81–94.

Shohami, Ilanah G./Gorter, Durk (2009): Linguistic landscape. Expanding the scenery. New York u.a.

Steinke, Ines (2000): Gütekriterien qualitativer Forschung. In: Flick, Uwe/Kardorff, Ernst von/Steinke, Ines (Hg.), S. 319–331.

Steinseifer, Martin (2011): Die Typologisierung multimodaler Kommunikationsangebote – Am Beispiel der visuellen Aspekte seitenbasierter Dokumente. In: Habscheid, Stephan (Hg.), S. 164–189.

Stetter, Christian (2005): System und Performanz. Symboltheoretische Grundlagen von Medientheorie und Sprachwissenschaft. Weilerswist.

Stevens, Gunnar/Draxler, Sebastian (2006): Partizipation im Nutzungskontext. In: Heinecke, Andreas M./Paul, Hansjürgen (Hg.): Mensch & Computer 2006. Mensch und Computer im StrukturWandel. Tagungsband zur Tagung „Mensch & Computer" 2006. München, S. 83–92.

Strauss, Anselm L. (1988): The articulation of project work: An organizational process. In: The Sociological Quarterly 29, S. 163–178.

Strauss, Anselm L./Corbin, Juliet M. (1996): Grounded theory. Grundlagen qualitativer Sozialforschung. Weinheim.

Streeck, Jürgen (1983): Konversationsanalyse. Ein Reparaturversuch. In: Zeitschrift für Sprachwissenschaft. Organ der Deutschen Gesellschaft für Sprachwissenschaft 2, S. 72–104.

Streeck, Jürgen (2009): Gesturecraft. The manu-facture of meaning. (= Gesture studies 2). Amsterdam.

Streeck, Jürgen/Goodwin, Charles/LeBaron, Curtis D. (2011): Embodied Interaction in the Material World: An Introduction. In: Streeck, Jürgen/Goodwin, Charles/LeBaron, Curtis D. (Hg.), S. 1–26.

Streeck, Jürgen/Goodwin, Charles/LeBaron, Curtis D. (Hg.) (2011): Embodied interaction. Language and body in the material world. (= Learning in doing. Social, cognitive, and computational perspectives). New York.

Strübing, Jörg (2005): Pragmatistische Wissenschafts- und Technikforschung. Theorie und Methode. Frankfurt am Main/New York.

Suchman, Lucy A. (1989): Rediscovering cooperative work. Keynote address at the Proceedings of the EC-CSCW Conference, Gatwick. London.

Suchman, Lucy A. (2007): Human-machine reconfigurations. Plans and situated actions. 2. Aufl. Cambridge.

Suchman, Lucy A. (1987): Plans and situated actions. The problem of human-machine communication. Cambridge.

Suchman, Lucy/Trigg, Randall/Blomberg, Jeanette (2002): Working artefacts: ethnomethods of the prototype. In: Heath, Christian/Button, Graham (Hg.): Special issue: Workplace Studies. (= British Journal of Society 53.2). Oxford, S. 163–179.

Sutherland, Robert J./Hamilton, Derek A. (2004): Rodent spatial navigation: at the crossroads of cognition and movement. In: Neuroscience and Biobehavioral Reviews 28, S. 687–697.

Tappe, Heike (2000): Perspektivenwahl in Beschreibungen dynamischer und statischer Wegeskizzen. In: Habel, Christopher/Stutterheim, Christiane von (Hg.): Räumliche Konzepte und sprachliche Strukturen. (= Linguistische Arbeiten 417). Tübingen, S. 69–95.

Tembrock, Günter (1974): Grundlagen der Tierpsychologie. (= Rororo-Vieweg Biologie Grundkurs 8). Braunschweig.

Thielmann, Tristan (2010): Locative Media and Mediated Localities: An Introduction to Media Geography. In: aether (the journal of media geography) 5a, S. 1–17.

Trabant, Jürgen (1998): Artikulationen. Historische Anthropologie der Sprache. (= Suhrkamp-Taschenbuch Wissenschaft 1386). Frankfurt am Main.

Vater, Heinz (1996): Einführung in die Raum-Linguistik. 3., verb. Aufl. (= Kölner linguistische Arbeiten – Germanistik 24). Hürth.

Vater, Heinz (1997): Zur kognitiven Linguistik des Raums. In: Michel, Paul (Hg.): Symbolik von Ort und Raum. (= Schriften zur Symbolforschung 11). Bern u.a., S. 497–524.

Vater, Heinz (2005): Referenz-Linguistik. (= UTB 2685). München.

Vorwerg, Constanze (2003): Sprechen über Raum. In: Rickheit, Gert (Hg.): Psycholinguistik. (= Handbücher zur Sprach- und Kommunikationswissenschaft 24). Berlin u.a., S. 376–399.

Walgenbach, Peter (2002): Giddens' Theorie der Strukturierung. In: Kieser, Alfred (Hg.): Organisationstheorien. 5., unveränd. Aufl. Stuttgart, S. 355–375.

Warfield Rawls, Anne (2008): Harold Garfinkel, Ethnomethodology and Workplace Studies. In: Organization Studies 29, S. 701–732.

Weigel, Sigrid (2002): Zum ‚topographical turn'. Kartographie, Topographie und Raumkonzepte in den Kulturwissenschaften. In: KulturPoetik 2, S. 151–165.

Weiser, Mark (1991): The Computer for the 21st Century. In: Scientific American 265, 3, S. 94–104.

Weiser, Mark (1994): The World is Not a Desktop. In: Interactions 1, 1, S. 7–8.

Wenz, Karin (1996): Raum, Raumsprache und Sprachräume. Zur Textsemiotik der Raumbeschreibung. (= Kodikas, code, Supplement 22). Tübingen.

Werlen, Benno (2008): Körper, Raum und mediale Repräsentation. In: Döring, Jörg/Thiel-
    mann, Tristan (Hg.), S. 316–342.
Winter, Rainer (2010a): Sozialer Konstruktivismus. In: Mey, Günter/Mruck, Katja (Hg.),
    S. 123–135.
Winter, Rainer (2010b): Symbolischer Interaktionismus. In: Mey, Günter/Mruck, Katja (Hg.),
    S. 79–93.
Wolter, Johannes et al. (2009): From visual perception to place. In: Cognitive Processing 10,
    Supplement, S. 351–354.
Wulf, Volker (1994): Anpaßbarbarkeit im Prozeß evolutionärer Systementwicklung. In: GMD-
    Spiegel 24, 3, S. 41–46.
Wunderlich, Dieter (1990): Ort und Ortswechsel. In: Zeitschrift für Literaturwissenschaft und
    Linguistik 20, 78, S. 43–58.
Wüster, Eugen (1991): Einführung in die allgemeine Terminologielehre und terminologische
    Lexikographie. 3. Aufl. (= Abhandlungen zur Sprache und Literatur 20). Bonn.

Ziem, Alexander (2008): Frames und sprachliches Wissen. Kognitive Aspekte der semanti-
    schen Kompetenz. (= Sprache und Wissen 2). Berlin/New York.
Ziemke, Tom/Zlatev, Jordan/Frank, Roslyn M. (2007): Body, language and mind. Bd. 1: Embo-
    diment. (= Cognitive linguistics research 35). Berlin/New York.
Zifonun, Gisela/Hoffmann, Ludger/Strecker, Bruno (1997): Grammatik der deutschen Spra-
    che. Bd. 1. (= Schriften des Instituts für Deutsche Sprache 7). Berlin u.a.
Zimbardo, Philip G. (1995): Psychologie. 6. neu bearb. und erw. Aufl. mit 132 zum Teil farbigen
    Abbildungen und 47 Tabellen. Berlin u.a.
Zoran, Gabriel (1984): Towards a Theory of Space in Narrative. In: Poetics Today 5, S. 309–335.